KB212986

K-신학(Theology),

한국신학의 부활

K-신학(Theology), 한국신학의 부활

2025년 3월 20일 처음 찍음

지은이   강웅섭 김광묵 김바로본 박성권 백충현 신용식
          심광섭 안규식 이상은 이찬석 장왕식 최태관
엮은이   한국조직신학회
펴낸곳   도서출판 동연
등 록   제1-1383호(1992. 6. 12.)
주 소   서울시 마포구 월드컵로 163-3
전화/전송   (02)335-2630 / (02)335-2640
이메일   yh4321@gmail.com
인스타그램   dongyeon_press

ISBN 978-89-6447-086-2 93230

한국조직신학회 기획 시리즈 11

K-신학 (Theology),
한국신학의 부활

강응섭 김광묵 김바로본 박성권 백충현 신용식
심광섭 안규식 이상은 이찬석 장왕식 최태관 지음

동연

책을 펴내며

한국의 신학자들은 일찍이 '한국에 있는 신학'(Theology in Korea)을 넘어서 한국적 신학(Korean Theology)을 창출하였다. 한국의 종교·문화적 신학인 토착화신학이 1960년대에 등장하였고, 한국의 사회·정치적 신학, '민중신학'은 1970년대에 등장하였다. 21세기에 접어들면서 한국의 다양한 문화는 접두어 'K'를 달고 전 세계로 지평을 확장하고 있으나, 한국신학자들은 서구 신학(자)을 활발하게 재해석하고 논의하여 '한국에 있는 신학'에는 집중하고 있으나, '토착화신학'과 '민중신학'과 같은 '한국신학'은 박물관의 신학으로 만들어간다. 한국신학계에서 슐라이에르마흐, 칼 바르트, 본회퍼 등 오래된 서구 신학자들은 시대적 상황을 넘어서 끊임없이 재해석되고 있으나, 유동식, 윤성범, 서남동, 안병무 등과 같은 한국신학의 선구자들은 지나간 신학자들로 간주하며 주목하지 않는다.

2024년에 한국조직신학회는 "K-신학: 한국신학의 부활"을 지향점으로 삼아서 '월례 포럼'과 '제19회 한국조직신학자 전국대회'를 열었다. 본서, 『K-신학(Theology), 한국신학의 부활』은 2024년 9월 7일에 열린 제19회 전국대회에서 발표된 논문들을 수정, 보완한 글들이다. 한국신학(K-신학)을 위한 열정으로 귀한 논문을 발표하여 주시고, 단행본으로의 출판을 위하여 수고하여 주신 12분의 신학자분들과 기쁜 마음으로 출판하여 주신 동연의 김영호 사장님께 감사의 마음이 가득하다. 본 책에 실린 12편의 조직신학적 글들이 '한국신학의 부활'을 가져오는 단초가 되기를 소망한다.

본서는 크게 4부로 구성되어 있다.

1부 "한국 문화 속의 K-신학"에는 박성권, 심광섭, 김바로본의 논문이 실려 있다.

박성권의 글, "한국의 민중신학과 몰트만의 정치신학의 상관관계 연구"는 민중신학의 갱신을 희망하며 민중신학과 몰트만의 정치신학의 상관관계를 고찰하는데, 먼저 이 두 신학은 인권을 추구하며 정치적 천년왕국론을 내세우고 서구 신학적 전통에 대해 대체로 비판하는 공통점을 갖는다. 이와는 달리 몰트만은 민중신학에 대해서 비판적인 입장도 견지하는 데, 우선 민중은 "고난 당하는 하나님의 종"이 아니고, 역사의 목적은 "하나님의 안식일"이 도래하는 것이며, 민중 개념의 에큐메니칼 지평은 "보편성을 담지하는 편파성"이 되는 것이라고 지적한다. 민주화 이후 민중신학의 갱신과 방향 재정립을 위해서 이러한 비판점들에 대한 실천이 강력히 요구된다.

심광섭의 글, "'하느님의 춤' 卽 '인간의 춤'"은 1) 봉산탈춤과 거지춤의 민족적 유래로 여겨지는 신라 원효의 무애무(無碍舞)로부터 출발하여 2) 봉산탈춤과 거지춤에 대한 현영학의 해석을 토대로 3) 기독교의 춤 이해와 성서에 나타난 춤의 사례분석을 통해 4) 마지막으로 '삼위일체(신학으로서)의 춤 卽 춤으로서의 삼위일체(신학)'에 도달함으로써 한국 기독교의 춤의 미학에 기여하고자 한다. 심광섭은 그동안 『예술 신학』(2010), 『기독교 미학』(2018)이라는 이름으로 책을 냈지만, 거의 서양적 관점에서 논의했을 뿐, 한국의 (민족-민중) 미학의 연구를 경청하지 못한 상태였다. 이제 채희완,

조동일, 김지하 등의 연구를 읽고 현영학의 탈춤 신학을 한국의 민족-민중 미학사의 맥에 잇대어 탐구하고 싶은 생각이다.

김바로본의 글, "소셜 미디어를 통한 신학 공유 방법론 ― 디지털 플랫폼을 통한 신학 공유 가능성 연구"는 글로컬(glocal)한 한국신학으로의 발돋움을 위하여 전 세계인들의 소통과 공유의 장인 SNS를 통한 신학 공유 방법론을 탐구하고 있다. 소셜미디어 디지털 플랫폼을 활용하여 저널리즘과 비즈니스 분야에서 유의미한 성과를 거둔 두 사람, 제프 자비스와 조 풀리지의 방법론을 모델링하여 한국신학을 세계인들이 '공감'할 수 있는 콘텐츠로의 '전환'을 제안하고 있다. 특별히 '숏폼'(Short-form) 콘텐츠로의 전환이 디지털 시대의 새로운 읽기임을 말하며, 실제적인 적용을 시도하였다. 소셜미디어 디지털 플랫폼을 통한 신학 공유 방법론에 관한 연구는 그동안 전통적인 활자 미디어 중심으로 공유되던 신학이 디지털 네이티브 세대와 더 나아가서 전 세계로 공유 범위를 넓히기 위해 앞으로 더 관심 있는 연구가 요구되는 분야이다.

2부 "K-신학 방향의 정립"에는 장왕식, 이찬석, 백충현의 논문이 실려 있다.

장왕식의 글, "K-신학의 불가능성을 넘어서 ― 방법론적 소고"는 K-신학이 불가능하다는 전제가 팽배해 있다는 지적하에 그 문제를 먼저 다루자고 제안한다. 우선 자기비하적 오리엔탈리즘에 벗어나야 함을 밝힌 후, 장왕식은 서구 철학이 견지해 온 초월 개념이 비록 문제를 많이 일으켰지만, 그것을 동아시아에서 발전된 자연주의에 접목하면 새로운 K-신학이 가능하다고 주장한다. 나아가 K-신학이 타자의 문화를 수용하려는 열린 자세와 더불어 오늘의 과학 및 현대 철학과 대화하면서 전통적 이분법을 넘어서고, 또한 자연과 인간 그리고 신의 연관성을 새롭게 해석하는 방법론을 개발할 때, 비로소 세계화 시대에 적합한 온전한 형태의 한국적 신학이 가능하다고 제안한다.

이찬석의 글, "한국신학의 유형화에 관한 고찰 — 'K-신학의 방법론'을 지향하며"는 한국신학의 유형화를 고찰하고, 21세기에 적합한 한국신학, K-신학의 창출을 위한 새로운 유형화의 시도를 제안한다. 이찬석은 한국신학의 유형화가 신학의 '내용'을 중심으로 이루어졌음을 분석하고, 한국신학이 K-신학으로 거듭나기 위하여 신학의 '내용'만이 아니라 신학의 '방법론'을 중심으로 하는 유형화가 발전되어야 함을 강조하면서 방법론을 중심으로 하는 유형화로 '비교 모델', '해석 모델', '구성 모델'을 제안한다. 결론적으로 한국신학이 K-신학으로 부활하기 위하여 그리스도교 전통과 한국적 에토스를 모두 아우르는 혼종적 개념을 글로컬(glocal) 관점에서 구성하는 구성 모델을 강력하게 제안한다.

백충현의 글, "삼위일체에 관한 한국신학적 이해들과 공헌 가능성"은 삼위일체 신학에 기여할 수 있는 한국신학의 공헌 가능성을 탐색하고자 한다. 이를 위해 18세기 후반 이후의 한국 천주교 초기 역사 및 19세기 말 이후의 한국 개신교 초기 역사에서 삼위일체론이 어떻게 이해되고 있는지를 몇몇 문헌을 중심으로 살펴본다. 그런 다음에 1960년대에 진행된 토착화 논쟁과 관련된 삼위일체론 논의를 윤성범과 이종성을 중심으로 살펴본다. 그리고 1970년대부터 1990년대를 거쳐 2000년대와 현재까지 삼위일체론을 다룬 흐름을 대략 살펴보되, 특히 이정용이 역(易)의 신학을 바탕으로 시도한 역(易)의 삼위일체론과 김흡영이 유교적 도(道)의 신학을 바탕으로 시도한 도(道)의 삼위일체론을 위주로 살펴본다. 이러한 작업은 삼위일체론과 관련하여 한국신학의 독특하고 창의적인 모습들을 소개 및 정리함으로써 세계신학에서의 삼위일체론을 더욱 풍성하고 다채롭게 해줄 것이다.

　3부 "한국 사상과 K-신학"에는 김광묵, 안규식, 신용식의 논문이 실려 있다.

　김광묵의 글, "퇴계의 하늘(天)에 대한 신학적 접근"은 한국 종교·문화적 영성의 한 측면을 이루는 유학의 하늘(天) 개념에 대한 신학적인 접근을 시도한다. 특히 김광묵은 조선 유학 거두, 퇴계의 하늘 개념에 함의된 종교적 성향을 주목하면서, 유학의 천(天)과 신학의 하나님(神)에 대한 이해를 중심한 '신학-유학의 대화' 가능성을 보여주는데, 이러한 시각은 한국 그리스도인들이 견지해온 하나님(神) 이해에 대한 보다 진지하고 유용한 실마리를 제공한다.

　안규식의 글, "그리움과 에로스의 수행-미학적 한국신학 — 다석 류영모와 플로티노스의 신비적 합일을 중심으로"는 현대 사회가 직면한 파국적 문제를 분리와 대립, 차별과 소외로 표출되는 관계의 총체적 파괴와 단절 그리고 폭력으로 보고, 이에 대응하는 친교의 비전을 제시하는 한국신학의 가능성을 모색한다. 이를 위해 안규식은 한국의 그리스도교 사상가인 다석 류영모와 헬레니즘 시대의 사상가인 플로티노스에게서 공통으로 나타나는 신비적 합일을 탐구하여, 이 신비적 합일을 중심으로 신비적 합일의 과정인 귀일(歸一),

귀일의 대상이 되는 '하나' 그리고 이 귀일의 과정을 추동하는 힘인 다석의 '그리움'과 플로티노스의 '에로스'를 각각 비교하고 종합한다. 이로써 안규식이 제시하는 한국신학의 가능성은 자기 비움의 수행적 역동과 아름다움으로 고양 시키는 미학적 역동을 통해 전체 생명 안에서 하나가 되어 분리와 소외를 극복함으로써 참된 일치를 이루는 수행-미학적 구원이다. 안규식은 이 구원의 추구를 한국적 영성이라 주장한다.

신용식의 글, "토착화신학의 상호문화적 전개 가능성 모색"은 다문화적 생활세계 속에서 다시금 토착화신학의 새로운 방향성을 모색하고자 한다. 과거 1세대와 2세대 토착화신학은 한국적인 그 무엇을 발견하고 이를 통해 복음을 해석하는 데에 중점을 두었다면, 우리 시대의 토착화신학은 복음의 낯섦과 문화적 익숙함의 만남 속에서 상호문화적 해석학으로 발전되어야 한다고 주장하였다. 이에 신용식은 과거 토착화신학이 천착했던, 유교, 무속, 동학, 풍류, 언행일치 등이 아니라, 이것들을 토착화할 수 있었던 한국적인 삶의 태도로 돌아 들어가는 작업을 단행하는 것이 우리 시대 토착화신학의 과제라고 밝혔다.

4부 "한국 사회 정치 현실과 K-신학"에는 최태관, 강응섭, 이상은의 논문이 실려있다.

최태관의 글, "민족의 해체 시대에 남북 분단의 고착화의 극복과 통일을 이루는 한국신학으로서 신학의 길 모색"은 통일 신학의 길로서 한국신학의 길을 모색한다. 최근 통일에 관한 관심이 점점 약화하는 상황에서 본 글은 한반도 분단 체제의 극복과 평화 정착을 통한 통일의 길을 새로운 민족주의적 틀에서 재발견하려고 한다. 탈민족주의와 민족주의 논쟁 속에서 본 글은 서구 제국주의의 토대에서 싹튼 민족주의를 거부하면서도 3.1 혁명에 기초한 민족주의의 힘을 긍정적으로 평가한다. 민족 해방이라는 관점에서 형성된 민족주의 흐름은 한국신학으로서 최명헌의 토착화신학에 이미 내재하였고 해방 이후 민족적 정체성을 추구하는 윤성범과 유동식, 변선환이 추구한 토착화신학의 중심이 되었다. 그러나 본 글은 분단 체제를 극복하고 평화 체제를 구축하는 통일 신학을 형성하는 일에 소극적이었음을 지적하면서도 세계 평화를 추구하는 신학의 길에서 서 있었음을 긍정적으로 평가한다. 더 나아가 본 글은 박순경의 한국신학으로서 통일 신학의 길을 적극적으로 제시한다. 이를 바탕으로 최태관은 통일 신학의 길은 하나님 나라를 추구하는 과정에서 중요한 신학적 이정표가 될 수 있음을 주장한다.

강응섭의 글, "라캉의 '3말(三語)로 안병무의 '그리스도교와 민중언어 1 읽기' ― 민중언어의 기원과 전개 과정에 관한 시론"은 심원 안병무의 책, 『歷史 앞에 民衆과 더불어』에 실린 "그리스도교와 민중언어 1"을 라캉의 방법으로 분석하여 민중언어의 기원과 그 전개 과정을 밝힌다. 강응섭이 사용한 라캉의 방법은 '도식 L'과 '3말'(三語, 찬말 parole pleine 滿語/빈말 parole vide 盧言/반말 mi-dire 半語)인데, 이 방법을 통해 재발견한 안병무의 말 1(찬말)로서 민중언어는 말 2(빈말)와 말 3(반말)을 통해 그 모습을 드러내고자 늘 도사리면서, 민중의 언어생활에서 빈(盧, 反)말과 반(半)말의 전개 과정에 개입한다. 강응섭이 말하는 심원의 민중언어는 '원(原) 민중언어 ≒ 반(反) 민중언어 ≒ 반(半) 민중언어'라는 세 겹의 모습을 취하며, 역사적 저항 앞에 놓인 민중(신앙인)은 성령의 권능 안에서 인간의 조건을 뛰어넘어 민중언어를 회복할 수 있다고 제안한다.

이상은의 글, "K-신학의 성령론 ― 한국적 성령론은 어떻게 구성할 수 있을까"는 한국 교회사를 통틀어 많은 관심을 끌었던 성령론의 주제를 역사적, 미학적 측면에서 살펴본다. 본 글은 한국교회의 성령 운동을 이해하기 위한 핵심 주제로 한국인의 역사와 정서에 내재된 종교 형식이 내포하는 특징을 고찰하고자 시도한다. 본 글은 하비 콕스나 유동식에 의해 관찰된 결과를 참조하며 한국적 성령론의 윤곽을 그려내고자 시도하고 있다. 전체적으로 한국적 상황에서의 성령 이해는 전통적 계시론적, 구원론적 성령론의 틀을 고려하면서 동시에 이러한 틀을 뛰어넘는 역사성과 역동성을 고려해야 한다는 점을 이상은은 주장한다.

2025년 2월 1일
이찬석
(한국조직신학회 제34기 회장, 협성대학교 교수)

차례

3부 ┃ 한국 사상과 K-신학

4부 ┃ 한국 사회 정치 현실과 K-신학

1부

한국 문화 속의 K-신학

한국의 민중신학과 몰트만의 정치신학의 상관관계 연구

박성권

(연세대 한국기독교문화연구소, 계룡중앙성결교회)

I. 서론

20세기 후반부터 최근까지 세계 신학계에 큰 영향력을 발휘한 위르겐 몰트만(Jürgen Moltmann, 1926~2024)이 한국 민중신학에 끼친 영향력은 분명하다. 이것은 한국신학계는 물론이고[1] 일반 사회 혹은 언론계에서도 충분히 인정하는 바인데, 한국 언론계 다수가 지난 6월 3일 만 98세의 나이로 소천한 몰트만 교수의 부고를 동시다발적으로 전할 때 그가 한국 민중신학에 큰 영향을 끼쳤다고 평가한 사실에서도 분명히 드러난다.[2] 기사의 제목을 희망의 신학자로 표시

---

[1] 민중신학자들과 몰트만의 만남과 교류에 대해서는 몰트만/이신건·이석규·박영식 옮김, 『몰트만 자서전』 (서울: 대한기독교서회, 2011), 256-264.

[2] 개인적 리서치에 의하면 한국의 25개 언론사에서 몰트만의 부고를 일제히 전했는데, 외국 신학자 부고를 이렇게나 큰 열심을 두고 전한 일은 매우 이례적이다. 한편 2024년 6월 7일자

박성권 · 한국의 민중신학과 몰트만의 정치신학의 상관관계 연구 | 17

하는가 아니면 민중신학에 영향을 끼친 신학자로 표시하는가에는 다소 차이를 보이지만, 몰트만이 한국신학계와 매우 인연이 깊은 세계적인 신학자라는 데 한국 언론계의 이견은 거의 없다. 이러한 까닭에 한국신학, 특별히 민중신학을 언급할 때는 몰트만의 신학은 반드시 점검되어야 하는데,[3] 몰트만 부고 기사들에서도 나타나는 바와 같이 몰트만에 대한 한국 내 평가는 상이하여 과연 몰트만 신학이 민중신학과 거의 동급으로 취급될 수 있는가 아니면 분명히 다른 점이 있는가는 신학자들의 근면한 연구 대상이 되기 때문이다.

정치신학과 민중신학의 상관관계를 단편적으로 확인하고자 할 때, 우선 우리는 그의 직속 제자 혹은 몰트만 신학 연구가들을 확인하고, 이에 대한 그들의 입장을 확인할 수 있다. 왜냐하면 한국에서 활동하는 몰트만 제자들이 몰트만의 정치신학과 민중신학과의 관계를 어떻게 이해하는지 확인하는 것은 이 연구의 연구 동향과 관련이 있기 때문이다. 간략히 두 명을 언급하고자 하는데, 우선 몰트만 최초의 한국인 제자 김균진은 『삼위일체와 하나님의 나라』(1982)의 번역 후기에서 말한바, 한국신학계에서 몰트만이 해방신학자나 정치신학자로만 알려지는 것에 비판적이다.[4] 왜냐하면 김균진은 몰트

영국의 *Church Times*도 몰트만 신학과 라틴 아메리카와 남아프리카 그리고 한국신학과의 관계를 묘사하는데, 한국의 민중신학자들과 몰트만이 지도한 아홉 명의 한국인 제자들을 언급한다: "He introduced German Protestant theologians to the works of liberation theologians from Korea, Latin America, and South Africa. Among his pupils are the Croatian-American theologian Miroslav Volf and nine of the most eminent theologians in the Church in South Korea." www.churchtimes.co.uk/articles/2024/7-june/gazette/obituaries/obituary-professor-juergen-moltmann.

3 낙운해, "몰트만 신학과 한국신학" (장로회신학대학교 박사학위논문, 2011), 8.
4 몰트만/김균진 옮김, 『삼위일체와 하나님의 나라』(서울: 대한기독교출판사, 1982), 264.

만을 민중신학 형성에 끼친 정치신학자일 뿐만 아니라 전통적 교의 학적 사고를 중단하지 않고 대립이 아닌 상호 간 일치점을 추구하는 신학자라고 판단하기 때문이다. 또한 몰트만의 마지막 한국인 제자 곽혜원도 김균진의 입장과 크게 다르지 않은데, 1982년 작품 이후 거의 30년의 세월이 지났지만 여전히 한국에는 몰트만 신학에 대해 해방신학과 민중신학의 아류라고 오해하는 경향이 있다고 『하나님의 이름은 정의이다』의 역자 후기에서 언급하기 때문이다.[5] 이것들은 타당한 의견인데, 몰트만의 정치신학이 남미의 해방신학과 한국의 민중신학 형성에 많은 영향을 주었지만, 몰트만 스스로는 해방신학자나 민중신학자가 아니며 에큐메니컬 정신을 가진 인물임을 자신의 한국어 번역판 『하나님의 이름은 정의이다』 머리말에서 분명히 밝히기 때문이다.[6]

이와는 다른 입장으로 후속 세대 민중신학자 채수일은[7] 1975년도에 한국을 처음으로 방문한 몰트만은 그 이후로 민중신학 태동기에 있던 한국신학자들에게 깊은 감명을 주었다고 평가하는데,[8] 일례로

---

5 몰트만/곽혜원 옮김, 『하나님의 이름은 정의이다』 (서울: 21세기 교회와 신학포럼, 2011), 334-335.

6 앞의 책, 5. 민중신학과 교류하는 동시에 이를 초월하는 몰트만의 폭넓은 에큐메니컬 신학에 대해서는 신옥수, "한국에서 몰트만의 수용과 이해," 「한국조직신학논총」 35 (2013. 6.): 199-212.

7 명확히 정의 내려 구분하기에 어려운 면도 있지만, 김균진은 이른바 제2세대 민중신학자로 권진관, 김경재, 박종화, 채수일 등을 꼽는다. 김균진, 『현대신학사상』 (서울: 새물결플러스, 2014), 657.

8 채수일, "1970년대 진보교회 사회참여의 신학적 기반," 「한국기독교와 역사」 18 (2003. 2.): 14-15. 서남동은 오늘날 신학적 추세가 원시 교단의 종말 신앙, 가난한 자와 눌린 자의 종교를 찾는 것이라고 파악한다. 서남동, "예수, 교회사, 한국교회," 「기독교사상」 201 (1975. 2.), 60.

여러 신학자에게 영향을 받은 서남동도 자신에게 끼친 몰트만의 신학적 영향력을 부인하지 않기 때문이다.[9]

이와 같은 내용을 통해 한국의 민중신학과 몰트만의 정치신학 사이의 상관관계가 어느 정도 우호적이라고 평가될 수 있지만, 문헌에 기반하여 보다 엄밀하게 확인될 필요가 있다. 앞서 언급된 대로 한국의 민중신학자들과 정치신학자로서의 몰트만과의 상관관계에 서는 이견이 존재하기 때문이다. 다만 이번 연구는 모든 민중신학자들과 정치신학자로서의 몰트만 사이의 상관관계를 조사하지는 않고 민중신학의 양대 기둥인 서남동(1918~1984), 안병무(1922~1996)의 사상과 몰트만의 정치신학 사이의 관계에 대해 몇 가지 주제에 한정하여 주목하고자 한다. 또한 필요시에는 후속 세대 민중신학자들도 언급될 수 있음을 밝힌다.

한국의 민중신학과 몰트만의 정치신학의 상관관계를 밝히기 위해 이번 연구는 다음과 같은 논의를 가진다. 서론에 이어 II장에서 한국의 민중신학(이하 민중신학)과 몰트만의 정치신학(이하 정치신학)의 생성 배경 및 주요 특징들이 논의된다. III장에서는 이 둘 사이의 공통적 주제가 논의되면서 두 상황적 신학 사이의 유사성이 확인된다. IV장에서는 민중신학과 정치신학 사이의 차이점을 명확히 부각시키기 위해 이 두 신학 사이의 비판적 대화가 시도된다. 여기에서는 특히 몰트만이 가한 민중신학에 대한 비판이 주된 내용이다. 마지막 V장 결론에서는 민중신학의 공헌점과 그 과제가 제시되면서 'K-신학'의 부활을 위한 본인 나름대로의 의견을 제시하고자 한다.

---

9 채수일, 앞의 글, 19.

II. 민중신학과 정치신학의 생성 배경 및 주요 특징들

1. 민중신학과 정치신학의 시대적 배경

1970년대 생성된 민중신학은 당시 군사정권의 부패에 저항한 인권 및 민주화 운동으로서 한국 사회의 정의를 목적으로 한 신학운동이다.[10] 구체적으로 민중신학은 1970년 11월에 발생한 평화시장 노동자 전태일(1948~1970)의 분신 사건으로 인해 촉진되는데,[11] 민중이 하나님 선교(missio Dei)의 동역자이자 주체임이 이 사건으로 각성되기 때문이다.[12] 이러한 역사적 배경과 함께 당시 지식인들 사이에 널리 논의된 함석헌(1901~1989)의 씨올 사상으로 대표되는 민중사관과 가톨릭 시인 김지하(1941~2022)의 문학적 상상력도 민중신학의 또 다른 형성 배경이다.[13]

민중신학이라는 용어가 학계에 처음 등장하게 된 것은 서남동과 김형효의 지면 논쟁 때문이다. 민중(民衆)은 민중신학자들만의 추상적 허구라고 비판하면서 민중신학의 투쟁적 열광주의를 경고한

---

10 몰트만, 앞의 책, 657.

11 1960~1970년대 평화시장에는 주로 17세 이하의 노동자들이 기계 소음과 먼지 속에서 일 평균 15시간 이상의 고된 업무에 시달렸으며, 휴일은 월 1회뿐이었다. 그들의 임금은 당시 최저 생계비의 1/5 수준에 불과하였는데, 이같이 착취를 당하던 전태일은 "우리는 기계가 아니다. 일요일은 쉬게 하라", "노동자들을 혹사하지 말라", "근로기준법을 준수하라"는 요구와 함께 분신자살로 삶을 마감한다. 이를 계기로 전국적인 노동운동이 일어나고 반독재 민주화 인권운동도 확산된다. 앞의 책, 658.

12 정용택, "지금 민중신학에서 운동과 현장이란 무엇인가," 「뉴 래디컬 리뷰」 62 (2014. 12.), 41.

13 김지철, "민중신학의 성서 읽기에 대한 비판적 고찰," 「신학사상」 69 (1990. 6.), 442.

김형효(1940~2018)에 대해 서남동(1918~1984)이 1975년 2월 "예수, 교회사, 한국교회"라는 논박문을 게재하면서 민중신학 용어가 등장했다.[14] 또한 서남동과 더불어 또 다른 민중신학의 대표자 안병무도 같은 해에 석방된 민주 인사들을 환영하는 예배의 자리에서 "민족, 민중, 교회"라는 강연을 하는데, 여기에서 그는 민족이라는 용어가 지금까지 지배계급의 현상 유지(status quo) 이데올로기로서 오용되었다고 비판하면서, 민중을 민족의 참 실체이자 민족사의 담지자로 제시한다. 그 후 안병무는 마가복음의 오클로스(ochlos) 개념과 갈릴리를 한국 상황에서 재조명하는 신학적 작업을 전개하면서 민중 사건을 예수 사건의 중심에 세운다.

앞선 민중신학과는 조금 다르지만 몰트만의 정치신학에도 시대적 생경 배경이 존재한다. 정치신학은 제2차 세계대전 이후 아우슈비츠(Auschwitz) 수용소로 대표되는, 인종차별주의에 기반한 유대인 대량학살의 충격적 사실에 대해 저항하는 것에서 출발한다.[15] 멧츠(Johann Baptist Metz, 1928~2019), 죌레(Dorothee Sölle, 1929~2003) 등 정치신학자들과 함께 몰트만은 경악할 수준의 대학살에 대해 저항하지 못하고 예수 그리스도의 뒤를 따르지 못한 독일 그리스도인들의 연약함이 다만 개인적인 연고에 있다고 판단하지 않는데, 이전 독일 개신교회 폐습들 가운데 두 가지가 아우슈비츠라는 치명적 과오를 범하게

---

14 채수일, 앞의 글, 20f. 민중(民衆)이라는 용어가 모호하고 불분명하다는 비판에 대해서는 임성빈, "서남동의 신학사상에 대한 기독교 윤리학적 분석," 「장신논단」 29 (2007. 9.), 131; 정용섭, "진보신학, 비판적 성찰: 민중신학을 중심으로," 「기독교사상」 592 (2008. 4.), 60.
15 몰트만/곽미숙 옮김, 『세계 속에 있는 하나님: 하나님 나라를 위한 공적인 신학의 정립을 지향하며』 (서울: 동연, 2009), 70.

인도했음을 발견하기 때문이다.[16]

첫 번째 인습은 종교를 단순히 사적인 것으로만 파악하면서 정치와 무관하다고 간주하는 오래된 생각이다. 어떠한 정치적 불의에 대해서도 교회는 무관하다는 사적 종교관이 대량 학살이라는 경악할 만한 사건을 발생시키는 배경이 되었다는 것이다. 이에 반해 몰트만은 기독교 신학의 정치적이고 사회비판적인 의식을 깨치고자 하는데, 비정치적인 신학은 결코 존재할 수 없기 때문이다.[17] 두 번째 인습은 루터교회의 이른바 '두 왕국론'으로 인한 종교와 정치의 분리다. 오해된 '두 왕국론'으로 인해 복음과 율법의 변증법적 관계가 아니라 이원론적 분리가 등장하는데, 이로써 20세기 나치 정권이라는 정치적 종교에 저항할 수 있는 정치적이고 종교적인 기반이 독일 개신교회에서 전혀 발견되지 못할 수준에까지 이르고 말았다고 몰트만은 분석한다.

2. 민중신학의 과제와 정치신학의 기본 명제

민중신학의 과제는 서남동이 제시한 바와 같이 '한(恨)의 사제'가 되는 데 헌신함에 있다.[18] 서남동에 의하면 죄는 지배자의 용어임에 반해 한은 피지배자의 언어이기 때문에, 우리는 죄가 아니라 한을

---

16 박성권, "몰트만 정치신학의 핵심 개념으로서 저항 연구," 「한국조직신학논총」 72 (2023. 9.), 141f.

17 몰트만/박종화 옮김, 『정치신학 정치윤리』 (서울: 대한기독교서회, 2017), 63, 233.

18 서남동, 『민중신학의 탐구』 (서울: 동연, 2018), 54-55. 이 개념은 본래 김지하에게서 유래한다. 방연상, "세계기독교 관점에서 본 민중신학의 한과 그 의의," 「신학논단」 109 (2022, 09): 22.

이야기해야 하며 죄를 만들어 내는 악한 사회 구조를 변혁하여 구원을 스스로 이루는, 곧 '한을 푸는' 사제의 역할이 민중의 몫이 되어야 한다.[19] 다만 여기에서 '한의 사제'는 보복이나 복수가 아니라 죄악된 사회적 구조를 변화시켜 스스로를 구원하는 '역사의 주체'를 가리킨다.[20]

역사의 주체로서 '한을 푸는' '한의 사제' 되는 일을 중심 과제로 여긴 민중신학과는 달리, 정치신학은 반(反)엘리트주의, 불의에 대한 항거와 그로 인한 자유를 중심 과제로 삼는다. 이것은 "누구든지 저항권을 요구하는 자는 자유롭다"는 기본 명제로 요약되는데,[21] 이것은 칼 슈미트(Carl Schmitt, 1888~1985)의 "누구든지 예외 상태를 선언하는 자가 주권을 가진다"는 옛 정치신학의 악명 높은 국가절대권 이론의 기본 명제에 대한 반박이며 독재자를 거부하는 성격을 갖는다.[22] 다만 옛 정치신학의 '친구-원수'라는 이분법적 배타주의가 아니라, 상황적으로 저항하되 변증법적이고 보편주의적으로 모든 이들의 자유를 추구한다는 점이 '새 정치신학'의 중요한 과제라 평가될

---

19 서남동, 『민중신학의 탐구』, 126-130. 서남동과는 달리 현영학(1921~2004)은 한국인 심성의 핵심은 흥(興)이라고 이해하는데, 현영학의 미학적 민중신학에 대해서는 손호현, "민중신학과 문화신학의 합류를 향하여: 현영학의 한국민중문화신학 분석," 「신학논단」 77 (2014, 09): 165-196 참조. 민중신학의 미학을 소개하는 단행본으로서는 권진관 외 4명, 『민중신학과 예술: 죽재 서남동목사 탄생 100주년 기념논문집』, 서울: 동연, 2018.

20 김균진, 앞의 책, 681. 한(恨)이란 무엇인지를 본격적으로 연구 대상으로 삼고 활발하게 이에 대한 논의를 전개하기 시작한 이들은 1960년대 한국 소설가들과 문학비평가들이다. 홍치모, "민중신학에 있어서 한의 문제," 「신학지남」 57 (1990, 03): 137.

21 박성권, 앞의 글, 142-144.

22 몰트만/김균진 옮김, 『신학의 방법과 형식』 (서울: 대한기독교서회, 2001), 133; Scott R. Paeth, *Exodus Church and Civil Society: Public Theology and Social Theory in the Work of Jürgen Moltmann* (Aldershot: Ashgate, 2008), 18-19.

수 있다.[23]

3. 민중신학과 정치신학의 신학방법론

민중신학의 신학방법론은 크게 세 가지로 요약될 수 있는데, 정치경제학적 인식론과 합류의 해석학 그리고 민중-메시아론에서 명확히 드러나는 관계론적 신학방법론이다.[24] 민중신학은 우선 정치경제학적 인식론을 내세우는데, 이것은 서남동의 계시의 하부구조 이론에 잘 드러난다. 계시의 하부구조 이론에 의하면, 하나님의 계시는 민중 위에 있지 않고 민중 아래에 있으며, 전통적 신학 규범으로서 계시에 대립적인 전거(典據, point of reference) 개념이 민중신학에서 제시된다. 계시가 종교적 범주임에 반해, 전거는 역사적 범주이며 정치경제학적 접근이 민중신학의 방법론에 적용됨으로써 지배 권력에 대한 민중의 제약 조건들이 분명히 드러나는데, 이로써 민중의 사회적 전기, 민중의 집단적 영혼, 민중의 의식과 그들의 갈망도 조명된다고 서남동은 주장한다.[25]

또 다른 신학방법론으로서 합류의 해석학은 한국 역사와 민중의 삶에 뿌리내린 한국적 신학을 추구하고, 이를 근거로 지금 사건으로 일어나는 민중해방을 지지하는 목적을 가진다.[26] 이를 위해 가장 주요한

---

23 몰트만, 『정치신학 정치윤리』, 257-259; 이성림, "정치신학에 대한 비판과 규범적 전망," 「기독교사상」 686 (2016. 2.): 46-47.

24 김희헌, "과정신학의 범재신론 지평에서 본 안병무의 민중 메시아론," 「신학사상」 140 (2008. 3.): 236-237.

25 서남동, 『민중신학의 탐구』, 60-61.

전거로서 제시되는 성서의 전통, 교회사의 전통 그리고 한국사 및 한국 문화의 전통들이 민중신학에서 합류될 수 있는 근거는 보편사적 역사관이다. 이 역사관에 의하면 세계사 전체가 하나님의 해방과 구원의 역사이다. 하나님의 해방의 영이신 성령은 한국의 역사와 문화 속에서도 민중을 통해 활동하였다고 합류의 해석학은 주장한다.

마지막으로 민중-메시아론에는 관계론적 신학방법론이 사용되는데, 하나님과 인간, 구세주와 그 대상 그리고 하나님의 나라와 세상에 대한 이분법적 도식이 극복되고, 이 주제들이 관계론적으로 해석된다. 김희헌은 민중-메시아론의 구조를 다섯 가지로 요약한다.[27] 첫째, 나사렛 예수와 그의 민중인 오클로스 사이에 본질적 연속성이 등장한다는 것이다. 둘째, 구원 사건으로서 그리스도의 사건은 역사적 예수의 삶에서 극적으로 드러났지만, 이것은 유일회적인 사건이 아니라 화산맥(火山脈)처럼 역사를 타고 흐르기 때문에 민중의 사건 속에서 계속 일어나는 성격을 가진다. 셋째, 민중의 가장 중요한 특징은 자기 초월성에 있기 때문에 민중은 자기 해방과 구원의 주체이다. 넷째, 모든 민중의 고난이 메시아적 고난이 될 수는 없지만, 민중의 고난이 전체적인 고난으로 해석될 때 '하나님의 고난받는 종'(사 53장)처럼 민중은 메시아(적 민중)로 이해될 수 있다. 다섯째, 민중의 사건은 그리스도의 사건이자 성령의 사건이기 때문에 민중의 고난에 참여함으로써 우리는 그리스도의 구원 사건에 참여할 수

---

26 합류의 해석학에 대해서는 이찬석, "21세기 한국신학의 방향 모색," 「한국기독교신학논총」 85 (2013. 1.): 275-279.

27 김희헌, 앞의 글, 238-239.

있고 메시아적 경험을 할 수 있다.

다음으로 정치신학의 신학방법론도 크게 세 가지, 저항과 선취의 희망의 윤리론, 해방의 정치적 해석학 그리고 종말론적 지평의 메시아 예수론으로 정리될 수 있다. 첫 번째로 정치신학은 저항과 선취의 실천적이고 희망론적인 방법을 취한다. 사적이고 이원론적인 신앙 자세를 거부하면서 자유를 향한 저항권을 내세우는 정치신학은 구체적이고 실천적인 희망의 윤리론이자 신학방법론으로서 저항과 선취를 내세운다. 자유를 향한 사회적 차원을 갖는 기독교적 구원 행위로서 정치신학의 저항은 계약 신학 전통에 기초하며[28] 하나님 나라의 미래를 향해 선취하는 특성을 가진다.[29] 물론 하나님 나라의 선취가 하나님 나라 그 자체는 아니지만,[30] 제한된 가능성 가운데 있는 하나님 나라의 매개적 형태로 봐야 할 것이며 구원적 행동임은 분명하다고 몰트만은 이야기한다.

두 번째로 정치신학의 해방의 정치적 해석학은 사적 종교 개념이 가진 왜소함 그리고 인격 차원으로 제한된 초월 신학과 실존론적 신학을 극복하려는 성격을 가진다.[31] 이와 함께 정치적 해석학은 기독교적 메시지를 현대 사회적 지평에서 비판적으로 드러내고자 하는데, 이를 위해 정치적 연대성을 추구하는 동시에 여러 이데올로기적 세력에 대한 독립적인 신학적 입장을 취하며 변증법적 자세를 유지한다.

세 번째로 종말론적 지평을 가진 메시아 예수론은 정치신학의

---

28 박성권, 앞의 글, 143 각주 21.
29 몰트만/곽혜원 옮김, 『희망의 윤리』 (서울: 대한기독교서회, 2012), 89.
30 몰트만, 『정치신학 정치윤리』, 246.
31 몰트만, 『신학의 방법과 형식』, 131.

중요한 신학방법론에 속하는데,[32] 거의 모든 해방 이론이 그러하듯 정치신학도 메시아론을 제시한다. 그러나 정치신학의 메시아론은 메시아가 바로 나사렛 예수뿐이라고 분명히 밝히면서 다른 메시아주의와 뚜렷한 차이를 만든다.[33] 몰트만은 분명히 메시아를 한 인격인 나사렛 예수로 이해하면서 그의 뒤를 따르는(nachfolge) 변화의 윤리와 정치적 차원을 강조한다.

III. 민중신학과 정치신학의 공통적 주제

1. 눌린 자들을 위한 신학: 연대와 해방을 통한 인권 추구

20세기에 등장한 여러 상황신학이 그러하듯이 민중신학과 정치신학도 약자들과 눌린 자들에 대해 관심을 가지며 그들을 대변하고자 한다. 사실 엄밀하게 말하자면 정치신학자들은 약자가 아니며, 민중신학자들도 민중이 아니다.[34] 다만 이들은 스스로 자신의 목소리를 내기 어려운 약자들과 민중의 인권과 해방 등을 위해 이들과 연대하며 이들을 대변하고자 하는데, 기득권에 맞서 소외되고 주목받지 못한 이들의 인권을 주장하고 억압으로부터 해방된 평화를 추구하는 이러한 특징이 민중신학과 정치신학의 첫 번째 공통점이

---

32 몰트만, 『희망의 윤리』, 88f; 몰트만/김균진 옮김, 『십자가에 달리신 하나님』 (서울: 대한기독교서회, 2005), 223f.

33 몰트만, 『정치신학 정치윤리』, 236.

34 채수일, 앞의 글, 26-27.

다.[35] 특별히 민중신학은 기독교 신앙을 가진 민중은 물론 비기독교적 민중을 향해서까지 고난 당한 메시아 예수를 말함으로써 기존의 한국 전통 종교인 불교가 제시하지 못한 고난에 대한 새롭고 긍정적인 해석까지 제시한다.

그렇다면 왜 민중신학과 정치신학은 민중과 약자들의 해방과 인권을 대변하고 이들과 연대하고자 하는가? 먼저 그것은 이 신학들이 모두 성서에 나타난 예수 그리스도의 약자들을 돌보는 모습을 뒤따르고자 하기 때문이다. 몰트만은 정치적 십자가 신학을 내세우면서, 메시아 예수는 '가난한 자들의 하나님의 나라'를 선포하였다고 갈파한다.[36] 민중신학도 민중의 인권과 해방을 위해 민중과 연대하고자 한다. 몰트만과 같이 민중신학자들도 공생애를 통한 나사렛 예수의 삶이 민중들과 연대하고 이들의 해방을 위한 것임에 주목하는데, 이것이 민중-메시아론의 요체이다. 안병무의 민중-메시아론은 민중의 고난에 연대하면서 이들의 인권과 해방을 나름대로 추구한 윤리적이고 신학적인 접근이다.[37]

안병무는 나사렛 예수를 민중이라는 집단적 인격을 대표하는 존재로 파악하면서 민중과 예수의 하나 됨을 강조한다. 이에 대한 주석학적 근거로 안병무는 마가복음서에 빈번히 등장하는 오클로스, 곧 '무리'로 번역된 민중을 제시한다.[38] 오클로스의 특징으로는 첫째, 예수가 가는 곳 그 어디나 민중이 있다. 둘째, 예수는 민중과

---

35 몰트만, 『신학의 방법과 형식』, 136.
36 몰트만, 『정치신학 정치윤리』, 101.
37 김희헌, 앞의 글, 240-241.
38 안병무, 『갈릴래아의 예수: 예수의 민중운동』 (서울: 한국신학연구소, 2019), 138-141.

식탁을 함께 한다(막 2:13-17). 셋째, 오클로스를 예루살렘파와 대립시 킴으로써 마가복음은 예루살렘파에 대립된 예수와 오클로스의 연대 성을 드러낸다. 넷째, 오클로스는 집권자들에게 공포의 대상이었다. 다섯째, 예수는 오클로스 곧 민중을 목자 없는 양(막 6:34)처럼 보았다. 여섯째, 예수는 이 오클로스를 '내 어머니와 내 형제'라고 선언하는데 (막 3:31-34), 이것은 혈연적 가족 관계를 넘어서는 새로운 연대이다. 일곱째, 예수는 오클로스에 대해 어떤 윤리나 종교적 비판을 내리지 않으며 무조건 오클로스를 영접한다.

2. 역사의 목표이자 미래의 근거로서 급진적이고 정치사회적인 천년왕국론

민중신학이나 정치신학 모두 하나님의 나라를 급진적으로 이해 하여 피안적인 세계보다는 이 세상에 실제로 이뤄질 천년왕국에 집중한다는 두 번째 공통점이 있다.[39] 먼저 안병무는 유럽 신학자들 이 평가하는 민중신학 종말론의 급진성을 인정하면서 유럽에서 급진적인 종말론, 즉 급진적이고 정치적인 천년왕국론이 거의 사라 졌음에 반해, 민중신학의 종말론은 현실 권력자들에 대한 저항의 역사요 현실적 과정으로 작용한다고 자평한다.[40] 또한 민중신학의 급진적인 천년왕국 이해는 하나님의 나라라는 종말론적 표현을

---

39 박아론, "민중신학에 대한 고찰과 연구," 「신학지남」 221 (1989. 9.), 28; 몰트만/차옥숭 옮김, 『오늘의 신학 무엇인가』 (서울: 한국신학연구소, 1989), 29-30.
40 안병무, 앞의 책, 286.

보다 차안적으로 생각하여 사회 역사적 개념으로 해석해야 한다는 안병무의 주장에서 명징하게 나타난다. 왜냐하면 그는 하나님의 나라라는 종말론적 표현은 고난받는 이들의 현실에 뿌리를 두고 있으며, 그것이 종말론적 의미를 얻게 되는 것도 신적 희망이 필요한 고난 당한 사람들을 통해서만 비로소 가능하다고 설파하기 때문이다.[41]

서남동의 종말론도 안병무의 것과 크게 다르지 않은데, 그도 피안적인 종말론, 곧 하나님 나라의 이해보다는 급진적이고 정치적인 천년왕국론을 주로 내세우기 때문이다.[42] 서남동에 의하면 하나님의 나라가 초월적이고 궁극적인 종말론의 상징이라면, 천년왕국은 역사적이고 땅과 연관된 종말론의 '반-궁극적인 상징'(semi-ultimate symbol)이다. 무엇보다 하나님의 나라는 지배자의 이데올로기로 사용된 반면, 천년왕국은 피지배자이자 구원사의 중심이 되는 '민중 열망의 상징'(the symbol of the aspiration of the minjung)이다.[43]

몰트만의 정치신학도 급진적이고 정치사회적인 천년왕국론에서 유래한다. 몰트만은 임마누엘 칸트(Immanuel Kant, 1724~1804)가 종교에 대해 최초로 "나는 무엇을 희망할 수 있는가?"라는 근대적 질문을 던짐으로써 구원에 대한 초월적 경험을 형이상학적인 분야가 아니라 미래의 종말론적 분야로 이동시켰다고 판단한다.[44] 다시 말해서 정치

---

41 앞의 책, 122-146, 특히 141.

42 고수케 고야마, "'의로 세운 집': 민중신학의 에큐메니칼 지평," 『민중신학, 세계신학과 대화하다』 (서울: 동연, 2010), 213.

43 Suh, Nam-Dong, "Historical References for a Theology of Minjung," *Minjung Theology: People as the Subjects of History,* ed. Yong Bock Kim (Singapore: Christian Conference of Asia, 1983), 163.

신학은 형이상학적이고 초월적인 종말론이 아닌 미래의 종말론을 기독교 신학의 기초로 선언하며 메시아적 신학을 자신의 뿌리로 삼는다고 공언한다. 미래의 종말론은 현실의 희망을 지시하며 이른바 종교적이고 피안적인 하나님의 나라가 아니라 차안적이고 급진적인 천년왕국론의 성격을 강하게 갖기 때문이다.[45]

3. 독일 고백교회의 신앙 계승과 서구 신학적 전통에 대한 비판

민중신학과 정치신학의 공통점은 이들이 제2차 세계대전 중의 독일 고백교회 신앙을 계승하는 동시에 전통 신학에 대해 비판적 입장을 취하는 데서도 발견된다. 먼저 몰트만이 고백교회에 대해 적극적으로 수용 입장을 보인 것은 잘 알려진 사실이다.[46] 무엇보다 몰트만의 정치신학이 바르멘 신학 선언(1934)의 중심인물이자 고백 교회 투쟁 인물인 칼 바르트(Karl Barth, 1886~1968)의 영향 가운데 태동된 사실은 유명하다.[47]

이와 함께 정치신학이 고백교회의 신앙을 계승하고 바르멘 선언 을 자신의 이정표로 삼는 이면에는 루터교회의 이른바 '두 왕국론'에

---

44 몰트만, 『정치신학 정치윤리』, 234.
45 몰트만/김균진 옮김, 『오시는 하나님: 기독교적 종말론』 (서울: 대한기독교서회, 1997), 338-352. 버캠(Richard Bauckham)에 의하면 예수 그리스도의 부활에서 출발하는 몰트만 의 종말론이 여타의 종말론에 비해 특별한 영향력을 가진 이유는 그것의 강력한 실천적 동력 때문이다. 리처드 버캠/김도훈 · 김정형 옮김, 『몰트만의 신학: 하나님 나라를 향한 공동의 신학여정』 (서울: 크리스찬 헤럴드, 2008), 57, 76-80.
46 몰트만, 『정치신학 정치윤리』, 7, 39-42 등.
47 에버하르트 부쉬/손성현 옮김, 『칼 바르트: 20세기 신학의 교부, 시대 위에 우뚝 솟은 신학자』 (서울: 복 있는 사람, 2014), 420-425; 몰트만, 『몰트만 자서전』, 73.

대한 비판이 강력하게 존재한다는 점도 주목할 만하다. 후기의 몰트만은 자신의 윤리학에서 루터교회의 세계 책임적 윤리관을 계승한다고 인정하지만,[48] 초기의 몰트만에 따르면 '두 왕국론'은 세계 변혁에 대한 희망을 불러일으키지 못하는 최대 약점을 지니고 있다.[49]

정치신학이 인습으로 여겨 강력하게 비판하는 또 다른 내용은 보편적 죄 개념이다.[50] 몰트만에 의하면 보편적이며 집단적인 죄 개념과 그에 상응하는 종교개혁적 칭의론은 개인이 구체적인 죄를 전혀 인식하지 못하게 만들 뿐만 아니라 대체로 지배적 가해자들이 저지르는 죄 용서에 대한 변명 도구로 악용되어 왔다. 그러나 몰트만은 구체적이고 상황적으로 삶을 파악하고 죄의 희생자들과 범법자들에 대해 각각 질문하는 편이 더 낫다고 주장하면서, 희생자들을 위해서는 권리를 보장하는 하나님의 의를 그리고 범죄자들을 위해서는 의롭게 하시는 하나님의 의를 기독교 칭의론에서 구분하여 다뤄야 한다고 생각한다.

민중신학도 정치신학처럼 독일의 고백교회 전통을 존중한다. 물론 민중신학은 한국 고유의 신학으로서의 특징을 강하게 갖지만, 서남동과 안병무는 예외적으로 독재자 히틀러(Adolf Hitler, 1889~1945)의 나치 정권에 투쟁한 고백교회와 바르멘 선언에 주목한다.[51] 군사정권에

---

48 몰트만, 『희망의 윤리』, 94.

49 몰트만, 『정치신학 정치윤리』, 207.

50 몰트만/김균진 옮김, 『생명의 영』 (서울: 대한기독교서회, 1992), 173-194. 몰트만/이신건 옮김, 『삼위일체와 하나님의 역사: 삼위일체 신학을 위한 기여』 (서울: 대한기독교서회, 1998), 103-127.

51 안병무, "개신교 세계선교협회 신학위원회의 편지에 대한 회답," 『민중신학, 세계신학과 대화하다』, 287-288.

항거하여 교수직에서 해임되었을 시기 안병무는, 다른 민중신학자들과 마찬가지로, 나치 정권하에서 해임된 독일 교수들과 고백교회를 떠올렸다고 한다.

민중신학의 서구 신학에 대한 예외적 인정으로서 고백교회의 신앙이 예시되었지만, 민중신학의 전반적인 입장은 명확한 반(反)교회적 반(反)신학으로 정리될 수 있다. 서남동은 전통적 신학 용어들 가운데 하나님의 초월성, 전지전능, 그리스도의 왕권 등 주권을 강조하는 용어 전부가 정치적 지배 구조 안에서 지배 체제의 고착화와 영구화를 위해 도용된 것으로 본다. 민중신학은 반신학을 통한 교회 변혁을 자신의 목표로 가지는데, 이는 기존 교회가 지배자가 아니라 민중의 소리를 대변하는 교회로 변하기를 기대하기 때문이다.[52] 또한 민중신학은 반신학을 통해 신학의 토착화를 추구하는데, 이에 대한 동기가 전통적 서구 신학에 대한 실망에 있기 때문이다. 전통적 서구 신학의 언어는 민중의 언어가 아니라 지배 계층의 언어에 속한다고 민중신학은 생각하는데, 비록 반신학으로서의 민중신학이 서구 신학의 틀에서 완전히 벗어났다고 평가받기에는 어려울 수도 있지만,[53] 지배계급 중심적인 전통 서구 신학에 반대하며 눌린 자들의 해방을 추구하는 그 나름의 토착화신학 운동이라고는 평가될 수 있을 것이다.

---

52 몰트만, 앞의 책, 664-668.
53 손규태, "민중신학에서의 민족문제," 『전환기의 민중신학: 죽재 서남동 신학사상을 중심으로』 (서울: 한국신학연구소, 1992), 43.

IV. 민중신학과 정치신학의 비판적 대화

앞서 논의된 바와 같이 민중신학 형성에 정치신학이 어느 정도 영향을 끼친 것과 이 두 신학이 추구하는 공통적인 주제가 있다는 것은 분명하다. 그러나 몰트만이 민중신학과 대화하면서 신학적으로 비판한 내용들은 민중신학과 정치신학의 차이점이 무엇인지 우리에게 보여 준다. 여기에서는 몰트만이 민중신학에 대해 직간접적으로 비판한 내용들 가운데 민중-메시아론, 역사의 목적 그리고 에큐메니컬 지평의 차이, 이렇게 세 가지 내용의 논의가 전개될 것이다. 이 세 주제는 모두 민중신학의 핵심 개념으로서 민중과 관련된다.

1. 민중-메시아론: "누가 민중을 구원할 것인가?"

민중-메시아론은 몰트만에 의해 강력하게 비판되는데, 우선 안병무의 민중-메시아론에 의하면 민중은 사건 안에서 나사렛 예수와 동일하게 메시아적 역할을 감당할 수 있다. 또한 민중으로서 예수는 민중을 대표하며 민중과 자신을 동일시하며 연대한다고 그는 생각한다. 그리스도의 사건은 2천 년 전에 일어난 유일회적 사건으로 그치지 않고 화산맥이 분출하듯 끊임없이 역사 가운데 재현된다. 일례로서 안병무가 전태일 사건을 예수 사건이라고 평가한 것은 이러한 맥락에서다.54 그는 이분법적인 도식을 극복하는 관계론적이

---

54 최형묵, "민중사건의 증언: 안병무의 민중신학," 「뉴 래디컬 리뷰」 64 (2015. 7.): 77-78. 물론 민중신학이나 민중교회는 삼위일체 하나님이 아닌 민중이나 특수한 개인을 결코 예배

고 사건의 신학으로서 민중-메시아론을 제시하는데, 그리스도 사건에서 예수와 민중은 하나이며 둘이 아니라고 주장하기 때문이다.[55]

이러한 민중-메시아론은 큰 논쟁과 함께 비판을 불러일으키는데, 몰트만도 자신의 1999년 작품에서 먼저 민중-메시아론의 주석학적 근거인 오클로스(ochlos) 용어가 안병무가 주장하는 것처럼 이상적인 의미를 담고 있지 않다고 비판한다. 왜냐하면 마가복음에서 '무리' 번역된 오클로스, 즉 민중은 고무적인 존재라기보다는 오히려 양면적이고 유혹당할 수 있는 부족한 존재로 나타나기 때문이다.[56]

이보다 더 몰트만에게 있어 중요한 점은 삶에서 겪는 원치 않는 수동적인 민중의 고난이 과연 그들 자신에게 구원의 의미를 갖느냐이다.[57] 민중의 고난을 통해 구원이 이뤄진다고 민중신학이 주장하는 것은 오히려 민중에게 원치 않는 과도한 짐을 부여하는 것이라고 몰트만은 비판한다. 민중은 '고난 당하는 하나님의 종'이 아니기 때문에 이들을 구원하는 메시아가 반드시 따로 있어야 하는데, 민중신학자들은 이에 대해 대답하지 못한다. 안병무는 복음서에 등장하는 예수 이야기를 오클로스의 사회-전기, 즉 집단적인 해석으로 간주하지만, 예수 그리스도를 민중에 대한 집단적 상징으로 위축시

와 경배의 대상으로 삼지 않지만, 민중-메시아론에 근거한 과격한 표현들은 성서적으로 매우 부적절하다고 생각된다.

55 김성재, "1980년대 이후 민중신학과 방법론," 「신학연구」 39 (1998. 6.): 335-336.

56 몰트만, 『신학의 방법과 형식』, 279.

57 앞의 책, 280-282. 몰트만 비판에 대한 민중신학의 변론으로는 김희헌, 앞의 글, 242-247. 한편 민중-메시아론은 예수와 민중의 동일화가 아니라 깊은 연대와 일치를 은유적으로 표시한 것이며, 구원론의 주객도식을 극복하고자 하는 관점에서 나온 주장으로서, 현재는 거부감이 들어 보이는 것과 달리 1970년 당시 한국적 상황에서는 당연한 것이라는 입장에 대해서는 몰트만, 앞의 책, 694f.를 참조하라.

키는 것은 적절하지 않다고 몰트만은 비판한다. 무엇보다 이사야 53장의 '고난 당하는 하나님의 종'은 오직 '고난 당하는 하나님' 한 분 뿐으로만 파악될 수밖에 없기 때문에, 이사야 53장과 복음서의 예수 이야기를 개인적으로 해석하느냐 혹은 집단적으로 해석하느냐 는 그다지 중요하지 않고[58] 오히려 연대와 대리의 개념이 더 중요하 다고 강조한다. 여기에서 민중신학이 말하는 대리 행위 없는 연대성 으로서의 구원 개념은 오히려 민중의 고난을 더 확대할 뿐이라고 강하게 비판한다.

2. 역사의 목적은 무엇인가?: '역사의 주체'인가, '하나님의 안식 일'인가?

서남동은 민중신학의 과제를 가리켜 '한(恨)의 사제'가 되는 일이 며, 이것은 죄를 만들어 내는 사회구조를 민중이 변혁하고 단(斷)하여 구원을 스스로 이루는 '역사의 주체'가 되는 일이라고 말한다. 그러나 몰트만은 민중신학이 민중의 인권과 해방을 위한 투쟁을 메시아적으 로 지나치게 과장하는 데 문제가 있다고 비판하는데, 투쟁을 통한 해방이 세상 가운데 이뤄진다고 해도 그 해방의 세계는 하나님의 나라 자체는 아니기 때문이다.[59] 이를 논의하면서 몰트만은 성서에

---

58 구약학자 임태수에 의하면 안병무는 이사야 53장의 '고난 당하는 종'을 개인으로 보지 않고 집단적으로 봄으로써 나사렛 예수만이 고난의 종이 아니고 고난받는 민중도 메시아임을 말하고자 한다. 물론 나사렛 예수가 전통적 의미의 유대교적 메시아상에 맞지 않는다는 안병 무의 주장은 옳지만, 나사렛 예수는 그런 메시아와는 다른 차원에서 유일한 메시아임이 인정 돼야 한다고 임태수는 안병무를 비판한다. 임태수, "민중은 메시아인가?: 안병무의 민중 메시 아론을 중심으로," 「민중과 신학」 2 (2000. 4.): 7-12.

등장하는 메시아적 해방을 예로 드는데, 민중을 들어 쓰시는 하나님은 하나님 구원 역사의 주체로 그들을 사용하신다. 민중은 이 구원 역사를 통해 하나님의 나라 가운데 있는 자신의 미래를 발견하지만, 이와 함께 여전히 개방적인 자신들의 역사로 인해 하나님의 나라에 아직 도달하지 못한 자신들도 발견한다. 정치신학자 몰트만은 분명 궁극적인 하나님의 나라에 집중하기 위해 가시적이고 잠정적인 것과 궁극적인 것을 동일시할 수 있다고 간주한다. 그렇지만 이와 동시에 악이 지배하는 현실 가운데 이 두 가지 사이에 분명한 구분도 필요하다고 조언한다.

몰트만에 의하면 구약성서에서 해방은 출애굽의 해방과 안식일의 해방 두 가지로 제시된다.[60] 출애굽은 외적이고 활동적인 자유와 해방의 사건임에 반해, 안식일은 내적이고 휴식하는 자유의 날이다. 안식일, 즉 하나님의 임재 가운데 휴식이 체험되는 평안함 없이는 억압과 착취로부터의 어떠한 정치적이고 경제적이며 사회적인 출애굽도 세계에 자유를 가져오지 못할 것이라고 몰트만은 주장한다.

성서에서 천지창조의 완성은 안식일이며(창 2:3),[61] 매주의 안식일은 안식년에 상응하고(레 25:1-7), 안식년은 희년에 상응한다(레 25:8-55). 또한 이사야 61장 1-11절은 메시아적 예언자가 등장하여 종말의 희년을 선포할 것을 예고한다. 이 예언자적 메시아가 오면 역사의 목적인 메시아적 시대가 시작될 것인데, 여기에서 그 시대는 안식일의

59 몰트만, 『신학의 방법과 형식』, 278-279.
60 몰트만/김균진 옮김, 『창조 안에 계신 하나님: 생태학적 창조론』 (서울: 한국신학연구소, 1987), 411.
61 몰트만, 『희망의 윤리』, 403-410.

모습으로 표상된다. 게다가 약속된 메시아로서 나사렛 예수는 공생애에서 율법과 제의를 세속화하지 않고 평일을 위해 안식일을 폐하지도 않는다. 오히려 메시아 예수는 평일을 삶의 메시아적 기쁨으로, 이스라엘의 안식일을 메시아적 전조인 기쁨과 축제로 지향시킨다.[62] 몰트만은 하나님의 영광 가운데 있는 하나님의 향유(Gottesgenuß)로서 '하나님의 안식일'을 말하면서 역사와 종말론의 마지막 차원으로 신적 종말론을 언급하는데, 여기에서는 모든 도덕적 목적이나 경제적 유용성이 제외되는 특징이 나타난다.[63]

3. 에큐메니컬 지평의 차이: '배타적 편파성'인가, '보편성을 담지하는 편파성'인가?

민중신학은 끝까지 민중에 대한 편파성을 고수하면서 민중신학의 정체성을 간직하고자 하며, 여기에는 분명 타당한 면도 있지만, 이것이 배타적 편파성이라고 하면 성서적 근거가 빈약하다고 평가될 수밖에 없다. 단적인 예로 서남동은 약속된 메시아의 왕국이 도래하면 모든 대립의 화해는 있을 수 있고 있어야 하지만, 부자와 가난한 자, 누르는 자와 눌린 자 사이의 화해는 있을 수 없다고 말하는데, 그것은 네모난 원과 같이 있을 수 없는 논리 때문이라고 말한다.[64]

이와는 달리 몰트만은 가난하고 억눌린 자들을 향한 당파성을

---

62 앞의 책, 413-418.
63 몰트만, 『오시는 하나님』, 544f.
64 서남동, 『민중신학의 탐구』, 45.

인정하고 삶의 지역성과 특수성도 인정하지만, 결국 에큐메니컬적 신학이 갖는 보편성을 향해 나아간다. 왜냐하면 배타적 편파성의 시조격인 '친구-원수' 이론은 과거 슈미트의 옛 정치신학의 고약한 특성이지만, 화해와 평화가 이뤄지기 위해서는 갈등 관계가 극복되어야 하기 때문이다.[65] 몰트만은 눌린 자들을 위한 편파성을 견지하지만, 거기에 계속 머물지 말고 눌린 자들의 새로운 정체성과 공동체가 발견되도록 노력해야 한다고 촉구하는데, 예수 그리스도 안에 있으면 누구나 새로운 피조물(고후 5:17)이 되기 때문이다.[66] 몰트만의 정치신학은 이전 약자들의 정체성, 곧 눌린 자들로서의 정체성이나 민중으로서의 정체성보다 새로운 정체성, 곧 신앙 공동체 가운데 획득되는 정체성이 더 중요하다고 선언한다.[67]

V. 결론: 'K-신학'으로서 민중신학의 공헌과 과제

1. 공헌

우리는 민중신학과 정치신학의 상관관계에 대해 지금까지 고찰하였는데, 마지막 부분에 'K-신학'으로서 민중신학의 공헌과 과제를 살펴보고자 한다. 이를 언급하기 전에 사실 민중신학이 아시아에서

---

65 박성권, 앞의 글, 143-144.

66 몰트만, 『희망의 윤리』, 93.

67 몰트만의 메시아적 공동체 안에서 이뤄지는 하나님의 구역 사역에 대해서는 박성권, 『몰트만의 생명신학』 (서울: CLC, 2017), 257-297.

제1세계까지 진출한 최초의 해방신학이 될 수 있었던 데는 민중교회와 민중신학자들의 노고와 헌신 그리고 투쟁도 큰 몫을 담당하였지만,[68] 몰트만을 비롯한 해외 신학자들의 민중신학을 향한 개인적인 관심과 신학적 대화 등의 도움도 컸음이 반드시 인정되어야 한다.[69] 세계화 시대에 한국신학이 나아가야 할 온당한 길은 세계 신학과 대화하는 데 있기 때문이다.

'K-신학'으로서 민중신학의 공헌은 크게 세 가지로 나눠 생각될 수 있다. 첫 번째로 민중신학은 1970년대부터 진행된 한국 사회의 민주화와 인권 향상에 대한 공헌을 일정 부분 담당한다는 점이다. 후속 세대 민중신학자들은 물론이고 보수적이거나 중도적인 신학자들도 대체로 이를 인정하는데, 이성림이나 낙운해 그리고 신옥수도 정치신학의 영향을 받은 민중신학이 한국의 민주화 운동에 공헌하였다고 분석하고, 김지철도 역동적 신학을 제시하는 민중신학이 이론에 그치지 않고 실천에 큰 역량을 보인다고 평가한다.[70]

두 번째로 민중신학이 눌린 자에 대해 관심을 갖고 고난을 말하는 그 나름대로 한국적인 십자가의 신학(theologia crucis)을 제시한다는 점이다. 민중은 예수 그리스도 수난의 렌즈를 통해 자신들의 고난을 인식할 수 있는데, 민중신학은 그리스도의 사건을 민중 사건들 속에 현존하는 것으로 해석하기 때문이다. 민중신학에서 예수와 민중은

---

68 이른바 '제3세계 신학'들과 마찬가지로 아시아 지역에서 탈식민지 시대의 선구적 신학으로서 민중신학을 고찰한 것으로는 폴커 퀴스터, "예수와 민중을 다시 생각해 보기: 안병무 (1922-1996)가 남긴 것," 「신학사상」 135 (2006. 12.): 18-21; 서창원, 『제3세계 신학』 (서울: 대한기독교서회, 1993), 274-276, 283-285.

69 신옥수, 앞의 글, 211.

70 이성림, 앞의 글, 45; 낙운해, 앞의 논문, 8; 신옥수, 앞의 글, 196; 김지철, 앞의 글, 464.

'어우러짐의 십자가 신학'(corporate theologia crucis)이라는 개념 가운데 만난다.[71] 민중 목회자 김경호는 오랜 종교적 게토(ghetto) 안에 매몰된 한국교회가 새로운 민중의 현장으로 눈을 돌리게 하는 데 민중신학이 공헌하였다고 평가한다.[72] 이신건은 민중을 위한 그리스도만을 과도하게 강조하고 민중 그리스도를 외면한 전통적 신학의 일면성을 교정하는 민중신학의 공헌은 간과될 수 없다고 평가한다.[73] 또한 김동건도 민중신학이 역사 속에서 소외된 고난의 민중을 신학의 주체로 발전시킨 일이 민중신학의 공헌점이라고 평가한다.[74]

세 번째로 민중신학은 세계적 한국신학이라는 평가를 받는 데 무리가 없다는 점이다.[75] 흑인 신학자 제임스 콘(James Cone, 1936~2018)은 민중신학에 대해 서구 신학의 억압에서 자기 해방을 이루려는 시도의 한 예로서, 제3세계 민중의 정치적 투쟁 가운데 발생한 가장 창조적인 신학들 중의 하나라고 평가한다.[76] 또한 낙운해도 민중신학이 다수가 아닌 소수의 학자에 의해 이뤄진 신학이지만 가장 주목할 만한 한국적 신학이라고 평가한다.[77]

---

71 퀴스터, 앞의 글, 15-16.

72 김경호, "민중신학에 토대한 교회," 「시대와 민중신학」 2 (1995. 5.), 40.

73 이신건, 『이신건 조직신학』 제1권 (서울: 신앙과 지성사, 2018), 739.

74 김동건, "민중신학의 기독론," 「신학과 목회」 19 (2003. 5.), 189.

75 앞의 글, 169-170; 박아론, 앞의 글, 33.

76 김종만, "안병무와 서남동의 민중신학에 관한 소고: 종교현상학적 관점을 중심으로," 「신종교연구」 46 (2022): 144-145.

77 낙운해, 앞의 논문, 8. 한편에서는 민중신학이 세계적인 한국신학이라고 하기에는 민중신학 계열이 한국교회 내에서 소수파라는 점을 비판하기도 한다. 오성욱, "교회와 사회의 관계 문제와 연관하여 밀뱅크의 근정통주의 관점에서 한국적 신학 비평적 읽기: 사중복음 신학, 토착화 신학 그리고 민중신학을 중심으로," 「신학과 사회」 30-4 (2016. 11.), 180. 이러한 의견도 어느 정도 일리는 있으나 몰트만은 2차대전 중 히틀러에 저항한 고백교회도 소수파였

2. 과제

모든 신학이 그러하듯이 민중신학도 공헌과 함께 한계를 지니는
데, 특별히 상황신학으로서 민중신학은 구체적인 한계를 가진다.
이는 세 가지로 요약될 수 있는데, 첫 번째로 민중신학이 민중에
대한 당파성을 일관되게 유지하면서 동시에 이를 어떻게 극복할
것인가 하는 근본적인 문제이다. 우선 민중신학은 시대가 어떻게
변하든지 간에 그 신학적 정체성을 유지하면서 민중을 향한 신학
운동이기를 계속해야 하는데, 이것이 민중신학의 정체성을 계승하고
앞으로 새로운 차원을 가질 수 있는 민중신학으로 발전할 수 있는
기반이 되기 때문이다. 민중이 아니라도 민중신학을 할 수 있으며
신학의 민중 지향성을 추구하는 사람은 누구나 민중신학자라 평가될
수 있겠으나, 민중신학의 진정성은 무엇보다 민중을 향한 당파성이
민중신학계와 민중교회 안에서 지속적으로 유지되느냐에 전적으로
달려 있다 할 것이다.

제2차 대전 당시 나치 정권의 독재에 저항하였던 고백교회 구성
원들이 종전 이후에 국가 고위 관료로서 권력을 행사하지 않고
일상적 삶을 살았던 것에 반해, 한국의 후속 세대 민중신학자 중에는

음을 지적하면서, 정의로운 저항에서 수효의 많고 적음이 중요하지 않음을 귄터 바움(Günter
Baum) 그리고 박종화와 함께 1984년에 독일어로 펴낸 민중신학 소개서 서론에서 밝힌다.
Jürgen Moltmann, "Vorwort," *Minjung: Theologie des Volkes Gottes in Südkorea*, hrsg.
Jürgen Moltmann (Neukirchen-Vluyn: Neukirchener Verlag, 1984), 12. 여기에서 몰트만
은 "민중신학은 박해 아래 저항 안에서 이뤄진 복음의 노련한 인식이다"(Minjung-Theologie
ist eine im Wiederstand unter Verfolgungen erfahrene Erkenntnis des Evangeliums)라
고 높게 평가한다.

정권의 중심에서 활동한 인물들도 있다.[78] 적어도 민주화 운동 시기에 한국 사회가 민중신학에 대해 공감한 것은 민중신학자들이 민중의 편에 서서 불의한 지배 권력에 강력히 저항했기 때문인데, 민중신학자들이 권력과 같은 자신들의 욕망에 얼마나 자유로운가에 민중신학의 미래는 달려 있다고도 할 수 있다.[79]

아울러 민중에 대한 편파성도 극복되어야 할 민중신학의 변증법적 과제로 여겨지는데, 성서에서 하나님은 낮은 자들에게 더 많은 관심을 기울이지만(시 68:5; 약 1:27 등), 민중에게만 구원을 배타적으로 베풀지 않을 뿐만 아니라 민중의 죄를 무조건 간과하지도 않기 때문이다(롬 3:10f. 등). 기독교 신학에서 편파성 혹은 당파성을 극복하는 일은 매우 중요한데, 오직 그럴 때 비로소 우리는 세계사와 하나님 나라의 긴장 관계를 이완시키려는 유혹에서 벗어날 수 있기 때문이다.[80]

두 번째로 민주화 이후의 민중신학은 어디로 가야 하는지 그 방향성의 과제이다. 한국의 민주화가 활성화된 1990년대 이래 민중신학이 그 신학적 한계를 드러냈다는 민중신학 자체의 경고 소리가 이미 등장하였다. 민중신학은 민중 고난의 현장, 특별히 1970년대 현장에 집중되고 제한되어 나타났기 때문에, 시대적인 상황이 변하면서 상황신학으로서 민중신학의 영향력은 급격히 약화될 수밖에 없었다. 물론 그 과제와 강조점은 여전히 타당하다는 의견도 존재하지만,[81]

---

78 이관표, "한국기독교의 정치참여와 예수 그리스도의 자기 비움: 발터 벤야민과 존 하워드 요더에 관련하여," 「대학과 선교」 34 (2017. 10.): 300-301.

79 채수일, 앞의 글, 27-28.

80 박종천, "신학하는 일에서의 보편성과 당파성의 문제," 「신학사상」 65 (1989. 6.): 346-348.

변화된 시대 상황에 따른 민중신학의 전망이 어둡다는 의견도 적지 않다. 예를 들어 임성빈은 과거 민중신학이 신학적으로 공헌한 바가 인정된다 하더라도, 배타적이고 민중 중심적 역사 해석이 매우 다양한 주체가 있는 포스트모던적 21세기 상황에서 책임적인 해석인지에 대한 심각하고 비판적인 질문이 등장한다고 비판한다.[82] 또한 박재순은 1970년대 활성화된 민중-메시아론을 염두에 두고 "하나님과 민중이 전적으로 동일한 것이라면 신학은 성립될 수 없고 신학이라는 말이 구태여 필요하지도 않을 것"이라고 강도 높게 비판한다.[83] 통일신학, 과정신학, 한국신학, 생명 신학 등이 민중신학과 접목되어 새롭게 전개되는 시도가 이뤄지기는 하지만,[84] 아쉽게도 큰 틀에서 일치되어 나아가는 바에 대해 지금까지 명료하게 제시되는 자료가 민중신학 내에서 잘 보이지 않는다. 자유로우면서도 분명히 일치된 방향성을 가진 신학 운동으로서 힘 있게 전개되는 새로운 민중신학이 등장해야 할 것이다.[85]

세 번째로 정치경제적이고 수평적인 차원과 별개로 민중신학의 종교적이고 수직적인 차원이 새롭게 제시되어야 하는 과제가 있다. 과거 1970년대 민중 사건에서 민중신학이 정치경제적 차원을 중심

---

81 배경식, "희망과 함께 '기다림의 신학'으로," 「신학논단」 57 (2009. 9.), 109; 김정숙, "21세기 세계화 시대의 민중신학: 종말론적 영성으로서의 민중영성," 「신학과 세계」 72 (2011. 12.): 119-122.

82 임성빈, 앞의 글, 130.

83 박재순, "씨알 사상과 민중신학," 「신학사상」 66 (1989. 9.), 552.

84 박성권, 『몰트만의 생명신학』, 21 각주 3.

85 김균진에 의하면 '한국신학'은 한국적인 상황에서 성서의 메시아적 전통인 약속된 메시아의 왕국, 곧 "'하나님의 나라와 하나님의 정의'를 이 땅에서 세우는" 것을 자신의 과제를 삼아야 한다. 김균진, "'한국신학'에 대한 나의 제언," 「기독교 사상」 659 (2013. 11.): 149-150.

으로 태동되어 그 상황신학적 소임에 충실하였다면, 이후 민중신학의 실천 현장은 민중 사건에서 민중교회로 대체로 전이되었기 때문에, 민중신학은 기존의 약점으로 비판되었던 종교적 차원을 심도 있게 제시해야 할 과제를 가진다.[86]

민중신학자 안병무는 신학과 인간학이 하나되는 해석학을 추구하는데,[87] 이는 역사의 주체가 하나님이 아니라 민중이라고 강조하며 종말론적 하나님의 나라를 인간의 나라에 축소 환원시키려는 것처럼 보인다.[88] 그러나 하나님의 구원을 비단 인간학적이고 정치경제적인 차원으로 축소시키거나 환원시키시는 것은 결코 바람직하지 않다.[89] 아울러 성서가 말하는 죄는 민중신학이 지금까지 강조한 사회구조적이고 이데올로기적 차원만이 아니라 수직적이고 종교적 차원의 것이 있음도 확언되어야 하는데, 죄를 가리키는 그리스어 하마르티아(hamartia)는 어떠한 사회적이고 구조적인 죄라기보다는 일차적으로 개인적인 죄로서 하나님께 대한 범죄를 가리키기 때문이다.[90]

정리하면, 민중신학은 한국의 민주화 및 인권운동을 성실히 감당했던 상황신학이며 눌린 자를 대변하는 한국신학으로서 세계 신학계에 기여한 한국 최초의 정치신학이라 할 것이다. 이러한 민중신학의

---

86 김명수, "민중 메시아론 비판," 「신학사상」 90 (1995. 9.): 199-200.

87 안병무, 『갈릴래아의 예수』, 10-11.

88 이창호, "하나님의 사랑과 인간의 사랑, 그 같음과 다름에 관한 신학적 윤리적 연구: 민중신학, 칼 바르트, 위르겐 몰트만 신학에 대한 윤리적 분석과 비교를 중심으로," 「기독교 사회윤리」 22 (2011), 297.

89 김균진, 『현대신학사상』, 697.

90 임태수, 앞의 글, 16.

정치적이고 학문적인 공헌점에 대해 한국교회는 인정해야 할 것인데, 이는 역사적 사실일 뿐만 아니라 민중신학의 기본 주제가 낮은 자를 향한 하나님의 사랑을 말씀하는 성서의 가르침과도 일맥상통하기 때문이다. 물론 주석학적이며 신학적이고 변화된 상황분석의 틀로서 여러 제한점이 민중신학에 내재하기는 한다. 민중신학이 앞으로 나아가야 할 방향성과 수직적이고 교회적인 차원으로서 신앙적 차원 그리고 정체성 유지 및 편파성 극복 등이라는 과제도 역시 존재한다. 그러나 이러한 제한점들이 잘 극복된다면 민중신학은 한국교회 및 한국신학계, 더 나아가 세계 신학계에 또다시 공헌하는 'K-신학'이 될 수 있을 것이라 기대된다.

"'하느님의 춤' 卽 '인간의 춤'"
— 현영학의 탈춤 미학을 토대로

심광섭

(감리교신학대학교, 예술목회연구원)

"서울에 딴스홀을 허하라." 이는 1937년 조선총독부에 요청한 것으로 알려져 있다. '춤'(무용, 댄스)은 교회와 신학에서 주변적인 것이고 심지어 불온한 것인가? 성서, 신학 사전에 '춤'(dance, Tanz) 항목은 거의 찾을 수 없다. 성서와 신학 연구자들이 얼마나 춤에 대해 인색한가를 말해 준다.[1] 그렇지만 성서는 하느님의 해방과 약속의 성취에 대해 온몸, 즉 춤으로 응답한다. 미리암과 다윗이 대표적 인물이다. 화가들은 웃거나 춤추는 십자가상의 그리스도를 그리기도 했다. 최근 삼위일체론은 윤무(輪舞)를 통해 삼위일체 하느님의 페리코레시스적 교제를 설명하기도 한다. 춤이 인간학에서 그리스도론 그리고 신론으로 발전한 것이다. 그래서 이 논문은 "'하느

---

[1] 한국신학 중에 춤이 제목에서 들어간 단행본으로는 박종천, 『하느님과 함께 기어라, 성령 안에서 춤추라』(서울: 대한기독교서회, 1998)가 있다. 그러나 춤의 신학적 전개는 희미하다.

님의 춤' 即 '인간의 춤'"이고 "'인간의 춤' 即 '하느님의 춤'"이란 명제를 내건다.

이 글은 ① 봉산탈춤과 거지춤의 민족적 유래로 여겨지는 신라 원효의 무애무(無碍舞)로부터 출발하여 ② 봉산탈춤과 거지춤에 대한 현영학의 해석을 토대로 ③ 기독교의 춤 이해와 성서에 나타난 춤의 사례분석을 통해 ④ 마지막으로 '삼위일체(신학으로서)의 춤 即 춤으로서의 삼위일체(신학)'에 도달함으로써 한국 기독교의 춤의 미학에 기여하고자 한다. 그동안 『예술신학』(2010), 『기독교 미학』(2018)이라는 이름으로 책을 냈지만, 거의 서양적 관점에서 논의했을 뿐 한국(민족민중) 미학의 연구를 경청하지 못한 상태였다. 이제 채희완, 조동일, 김지하 등의 연구를 읽고 현영학의 탈춤 신학을 한국의 민족-민중 미학사의 맥에 잇대고 싶은 생각이다.

1970~1980년대 대학의 문화 운동의 주류로 넓게 자리 잡았던 민족극 운동은 문화 운동을 통한 정치 사회의 변혁에 집중했다. 기독교 대학과 기독교 청년을 중심으로 일어난 민속극 운동도 사회 문화 운동으로만 연구되었다. 심지어 종교 사상을 배제하자는 의견도 있다.[2] 그렇지만 채희완은 한국미의 특징은 '생활과 종교와 예술이 하나 됨'에서 발화(發花)한다는 점을 분명히 짚는다.[3] 현영학은 '하나 됨'의 지점을 확실히 전개한다. 1960~70년대 구미의 정치사회적 변혁의 핵심에는 종교적 문화 운동이 있었음을 인식했기 때문이다. 그는 정치와 신비, 문화와 종교는 사회운동의 원심력과 구심력임을

---

2 심광현, 『흥한민국』 (서울: 현실문화연구, 2005), 218ff.
3 채희완, 『공동체의 춤 신명의 춤』 (서울: 한길사, 1985), 36.

인지한다.

현영학은 동시대 민중 신학자인 안병무와 서남동에 비해 후속 연구가 적은 편이다. 그의 저술 활동이 『예수의 탈춤』[4] 한 권 분량이니 그럴 것이라고도 생각되지만, 서남동의 저술도 많지 않다, 다작은 아니다. 그리고 사상의 고유성과 우수성은 양(量)에 의해 좌우되지 않는다. 알아주는 후학들과 영향력이 관건이다. 『예수의 탈춤』 안에서도 탈춤과 직간접 연결된 글은 서너 개뿐이지만, 그것들은 유의미한 의미 주름으로 다가온다.[5]

"야곱은 밤새 하느님과 악을 쓰면서 씨름하다가 축복을 받았지만 이제 저도 하느님하고 어떤 씨름을 해볼까 하는데, 이제 늙어 기운이 없어서 할 수가 없습니다. 다행히 한국 사람으로 태어나서 우리 조상들이 가르친 민중들의 춤! 우리 학생들이 즐겨 추는 탈춤, 이제 그거나 배워야지 그런 생각입니다."[6]

1985년 11월 이화여대 교수 정년 퇴임 강연에서 하신 말씀이다. 하느님과 탈춤 추기를 소망했다고 상상해 볼 수 있다.

---

4 현영학, 『예수의 탈춤』 (서울: 한국신학연구소, 1997).

5 70년대 이후 교회에서 마당극 운동의 판을 깔아준 박형규 목사(서울제일교회)를 기억해야 한다. 한국의 마당극/굿 연행자들과 연구가들이 박형규 목사님을 늘 고맙게 기억한다. 『마당극 50주년 기념 포럼』 (2024. 8. 16.) 자료집. 이참에 기독교의 민중 문화예술 운동과 민중 미학도 새로운 차원에서 연구되어야 한다. 박형규목사기념사업회 엮음, 『박형규와 함께 그 길을 걷다』 (동연, 2018); 서울제일교회 60주년 기념사업 편찬연구소, 『은총의 60년 평화의 새 역사』 (2013).

6 현영학, 앞의 책, 27.

탈춤을 구성하는 여러 요소, 탈, 음악과 춤의 동작, 시기와 장소, 재담, 작가와 연희자와 관중 등은 한국인의 몸을 이해할 수 있는 기초이며, 이를 통해 한국적 몸의 신학을 새롭게 생각해 볼 수 있다. 현영학 교수의 말이다: "하루는 우리 대강당에서 학생들이 한국 무용을 하는 걸 구경하고 있는데 갑자기 제 어깨하고 엉덩이 근육이 움직거리는 거였지요. 그때 제가 느낀 게 '아! 내 머리는 서양 머리이고 내 몸은 한국 몸이구나!'였습니다."[7] 기독교가 이때까지 다루어 온 한국의 역사는 개화기, 특히 선교사가 기독교 복음을 가지고 와서 포교하기 시작한 이후의 역사라는 인식에 의심을 품고 "이제 한국 역사 전체가 기독교적으로 의미가 있다는 사실을 확인해 보려는 것이다. 그렇게 되어야만 기독교가 한국의 종교로 뿌리내릴 수 있다고 믿기 때문이다."[8]

서양과 한국, 한국과 서양의 구분이 필요 없다고 생각하는 사람들이 많다. 서양 것에 더 친숙하고, 한국 것이 무엇인지 잘 모를 뿐 아니라 오히려 더 낯설다고도 말한다. 사정이 그렇다는데 어쩌랴, 무가내(無可奈)다. 그러나 유럽이나 미국에서 살다 보면 같은 서양인으로 인정받지 못할 뿐 아니라 한국인의 정체성을 진지하게 묻고 찾게 된다. 그뿐만 아니라 지역적인 것, 지방적인 것을 통해 탈근대적 상황과 기후 비상사태의 지구적 실정(實情)을 더 잘 이해할 수 있다고 보아야 한다.[9] 현영학은 당대 신학자들의 어휘에 잘 등장하지 않는

---

7 현영학, 앞의 책, 19.
8 현영학, 앞의 책, 57.
9 이찬석, 『글로컬 시대의 기독교 신학』 (서울: 신앙과지성사, 2013).

말들, 곧 예술 신학적 요소들을 언급한다. 민중의 한(恨)만이 아니라 민중적인 삶의 '힘과 아름다움', '삶과 예술', 몸, 구체적으로 오장육부의 신학, 몸과 노래와 춤으로 경축할 수 있는 종교, 무엇보다 '믿음과 웃음'이다.

I. 봉산탈춤과 거지춤의 유래로서의 원효의 무애무

정의(情意)가 언(言)이 되고, 언이 부족하여 歌가 되고, 歌가 부족하여 舞가 더해지는 것이다. 간절한 마음을 표현하기에는 말로도 부족하고 노래로도 부족해서 춤까지 더해 그 깊은 정한의 일단이나마 표현하려고 했던 것이다.[10]

봉산탈춤의 정신은 신라 원효대사가 추었다는 무애무에까지 가닿는다.[11] 무애무의 출처는 『삼국유사』와 『파한집』 두 곳이다.

1. 『삼국유사』(1206~1289)

요석궁에 과부가 된 공주가 있었는데 (… 그 공주와 元曉가 함께하게 되었다…) 원효가 이미 失戒하여 薛聰을 낳은 이후로는 俗服으로 갈아 입은 후 스스로 小姓居士라고 자칭하였다. 우연히 어떤 광대가 큰 바가

---

10 신영복, 『강의』 (서울: 돌베개, 2004), 55.
11 김매자, 『한국무용사』 (서울: 지식공작소, 2024).

지를 가지고 노는 것을 보니 그 형상이 너무도 빼어나고 기발하였다. 그 박을 얻어서 이를 본떠 도구를 만들어 『華嚴經』의 '一切無碍人, 一道 出生死'라는 문구에서 따서 '無碍'라고 이름하고, 노래를 지어 세상에 퍼뜨렸다. 일찍이 이것을 가지고 천촌만락에서 노래하고 춤추며 교화 를 펼치고 돌아오니 저 오두막집의 더벅머리 아이들까지도 모두 부처의 이름을 알게 되었고, 모두 南無를 칭하게 되었으니 원효의 법화가 참으 로 컸다.[12]

2. 이인로, 『파한집』(破閑集, 1260)

예전에 元曉大聖이 천한 사람들 속에 섞여 어울려 놀았다. 일찍이 목이 굽은 호로(호리병)를 매만지며 저잣거리에서 춤추고 노래하며 이를 無 碍라고 하였다. 이후에 好事家가 위에 쇠방울을 달고 아래쪽에 채색 비 단을 늘어뜨리는 것으로 장식을 삼고는 두드리며 進退하니 모두 音節에 맞았다. 이에 佛經의 偈頌을 따서 無碍歌라 하니 밭 가는 늙은이도 이를 모방하여 遊戲로 삼았다.

無碍智國師가 일찍이 시를 지어 이르길, "이 물건은 오래도록 無用을 가지고 使用하였고 옛 사람은 도리어 이름 없음(不名)으로써 이름이 났도다"하였다. 근래 山人 貫休가 偈를 지어 이르길, "雙소매를 휘두름 은 二障(괴로움과 앎)을 끊었기 때문이요, 세 번 다리를 들어 올림은 三 界를 초탈한 까닭이다"(揮雙袖所以斷二障 三擧足所以越三界)고 하였

---

12 『삼국유사』, 「元曉不羈條」.

으니 모두 眞理를 비유한 것이다.

원효는 661년(45세), 당나라 유학차 충남 당항성에 이르러 하룻밤
을 지내게 된다.

"어젯밤 잠자리는 땅막이라 편안했는데, 오늘 밤은 귀신의 집에 의탁하
니 매우 뒤숭숭하구나. 알겠도다! 마음이 일어나므로 갖가지 현상이 일
어나고, 마음이 사라지므로 땅막과 무덤이 둘이 아님을. 삼계는 오직
마음이요, 만법은 오직 인식일 뿐이다. 마음 밖에 현상이 없는데 어디서
따로 구하겠는가? 나는 당나라에 가지 않겠다."[13]

미적 체험은 사유와 인식의 전환을 이루며 이러한 인식의 전환은
현상의 전환으로 이루어진다. 원효가 춤을 추었던 이유는 상구보리
하화중생(上求菩提 下化衆生)의 자비심에 기인한 보살행으로 귀일심
원이여익중생(歸一心原而饒益衆生)이라는 말에 요약된다. "신라 원효
당시의 무애무는 불교적 성격과 오락적 성격이 함께 융화된 익살스
럽고 우스운 각설이춤이거나 거리의 광대춤과 유사한 춤이었을
것으로 추정된다."[14] 춤 미학자 채희완도 유사한 추정을 말한다:
"무애무는 호리병을 들고 추는 병신춤 또는 거지춤의 일종이었을
것으로 추정된다. 그것은 관념적인 불교 교리를 민중의 일상적인
삶을 위한 것으로 뒤바꾸어 전파하기 위해 춘 것이라고 한다. 말

---

13 『송고승전』 권 4.
14 조경아, "무애무의 기원과 변천과정," 「溫知論叢」 13집.

저 너머의 것을 살아가는 몸짓 자체로 이야기하면서 원효는 무애무라는 병신춤, 거지춤을 일반 민중과 더불어 춤으로써 불교의 민중화를 꾀하려고 진속일여(眞俗一如)의 경지에 도달하였다."[15]

II. 봉산탈춤과 거지춤에 대한 현영학의 해석

탈놀이의 정치적 및 예술적 의미 밑바닥에 깔린 종교적 의미를 탐구하려는 신학적 의도이다.[16]

1. 봉산탈춤[17]

1) 탈놀이의 구성 요소

(1) 탈(주술성, 연행성, 조형성)

탈춤은 탈을 쓰고 말하고, 노래도 부르며, 춤추고 노는 연극적 놀이 또는 놀이적 연극이다. 탈은 신의 힘을 빌려서 벽사진경(辟邪進慶), 제액초복(除厄招福), 파계승에 대한 비방과 풍자, 양반계급에

---

15 채희완, 『공동체의 춤, 신명의 춤』 (서울: 한길사, 1985), 41.

16 탈춤의 신학적 의미 혹은 춤의 신학에 대해서는 손호현 교수의 여러 연구가 탁월하다. 손호현, "춤의 신학: 한국인의 미의식에 드러나는 문화신학적 함의," 「한국기독교신학논총」 79 (2012): 183-206; 손호현, "민중신학과 문화신학의 합류를 위하여: 현영학의 한국민중문화신학 분석," 「신학논단」 77 (2014): 165-186; 손호현, "하느님의 춤꾼 ― 현영학의 신학과 영성," 「농촌과목회」 62 (2014): 48-63.

17 현영학, "한국 탈의 신학적 이해," 『예수의 탈춤』 (서울: 한국신학연구소, 1997), 56-78.

대한 모욕과 폭로, 일부다처의 삼각관계가 야기하는 파탄상과 서민 생활의 빈곤상을 암시한다.[18] 탈은 등장인물을 해학적(익살)으로 과장해서 그의 행동을 모방하게 한다.

(2) 음악과 춤

탈춤에 동원되는 음악은 타령, 굿거리, 도도리곡, 염불 등이며, 몸의 움직임을 통한 구체적인 표현, 뭇동춤(군무)은 민중의 사회적, 횡적 유대관계를 보여준다.

(3) 시기와 장소

탈춤은 농경사회의 리듬에 맞춘 시기, 관에서 베푸는 축연에 연행된다. 탈춤의 장소로서의 마당은 아주 특별한 의미를 지닌다. 마당은 마당굿으로서의 집단적 신명의 장소이다. 평소에는 일상생활 공간이지만, 굿터로 정해지면 각종 금기가 지켜지는 성스러운 곳으로 바뀐다. 굿판에서는 일상적 금기가 또다시 전도되는 반란과 혼돈이 일어나고 굿이 끝나면 다시 일상 공간으로 되돌아온다. 한 마당을 두고 속된 곳으로, 거룩한 땅으로 넘나듦이 자유롭다. 교회나 법당이 일 년 내내 속된 것이 범접하지 못하는 것과는 다르다.[19]

(4) 재담(대사)

상말은 배 속으로부터, 창자 속으로부터 뱉어버려진 말이다.

---

18 김매자, 앞의 책, 307.
19 채희완, 앞의 책, 110.

상말은 몸의 느낌의 정직한 표현이다. 억울하게 당한 자의 솔직한 감정표현이면서 동시에 억압자에 대한 저항과 반항의 표현이다.

(5) 작가와 광대와 관중

탈놀이에서는 작가가 따로 없다. 광대와 관중이 다 함께 작가가 된다.

2) 극적 갈등(일곱 마당 중)

(1) 노장과장

노장, 小巫, 취발이. 민중의 눈에 비친 불교의 허구성 비판을 비판한다.

(2) 양반과장

양반, 말뚝이. 서적을 통해서만 세상을 읽는 양반 계층의 비정상성을 비판한다.

(3) 미얄할미과장

미얄할미, 영감, 남강노인의 넋풀이굿. 모든 과정은 갈등과 싸움과 화해, 다시 갈등으로 이어지며 해학과 풍자와 웃음으로 가득차 있다.

특히 탈춤의 과정에서 이름없음과 여성적인 것의 권리 회복이 이루어진다.[20] 여성적인 것의 권리 회복은 세계 운행 질서의 회복이다.

---

20 채희완, 『탈춤』 (서울: 대원사, 1992, 2004), 84-91.

새로운 세계를 잉태하고 있는 여성적인 길인 곤도(坤道)의 출산력이므로 죽음과 죽임의 반(反)생명적 상황을 뚫고 새로운 생명, 새로운 세계를 포태, 출산하는 천지 해방 살림 굿의 도정에서 개인 해방, 노동 해방, 사회 해방, (생태 해방) 우주 해방은 실제 상황화된다.[21]

3) 종교적 의미

현영학은 탈춤의 종교적 의미 세 가지를 언급한다. 첫째, 비판적 초월(포월, 匍越)의 경험이다. 둘째, 초월의 원천은 민중(씨알 백성)의 경험이다. 초월의 원천이 신이나 형이상의 세계가 아니라 역사 안에 사회 밑바닥에서 지지리 고생하는 민중의 삶의 경험의 깊이에서 나온다. 셋째, 초월 경험의 주체는 민중이다. 몸을 위해서 몸과 더불어 몸으로 살 수밖에 없는 민중이다. 머리로 사는 사람은 몸으로 사는 사람의 원초적인 경험에서 배우지 않고는 세상을 알 수 없다.

현영학은 민중적 삶의 한과 고단함만이 아니라 그것을 견인하고 극복해 내는 더 큰 원초적인 힘으로 민중적 삶의 힘과 아름다움을 말한다. 현영학은 그들(민중)의 오장육부 속에는 '불안', '고독', '절망' 보다 더 지독한 아픔, 그런 말들로서는 표현할 수 없는 더 깊은 한이 맺혀 있기 때문으로 본다. 그 한은 정신적인 비인간화보다 근원적인 육체적인 비인간화의 경험이다. 그러나 삶의 공동체, 삶의 강인한 힘, 삶의 진실, 삶의 아름다움을 사회의 상층에서가 아니라 그 밑바닥에서 보게 되었다는 것은 대단한 충격이고 놀라움이고

---

21 김지하, "천지굿," 『김지하 전집 3. 미학사상』 (서울: 실천문학사), 590-610.

즐거움이며, 바로 이것이 예언자가 가졌던 꿈이자 희망의 메시지이기도 한 것이다.[22]

2. 공옥진의 병신춤[23]

광대 공옥진(1931~2012)에 대한 생애 기록은 영상 자료 외에 책자로는 백승남의 구술 기록이 유일하다.[24] 현영학은 병신춤에 대해 오장육부를 믿을 수 있게 하는 종교라고 말한다: "병신춤과 같은 민중예술은 한 맺힌 몸의 아픔을 심화시키고 더 강하게 경험하게 함으로써 삶의 깊이와 아울러 그 높이를 몸으로 경험하게 한다. 종교도 같은 이치이다. 인간의 오장육부 깊숙이 맺힌 한을 건드린 종교, 머리나 가슴으로 믿거나 현실을 망각하게 하지 않고 도리어 오장육부로 믿을 수 있게 하는 종교라야 민중의 종교, 몸의 노래와 춤으로 경축할 수 있는 종교이다."[25] 춤 미학자 채희환은 모두가 사회적인 불구자임을 깨닫게 하는 춤이라고 한다. 병신춤, 이는 춤을 출 수 없는 신체적 불구자가 추는 춤이되, 불구에서 정상으로 옮겨내는 싸움의 춤이다. 그리고 그것은 모두가 사회적으로 병신이라는 것을 깨닫게 하는 춤이며, 불구화된 것을 불구로써 척결하여 인간 해방을 성취하고자 하는 춤이다. 춤으로써 가장 인간적인 것이 지상

---

22 월터 브루그만/신지철 옮김, 『다시 춤추기 시작할 때까지』 (서울: IVP, 2020).

23 현영학, "병신춤," 앞의 책, 106-115; 백승남 지음, 김정한 그림, 『광대 공옥진 — 춤은 몸으로 추는게 아니랑께』 (서울: 우리교육, 2006).

24 백승남 지음/김정한 그림, 앞의 책.

25 현영학, 앞의 책, 115.

에 실현되는, 지상을 미적 유토피아로 뒤바꾸는 춤인 것이다.[26]

전통적 병신춤의 장애 모방 구도는 장애의 타자화를 통한 양반 계층의 비판적 풍자를 통해 민중 해방이라는 축제의 장을 구현하고자 하였지만, 사회적 약자인 비장애인 민중들이 양반뿐만 아니라 장애인까지도 타자화함으로써 장애와 비장애 사이의 경계를 고착시키고, 불평등한 위계질서를 관념적으로 생산하게 되는 한계점을 드러내었다. 반면 공옥진 병신춤의 핵심은 장애를 수평적인 시점에서 구현해 냄으로써 장애의 희화화를 통한 해학과 풍자를 벗어나 장애, 비장애라는 이분법적 사고방식을 해체하고자 하였다. 특히 몸은 사회적 규칙들이 각인되는 장과 같아서, 하나의 고정적 실체가 아니라 역사와 더불어 사회적 맥락 안에서 유동적인 의미를 지닌다.[27]

진실한 예술은 장애자 속에서 나온다. 아픔이 있기 때문이다. 아픔이 없이 살아간 사람은 예술을 해도 진실한 예술이 나오지 않는다. 아픔이 손톱, 발톱 끝으로 헤쳐나오기 때문에 그것이 진실한 예술이다. 저 사람의 아픔을 내 아픔으로 뽑아서 모든 관객에게 전달시키는 것이다. 흉내, 재현이 아니라 창작이다. 철조망에 갇힌 동물들을 보고 동물의 아픔을 예술로 승화한 것이 동물춤이다. "내가 동물로 완전 돌아가 인간에게 보여주자… 부끄러움이 없었다." 공옥진의 춤은 작은 몸으로도 그 큰 무대를 꽉 채운다. "자기 설움도 없으면서 선생 하란 대로 따라 하는 소리나 춤이 예술일거야? '아니야'"라고 단호히 말씀한다. "예술은 자기 속으로 울음 삼키는 한이

---

26 채희완, 『공동체의 춤, 신명의 춤』, 2.
27 김효성, 『공옥진 병신춤의 장애 — 모방 연구』 (2019).

있고, 누군가와 나누고 싶은 외로움이 있어야지. 목청 좋다고 소리하고 예술하는 거 아니야. 배워서 할 양이면 누가 못해?"[28]

'병신춤'은 동서양 춤 역사에서 유래가 없는 독특하고 고유한 춤일 뿐만 아니라 인간의 고난과 고통, 슬픔과 한을 심층에서 자아낸 춤 미학의 정수(精髓)라고 말할 수 있다. 병신춤은 춤의 정신에서 제임스 콘(James Cone, 1938~2018)의 춤에 대한 이해와 유비를 이룬다. 『흑인영가와 블루스』(The Spirituals and the Blues)에서 흑인 신학은 유럽 신학에서 비롯된 것이 아님을 보여주고자 했다.

> 해방과 자유의 사상은 그들로부터 온 것이 아니다. … 그들의 신학에서 자유는 추상적이며 철학적인 원리로 사상적 영역에서 상실된 것이었다. … 유럽 사상가들의 신학은 유럽에게 식민화된 아프리카 사람들을 위해 쓰여지지 않았다. 그들은 정복자들을 위해 글을 썼다. … 우리는 조상들이 전해준 노래에 담긴 자유를 목소리 높여 불렀다. "오 자유! 오 자유! / 오 자유, 나는 너를 사랑한다네! / 내가 노예가 되기 전에, 내가 무덤에 묻히기 전에, / 내 주님 고향 집에 들어가 자유하리라."

때로 사람들은 성령의 역사, 즉 언제나 찾아오고, 마음을 부드럽게 하고, '하느님의 변치 않는 두 손'을 잡도록 결심을 굳히는 성령께 화답하며, 소리 지르고, 발을 구르고, 팔을 흔들었다. 나는 노래를 잘할 순 없었지만, 내 살과 뼈에서 요동하는 성령을 느낄 수 있었다.[29]

---

28 공옥진의 유튜브 구술에서 정리한 내용이다.
29 제임스 콘/홍신 옮김, 『아무에게도 말하지 않을 거라고 했지만』(서울: 한국기독교연구소,

공옥진도 똑같은 고백을 한다. "춤은 몸으로 추는 게 아니고 넋으로 추는 것이야. 정말 그래. 진정한 춤은 뼈마디에서 우러나오는 것 같아."[30] '뼈마디에서 우러나오는 춤', 십자가에서 춘 예수의 부활의 춤도 이런 춤이었을 것이다.

왜곡되고 불구가 된 자들의 몸을 모방하고 실제 참여한 공옥진의 병신춤과 거지춤은 십자가에 못 박힌 자의 춤을 연상하게 한다. 이 춤은 하느님의 신성과 인류를 위한 그의 영원한 사랑이 십자가상의 예수의 찢어지고 부러진 몸에서 가장 예증적으로 나타났으며, 이것은 역사상 억압, 린치로 망가지고 꺾인 모든 인간의 몸과 깊이 관계되어 있음을 알게 된다.

III. 기독교의 춤 이해와 성서에 나타난 춤의 사례분석

"춤추지 않고 어찌 인생을 알리오"
_ 2세기 영지주의 찬송가 <그리스도 중에서>[31]

1. 기독교의 춤 이해

왜 초대 기독교는 댄스 신발을 벗어 던졌을까? 터툴리아누스나 아우구스티누스는 춤이 인간의 몸과 마음을 선동하여 이방인의

2021), 123-125.
30 백승남, 앞의 책, 162.
31 쿠르트 작스/김매자 옮김, 『세계무용사』 (서울: 지식공작소, 2024), xxxiii.

관습에 젖어들까 봐 금하였다. 고대 그리스-로마인들에게 춤은 하나의 제의이고 축제였으며, 시민 생활의 중요한 형식이었다. 그리스도인들은 경건한 행위의 목록에는 춤이 빠진 채 제시되었다.

그러나 중세기에 접어들면서 춤을 더 이상 금할 수 없었으며, 춤은 기독교 이해와 예배의 중요한 부분으로 들어왔다. 교회의 공간에도 집단무의 도상이 새겨지기 시작했다. 미리암과 다윗의 춤이 조각되거나 그려지기 시작했으며, 다윗의 춤과 그리스도의 십자가가 함께 배치되기도 했다. 노래와 춤이 성화된 것이다. 13세기 여성 신비주의자들은 그리스도와 에로스의 춤을 동경했고 천상의 춤꾼을 꿈꾸기도 했다.[32] 그러나 16세기에 접어들면서 기독교의 춤은 극적으로 사라지기 시작했다. 개신교와 가톨릭의 대항 종교개혁은 춤을 우상숭배라며 맹공했다. 이때 주로 언급된 기독교의 춤에 대한 부정적 이미지를 금송아지 신앙 앞에서의 춤(출 32:1-6)과 헤롯의 생일에 춤을 춘 살로메로 알려진 헤로디아의 딸의 춤(마 14:6)에서 찾았다.

그렇지만 아놀드 쇤베르크의 오페라 <Moses and Aaron>(1931~1932)에 따라 이 사건을 다르게 해석할 수 있다.[33] 모세는 모든 사유와 상상력 너머의 초월적이고 보이지 않는 유일한 하느님을 대변한다. 모세는 관념적 사유의 대변인이다. 반면 아론은 종교의 이미지들에 대한 필요성을 역설한다. 이미지는 인간이 하느님에게 응답하기 위한 필수적 매개체이다. 아론은 예술가의 사명, 표상력과

---

32 Kathryn Dickason, *Ringleaders of Redemption. How Medieval Dance Became Sacred* (Oxford Academic, 2021).

33 리차드 빌라데서/손호현 옮김, 『신학적 미학. 상상력, 아름다움 그리고 예술 속의 하느님』 (서울: 한국신학연구소, 2001), 90-146.

심광섭 • "'하느님의 춤' 卽 '인간의 춤'" ∣ 63

상상력을 대변한다.

　모든 교리문답(catechism)은 주기도문과 십계명을 가르친다. 십계명은 "…하지 말라"는 금기가 주종을 이룬다. 모세의 유일신 신앙의 적자인 기독교는 이 금기를 계승하고 한국의 성리학의 도덕주의와 결합하여 한국의 기독교는 도덕적 순수주의를 이상으로 삼고 있다. 그러나 여기서는 예술이 생산될 수 없다. 예술은 "하라"와 "하지 말라"의 '사이'에서 발생하는 사건이기 때문이다. 예술은 '어둠'도 '빛'도 아닌 그 '사이'의 긴장과 갈등, 곧 움직이는 '그늘'에서 발생한다. 예술의 시간은 어둠이 걷히길 기다리는 새벽의 시간, 어둠이 짙어지는 시간이다.

　탈춤의 주제는 파계승과 양반에 대한 풍자, 처첩 사이의 갈등이라고 한다. 그러나 풍자의 대상이 되는 노장이나 양반만 다루지 말고 대립의 짝들을 찾아야 한다. 노장과 목중, 노장과 취발이, 양반과 말뚝이, 미얄할미와 영감 그리고 덜머리집의 갈등 구조로 이해해야 한다. 여기에는 갈등과 긴장, 싸움과 화해, 관객들의 참여 등이 아우러져 '민중적 현실주의'를 적극적으로 표방하고 적대적인 관계를 가지는 종교와 철학의 관념론을 과감하게 비판한다. 종교가 형이상학적이고 도덕적인 담론에 목맬 때, 예술은 형이하의 세계, 지상의 세계, 감각과 관능성, 땅과 육체의 세계를 배격하기는커녕 포용한다. "하느님의 영은 땅을 거룩하게 하며, 생명을 살게 하고, 온 감각을 일깨운다."[34] 탈춤에서의 인간은 리비도적이면서 색정적이기까지

---

34 위르겐 몰트만/박종화 옮김, 『살아계신 하느님과 풍성한 생명』 (서울: 대한기독교서회, 2017), 234.

할 정도로 욕망적이면서도 동시에 신령하다. 탈춤의 영성이 있다면 육체로 파고드는 고단한 현실을 있는 그대로 살아가는 허름한 사람들의 명랑하고 유쾌한 삶에 있다 하겠다. 춤의 파괴는 곧 흥(興)과 신명의 파괴이며, 이는 하느님 앞에서의 기쁨의 제거이다. 월터 브루그만은 "하느님의 '회복'은 과거에 알려진 범주들이나 설명들 가운데 어떤 것에도 적합하지 않은 새로운 것이므로 필연적으로 노래와 비유로 표현된다"고 말한다.[35] 하느님의 구원 사건에 '풍악과 춤추는 소리'(눅 15:25)는 자연스럽고도 필연적인 것이다.

2. 성서의 춤 사례[36]

1) 광복의 춤 ― 미리암(출 15:19-21)

억압과 고역의 땅 이집트를 탈출하여 홍해를 건넌 이스라엘 백성, 드디어 얻은 해방의 희열, 끝내 긴 터널을 통과해 얻은 뼛속까지 스며드는 해방의 기쁨, 마침내 바라보는 가나안의 희망.

이 억제할 수 없는 샤우팅, 환호성, Dance of the heart, 광복, 자유와 해방의 바닷가에서 미리암과 함께 춤을….

그때, 아론의 누이요 예언자인 미리암이 손에 소구를 드니, 여인들이

---

35 월터 브루그만, 앞의 책, 78.

36 Angela Yarber, *Dance in Scripture. How Biblical Dancers Can Revolutionize Worship Today* (Cascade Books, 2013).

모두 그를 따라 나와, 소구를 들고 춤을 추었다. 미리암이 노래를 메겼다. "주님을 찬송하여라. 그지없이 높으신 분이시다 שִׁירוּ לַיהוָה כִּי־גָאֹה גָּאָה 말과 기병을 바다에 던져 넣으셨다"(출 15:20-21).

2) 신명의 춤 — 다윗(삼하 6:14-22)

성스러움을 맞이하는 언어는 몸의 언어인 춤이다. 예술 중에서 시(詩)와 더불어 노래와 춤은 성스러움을 맞이하고 체화하며 표현하는 최고의 수단이다. 하느님의 궤가 적의 수중에서 완전히 벗어나 통일왕국의 새 수도 예루살렘으로 옮겨진다. 다윗은 자신의 성공적인 삶과 함께 주님의 궤의 도착을 기뻐한다. 말로 다할 수 없는 감사와 기쁨이 흘러넘쳐 궁정으로 이르는 거리는 축제적 무드로 조성된다.

기쁨이란 단순히 내향적일 수만은 없다. 기쁨은 밖으로 나와 표현되어야 한다. 춤과 놀이는 내면에서 넘치는 기쁨을 자유롭게 풀어놓는 방법들이다. 다윗은 주님의 궤가 다윗성에 도착하자 제사장 정복인 에봇을 입고도 주님 앞에서 온 힘을 다하여 힘차게 덩실덩실 춤을 춘다(삼하 6:14). 다윗은 앞서 미갈의 질책을 듣고 이렇게 답변한다:

그렇소. 내가 주 앞에서 그렇게 춤을 추었소. … 나는 언제나 주 앞에서 기뻐하며 뛸 것이오 내가 스스로를 보아도 천한 사람처럼 보이지만, 주님을 찬양하는 일 때문이라면, 이보다 더 낮아지고 싶소(삼하 6:21-22a).

신체는 몸 자체의 감각으로 떨리는, 기관의 분화가 일어나기 전의 살덩어리다. 그래서 "몸은 문자처럼 고정되지 않고 소리처럼 녹음되지 않으며 사진처럼 복사되지 않는다".[37] 다윗의 몸은 고통을 끌어안는 몸, 희생하는 몸, 벗겨진 영혼이며, 동시에 기쁠 때 춤추는 몸이다. 다윗은 야훼 앞에 번제와 화목제를 드리고, 야훼의 이름으로 백성을 축복하고, 모든 백성에게 '떡 한 개와 고기 한 조각과 건포도 떡 한 덩이씩 나누어 줌'(삼하 6:19)으로써 이날이 축일임을 온 백성과 더불어 즐긴다.

다윗은 국가의 예식을 진행하는 것처럼 하지 않았다. 그는 행렬 앞에서 근엄하게 사열을 받으며 직무를 수행한 것이 아니다. 하느님을 이용해 예루살렘의 권위를 높이려는 정치적 행동도 아니며 하느님을 높여 들인다는 명분을 내세워 자신의 종교적 치적을 챙기는 종교적 행사도 아니다. 다윗은 무심코 살아계신 하느님께 마냥 반응하는 것이며, 자신의 마음과 몸을 휘감고 재잘대며 흐르는 하느님의 생명에 황홀하게 접촉하는 것이다.

"종교는 인간의 노력의 최고 목표인 신성에 바쳐진 놀이, 곧 춤이다"(요한 하위징아). 춤은 몸을 통해서 드러나는 공간예술이다. "춤은 몸짓으로 생성되는 공간에 내적 감정과 사상을 표현하는 예술이다."[38] 몸은 오감으로써 말하며, 춤은 몸을 드나드는 오감의 자극과 역동성을 보여 주는 움직임이다. 다윗은 몸으로 성스러운 주님의 궤에 응답한다. 춤에서 정감적 영혼의 울림과 몸의 물질적

37 안치운, "연극, 몸과 숨의 현존," 「황해문화」 58(2008): 381-386.
38 이혜자, "무용, 몸짓의 언어."

질료의 떨림이 공명하면서 성스러움이 온몸에 스며온다.

3) 恨(넋풀이)의 춤 — 입다의 딸(삿 11:34-40)

입다의 딸은 죽음에 대하여 탄식하는 것이 아니라 못다 이룬 삶에 대해 탄식한다. 죽음은 삶에 속한다. "우리는 다 죽는다. 땅에 쏟으면, 다시 담을 수 없는 물과 같다"(삼하 14:14). 처녀 혹은 처녀의 몸으로 죽은 것에 대한 슬픔이란 사랑하고 연애하여 결혼하지 못하고 죽는 삶에 대한 슬픔이라기보다는 생명 출산의 가능성이 타율적으로 사라지는 것에 대한 상실감에서 나온 슬픔이다. 딸은 새로운 생명 이음, 생명 개신에 대한 간절한 소원을 두 달 동안 친구들과 산에서 풀어 놓는다.

프랑스의 화가 제임스 티소(James Tissot, 1836~1902)는 딸이 친구들과 산의 숲에서 춤을 추는 장면을 그렸다. 전승하고 돌아오는 아빠를 소고와 춤으로 맞이한 외동딸이다. 출애굽 해방의 여전사, 홍해를 건넜을 때 민중들과 함께 해방춤, 윤무(輪舞)를 춘 미리암의 DNA가 그의 심장 속에 맥동하고 있다.

춤은 희로애락의 모든 감정을 표현하며 아우른다. 입다의 춤에는 특히 정한(情恨)의 감정이 스며들어 발산되고 있다. '정'(情)이란 한 주체가 세계와 특별한 관계를 맺으면서 자기를 확장하는 실존 양식이자 대상을 느끼고 생각하며 좋아하게 되는 마음의 상태이다. '한'(恨)이란 정을 주고받는 대상의 사라짐에서 생기는 부재의 정서, 곧 슬픔이다. 情은 생(삶)과의 만남에서 생기며 哀와 恨은 이별과 죽음에서 생긴다.

개념으로 정립된 정과 한은 서로 대립하고 쟁론(諍論)하는 것

같지만 움직이는 하나의 생명, 곧 춤 속에서 흥(興)으로 아우러진다(和諍). 그러므로 춤 속에서 정과 한은 하나이면서 하나가 아니고, 둘이면서 둘이 아니다(不一不二). 살풀이춤이면서 동시에 신명의 춤이 된다.

산 위에서 친구들과 함께 추는 춤에서 나와 너, 하늘과 땅, 아버지와 딸, 슬픔과 기쁨, 삶과 죽음의 이항 대립은 사라지고 대지 위 하늘 아래 하느님 앞에서 하나의 춤추는 생명만 남는다. 입다는 춤을 통해 육체적 죽음과 어둠을 통과하여 생명과 빛의 세계, 눈물과 억울함을 통과한 후의 환희의 세계에 들어간 것일까. 그 세계는 죽음을 넘어선 새 생명의 세계, 살풀이의 한을 넘어선 신명의 세계이다.

입다의 딸은 원망하거나 탄식하지 않는다. 그는 단축된 생명의 가능성의 힘을 모아 더 큰 생명, 우주적 생명, 하느님 생명의 품으로 들어간다. 그의 마음이 하느님의 마음에 안긴다. 두 마음이 한마음(一心)이 된다. 그는 이스라엘의 진정한 풍류인(風流人)이다.

4) 십자가의 춤 — '피에로 예수'

하비 콕스와 현영학의 예수 이해는 '피에로 예수'이다.[39] 복음서는 예수께서 최후의 만찬 이후 감람산으로 찬미하며 가셨다고 기록한다: "이에 그들이 찬미하고 감람산으로 가니"(막 14:26). 영지주의 문헌인 『요한행전』(94-96장)은 노골적으로 예수께서 잡히시기 전에 제자들과 함께 원무의 춤을 춘 것으로 나온다: "춤추지 않는 자는

---

39 현영학, 앞의 책, 53-54; 심광섭, 『기독교 신앙의 아름다움』 (서울: 다산글방, 2003), 473-475.

앞으로 일어날 일을 알지 못한다. 춤추는 자만이 내가 하는 일을 알 수 있다"(Who so danceth not, knoweth not what cometh to pass. Thou that dancest, perceive what I do).

발리 출신 화가 다르사네(Nyoman Darsane)는 <십자가상에서의 춤>(1999)을 그렸다. 그는 힌두교인이었으나 17세에 기독교인으로 개종하고 서양 문화를 배웠는데, 인도네시아의 문화를 존중하면서 토착 문화적 기독교 미술로 세계에 널리 알려진 화가가 되었다. 이 그림에서 십자가상의 그리스도는 당신의 영혼을 환한 하느님께 맡긴 허심(虛心)한 춤사위다. 성령의 산들바람을 타고 허허(虛虛)롭게 된 몸은 십자가에 붙박일 수 없어 십자가에 못 박힌 몸의 리듬을 통해 생동한다. 뼈와 근육 그리고 살에서 어떤 긴장이나 아픔도 느낄 수 없다. 신기(神氣)와 같은 생명의 기운이 머리끝에서 발끝까지 물결처럼 흐른다. 십자가라는 가장 거칠고 황량하고 까슬한 외재적 물질세계에 구애됨 없이 풀려나 무궁한 우주적 생명 세계로 들어가려는 춤이다. 춤추는 솜씨가 정말 기가 막히다. 그것은 너무나 허허롭고 무욕(無慾)하며, 바람 타고 나는 무애(無碍)한 연(鳶)의 자유로운 헤적임이요, 물속에서 유유자적(悠悠自適)하며 유영(遊泳)하는 물고기의 즐거움 같아서 보는 이의 눈길을 더욱 강하게 끌어당긴다. 보면 볼수록 그림은 보는 사람의 해맑은 마음을 움직여 부활의 춤에 합류하게 한다.[40]

---

40 심광섭, "춤과 신학," 『기독교미학의 향연』 (서울: 동연, 2018), 제12장.

<십자가상에서의 춤> (1999)

IV. 삼위일체의 춤 卽 춤의 삼위일체
: 신의 춤과 인간의 춤의 상즉상입(相卽相入)

"내가 신을 믿게 된다면 춤출 줄 아는 신만을 믿으리라. ⋯ 지금 나는
가볍고, 지금 나는 날고, 지금 나는 내 자신을 내려다보고, 지금 나를
통해 한 신이 춤을 춘다."[41]

하느님은 춤추시는 하느님이다.[42] 시인 신현정은 하느님과 놀
수 있는 사람, 아니 하느님에게 놀자고 권면하고 충고할 수 있는
사람이다. 신학자들이 하느님에게 지운 무거운 짐을 벗겨주는 이는

41 프리드리히 니체/최승자 옮김, 『짜라투스트라는 이렇게 말했다』 (서울: 청하, 1993), 제1부
    "읽기와 쓰기에 관하여."
42 헨리 나우웬/윤종석, 『춤추시는 하느님』 (서울: 두란노, 2001).

시인밖에 없다. '화내며 잔뜩 부어' 있는 하느님을 끌어내려 풀밭에서 한가로이 풀을 뜯는 염소와 어울리게 하는 '동물의 사육제'의 세계와 통한다.

하느님 거기서 화내며 잔뜩 부어 있지 마세요 / 오늘 따라 뭉게구름 뭉게 뭉게 피어오르고 / 들판은 파랑물이 들고 / 염소들은 한가로이 풀을 뜯는 데 / 정 그렇다면 하느님 이쪽으로 내려오세요 / 풀 뜯고 노는 염소들과 섞이세요 / 염소들의 살랑 살랑 나부끼는 뿔이랑 / 옷 하얗게 입고 / 어쩌면 하느님 당신하고 하도 닮아서 / 누가 염소인지 하느님인지 그 누구도 눈치채지 못할 거예요 / 놀다 가세요 뿔도 서로 부딪치세요(신현정, <하느님 놀다 가세요> 전문).

삼위일체 하느님의 가슴 속에서 숨 쉬고 뛰는 성령은 사귐의 능력이고 사랑의 끈이다. 성령은 삼위 하느님의 사귐과 상호 교류, 교환, 상즉상입(相卽相入)을 보증한다. 삼위일체적 공동성에 대한 전문 용어는 '페레코레시스'(perichoresis)이며, 문자적 의미는 둥글게 돌면서 추는 춤(dancing around), 윤무를 의미한다. 이 용어는 신성의 삼위가 나누고 누리는 깊은 사랑과 상호성을 기술하기 위한 용어이다. 삼위일체는 그치지 않는 성령의 사귐과 관계적 역동성을 고무하는 생명의 춤이다. 다음은 도상으로 나타난 삼위일체 표상이 서방교회로부터 정교회를 거쳐 현대적 삼위일체론의 춤추는 역동적 관계성을 이미지로 표현한 것이다.

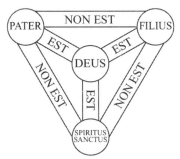

서방 교회 표상

정교회 표상

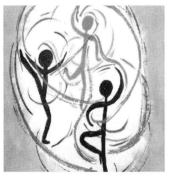

Dancing Trinity(현대적 삼위일체의
춤추는 표상)

(1) 위르겐 몰트만은 관계적 혹은 사회적 삼위일체론의 선구자이
다. "하느님의 단일성의 개념은 신적 인격들의 순환(Perichorese)

속에서 인지될 수밖에 없다."[43]

(2) 라쿠나는 순환 개념을 춤의 은유(metaphor)를 통해 역동적으로 표현한다. "안무는 춤을 추는 이 각자가 다른 이를 향해 스스로를 표현하고 움직여 가도록 협력함으로써 군더더기 없는 대칭을 이루어내는 운동이다. … 하느님의 춤에는 지도자도 추종자도 없고 다만 주고받는 영원한 상호운동만이 존재할 뿐이다. … 하느님은 영원히 출산하고 출생하며, 숨을 쉬고 타자의 숨 속으로 들어간다. 하느님의 춤은 하느님의 본질과 일치를 표현하는 완전히 인격적이면서 완전히 비인격적이다. 춤의 이미지에서 하느님은 홀로가 아니다. 삼위일체적 페리코레시스 개념은 사랑의 하느님께서 영원부터 살아계시다는 의미가 무엇인지 관상하도록 한다."[44]

(3) 엘리사벳 존슨(Elizabeth A. Johnson)에게 살아계신 한 분 하느님은 여성이신(She who is) 하느님이다. "삼위일체 신비의 상징은 그 근본적 기초에서 상상할 수 없는 관계로 둘러싸인 내적인 신적 순환(circling)을 나타내는 세상과의 역동적 교류, 곧 하느님의 생명력(livingness in God)을 일깨운다."[45]

(4) 레오나르도 보프는 '창조 안에 있는 삼위일체와 삼위일체 안에 있는 창조'라는 상즉상입의 논리로부터 피조세계, 곧 우주는 삼위일체의 몸임을 확증한다. "삼중적 하느님 안에 있는 우주는 한정된 창조의 형식 안에서 하느님의 세 위격의 교제를 가능한 충분히 빛내는

---

43 위르겐 몰트만/김균진 옮김, 『삼위일체와 하느님 나라』(서울: 대한기독교출판사, 1993), 185.
44 캐서린 모리 라쿠나/이세형 옮김, 『우리를 위한 하느님』(서울: 대한기독교서회, 2008), 390.
45 엘리사벳 존슨/함세웅 옮김, 『하느님의 백한 번째 이름』(서울: 바오로딸, 2000), 316.

삼위일체의 몸이 될 것이다. 이것이 바로 구원받은 이들의 축제이다. 자유를 얻은 이들의 천상의 춤이며, 아버지, 아들, 성령 삼위일체의 고향과 가정에서 아들과 딸들이 모여 벌이는 만찬이다. 삼위일체가 참여하고 있는 창조 안에서 우리는 뛰고 노래할 것이며, 아버지와 아들과 성령을 찬양하고 사랑할 것이다. 우리는 아버지와 아들과 성령의 사랑을 받게 될 것이며, 찬양을 받게 될 것이다. 춤추며 노래고 노래하며 춤추면서 영원히 춤추고 사랑할 것이다."[46]

삼위일체의 춤 卽 춤의 삼위일체: 신의 춤과 인간의 춤의 相卽相入

위에서 언급한 네 명의 신학자들은 한결같이 '페리코레시스'적 춤의 개념으로 신성 안에서의 삼위 하느님의 교제뿐만 아니라 창조와의 친밀한 교제도 전달한다.[47] 몰트만도 후기 작품에서 이 사실을 종말론적으로 확증해 준다. "오고 있는 세계의 시간대에서는 '내주하시는 하느님'으로서 온 우주 안에 내주하신다."[48] 이 글에서는 몰트만이나 보프가 광대한 '우주'라고 말한 것을 사건이 일어나는 구체적 '마당'으로 끌어 내리겠다. 하느님이 지금 이곳, 곧 마당에 계시면, 백성은 노래하고 춤추며 기뻐서 어찌할 바를 모르고 먹고 마시며 생명의 축제를 만끽할 것이다. 다시 역으로 말하면 씨알 백성이 노래하고 춤추며 기뻐서 어찌할 바를 모르고 먹고 마시며 생명의 축제를

---

46 레오나르도 보프/이세형 옮김, 『삼위일체와 사회』 (서울: 대한기독교서회, 2011), 326.

47 백충현, 『내재적 삼위일체와 경륜적 삼위일체』 (서울: 새물결플러스, 2011).

48 위르겐 몰트만/박종화 옮김, 『살아계신 하느님과 풍성한 생명』 (서울: 대한기독교서회, 2017), 266.

만끽하는 곳에 하느님은 살아계신다. 춤추는 하느님과 춤추는 인간 사이의 이중적 교호 결합으로서의 신인묘합의 신비 체험이 가능해진다.

엘리사벳 존슨은 하느님의 윤무가 민속무용의 리듬감 있고 예측 가능한 동작을 따라 만들어졌으며, 따라서 생명의 영원한 흐름은 무희들의 음악과 결합된 자유로운 동작으로 멋진 살사(Salsa), 메렝게, 칼립소, 레게 리듬의 흥겨운 가락에 맞춰 추는 것이라 말한바,[49] 우리에게는 광대들의 봉산탈춤 및 마당굿의 한판 놀이로 비유할 수 있겠다. 광대들의 마당굿에서 유추할 수 있는 신학적 의미를, 몸, 신명, 일과 놀이의 일치 그리고 하느님과 세상의 관계를 '卽'의 논리로 풀어보고자 한다.

1) 첫째, 성육신의 미학

춤은 몸과 영혼의 연합된 전체의 생성을 통해 몸의 신학, 몸의 미학을 강화한다. 광대의 몸은 연극의 가장 중요한 표현 수단으로서 인간의 내면과 영혼까지도 표현하는, '육화된 영혼'으로서의 몸이 된다. 이것은 예수 그리스도 안에서 육신이 된 성육신의 사건과 상응한다. 춤은 육체의 사유이며 육체의 노래다. 성육신(incarnation)이 기독교 신앙의 핵심이라면, 탈춤 및 실제적 춤춤과 연행은 삼위일체 하느님과의 성육신적 연합의 구체적 가능성이다. 또 하나 춤의 비밀은 '감정이입'의 방법으로 각 역할 속으로 들어가는 것이 아니라 "인물을 관찰하고 흉내 내면서 그리고 몸으로 익히고 동작을 훈련하

---

49 엘리자벳 존슨, 앞의 책, 329.

면서 그 인물이 내 안으로 들어오게 한다. … 몸짓이나 표정을 흉내 내고 내 것으로 만들면서 인물의 정서가 내 안으로 들어오는 거야."[50] 공옥진의 말이다. 한국인의 신 체험은 밖에 있는 신을 향한 상승이 아니라 신내림, 강신이고 강령이다. 내가 하늘에 계신 신을 향해 올라가는 것이 아니라 신이 내 안으로 들어오게 된다. 동학의 용어로 말하자면 '시천주'(侍天主)의 체험이다. 몸이 되신 하느님을 성령의 전인 우리 몸 안에 모시는 것이다.

2) 몸의 미학

마당극은 말보다는 광대들의 몸짓을 중심으로 언어적으로 표현하기 어려운 인간 존재의 근원을 몸의 언어로 접근한다. 눈으로 듣게 하고 귀로 보게 하는 상호 감각, 공감각의 현실화, 현장화를 가능하게 한다. 이것은 언어 중심의 신학에 대한 큰 도전이다. 김지하는 "광대의 몸은 우주이며 탈춤의 주체는 몸이다", "이 탈을 쓰고, 몸을 가지고 움직이는 신명의 기적(氣的) 활동이 몸이다"라고 말한다.[51] 열린 몸의 감각은 사람과 사물에 감춰진 신비를 인지할 수 있으며 세상의 온 피조물과의 사귐의 감성을 고양시킬 수 있다. 또한 탈은 몸성, 주술성, 연행성, 놀이성, 조형성 외에 초월성을 가지고 있으며, 이것들은 탈의 성사성이라고도 볼 수 있다. 탈은 이성적, 도덕적 통제에서 벗어나 그 자신의 욕망에 충실한, 본능적이

---

50 백승남, 앞의 책, 133.
51 김지하, 『탈춤의 민족미학』 (서울: 실천문학사, 2004), 167, 170.

고 감성적으로 변화함으로써 그의 신체적 표현을 극대화한다. 이성
의 규율과 도덕의 통제에서 벗어난 자유로운 몸, 생생한 몸의 신학,
생명이 충만한 몸의 신학이 가능하다.

3) 신명풀이

탈춤에는 신명풀이[52]가 있는데, 이것을 유비적으로 하느님의
영으로 몸을 사르는 춤, 곧 삶이라고 볼 수 있다. 그동안 한국신학의
미학적 개념으로 '恨'과 '情' 그리고 '멋'이 거론되었다. 특히 민중신학
은 '한'에 집중하였다. 마당극에서는 '한'이 '신명'(神明)과 함께 있거나
신명으로 이행한다. 신명은 한이고 한은 신명이다. 양자가 불일불이
(不一不二)의 관계란 말이다. 신명은 '허름한 사람들의 발랄한 삶'[53]이
다. 최한기는 우주에 편만하여 활동운화(活動運化)하는 것을 '氣'라
했다. 이 氣에 공감하는 주체가 되는 기를 '神氣' 혹은 '神明'이라
하며, 이는 '탈춤 안에서 활동하는 신'이다. 광대들의 춤은 신명으로
몸을 사르는 춤이며, 이것은 드보라의 광복의 춤, 다윗의 신바람의
춤, 예수의 십자가상의 부활의 춤에 상응한다.

4) 일과 놀이의 일치

'신명'에서는 일과 놀이가 상충되지 않고 일치한다. 김지하는

---

52 조동일, 『탈춤의 원리 신명풀이』 (서울: 지식산업사, 2006).
53 앞의 책, 187.

일과 춤, 활동과 존재의 일치를 강조한다. "이 세상에 살아 생동하는 모든 것은 일하며, 이 세상에 살아 생동하는 모든 것은 춤을 춥니다. 몸과 마음도 인간도 삼라만상도 다 일하며 춤추고 춤추며 일합니다."[54] 한국인은 신명날 때 가장 열심히 일한다. 일과 놀이는 신명에 의해 매개되고 상승된다. 신명은 일과 춤을 한 지점으로 모은다. 마당극은 일의 현장과 밀접하게 관련되어 있다. 요한복음에서 하느님은 일하시는 하느님이다. "내 아버지께서 일하시니 나도 일한다"(요 5:17). 예수께서 신명나게 일하신 것이다. 하느님의 춤은 일이 다 끝난 후에 추는 천상의 춤이 아니라 일하면서 추는 춤이다. 일이 없는 춤은 한량의 놀이이며, 춤 없는 일은 소외된 일이다. 탈춤은 "'논다'와 '일한다'와 '빈다'가 하나로 뭉쳐진, 이를테면 노동예술이자 생활예술이며 종교예술인 것이다."[55] 그러므로 탈춤의 "현실 인식은 육체노동을 통한 사물 인식이어서 삶이나 생명 현실에 대한 육체적 사고는 삶 또는 생명 사실 자체에 뿌리를 둔, 보다 직접적이고 생생한 것이 아닐 수 없다."[56]

5) 마당에서 어우러지는 '춤추는 씨알 백성'과 '춤추는 삼위일체 하느님'

마당은 연행자와 관객, 관객과 관객 사이의 긴밀하고 밀착된

---

54 김지하, "천지굿," 593.
55 채희완, 앞의 책, 127.
56 앞의 책, 204.

소통과 관객의 적극적 상상과 관여를 통해 보다 창조적인 생성을 가능하게 하는 열린 공간이다. 고정된 느낌을 주는 세 '위격'을 중심으로 한 각각의 삼위가 아니라 각 위격의 '사이'에 주목하자. 그러면 성부와 성자 '사이', 성부와 성령 '사이', 성자와 성령 '사이'는 열린 생동적인 마당과 같다고 할 수 있다. '마당'은 하느님과 인간이 공유하는 공간(커먼즈)에 대한 유비로 사용할 수 있다. 마당에서 성과 속, 극과 극 사이의 대극적 상호보완성, 이중적 교호 결합, 이중성, 역설, 이것이면서 저것인 것 등 탁월한 차원의 바람직한 관계가 나타난다.[57] 삼위 사이의 무궁하게 열린 사이 공간인 '마당' 안에서 우주 생명체들의 열린 '이중적 교호 결합'을 통해 창조는 계속된다고 말할 수 있다. 춤추는 몸에서 몸과 세계, 마음과 몸이 불일불이의 관계이듯이 세계와 하느님, '춤추는 씨알 백성'과 '춤추는 삼위일체 하느님'은 불일불이(不一不二)의 관계이며, 상즉상입(相卽相入)의 관계, 상화(相和), 상통(相通)의 사건이 일어난다. 우리 민족에게 하느님은 공기처럼 삶과 생활 속으로 들어와 계시기 때문에 생활적으로 살아계신 하느님이다.

위르겐 몰트만은 경건주의자 프리드리히 외팅어의 유명한 말 "신체성은 하느님의 모든 사역들의 활동과 목적이다"를 자주 인용한다. 이 명제를 춤의 맥락을 고려하여 풀어 말하면, "하느님의 영광은 온전하게 살아있는 몸(신체)"이며, 등근원적으로(卽) "온전히 살아있는 몸(신체)은 하느님의 영광"이라고 말할 수 있을 것이다.

---

57 김지하, 『탈춤의 민족미학』, 326.

소셜 미디어를 통한 신학 공유 방법론
― 디지털 플랫폼을 통한 신학 공유 가능성 연구*

김바로본

(목원대학교, 대전큰나무교회)

I. 들어가는 글

오늘날 사람들의 지식, 정보 그리고 정서 공유는 소셜 미디어라 불리는 온라인에서 이루어지고 있다. '사람들의 의견, 생각, 경험, 관점 등을 공유하기 위해 사용하는 온라인 도구나 플랫폼'[1]이란 의미를 갖는 '소셜 미디어'(Social Media)라는 용어는, 뉴미디어 회사인 가이드와이어(Guidewire Software)의 창업자 크리스 쉬플리(Chris Shipley)가 2004년 6월 미국 샌프란시스코에서 개최된 'The BlogOn

---

* 이 글은 2024년 9월 7일 개최된 제19회 한국조직신학자 전국대회에서 발표한 글을 수정·보완한 것이다.

1 정보통신용어사전, "소셜 미디어,"
[온라인자료] https://terms.tta.or.kr/dictionary/dictionaryView.do?word_seq=056098-1 (2024. 10. 18 접속).

Conference'에서 사용함으로써 대중에게 널리 사용되기 시작하였다.[2] 이후 소셜 미디어는 다양한 플랫폼으로 발전하여 오늘날의 엄청난 사용자들을 확보하였고 놀라운 진보를 이루었다. 소셜 미디어 이용자는 계속 증가하고 있는데, 2022년 6월 15일 정보통신정책연구원(KISDI, Korea Information Society Development Institute)에서 발행한 「세대별 SNS 이용 현황」 보고서에 따르면, SNS 이용률은 전 세대에 걸쳐 2019년 47.7%에서 2021년 55.1%로 7.4% 증가했다.[3] 비슷한 주제로 2022년 2월부터 6월까지 한국 갤럽에서 만 13세 이상을 대상으로 조사한 "미디어 · 콘텐츠 · 소셜 네트워크 서비스 이용 경험"에 대한 분석에서도, 유료 동영상 서비스 이용률 역시 2021년 33%에서 2022년 44%로 증가하며 매해 이용자가 늘어나고 있음을 확인할 수 있다.[4] 이러한 통계들은 한국의 온라인 미디어 플랫폼 사용량이 갈수록 늘어나고 있다는 것을 시사한다.

온라인 미디어 플랫폼의 사용량은 비단 한국에서만 증가하고 있는 것은 아니다. 세계 디지털 동향을 조사하며 마케팅과 컨설팅을 주도하는 케피오스(Kepios) 그룹의 분석에 따르면 2024년 7월 초 전 세계 소셜 미디어 사용자는 약 51억 7천만 명으로, 2023년 대비

---

2 이주영, "초점: 소셜 미디어 서비스 현황 및 활용 — 소셜 네트워크 서비스(SNS)를 중심으로," 「정보통신방송정책」 25 (2013), 45; 이동훈, "'소셜 이코노믹스' 시대가 온다," http://www. economyinsight.co.kr/news/articlePrint.html?idxno=231(2024. 10. 18. 접속).

3 정보통신정책연구원, "세대별 SNS 이용 현황," https://mediasvr.egentouch.com/egentouch. media/apiFile.do?action=view&SCHOOL_ID=1007002&URL_KEY=a3559b65-b36d-4a2c-8abb-67841e61203e(2024. 10. 17. 접속).

4 한국 갤럽, "미디어 · 콘텐츠 · 소셜네트워크 서비스 18종 이용률," https://www.gallup.co. kr/gallupdb/reportContent.asp?seqNo=1323(2024. 6. 3. 접속). 반대로 종이신문 유료 구독률은 2019년 12%에서 2022년 4%로 3배 감소한 모습을 확인할 수 있다.

약 2억 8,200만 명의 신규 이용자가 유입되었다. 이들은 하루 평균 2시간 20분을 소셜 미디어 사용에 쓰고 있는데, 이는 사람이 잠을 자는 일 평균 7~8시간 대비 약 14%를 소셜 미디어 사용에 소비하고 있음을 시사한다. 더욱 놀라운 것은 지금도 초당 약 8.2명의 신규 이용자가 지속해서 증가하고 있는 점이다.[5] 이런 통계가 의미하는 것은 미디어의 변화만을 나타내는 것이 아닌 이제는 지식, 정보, 정서가 소셜 미디어에 존재한다는 것을 나타내는 점에서 더 큰 의미를 갖는다. 즉, 21세기 세상의 데이터는 캔터베리대성당의 도서관에 있는 것이 아니라 온라인 디지털 미디어 안에 있다고 해도 과언이 아니다.[6]

소셜 미디어의 발전 및 사용자의 증가가 불러온 여러 가지 변화 중 우리가 주목해야 하는 것은 바로 오늘날의 '읽기'의 개념이 달라졌다는 점이다. 지금까지는 '문해력'이 종이책 기반의 텍스트 문해력만을 지칭했다면, 이제는 디지털 콘텐츠를 분석 · 해석하는 '디지털 리터러시'(Digital Literacy)[7]까지 포함하는 개념이 되었다. 디지털 리터

---

5 Kepios, "GLOBAL SOCIAL MEDIA STATISTICS," https://datareportal.com/social-media-users(2024. 10. 7. 접속).

6 김경준, 『디지털 인문학』 (서울: ㈜원앤원콘텐츠그룹, 2018), 41-43. 구텐베르크 인쇄기 발명 이전 15세기 영국에서 가장 많은 도서를 보유한 곳이 바로 캔터베리대성당 도서관으로, 당시 약 2,000권의 도서가 소장되어 있었다.

7 디지털 리터러시에 대한 정의는 다양하다. 교육부에서는 "디지털 시대에 필수적으로 요구되는 정보 이해 및 표현 능력, '읽고 쓸 수 있는 능력'이라는 리터러시(Literacy)가 디지털 플랫폼과 만나 다양한 미디어를 접하면서 명확한 정보를 찾고, 평가하며, 조합할 수 있는 개인의 능력"을 '디지털 리터러시'라고 정의한다. 디지털 리터러시는 텍스트 미디어를 넘어 디지털 미디어로 그 범위가 확대된 읽기라고 할 수 있다. 대한민국 교육부, "디지털 리터러시, 정보를 읽는 능력을 키워라," https://if-blog.tistory.com/13288(2024. 10. 8. 접속). 그 밖에도 다양한 정의와 구성 요소, 디지털 리터러시의 중요성, 구성 체계 등을 교육과 접목하여 소개하고 제시하는 내용은 정주영

러시 개념을 두고 교육계에서는 읽기 능력과 매체에 관하여 "종이책을 읽는 것이 진정한 독서라고 할 수 있다"라는 전통적인 입장과 "읽기에는 매체의 구분이 필요 없다"라는 입장으로 첨예하게 대립하고 있지만,[8] 교육적인 담론과 상관없이 우리는 '디지털 원주민'(Digital Natives) 세대를 비롯한 오늘날의 사람들이 새로운 방식의 미디어를 사용한다는 사실을 받아들일 수밖에 없다.[9]

이러한 현실은 지금껏 주로 전통적인 방식을 통해 전수되고 공유된 신학에게 닥친 큰 도전이다. 신학을 포함한 인문학의 학습 방법과 공유 방법은 과거부터 지금까지 인쇄된 텍스트 미디어를 통해 추상적 지식을 전달하여 깨달음과 이해의 폭을 넓혀 가는, 이른바 '북 스마트' 방식이었다.[10] 하지만 사실상 18세 이상의 전 세계인의 약 86%가 넘는 인구가 소셜 미디어를 사용하는 이 시점[11]에서 신학을 전수하고

· 이미화 · 안세훈, 『디지털 교육과 Ai』(파주: 교육과학사, 2024), 11-53.

8 나오미 배런/전병근 옮김, 『다시, 어떻게 읽을 것인가』(서울: 어크로스출판그룹, 2023), 18.

9 미래 교육학자 마크 프렌스키(Marc Prensky)가 2001년 처음 사용한 '디지털 원주민'(Digital Natives)이란 용어는 디지털 문명에서 나고 자란 아이들을 지칭하는 용어로 Z세대와 Alpha세대의 합성어인 '잘파 세대'(Zalph Generation)가 이에 해당한다. 프렌스키는 이들의 특징을 다음과 같이 말한다: 1) 정보를 매우 빠르게 받아들임, 2) 여러 가지 작업을 동시에 처리하는 것을 좋아함, 3) 텍스트보다 그래픽을 선호, 4) 즉각적인 만족과 잦은 보상을 추구, 5) '진지한' 학습보다는 게임을 선호함. 데버라 하이트너/이민희 옮김, 『디지털 원주민 키우기』(파주: 창비, 2020), 10에서 재인용. 디지털 네이티브 세대뿐만 아니라 기성세대도 빠르게 새로운 미디어에 적응했다. 과학기술정보통신부에서 실시한 「2023 인터넷이용실태조사」 보고서에 따르면 지난 5년간 70대 이상 고령층의 인터넷 이용률이 1.7배 증가하였고, 60대 역시 2019년 89.1% 이용자가 2023년 94.9%로 증가하였다. 과학기술정보통신부, "2023 인터넷이용실태조사," https://www.msit.go.kr/bbs/view.do?sCode=user&mId=99&mPid=74&bbsSeqNo=79&nttSeqNo=3173621(2024. 10. 10. 접속).

10 김경준, 『디지털 인문학』, 61. 저자는 '책을 많이 읽고 지식이 풍부한' 것을 '북 스마트'라 명명한다.

11 Kepios, "GLOBAL SOCIAL MEDIA STATISTICS," https://datareport.com/social- me-

공유하는 미디어를 확대하지 않는 것은 좋은 도구를 갖고 있으면서도 사용하지 않는 우를 범하는 것이다.

아이러니하게도 Covid-19 팬데믹을 겪으며 공유의 지평이 넓어져 미디어를 통한 '신앙'의 공유는 이미 활발하게 이루어지는지 모른다.[12] 이제는 그 영역을 넓혀 '신학의 공유와 전수를 위한 방법론에 대한 고찰이 필요한 시점이다. 본 연구에서는 소셜 미디어 디지털 플랫폼을 사용한 학술 공유 방법의 가능성을 다뤄보고자 한다. 지식을 공유하고 전달하는 것은 커뮤니케이션의 분야이기도 하다. 따라서 커뮤니케이션 기술로서의 미디어의 간략한 변천사와 소셜 미디어 디지털 플랫폼에 대한 선이해가 필요하다. 그리고 두 가지 공유 모델을 선정하여 신학 공유 가능성을 제안하고자 한다.

II. 커뮤니케이션 기술로서의 소셜 미디어 디지털 플랫폼

소셜 미디어라는 용어를 개념화하고 대중화한 사람은 앞서 소개한

---

dia-users(2024. 10. 7. 접속).

12 Numbers에서 실시한 「개신교인의 미디어 이용 실태 및 인식」 통계 보고서에 따르면 "지난 10년간 개신교인들의 신앙 성장에 도움받는 것은 무엇인가"라는 질문에 '출석 교회 예배/목사님 설교'라는 응답은 2012년 64%에서 2023년 28%로 절반 넘게 감소했지만, '미디어 영향'을 꼽은 응답은 1%에서 19%로 비약적인 증가세를 보였다. Numbers, "개신교인의 미디어 이용 실태 및 인식," http://www.mhdata.or.kr/bbs/board.php?bo_table= gugnae&wr_id=107 (2024. 8. 21. 접속). 특별히 MZ세대들에게 있어 신앙의 공유 방법은 이미지 언어로 전환이 반드시 필요하다. 특별히 신학과 신앙을 전수하는 대학 내 채플 설교에 있어서 이미지 언어로의 설교는 이제 선택이 아닌 필수다. 이에 관한 연구는 손동식, "영상 세대를 위한 채플 설교 이미지 언어에 관한 연구," 「대학과선교」 57 (2023): 133-162.

가이드와이어 그룹의 크리스 쉬플리이지만, 가장 먼저 이 용어를 사용한 사람 중 하나로 인정되고 있는 사람은 티나 샤키(Tina Sharkey)이다. 미국의 기업가이자 투자자인 샤키는 1990년대 후반 socialmedia.com, socialmedia.net, socialmedia.org라는 도메인을 소유함으로 '소셜 미디어'라는 용어를 사용한 최초의 사람 중 한 명으로 꼽히게 되었다.[13] 또 다른 최초 사용자로 거론되는 사람은 1997년 당시에 AOL(America Online) 회사의 이사인 테드 레온시스(Ted Leonsis)다. 그가 온라인 서비스 이용자들에게 '즐기고, 소통하고, 사회적 환경에 참여할 수 있는 장소인 소셜 미디어'를 제공할 필요성을 논한 것에서 이 개념이 최초로 사용되었다고 여겨진다.[14]

소셜 미디어 용어를 누가 먼저 사용했느냐보다 더 중요한 것은 정보와 정서를 공유하는 새로운 시공간의 시대가 도래했다는 것이다. 해럴드 이니스(Harold Innis)와 같은 학자들은 커뮤니케이션 기술이 그 시대의 정체, 경제, 사회, 문화 그리고 의식 구조까지 영향을 미친다는 '기술 결정론'(Technological determinism)을 주장한다. 모든

---

13 Jeff Bercovici, "Who Coined 'Social Media'? Web Pioneers Compete for Credit," https://www.forbes.com/sites/jeffbercovici/2010/12/09/who-coined-social-media-web-pioneers-compete-for-credit/(2024. 10. 15. 접속).

14 최초 사용자로 언급되는 또 다른 사람은 1997년 등장한 소셜 네트워크 서비스인 SixDegrees.com의 창업자 앤드루 베인리치(Andrew Weinreich)다. 베인리치는 "세상 사람은 누구나 6단계만 거치면 모두 연결될 수 있다"라는 이론을 가지고 SNS를 시작하였고 관련 특허를 취득했다. 이 특허는 2003년 70만 달러로 링크드인(Linked In)이라는 미국의 비즈니스 중심의 SNS 회사에 인수되었고, 2016년 6월 Microsoft에 한화 약 31조 원으로 매각되었다. 현재 세계 최대 규모의 비즈니스와 고용 중심의 소셜 미디어 플랫폼으로 성장하여 2023년 상반기 기준 전 세계 약 9억 5,000만 명의 회원을 보유하고 있다. 링크드인의 탄생 배경, 특징, 사용 방법에 관하여서는 임순범·신은주, 『소셜 미디어의 이해와 활용』 (파주: 생능출판사, 2013), 339-349.

커뮤니케이션 기술은 각 기술이 갖고 있는 물리적인 속성에 따라 전달하는 메시지의 성격이 결정된다는 것이다.[15]

마찬가지로 기술결정론을 주장하는 캐나다의 미디어 이론가이자 문화 비평가인 마샬 맥루한(Marshall Macluhan)은 그의 저서 『미디어의 이해』(Understanding Media)에서 커뮤니케이션 기술과 미디어를 '인간의 개인적인 확장물들'[16]이라고 표현한다. 우리 자신의 확장으로서의 미디어는 인류가 살아온 "각 시대의 기술들의 속성에 따라 커뮤니케이션 양식이 변화한다."[17] 최초의 변화는 문자가 등장하면서 시작되었다. 문자의 등장은 구두 커뮤니케이션 시대의 청각 중심의 일회적이고 단발적인 지식과 감정의 공유를 시각 중심의 축적 가능한 공유 시대로 전환하였다. 하지만 문자를 습득하고 소통할 수 있는 사람이 소수 계급과 계층으로 제한되며 지식 독점은 정치와 종교적 지배 체제를 견고하게 하는 데 사용되었다. 지식 독점 사회를 깨뜨린 것은 바로 15세기 구텐베르크의 인쇄 활자의

---

15 황근, 『4차 산업혁명과 미디어의 진화』 (서울: 도서출판 온샘, 2020), 17-18. 기술 결정론의 반대 개념에는 '사회 결정론'(Social determinism)이 있다. 기술과 사회의 관계를 커뮤니케이션론에 접목하여 '미디어 결정론', '사회 결정론'으로도 사용한다. 즉, 미디어 결정론은 커뮤니케이션 기술과 미디어가 인간의 시각과 행동양식에 영향을 준다는 것이고, 반대로 사회 결정론은 모든 미디어가 사회의 필요 때문에 만들어졌으므로 활용 또한 그에 의해 좌우된다는 이론이다. 이 이론들에 대한 더 자세한 내용은 앞의 책, 29-41.

16 마샬 맥루한/김성기·이한우 옮김, 『미디어의 이해』 (서울: 민음사, 2005), 33. 인간의 각종 능력과 기관, 오감의 확장으로의 미디어를 인간의 감각기관으로 빗대어 시대의 발전과 함께 설명하는 것이 맥루한의 특징적인 어법이다. 앞의 책, 127-495.

17 황근, 『4차 산업혁명과 미디어의 진화』, 18. 맥루한은 지금까지의 역사를 커뮤니케이션의 변화에 따라 6단계로 구분한다. 6단계의 시대 구분은 다음과 같다: 구두 커뮤니케이션 시대 (B.C. 35000~), 문자 커뮤니케이션 시대(B.C. 4000~), 활자 커뮤니케이션 시대(A.D. 1456~), 전자 커뮤니케이션 시대(A.D. 1833~), 디지털 커뮤니케이션 시대(A.D. 1946~), 지능형 커뮤니케이션 시대(A.D. 2010~).

발명과 그로 인한 인쇄 미디어의 보급이다. 구텐베르크의 발명은 1,000년 가까이 유럽 사회를 지배한 성경을 가장 먼저 출판함으로써 사실상 소수 성직자 중심의 중세 시대 붕괴의 시발점이 되었다. 텍스트 미디어는 16세기 마틴 루터(Martin Luther)의 종교개혁에도 지대한 영향을 미쳤다. 루터는 종교개혁의 모든 과정에서 인쇄물을 적극 활용하였는데, '1520년 한 해 동안에만 총 900쪽에 달하는 27편의 논문을 발표했고, 전체 인쇄 부수도 50만 권'[18]을 기록하는 등 인쇄 미디어를 통한 지식과 신앙 공유에 힘썼다. 루터의 독일어 번역 성경 역시 발간 두 달 만에 3,000부가 판매되었고[19] 이렇게 공유된 루터의 신학과 신앙이 종교개혁에 미친 영향을 부정하는 사람은 없을 것이다.[20]

인쇄 매체는 19세기 초에서 중반, 급격하게 발전한 전기, 전자 기술, 통신 기술로 인해 진일보하게 된다. 1835년 프랑스에서 창설된 인류 최초의 통신 회사 '아바스'(Havas)를 시작으로 전자 커뮤니케이션 시대가 도래한 것이다.[21] 전자 커뮤니케이션 시대의 상징은 단연 라디오와 텔레비전이다. 제1차 세계대전 이후 상용화된 무선 통신 기술인 라디오는 문자 해독력(문해력) 없이도 정보 공유가 가능하다는 장점 때문에

---

18 앞의 책, 19.

19 앞의 책.

20 종교개혁과 인쇄술의 상호 영향에 관한 연구는 류용렬, "인쇄술과 종교개혁," 「개혁논총」 40 (2016): 305-339; 최경은, "종교개혁이 서적인쇄에 미친 영향," 「독일언어문학」 57 (2012): 239-264.

21 황근, 『4차 산업혁명과 미디어의 진화』, 20. 최초의 통신사 아바스는 샤를 루이 아바스 (Charles Louis Havas)가 세운 통신사로 1944년 AFP(Agence France-Presse)로 이름을 바꾸었고, 현재 세계에서 가장 오래된 프랑스 최대 통신사이다.

대중 매체로 단기간에 자리매김하였다. 텔레비전은 라디오의 청각과 더불어 시각을 사용한 '복합 감각 매체'로서 최고의 신문물로 단번에 떠올랐다. 이후 기술 발전이 가속화되면서 컬러TV, 위성 방송, 케이블 TV와 같은 다채널 미디어들과 20세기의 위대한 발명품인 컴퓨터와 인터넷의 등장은 커뮤니케이션의 시공간적 제약을 허물었다. 4차산업 혁명기로 불리는 21세기에는 인공지능(Artificial Intelligence, A.I.), 빅 데이터(Big Data), 사물인터넷(Internet of Things, IoT), 클라우딩 컴퓨터 (Clouding Computer)와 같은 기술의 개발과 발전으로 시공간을 비롯해 언어의 제약마저 벗어나게 되었다. 최근 삼성의 'Galaxy A.I.'는 실시간 통역 서비스를 전면에 내세우며 A.I. 기술을 활용하여 언어의 장벽을 초월하는 커뮤니케이션이 가능함을 보여 주고 있다.

III. 주요 소셜 미디어 플랫폼 소개

2024년 현재 국내외 가장 많은 사용자를 보유한 소셜 미디어 플랫폼은 유튜브(Youtube), 틱톡(Tiktok), 페이스북(Facebook), 인스타그램(Instagram)이다. 그리고 출시 5일 만에 사용자 1억 명을 돌파할 정도로 증가세가 가파른 스레드(Thread)도 있다. 이 장에서는 앞서 언급한 다섯 개의 소셜 미디어 플랫폼을 소개하고 그 특징을 알아보고자 한다.

유튜브는 2005년부터 서비스를 시작한 동영상 공유 플랫폼이다. 대만계 미국인 스티브 챈(Steve Chen), 채드 M. 헐리(Chad Meredith Hurley), 자베드 카림(Jawed Karim)이라는 세 명의 공동 창업자로부터 설립된 유튜브는 이듬해 2006년 구글(Google)이 인수하면서 본격적인 성장을 시작하였다. 한국어 서비스는 2008년 1월 23일부터 시작되었고,[22] 2024년 8월 현재 한국 사람들이 가장 많이 이용하는 플랫폼으로 우뚝 섰다. 동영상을 공유하고 시청하며 소통하는 역할을 넘어 유튜브는 구글을 위협하는 거대한 빅 데이터를 보유한 검색 엔진으로의 역할을 감당하고 있다.[23]

틱톡은 2012년 창업한 중국의 IT 기업 바이트댄스(Bytedance Ltd.)에서 개발한 앱으로 15초부터 1시간까지의 비디오 영상을 제작 및 공유할 수 있는 디지털 플랫폼이다. 2016년 9월 중국에서 서비스를 시작하여, 2017년 5월 7일에는 동아시아 지역으로 서비스를 확대했다. 한국은 같은 해 11월부터 틱톡 서비스가 시작되었고, 이후 2018년 8월에는 전 세계로 서비스 지역을 확대했다. 틱톡은 기존 소셜 미디어들과 다르게 재미있는 동영상을 직접 제작하는 기능에 주력한 것에 차별성이 인정되어, 특히 10대 청소년들에게 선풍적인 인기를 끌었다. 하지만 중국 정부에 틱톡 사용자의 개인정보가 불법으로 유출되고 있다는 의혹과 팔로워를 늘리기 위한 목적으로 지나치게 자극적인 콘텐츠가 업로드되며 청소년들에게 유해하다는 여론 등 부정적인 의견들이 확산하며 이용자 수에 영향을 미칠 것으로 전망된다.[24]

---

22 이선민, "세계 최대 동영상 사이트 유튜브, 23일 한국 상륙," https://archive.md/2018 0429041249/http://www.mediatoday.co.kr/(2024. 8. 15. 접속).

23 션 카넬·벤지 트래비스/이용준 옮김, 『유튜브 시크릿』(eBook) (경기: 더봄, 2019), "들어가는 말."

24 한국방송통신전파진흥원, "전 세계적 인기몰이 중인 '틱톡(TikTok)'의 향후 전망 분석," https://www.kca.kr/boardView.do?pageId=www145&boardId=TRENDS&seq=

페이스북은 현재 미국의 기업 메타(Meta)가 소유한 소셜 네트워크 서비스로 잘 알려진 바와 같이, 2004년 2월 4일 마크 저커버그(Mark Zuckerberg)가 하버드대 재학 시절 룸메이트들 과 개설한 웹사이트이다. 페이스북의 어원은 마크 저커버그가 다녔던 필립스 엑시터 아카데미(Phillips Exeter Academy)에서 학기가 시작될 때, 학생들 간의 친목 도모를 위하여 얼굴과 간단한 프로필을 적어 공유하던 책자를 부르는 말에서 왔다고 알려졌다.[25] 페이스북 국내 이용자는 2019년 2월 1,295만 명에서 2024년 2월 840만 명으로 대폭 감소했지만,[26] 여전히 전 세계 약 30억 명이 사용하는 거대한 소셜 미디어 플랫폼이다. 이는 지구상의 약 37.2%나 되는 굉장한 수치이다.[27]

인스타그램은 유튜브와 더불어 현재 가장 많은 이용자를 보유한, 메타의 이미지 중심 SNS 플랫폼이다. 2010년 케빈 시스트롬(Kevin Systrom), 마이크 크리거(Mike Krieger) 전 대표가 처음부터 모바일에 초점을 두고 '위치 기반 사진 공유'라는 아이디어로 개발하였다. 인스타그램(Instagram)이라는 말은 'Instant camera'와 'Telegram' 두 단어의 합성어로, 즉시 사진을 찍어 공유하는 인스타그램의 개발 목적을 원초적으로 나타내고 있다. 인스타그램의 가장 큰 특징은 바로 '해시태그'(Hashtag)이다. 해시태그는 사진을 찾기 쉽도록 기호

1573182(2024. 8. 22. 접속).

25 최우석, "[그것은 이렇습니다] 페이스북 이름은 어디서 유래됐나?," https://www.chosun.com/site/data/html_dir/2010/12/13/2010121301994.html(2024. 8. 22. 접속).

26 금준경, "페이스북 앱 이용자 5년 동안 35% 급감," https://www.mediatoday.co.kr/news/articleView.html?idxno=316738(2024. 8. 22. 접속).

27 Datareportal, "Facebook Users, Stats, Data & Trends," https://datareportal.com/essential-facebook-stats?rq=facebook%20users%20of%202023(2024. 8. 22. 접속).

'#'을 붙여 해당 단어에 대한 링크를 활성화하여 같은 해시태그가 붙은 콘텐츠들을 모아 볼 수 있는 기능으로, 인스타그램을 통해 대중화되었다.[28]

스레드는 앞서 소개한 소셜 미디어 중 가장 최근에 서비스를 시작한 SNS 플랫폼이다. 2023년 7월 5일 메타에서 공개한 스레드는 사진과 동영상이 주가 되는 기존의 소셜 미디어와는 다른 텍스트 중심의 디지털 플랫폼이다. 최대 500자의 짧은 텍스트를 주고받고 평어로 소통한다는 점이 X(구 트위터)[29]나 블로그(Blog)[30]와 같은 텍스트 기반 플랫폼 중에서도 차별점으로 꼽히고 있다. 2024년 7월 출시 1주년을 맞이하여 공개된 전 세계 사용자는 약 1억 7,500만 명으로 인스타그램이나 페이스북 사용자와 비교했을 때 큰 숫자는 아니지만, 단기간 가장 급격하게 성장한 SNS로는 1위를 차지했다.[31] 스레드 측에서는 지금까지 스레드에서 논의된 주제가 약 5,000만 개가 넘으며 전체 스레드 게시물의 63% 이상이 이미지 없이 텍스트

---

28 해시태그(#)는 유니코드 표준 명칭으로 '넘버 사인'(Number sign)이라 불리며 프로그래밍 용어로는 '해시'(Hash)라고 불린다. 해시태그는 Hash와 Tag의 합성어로, 해시라는 기호를 불러온다는 의미이다. 예를 들어 인스타그램에 사진을 업로드한 뒤 '#여행'이라는 해시태그를 붙이면, 이 글자는 링크로 변환된다. 활성화된 링크를 누르면 '#여행'이라는 해시태그가 붙은 모든 사진, 글, 동영상을 불러온다.

29 이 글에서 소개하진 않았지만, 과거 트위터로 불렸던 X는 스레드 이전에 가장 영향력 있는 텍스트 디지털 플랫폼으로, 초창기에는 140자의 짧은 글로만 소통하는 방식의 소셜 미디어로 선풍적인 인기를 끌었다. 일론 머스크가 트위터를 인수하여 명칭을 X로 바꾼 후 단순 SNS가 아닌 '슈퍼앱', 즉 한 앱에서 다양한 기능을 사용할 수 있는 종합 플랫폼으로의 변화를 꾀하고 있다.

30 오늘날 아주 익숙한 블로그(blog)는 웹(web)과 기록이라는 의미의 로그(log)를 합친 합성어로, 말 그대로 웹상에 자신의 기록을 공유하는 플랫폼이다.

31 최연두, "소셜미디어 이용자 수 1위 '인스타그램', 인기 급상승 '스레드'," https://m.edaily. co.kr/News/Read?newsId=01817126638989288&mediaCodeNo=257(2024. 8. 24. 접속).

로만 작성되었다고 밝힌 바 있다.[32] 스레드의 등장과 활용에 관한 통계들은 텍스트 자료가 방대한 신학이 앞으로 소셜 미디어 디지털 플랫폼을 통해 지식과 정서를 공유할 가능성을 확인할 수 있는 자료라고 할 수 있다.

IV. 소셜 미디어 디지털 플랫폼을 통한 신학의 공유 방법론

소셜 미디어 디지털 플랫폼을 통한 신학의 공유 가능성과 그 방법론은 두 가지 모델을 바탕으로 제시하고자 한다. 첫 번째 모델은 세계적인 IT 블로거이자 뉴욕대학교 저널리즘 교수인 제프 자비스(Jeff Jarvis)의 '공공화 모델'이다. 두 번째 모델은 '콘텐츠 마케팅'(Contents Marketing)이라는 용어의 창시자요 경제 저널 「인크」(*Inc.*)가 선정한 초고속 성장 미디어 회사인 '콘텐츠마케팅연구소'(Content Marketing Institute, CMI)의 설립자 겸 CEO인 조 풀리지(Joe Pulizzi)의 일곱 단계 콘텐츠 비즈니스 모델이다. 이 모델들은 엄밀히 말하면 저널리즘 분야와 비즈니스 마케팅 분야에서 소셜 미디어와 디지털 플랫폼을 활용한 콘텐츠 제작 및 판매를 위한 모델이다. 그럼에도 이 모델들을 소개하는 이유는 소수의 사람 사이에서 공유되던 텍스트 중심의 신학을 더 많은 사람에게 다양한 콘텐츠로 공유할 가능성을 충분히 찾을 수 있기 때문이다.

---

32 정지은, "스레드 '벌써 1년' … 이용자 1억 7500만명 모았다," https://www.hankyung.com/article/202407092101i(2024. 8. 22. 접속).

1. 제프 자비스의 공공화 모델(Publicness Model)[33]

뉴욕대의 제프 자비스는 그의 책『공개하고 공유하라』(*Public Parts*)를 통해 '공공화 시대'의 특징과 그 영향력에 대해 역설한다. 자비스가 정의하는 공공화(publicness)는 다음과 같은 의미를 갖는다: "1) 정보, 생각, 행동을 공유하는 행위나 상태, 2) 사람, 아이디어, 대의명분, 요구를 중심으로 사람들이 모이거나 사람들을 모으는 것, 3) 어떤 과정을 개방하여 협력 과정으로 만드는 것, 4) 공개의 윤리."[34] 자비스가 말하는 공공화는 '구텐베르크의 인쇄술만큼 중대하게 사회적·경제적 질서를 새로이 구축하는 핵심'[35]에 놓인 개념이다. 좀 더 풀어보자면 공공화란 '여덟 번째 대륙'이라 부를 수 있는 인터넷에서[36] 고대, 중세, 근대와는 전혀 다른 공적인 경험을 하고, 자기표현과 공감대 형성을 통해 새로운 커뮤니티를 이루어 변화를 이룩하는 새로운 질서다. 자비스는 인터넷의 등장이 세계를 보는 시각과 상호작용하는 방식을 뒤흔들었다고 말한다. 이전 구텐베르크 시대(1500년대~2000년)에는 '책 속의 누적된 지혜를 통달했을 때' 권위가 주어졌다면, 디지털 커뮤니케이션 시대에는 지혜를 '개방하고 공유하고 서로 대화할 때' 힘을 갖게 된다.[37] 이제 정치, 경제,

---

33 'Publicness'는 자비스가 만들어 의미를 부여하고 사용하는 단어이다. 뒤에 붙인 model은 자비스의 공공화 개념을 사용하여 신학의 공유 모델을 수립하기 위해 필자가 추가하였다.
34 제프 자비스/위선주 옮김,『공개하고 공유하라』(서울: 청림출판, 2013), 19.
35 앞의 책, 34.
36 앞의 책, 32.
37 앞의 책, 170-173.

사회, 문화, 모든 분야에서 일어나는 변화의 중심에 인터넷과 디지털 플랫폼이 있기 때문이다. 자비스는 '블로그'와 '트위터'를 공동 개발한 에반 윌리엄스(Evan Williams)를 공유 산업의 창시자라 칭하며 그의 업적을 높이 평가하는데, 그 이유는 블로그와 트위터의 등장이 '새로운 형태의 글쓰기를 향한 문'을 연 시작이기 때문이다.[38] 블로그 이전에는 글을 쓴다는 행위가 인쇄된 문헌의 형태였다면, 블로그 이후로 글쓰기는 도서관을 벗어나 인터넷이라는 무궁한 디지털 공간으로 이동했다.

자비스는 자기 자신과 자기가 가진 정보들을 공유하고 공개하는 공공화 작업은 다양한 유익을 가져온다고 말한다. 그 유익들은 다음과 같다. "1) 공공화는 관계를 맺게 해준다. 2) 공공화는 낯선 사람들과의 경계를 낮춘다. 3) 공공화는 협업을 가능하게 한다. 4) 공공화는 대중의 지혜와 공감을 끌어낸다. 5) 공공화는 완벽에 대한 강박증을 벗어나게 한다. 6) 공공화는 낙인을 없애준다. 7) 공공화는 명성을 부여한다. 8) 공공화는 우리의 힘을 하나로 모은다. 9) 공공화는 우리를 보호해 준다."[39]

자비스의 공공화 개념을 토대로 디지털 플랫폼에 신학을 공유할 때 가장 주목해야 하는 핵심은 '공감'과 '전환'이다. 나날이 기술이 발전하고 급변하는 시대를 살아가는 오늘날 '공감'은 현대인들이 가장 관심을 두는 개념이다.[40] 공감은 공공화에 기반을 두고 있다.

---

38 앞의 책, 256-260.

39 앞의 책, 95-127.

40 박영범, "'공감(sympathy)의 도덕적 실천을 위한 교회론적 소론(小論)," 「한국조직신학논총」 73 (2023), 38. 그리고 동시에 교회가 가져야 할 태도이다. 공감과 교회론을 더 자세히

즉, 먼저 신학의 내용들을 문헌에서 꺼내 디지털 플랫폼에서 공개하고 공유해야 한다. 그리고 사람들의 동의와 지지를 끌어낼 수 있는지에 집중해야 한다. 현대의 다양한 물음들에 대해 신학의 답변과 답을 찾는 과정을 공공화한다면, 여러 물음에 대한 신학적 담론에 공감하는 사람들을 모을 수 있을 것이다. 이어서 필요한 것은 바로 '전환'이다. 전환은 신학의 내용을 현대의 언어로 변환하는 작업이기도 하며, 나아가 텍스트 중심의 신학을 시청각화하는 작업이기도 하다. 디지털 플랫폼으로의 공개가 현대의 언어로 변환하는 작업이라면 유튜브의 숏츠(Shorts)나 인스타그램의 릴스(Reels)와 같은 디지털 미디어를 활용해 전달하려는 내용을 시청각적 자료들과 함께 송출하는 동영상 콘텐츠를 만드는 것도 전환이다. 공유하고 공감하는 일은 그 대상들이 있는 곳으로 들어가는 전환을 반드시 동반한다.

2. 조 풀리지의 콘텐츠 비즈니스 모델(Contents business Model)

조 풀리지는 그의 책 『콘텐츠 바이블』(*Contents Bible*)에서 지금 시대를 '콘텐츠가 기본인 시대'라고 평한다. 오늘날에는 고객과 소통할 수 있는 채널이 수천 개가 생겨 누구든 제작자가 되고 비즈니스 자금의 규모와 상관없이 오디언스(Audience)를 모을 수 있는 시대라는 의미이다.[41] 소셜 미디어 사회에서 콘텐츠는 막강한 힘을 가진다.

알고자 한다면 공감교회론이라는 개념을 제시하는 이 논문을 참고하라.

41 조 풀리지/강혜정 옮김, 『컨텐츠 바이블』(서울: 세종서적, 2022), 50-65. 오디언스는 일상적 용어는 '청중'을 뜻하나, 매스컴 용어로는 '메시지를 받아들이는 수신자'를 의미한다. 앞의 책, 13.

풀리지는 그 힘을 이용하는 콘텐츠 비즈니스 모델의 일곱 단계를 소개한다. 그 순서와 간단한 의미는 다음과 같다.

1) 스위트 스폿(Sweet Spot): 콘텐츠 제공자가 가진 지식 또는 기술과 오디언스의 수요(Needs)와의 교집합을 의미한다. 스위트 스폿을 찾는 것이 첫 번째 단계이다.

2) 콘텐츠 틸트(Contents tilt): 스위트 스폿을 키워나갈 때 발생하는 방해 요인들을 돌파하는 방법을 찾거나, 경쟁자가 적거나 없는 블루 오션(Blue Ocean)을 찾아내는 과정을 의미한다. 또는 자신의 스위트 스폿에 차별화를 둔 콘텐츠를 개발하는 단계이다.

3) 토대 쌓기: 오디오, 비디오, 텍스트, 이미지 등과 같은 콘텐츠 유형 중에 하나의 주된 콘텐츠 유형을 선정하고, 핵심이 되는 미디어 플랫폼에 지속적으로 콘텐츠를 공유하는 것을 의미한다. 이 단계에서 가장 중요한 것은 '꾸준함'이다.

4) 오디언스 모으기: 디지털 콘텐츠를 제작하고 공유하는 활동을 이제는 그 콘텐츠에 공감하는 구독자라는 자산으로 전환하는 단계를 의미한다.

5) 매출: 구독자들이 기꺼이 돈을 지불하여 소비하고 싶고 또는 후원 업체들이 구매하고 싶어지는 콘텐츠 경험을 창출해 내는 단계이다. 이 단계에서 콘텐츠는 디지털에 머무는 것이 아니라 콘텐츠를 체험하는 경험으로 전환된다.

6) 다각화: 알맞은 시기에 콘텐츠를 공유하는 채널을 확장하여 다각화하거나 브랜드로 확장하는 단계이다.

7) 매각 혹은 키우기: 하나의 비즈니스로 자리를 잡은 경우, 회사를 매각하여 경제적 자유를 선택할 것인지 아니면 사업을 더 성장시키기 위

해 기업화할지 선택하는 단계이다.[42]

풀리지의 모델은 철저히 비즈니스를 통한 수익 창출 방법론이지만, 신학의 공유 방법론으로 충분히 적용할 수 있다. 왜냐하면 신학도 하나의 콘텐츠가 될 수 있기 때문이다. 유튜브 "오늘의 신학공부"라는 채널이 그 예다. 신학을 주제로 2019년 장로회신학대학교 신학대학원생이 개설한 이 채널은 현재 국내에서 신학을 주 콘텐츠로 공유하는 대표적인 유튜브 채널이다.[43] 이 채널의 대표인 장민혁은 신학 콘텐츠로 유튜브에서 살아남을 수 있는 이유로 '시청자와 비슷한 또래인 청년이 나와서 신학적인 내용이지만 비슷한 눈높이에서 잘 정리해서 말해주는 채널이라는 차별점'[44]을 꼽았다. "오늘의 신학공부" 채널을 풀리지의 모델에 빗대어 본다면, 장민혁이 공유할 수 있는 지식인 신학과 평소 신학에 대하여 궁금증을 가지고 있던 오디언스들의 스위트 스폿이 만났고, 마침 경쟁자가 별로 없는 신학 유튜브를 개설하는 것으로 차별화된 콘텐츠를 만드는 콘텐츠 틸트의 단계를 거쳐, 유튜브라는 플랫폼에 동영상 유형의 콘텐츠를 지속적으로 업로드하여 토대를 쌓고, 그 결과로 7만여 명의 구독자를 보유하게 된 것이라 할 수 있다. 더하여 해당 채널은 매월 18,000원의 구독료를 내고 채널 멤버십에 가입하면 "이달의 신학 특강"이라는

---

42 앞의 책, 68-397.

43 "오늘의 신학공부"(오.신.공) 채널은 2019년 2월에 개설해 접속일 2024년 10월 18일 기준 구독자 7.9만 명의 신학 대표 채널로 성장했으며, 구독자 수는 꾸준히 늘고 있다. 유튜브 채널 주소는 다음과 같다. https://www.youtube.com/@theologytoday(2024. 10. 18. 접속).

44 이연경, "'오늘의 신학 공부' 장민혁 대표," https://www.cnews.or.kr/news/article-View.html?idxno=2601(2024. 10. 18. 접속).

제목으로 업로드되는 강의를 무제한 수강할 수 있는 방식으로 수익을 발생시킨다.

콘텐츠 비즈니스 모델 역시 그 핵심에는 공감과 전환이 있다고 분석할 수 있다. 즉, 현대인의 필요와 고민을 함께 공감하고, 이에 필요한 신학의 내용들을 찾아 디지털 읽기를 위한 콘텐츠로 전환하는 작업이 앞으로의 신학이 소셜 미디어 사회에서 돌파할 새로운 과제일 것이다.

3. 디지털 플랫폼의 주요 콘텐츠 유형인 숏폼(Short-form)의 심층 이해와 실제적 적용

유튜브, 틱톡, 인스타그램, 페이스북, 스레드, 이 다섯 가지 디지털 플랫폼은 공유 콘텐츠의 주 유형이 구별되어 있다. 먼저 유튜브와 틱톡은 주요 공유 콘텐츠 유형이 동영상이고, 인스타그램과 페이스북은 사진 그리고 스레드는 텍스트이다. 하지만 현시점에서 주요 공유 콘텐츠 유형을 뛰어넘어 가장 많이 통용되는 콘텐츠 유형은 '숏폼'(short-form)이라고 불리는 짧은 길이의 영상 콘텐츠이다. 숏폼은 동영상 콘텐츠로 주로 공유하는 유튜브와 틱톡뿐만 아니라 인스타그램과 페이스북에서도 가장 많이 공유되며, 그 사용 범위가 넓다.[45]

숏폼 콘텐츠는 앞서 설명한 대로 짧은 길이의 영상 콘텐츠를

---

45 강정수, "숏폼 시대, 디지털 미디어 작동 방식의 변화," https://www.kca.kr/Media_Issue_Trend/vol60/pdf/Media_Issue_Trend(vol60)_23.pdf(2024. 12. 5. 접속). 2023년 한국방송통신전파위원회의 조사에 의하면 대한민국 국민 4명 중 3명이 숏폼 사용자다.

일컫는 말로, 스마트폰에 최적화된 3:4 또는 9:16의 세로 비율을 가진 평균 15~60초 이내의 짧은 동영상을 말한다.[46] 디지털 미디어 플랫폼마다 지칭하는 말이 각기 다른데, 유튜브는 숏츠(Shorts), 인스타그램은 릴스(Reels)라고 부르며, 틱톡은 그대로 틱톡이라고 부른다. 세 플랫폼의 숏폼 서비스에 관한 간단한 비교는 다음과 같은 표로 요약할 수 있다.[47]

	틱톡	인스타그램 릴스	유튜브 숏츠
로고	TikTok	Instagram Reels	YouTube Shorts
개요	대표적인 숏폼 SNS	사진 및 영상 투고 SNS로 주로 사진이 많은 SNS	동영상 중심 플랫폼
영상 길이	15초~10분	최대 90초	최대 3분
특징	편집 기능이 있어 고퀄리티 영상 편집 및 업로드에 편리	비즈니스 관련 기능 다수, 페이스북과 인스타그램과 연동을 통한 높은 접근성	Youtube의 하위 서비스로 접근이 쉬움, 알고리즘 노출 확률이 일반 영상에 비해 높음

* 사진 출처: 나무위키

숏폼 콘텐츠는 접근성만큼 제작도 쉽다는 장점이 있다. 카메라나 PC를 사용하지 않아도 스마트폰이나 태블릿에서 쉽게 촬영·편집·공유할

---

46 박수현, "콘텐츠 주제부터 길이까지, 릴스·쇼츠·틱톡 트렌드 비교하기," https://blog.opensurvey.co.kr/article/socialmedia-2023-2/(2024. 12. 8. 접속).

47 이예솜, "국내외 숏폼 이용 현황," https://www.copyright.or.kr/gov/nuri/download.do?brdctsno=53116&brdctsfileno=23670(2024. 12. 8. 접속).

수 있고, 블로(VLLO), 브류(VREW) 등의 다양한 무료 편집 애플리케이션들이 개발되어 숏폼의 보급과 활용을 돕고 있다.[48]

숏폼을 통해 신학을 공유하는 것은 그동안 접근하기 어렵게 느껴진 주제들을 '핵심만 간편하고 이해하기 쉽게 전달'한다는 숏폼의 특징에 오히려 부합한다. 그렇다면 구체적으로 어떻게 신학 콘텐츠를 제작할 것인가? 풀리지에 의하면 콘텐츠 제작의 핵심 요소는 콘텐츠의 목적을 설정하는 것, 오디언스의 필요를 파악하는 것, 콘텐츠에 맞는 어조를 선택하는 것, 콘텐츠 공유 주기를 설정하는 것이다.[49] 즉, 제작하고자 하는 신학 콘텐츠가 비신자들을 위한 것인지, 신자들을 위한 것인지 또는 신학 전공자들을 위한 것인지, 비전공자를 위한 것인지와 같은 주요 시청자와 그 목적을 설정하고 필요를 찾는 과정, 그에 맞는 어조와 주기를 정하는 것부터 콘텐츠 제작은 시작된다. 이 과정이 준비되었다면, 다음으로 전달할 내용을 숏폼의 길이에 맞게 제작할 수 있도록 대본을 쓰고 수정하는 단계가 필요하다. 동영상 길이가 짧다는 말은 그만큼 영상에 포함되는 프레임 수가 적다는 의미다. 보통 한눈에 들어오는 글자 수는 6에서 10자이므로 한 프레임에 들어가는 글자 수를 제한할 필요가 있다.[50] 문장에 알맞은

---

48 블로와 브류는 무료로 사용할 수 있지만, 더 많은 기능과 콘텐츠를 사용하기 위해서는 유료 결제를 해야 한다. 블로 프리미엄은 일주일, 한 달, 일 년, 평생 요금제를 구분하여 서비스를 판매하고 있다. 브류는 Free, Light, Standard, Business 총 4단계로 서비스를 분류하고 각 단계마다 월 이용료와 년 이용료를 책정하여 서비스를 제공하고 있다. 블로 공식 홈페이지: https://www.vllo.io/?lang=ko. 브류 공식 홈페이지: https://vrew.ai/ko/.

49 조 풀리지/강혜정 옮김, 『컨텐츠 바이블』, 283-285.

50 이충환, "한글에 대한 자부심의 근거를 알려주마," https://www.hani.co.kr/arti/science/science_general/240280.html(2024. 12. 8. 접속).

이미지를 선정하고 메시지를 이어 붙이면 하나의 숏폼 콘텐츠가 완성된다.

숏폼 콘텐츠를 제작하는 것은 새로운 읽기에 대한 새로운 쓰기이다. 종이에서 스크린으로 옮겨간 디지털 전환 시대의 새로운 읽기에 관한 책, 『다시, 어떻게 읽을 것인가』의 저자 나오미 배런은 '순간 접속'이라는 문화가 사람들에게 다양한 변화를 야기했다고 말한다. 즉, 사람들은 이전에 비해 글에 집중하지 못하며, 소유보다 경험을 중요하게 여기고, 물질보다는 디지털을 선호한다는 것이다.[51] 이러한 변화에 맞춰 신학은 복합 감각 미디어를 활용해 그 내용들을 '경험'하게 도와야 하며, 경험을 '쉽게' 할 수 있도록 콘텐츠 개발에 심혈을 기울여 연구해야 할 것이다.

V. 나가는 말: 소셜 미디어를 사용한 신학의 공유 가능성

루터, 칼빈, 웨슬리와 같은 종교개혁자들이 21세기를 살아가는 잘파 세대(Zalpha Generation)라면 어떻게 그들의 신학과 신앙을 공유했을까? 루터와 더불어 칼빈도 54세의 비교적 짧은 생애를 사는 동안 엄청난 양의 작품들을 남겼다. 『기독교 강요』 외에 1863~1900년에 편집된 칼뱅 전집(Calvini Opera, CO) 59권에 담긴 내용만 해도 22,000쪽에 달하는 방대한 양의 작품을 남겼다.[52] 즉, 그는 자신의

---

51 나오미 배런/전병근 옮김, 『다시, 어떻게 읽을 것인가』, 383-388.
52 장 칼뱅/박건택 옮김, 『기독교 강요』 (서울: 부흥과개혁사, 2018), 8.

신학과 사상을 당시 유일했던 인쇄 미디어를 통해 적극적으로 공유했다. 존 웨슬리 역시 다독가이자 많은 작품을 남긴 작가이기도 하다. 18세기 영국의 여러 분야를 아우르는 다작가로 유명한 아이작 왓츠(Isaac Watts)의 남겨진 작품 수가 1,292개인 것과 비교할 때, 존 웨슬리가 쓰고 관여한 작품은 1,536개로 훨씬 많은 양의 작품을 남기고 공유했음을 알 수 있다.[53] 그 시대가 가진 유일한 미디어였던 인쇄 미디어를 최대한 활용하여 신학과 신앙을 공유하고자 했던 그들이기에, 이들이 오늘날의 소셜 미디어를 적극 활용했을 것이라 쉽게 상상해 볼 수 있다.

소셜 미디어는 분명 신학을 전 세대에게, 나아가 전 세계인들에게 공유할 좋은 수단이라는 사실을 부인할 수 없다. 하지만 모든 수단이 그러하듯 그 이면에는 악용에 따른 어두운 면이 있다. 딥페이크(Deepfake), 가짜 뉴스와 가짜 정보, 중독의 문제 등 심도 있는 연구를 통해 해결해야 할 문제가 아직 많이 남아 있다. 그렇기에 최근 『불안 세대』(The Anxious Generation)를 출판한 조너선 하이트(Jonathan Haidt)와 같은 사회심리학자는 디지털 세계를 위협적이고 해로운 것이며, 심지어 '소셜 미디어 사용은 정신 질환을 초래하는 원인'[54]이라고 신랄하게 비판한다. 하지만 그렇다 하여 우리는 소셜 미디어 시대를 역행할 수도 없다. 또 미디어의 순기능을 폄하할 수도 없다. 일례로 지난 2023년 3월 3일, 전 세계 대표적인 OTT(Over The Top Media Service) 서비스인 넷플릭스(Netflix)를 통해 공개된 다큐멘터리

---

53 허천회, 『웨슬리의 독서와 저술 이해』 (서울: (사)기독교문서선교회, 2022), 14-15.
54 조너선 하이트/이충호 옮김, 『불안 세대』 (파주: 웅진지식하우스, 2024), 30.

"나는 신이다: 신이 배신한 사람들"을 통해 현재 한국 기독교 주요 교단에서 이단으로 규정되어 있는 '기독교복음선교회', 일명 JMS[55]의 실체가 대중들에게 알려졌다. 이 다큐멘터리는 OTT 서비스를 가장 많이 사용하는 젊은 세대에서 큰 화제가 되었고, JMS의 엽기적인 행각들은 소셜 미디어를 통해 일파만파 퍼지며 대중들에게 이단 사이비의 경각심을 일깨우는 긍정적인 영향을 미쳤음을 부인할 사람은 없을 것이다.

앞으로 신학과 더불어 소셜 미디어, 디지털 플랫폼 그리고 여러 과학 기술과 관련된 학제 간 연구에 많은 관심과 노력이 필요하다. 21세기 세상에서 신학, 종교의 분야와 미디어는 다른 분야이지만 분리될 수 없는 분야다. 이미 이 분야에 관심 있는 신학, 종교학, 철학, 사회학 등의 인문 분야의 여러 학자는 '미디어와 종교의 교차 현상'을 연구하기 시작했다.[56] 과학과 기술의 발전과 더불어 이것들을 해석하고 적용할 수 있는 신학의 영역이 소셜 미디어를 통하여 넓어지기를 기원한다.

---

55 탁지일, "구원파와 기독교복음선교회(JMS)," 「교육교회」 400 (2011): 52-57.
56 박진규, 『미디어, 종교로 상상하다』 (서울: 컬처룩, 2023), 22-25. 이들은 '미디어, 종교, 문화' 라는 이름의 국제 학술 공동체 ISMRC(International Society for Media, Religion, and Culture)를 결성하여 2년에 한 번씩 국제 컨퍼런스를 개최하고 있다. 앞의 책, 24.

참고문헌

박성권 | 한국의 민중신학과 몰트만의 정치신학의 상관관계 연구

고야마, 고수케. "'의로 세운 집': 민중신학의 에큐메니칼 지평."『민중신학, 세계신학과 대화하다』. 서울: 동연, 2010.

권진관 외 4명.『민중신학과 예술: 죽재 서남동목사 탄생 100주년 기념논문집』. 서울: 동연, 2018.

김경호. "민중신학에 토대한 교회."「시대와 민중신학」 2 (1995. 5.): 39-54.

김균진. "'한국신학'에 대한 나의 제언."「기독교사상」 659 (2013. 11.): 144-153.

_____.『현대신학사상』. 서울: 새물결플러스, 2014.

김동건. "민중신학의 기독론."「신학과 목회」 19 (2003. 5.): 169-190.

김명수. "민중 메시아론 비판."「신학사상」 90 (1995. 9.): 195-200.

김성재. "1980년대 이후 민중신학과 방법론."「신학연구」 39 (1998. 6.): 327-352.

김정숙. "21세기 세계화 시대의 민중신학: 종말론적 영성으로서의 민중영성."「신학과 세계」 72 (2011. 12.): 97-122.

김종만. "안병무와 서남동의 민중신학에 관한 소고: 종교현상학적 관점을 중심으로." 「신종교연구」 46 (2022): 117-151.

김지철. "민중신학의 성서 읽기에 대한 비판적 고찰."「신학사상」 69 (1990. 6.): 439-465.

김희헌. "과정신학의 범재신론 지평에서 본 안병무의 민중 메시아론."「신학사상」 140 (2008. 3.): 233-274.

낙운해. "몰트만 신학과 한국신학." 장로회신학대학교 박사학위논문, 2011.

몰트만, 위르겐/곽미숙 옮김.『세계 속에 있는 하나님: 하나님 나라를 위한 공적인 신학의 정립을 지향하며』. 서울: 동연, 2009.

_____/곽혜원 옮김.『하나님의 이름은 정의이다』. 서울: 21세기 교회와 신학포럼, 2011.

_____/곽혜원 옮김.『희망의 윤리』. 서울: 대한기독교서회, 2012.

_____/김균진 옮김.『삼위일체와 하나님의 나라』. 서울: 대한기독교출판사, 1982.

_____/김균진 옮김.『생명의 영』. 서울: 대한기독교서회, 1992.

_____/김균진 옮김.『신학의 방법과 형식』. 서울: 대한기독교서회, 2001.

_____/김균진 옮김.『십자가에 달리신 하나님』. 서울: 대한기독교서회, 2005.

_____/김균진 옮김.『오시는 하나님: 기독교적 종말론』. 서울: 대한기독교서회, 1997.

_____/김균진 옮김.『창조 안에 계신 하나님: 생태학적 창조론』. 서울: 한국신학연구소, 1987.

_____/박종화 옮김.『정치신학 정치윤리』. 서울: 대한기독교서회, 2017.

_____/이신건 옮김.『삼위일체와 하나님의 역사: 삼위일체 신학을 위한 기여』. 서울: 대한기독교서회, 1998.

_____/이신건 · 이석규 · 박영식 옮김.『몰트만 자서전』. 서울: 대한기독교서회, 2011.

_____/차옥숭 옮김.『오늘의 신학 무엇인가』. 서울: 한국신학연구소, 1989.

박성권.『몰트만의 생명신학』. 서울: CLC, 2017.

_____. "몰트만 정치신학의 핵심 개념으로서 저항 연구."「한국조직신학논총」72 (2023. 9.): 133-174.

박아론. "민중신학에 대한 고찰과 연구."「신학지남」221 (1989. 9.): 13-46.

박재순. "씨알 사상과 민중신학."「신학사상」66 (1989. 9.): 540-553.

박종천. "신학하는 일에서의 보편성과 당파성의 문제."「신학사상」65 (1989. 6.): 325-348.

방연상. "세계기독교 관점에서 본 민중신학의 한과 그 의의."「신학논단」109 (2022. 9.): 7-41.

배경식. "희망과 함께 '기다림의 신학'으로."「신학논단」57 (2009. 9.): 85-122.

버캠, 리처드/김도훈 · 김정형 옮김.『몰트만의 신학: 하나님 나라를 향한 공동의 신학여정』. 서울: 크리스찬 헤럴드, 2008.

부쉬, 에버하르트/손성현 옮김.『칼 바르트: 20세기 신학의 교부, 시대 위에 우뚝 솟은 신학자』. 서울: 복 있는 사람, 2014.

서남동. "예수, 교회사, 한국교회."「기독교사상」201 (1975. 2.): 53-68.

_____.『민중신학의 탐구』. 서울: 동연, 2018.

서창원. 『제3세계 신학』. 서울: 대한기독교서회, 1993.

손규태. "민중신학에서의 민족문제." 『전환기의 민중신학: 죽재 서남동 신학사상을 중심으로』. 서울: 한국신학연구소, 1992.

손호현. "민중신학과 문화신학의 합류를 향하여: 현영학의 한국민중문화신학 분석." 「신학논단」 77 (2014. 9.): 165-196.

신옥수. "한국에서 몰트만의 수용과 이해." 「한국조직신학논총」 35 (2013. 6.): 189-222.

안병무. "개신교 세계선교협회 신학위원회의 편지에 대한 회답." 레티 M. 러셀 외/이정용 엮음/연규홍 옮김. 『민중신학, 세계신학과 대화하다』. 서울: 동연, 2010.

_____. 『갈릴래아의 예수: 예수의 민중운동』. 서울: 한국신학연구소, 2019.

오성욱. "교회와 사회의 관계 문제와 연관하여 밀뱅크의 근정통주의 관점에서 한국적 신학 비평적 읽기: 사중복음 신학, 토착화 신학 그리고 민중신학을 중심으로." 「신학과 사회」 30-4 (2016. 11.): 177-221.

이관표. "한국기독교의 정치참여와 예수 그리스도의 자기 비움: 발터 벤야민과 존 하워드 요더에 관련하여." 「대학과 선교」 34 (2017. 10.): 287-320.

이성림. "정치신학에 대한 비판과 규범적 전망." 「기독교사상」 686 (2016. 2.): 44-55.

이신건. 『이신건 조직신학』 제1권. 서울: 신앙과 지성사, 2018.

이찬석. "21세기 한국신학의 방향 모색." 「한국기독교신학논총」 85 (2013. 1.): 263-286.

이창호. "하나님의 사랑과 인간의 사랑, 그 같음과 다름에 관한 신학적 윤리적 연구: 민중신학, 칼 바르트, 위르겐 몰트만 신학에 대한 윤리적 분석과 비교를 중심으로." 「기독교 사회윤리」 22 (2011): 265-301.

임성빈. "서남동의 신학사상에 대한 기독교 윤리학적 분석." 「장신논단」 29 (2007. 9.): 103-133.

임태수. "민중은 메시아인가?: 안병무의 민중 메시아론을 중심으로." 「민중과 신학」 2 (2000. 4.): 1-26.

정용섭. "진보신학, 비판적 성찰: 민중신학을 중심으로." 「기독교사상」 592 (2008. 4.): 58-69.

정용택. "지금 민중신학에서 운동과 현장이란 무엇인가?" 「뉴 래디컬 리뷰」 62 (2014. 12.): 38-62.

채수일. "1970년대 진보교회 사회참여의 신학적 기반." 「한국기독교와 역사」 18 (2003. 2.): 9-35.

최형묵. "민중사건의 증언: 안병무의 민중신학." 「뉴 래디컬 리뷰」 64 (2015. 7.): 66-88.

퀴스터, 폴커. "예수와 민중을 다시 생각해 보기: 안병무(1922-1996)가 남긴 것." 「신학사상」 135 (2006. 12.): 7-21.

홍치모. "민중신학에 있어서 한의 문제." 「신학지남」 57 (1990. 3.): 136-151.

Moltmann, Jürgen. "Vorwort." In *Minjung: Theologie des Volkes Gottes in Südkorea*. herausgegeben von Jürgen Moltmann unter Mitarbeit von Günter Baum und Park, Jong-wha mit einem Beitrag von Kurt Scharf. Neukirchen-Vluyn: Neukirchener Verlag, 1984.

Paeth, Scott R. *Exodus Church and Civil Society: Public Theology and Social Theory in the Work of Jürgen Moltmann*. Aldershot: Ashgate, 2008.

Suh, Nam-Dong. "Historical References for a Theology of Minjung." In *Minjung Theology: People as the Subjects of History*. Edited by Kim, Yong Bock. Singapore: Christian Conference of Asia, 1983.

www.churchtimes.co.uk/articles/2024/7-june/gazette/obituaries/obituary-professor-juergen-moltmann(*Church Times* 2024년 6월 7일자 인터넷 기사).

심광섭 ┃ "'하느님의 춤' 卽 '인간의 춤'" — 현영학의 탈춤 미학을 토대로

김매자. 『한국무용사』. 서울: 지식공작소, 2024.

김지하. "천지굿." 『김지하 전집 3. 미학사상』. 서울: 실천문학사, 2002.

_____. 『탈춤의 민족미학』. 서울: 실천문학사, 2004.

니체, 프리드리히/최승자 옮김. 『짜라투스트라는 이렇게 말했다』. 서울: 청하, 1993.

몰트만, 위르겐/박종화 옮김. 『살아계신 하느님과 풍성한 생명』. 서울: 대한기독교서회, 2017.

몰트만, 위르겐/김균진 옮김. 『삼위일체와 하느님 나라』. 서울: 대한기독교출판사, 1993.

라쿠나, 캐서린 모리/이세형 옮김. 『우리를 위한 하느님』. 서울: 대한기독교서회, 2008.

백승남 지음, 김정한 그림. 『광대 공옥진 ― 춤은 몸으로 추는게 아니랑께』. 서울: 우리교육, 2020.

백충현.『내재적 삼위일체와 경륜적 삼위일체』. 서울: 새물결플러스, 2011.

보프, 레오나르도/이세형 옮김.『삼위일체와 사회』. 서울: 대한기독교서회, 2011.

빌라데서, 리차드/손호현 옮김.『신학적 미학. 상상력, 아름다움 그리고 예술 속의 하느님
　　』. 서울: 한국신학연구소, 2001.

브루그만, 월터/신지철 옮김.『다시 춤추기 시작할 때까지』. 서울: IVP, 2020.

신영복.『강의』. 서울: 돌베개, 2004.

심광섭.『기독교 신앙의 아름다움』. 서울: 다산글방, 2003.

심광현.『흥한민국』. 서울: 현실문화연구, 2005.

이찬석.『글로컬 시대의 기독교 신학』. 서울: 신앙과지성사, 2013.

작스, 쿠르트/김매자 옮김.『세계무용사』. 서울: 지식공작소, 2024.

조동일.『탈춤의 원리 신명풀이』. 서울: 지식산업사, 2006.

존슨, 엘리사벳/함세웅 옮김.『하느님의 백한 번째 이름』. 서울: 바오로딸, 2000.

채희완.『공동체의 춤 신명의 춤』. 서울: 한길사, 1985.

콘, 제임스/홍신 옮김.『아무에게도 말하지 않을 거라고 했지만』. 서울: 한국기독교연구
　　소, 2021.

현영학.『예수의 탈춤』. 서울: 한국신학연구소, 1997.

Dickason, Kathryn. *Ringleaders of Redemption. How Medieval Dance Became
　　Sacred*. Oxford Academic, 2021.

Yarber, Angela. *Dance in Scripture. How Biblical Dancers Can Revolutionize
　　Worship Today*. Cascade Books, 2013.

**김바로본 ｜ 소셜 미디어를 통한 신학 공유 방법론— 디지털 플랫폼을 통한 신학 공
　　유 가능성 연구**

김경준.『디지털 인문학』. 서울: ㈜원앤원콘텐츠그룹, 2018.

류웅렬. "인쇄술과 종교개혁."「개혁논총」40 (2016): 305-339.

맥루한, 마샬/김성기 · 이한우 옮김.『미디어의 이해』. 서울: 민음사, 2005.

박영범. "'공감'(sympathy)의 도덕적 실천을 위한 교회론적 소론(小論)."「한국조직신

학논총」 73 (2023): 37-82.

박진규.『미디어, 종교로 상상하다』. 서울: 컬처룩, 2023.

배런, 나오미/전병근 옮김.『다시, 어떻게 읽을 것인가』. 서울: 어크로스출판그룹㈜, 2023.

손동식. "영상 세대를 위한 채플 설교 이미지 언어에 관한 연구."「대학과선교」 57 (2023): 133-162.

이주영. "초점: 소셜 미디어 서비스 현황 및 활용 — 소셜 네트워크 서비스(SNS)를 중심으로."「정보통신방송정책」 25 (2013): 45-65.

임순범 · 신은주.『소셜 미디어의 이해와 활용』. 파주: 생능출판사, 2013.

자비스, 제프/위선주 옮김.『공개하고 공유하라』. 서울: 청림출판, 2013.

정주영 · 이미화 · 안세훈.『디지털교육과 Ai』. 파주: 교육과학사, 2024.

최경은. "종교개혁이 서적인쇄에 미친 영향."「독일언어문학」 57 (2012): 239-264.

카넬, 션 · 벤지 트래비스/이용준 옮김.『유튜브 시크릿』. eBook. 경기: 더봄, 2019.

칼뱅, 장/박건택 옮김.『기독교 강요』. 서울: 부흥과개혁사, 2018.

탁지일. "구원파와 기독교복음선교회(JMS)."「교육교회」 400 (2011): 52-57.

풀리지, 조/강혜정 옮김.『콘텐츠 바이블』. 서울: 세종서적㈜.

하이트, 조녀선/이충호 옮김.『불안 세대』. 파주: 웅진지식하우스, 2024.

하이트너, 데버라/이민희 옮김.『디지털 원주민 키우기』. 파주: 창비, 2020.

허천회.『웨슬리의 독서와 저술 이해』. 서울: (사)기독교문서선교회, 2022.

황근.『4차 산업혁명과 미디어의 진화』. 서울: 도서출판 온샘, 2020.

강정수. "숏폼 시대, 디지털 미디어 작동 방식의 변화." https://www.kca.kr/ Media_Issue_Trend/vol60/pdf/Media_Issue_Trend(vol60)_23.pdf (2024. 12. 5. 접속).

과학기술정보통신부. "2023 인터넷이용실태조사." https://www.msit.go.kr/bbs/ view.do?sCode=user&mId=99&mPid=74&bbsSeqNo=79&nttSeqNo= 3173621(2024. 10. 10. 접속).

금준경. "페이스북 앱 이용자 5년 동안 35% 급감." https://www.mediatoday.co. kr/news/articleView.html?idxno=316738(2024. 8. 22. 접속).

대한민국 교육부. "디지털 리터러시, 정보를 읽는 능력을 키워라." https://if-blog.

tistory.com/13288(2024. 10. 8. 접속).

박수현. "콘텐츠 주제부터 길이까지, 릴스·쇼츠·틱톡 트렌드 비교하기." https://blog. opensurvey.co.kr/article/socialmedia-2023-2/(2024. 12. 8. 접속).

이동훈. "'소셜 이코노믹스' 시대가 온다." http://www.economyinsight.co.kr/ news/articlePrint.html?idxno=231(2024. 10. 18. 접속).

이선민. "세계 최대 동영상 사이트 유튜브, 23일 한국 상륙." https://archive.md/ 20180429041249/http://www.mediatoday.co.kr/(2024. 8. 15. 접속).

이연경. "'오늘의 신학 공부' 장민혁 대표." https://www.cnews.or.kr/news/ articleView.html?idxno=2601(2024. 10. 18. 접속).

이예솜. "국내외 숏폼 이용 현황." https://www.copyright.or.kr/gov/nuri/down load.do?brdctsno=53116&brdctsfileno=23670(2024. 12. 8. 접속).

이충환. "한글에 대한 자부심의 근거를 알려주마!" https://www.hani.co.kr/arti/ science/science_general/240280.html(2024. 12. 8. 접속).

정보통신용어사전. "소셜 미디어." https://terms.tta.or.kr/dictionary/dictionary View.do?word_seq=056098-1(2024. 10. 18. 접속).

정보통신정책연구원. "세대별 SNS 이용 현황." https://mediasvr.egentouch.com/ egentouch.media/apiFile.do?action=view&SCHOOL_ID=1007002& URL_KEY=a3559b65-b36d-4a2c-8abb-67841e61203e(2024. 10. 17. 접속).

정지은. "스레드 '벌써 1년' … 이용자 1억 7500만명 모았다." https://www.hankyung. com/article/202407092101i(2024. 8. 22. 접속).

최연두. "소셜미디어 이용자 수 1위 '인스타그램', 인기 급상승 '스레드'." https:// m.edaily.co.kr/News/Read?newsId=01817126638989288&mediaCod eNo=257(2024. 8. 24. 접속).

최우석. "[그것은 이렇습니다] 페이스북 이름은 어디서 유래됐나?." https://www. chosun.com/site/data/html_dir/2010/12/13/2010121301994.html (2024. 8. 22. 접속).

한국 갤럽. "미디어·콘텐츠·소셜네트워크 서비스 18종 이용률." https://www. gallup.co.kr/gallupdb/reportContent.asp?seqNo=1323(2024. 6. 3. 접속).

한국방송통신전파진흥원. "전 세계적 인기몰이 중인 '틱톡(TikTok)'의 향후 전망 분석."

https://www.kca.kr/boardView.do?pageId=www145&boardId= TRENDS&seq=1573182(2024. 8. 22. 접속).

Bercovici, Jeff. "Who Coined 'Social Media'? Web Pioneers Compete for Credit." https://www.forbes.com/sites/jeffbercovici/2010/12/09/who-coine d-social-media-web-pioneers-compete-for-credit/(2024. 10. 15. 접속).

Datareportal. "Facebook Users, Stats, Data & Trends." https://datareportal. com/essential-facebook-stats?rq=facebook%20users%20of%. 202023 (2024. 8. 22. 접속).

Kepios. "GLOBAL SOCIAL MEDIA STATISTICS." https://datareportal.com/ social-media-users(2024. 10. 7. 접속).

Numbers. "개신교인의 미디어 이용 실태 및 인식." http://www.mhdata. or.kr/bbs/ board.php?bo_table=gugnae&wr_id=107(2024. 8. 21. 접속).

2부

K-신학 방향의 정립

K-신학의 불가능성을 넘어서
― 방법론적 소고

장왕식

(감리교신학대학교, 인문사회연구소 백두)

I. 들어가는 말

이 글은 K-신학을 시도한다. K-신학이 다루어야 하는 시급한 현안 중 하나는 세계화라는 깨달음에 기초하여 어떻게 여러 한국적 신학이 K-신학이 될 수 있을지를 논한다. 여기서 논자는 '한국적' 신학을 하나의 특수한 신학으로 정의하며, 그런 한국이라는 특수한 시공(space-time)을 넘어서 세계화된 신학을 'K-신학'이라고 정의한다.[1]

논자는 동아시아라는 시공의 일부인 한국의 신학이 어떻게 자신의 국지성을 넘어설 수 있을지에 관심을 둔다. K-신학은 반드시

---

[1] 이런 정의에 따르면 80년대의 '민중신학'이나 윤성범의 '효의 신학'은 한국적 신학이다. 그러나 그들은 아직 K-신학은 아니었다. 예를 들어 민중신학은 K-신학이 되기 위해 세계화를 시도하다가 현재 중단된 채 숨고르기를 하는 경우라 할 수 있다. 하지만 민중신학은 가능성에서 후보군 중 K-신학에 가장 근접한 신학이라 생각한다.

한국이라는 지역에서 한국인에 의해서만 생산되는 신학에 국한되지 않는다. 논자의 생각에 그것은 한국이라는 시공간을 매개로 한 신학이되, 반드시 동아시아라는 맥락과 연결되어야 한다. 왜 그러한지에 대한 토론은 추후 이어질 것이다. 따라서 이 논문은 특수한 지역과 시대의 한계에 갇힌 한국신학이 어떻게 독특하면서도 보편성을 갖춘, 소위 특이성(singularity)의 신학이 되는지 보여 주는 것을 목표한다.[2]

하지만 하나의 특이한 신학을 꿈꾸기 위한 시도에 앞서, 이 글은 먼저 K-신학의 불가능성에 대해 외치는 입장을 살펴본다. 논자의 생각에 K-신학의 불가능성을 외치는 주장들은 모두 설득력이 높은 주장들이라서 반박이 쉽지 않다. 그럼에도 K-신학은 우선 이 장벽을 돌파하지 않고서는 그저 국지적인 한국적 신학에서 멈추게 될 것이다. 논자는 K-신학의 불가능성을 주장하는 이들이 내세울 만한 이유로서 한국신학도들의 자기-비하적 성향을 먼저 꼽겠다. 나아가 오늘의 세속 지성인들에게 만연해 있는 신의 부재에 대한 확신과 초월적 진리에 대한 불신 등도 K-신학의 불가능성을 외치는 또 다른 원인으로 꼽겠다. 그러나 무엇보다 K-신학의 가능성을 가로막는 가장 큰 걸림돌로서 보수적 기독교가 지닌 배타적 성격을 지적하겠다.

K-신학의 세계화라는 과제를 다루고 동시에 국지성의 한계를

---

2 특이성(singularity)은 본래 특이점과 연관된 과학적 개념이었지만, 최근의 인문학은 보편성의 대척점에 있는 특수성(the particular)과 구별되는 개념을 의미한다. 말하자면 특이성이란 '특수하지만 보편적인'이라는 뜻에 가장 가깝다. 상황이 이러하다면, 온갖 종류의 보편성에 알레르기 반응을 보이는 오늘의 인문학계에서 범-세계화를 꿈꾸는 K-신학이 지향해야 하는 바는 보편 신학(Theologia Universalis)이 아니라 하나의 특이한 신학이어야만 한다고 믿는다.

극복할 방법론을 추구한 다음 필자는 '초월'의 개념을 더욱 진지하게 다룰 것을 제안한다. 초월의 개념은 오래전부터 서구와 동아시아의 종교 및 철학이 공통으로 관심을 가져온 주제다. 서구의 사상이 오늘날 보이는 많은 문제에는 '초월'에 대한 경시가 있다고 생각한다. 따라서 '초월'의 개념에 관한 문제를 다룸으로써 우리는 서구 사상이 지닌 한계를 지적함은 물론, 동아시아 토착화신학의 일환으로서 K-신학이 나아갈 방향에 대해 대충 예상해 볼 수 있다고 믿는다.

초월의 문제와 관련해 우리가 반드시 염두에 두어야 할 또 다른 중요한 논제 있다면, 그것은 초월의 다수성에 대한 인정이다. 전통적 신학은 초월의 문제와 관련해, 주로 초자연적 유신론이 말하는 초월 개념에 집중했으며, 이는 많은 문제를 양산했다. 이 때문에 최근의 새로운 신학적 운동들은 전통과 다른 의미의 새로운 초월의 개념을 탐구해 왔는데, 논자 역시 이 논제를 취급함으로써 K-신학의 지향점에 대해 새롭게 조명해 보고자 한다. 여기서 필자는 새로운 초월 개념의 하나로 '초월론적 경험론'(transcendental empiricism)을 소개한다. 초월론적 경험론은 전통적인 의미의 '초월자' 혹은 '신'을 전혀 상정함이 없이 순수한 과학적 사실과 그것에 근거한 자연주의 철학만으로 하나의 형이상학을 세우곤 하는데, 그러한 매력 때문인지 이를 주장하는 들뢰즈의 철학은 현대 세속 지성인들에게 매우 큰 호소력을 지녀 왔다.

따라서 들뢰즈의 초월론적 방법이 지닌 특징들을 간단히 소개하고, 그것이 초월을 다루는 새로운 방법론으로서 K-신학의 정립에 어떻게 긍정적인 영향을 끼칠 수 있는지를 다루겠다. 이것이 II부의 주제가 될 터인데, 여기서 필자는 초월 개념의 다수성을 수용하는 것이 K-신학의 정립에서 중요한 관건이 된다고 주장한다. 동시에 초월의 개념은 보편성의 문제와 함께 취급되어야 함도 강조한다.

이 글의 최종 목적은 그동안 서구가 노출해 온 철학적 한계의 극복을 위해 K-신학은 어떻게 동아시아의 종교와 철학적 전통에서 참신한 아이디어를 얻을 수 있을지 보여 주려는 것이다. 그 과정에서 서구가 놓쳤던 여러 중요한 개념을 부각하고, 동시에 대안으로서의 K-신학의 미래 과제를 제안해 보려 한다. 이것이 III부의 테제가 될 것인데, 여기서는 K-신학의 방법론이 어떻게 한국적이면서 동시에 세계화에 공헌할 수 있을지 토론하며, 이를 위해 먼저 '한국적인 것'이 참으로 존재하는지의 문제를 취급하고, 나아가 동아시아적인 것이 어떻게 문명적으로 세계화에서 성공할 수 있을지의 여부를 다룬다. 마지막으로 K-신학이 세계화에서 성공할 수 있으려면 오늘의 최고의 철학적 화두인 자연주의의 문제가 취급되어야 함을 지적한 후, K-신학은 향후 이 과제를 어떻게 다룰지를 보여 주고자 한다.

II. 불가능성 테제

1. 서구적 세계화와 동아시아의 부재

도대체 누가 K-신학을 불가능하다고 하는가? 첫 번째 예상 그룹은 서구의 신학자이다. 특히 오리엔탈리즘에 찌든 일부 유럽 중심주의 신학자들은 다음과 같이 말할지 모른다. "한국에 과연 조직신학이 있었던 적이 있는가? 기독교가 인구의 1/4을 넘는다는 얘기는 들어봤지만, 한국적 기독교 신학이 있다는 얘기는 처음이다. 계속 우리 것을 수입해다 쓰지 않았는가? 한국적으로 적용된 판넨베르크와 몰트만은 결국 헤겔리안이 아니었나? 폴 틸리히는 결국 하이데거의 또 다른 판본이며, 최근의 과정신학은 화이트헤드의 복사판 아니던 가? 유럽과 영미의 주파수만 바꿔 놓은 안테나 신학이 한국적 신학이 아닌가? 그 외 한국에서 과연 무슨 신학이 나올 수 있을까?"

오늘날은 정치와 경제는 물론, 모든 분야가 세계화 · 국제화되어가는 범-지구촌의 시대이다. 하나의 신학이 성공하려면 반드시 자신의 국지성을 넘어야 한다는 것은 자명하다. 물론 국지성은 단지 한계로 취급될 것이 아니라 오히려 자신만의 독특성으로 인정받는 시대에 우리가 살고 있다는 점을 이용해 하나의 K-신학을 말할 수 있다. 그러나 아무리 오늘의 시대가 한 문화의 특수성을 특이성으로 해석해 줄 수 있는 시대라 할지라도, K-신학이 그런 보편적인 독특함을 확보하기까지는 쉽지 않은 여정이 남아 있다.

서구의 국지성은 이미 자신을 보편성으로 바꾼 바 있지만, 이와 대조적으로 K-신학에서는 '신학'이라는 개념 자체가 대부분 서구적 개념의 표현이지 우리 것은 아니다. 물론 우리에게는 천(天)이나 도(道)가 있고, 하느님, 하나님이 있다고 대꾸할 수 있지만, 그런 개념들을 표현하는 언어와 논리를 지배하는 것은 서구의 답습과 재현에 의존하고 있다. 문제는 이런 세뇌의 상태에서 벗어나는 것이 간단하지 않다는 것이다.

따라서 우리는 우선 서구적 근대성과 오리엔탈리즘의 문제를 다루어야 한다. 하지만 서구적 근대성은 '모더니즘'이라는 문화적 용어가 암시하듯 이제까지는 동아시아에서 매우 긍정적인 의미를 가지고 있었다. 특히 서구의 근대성이라는 이념은 이성 중심의 사고와 과학적 합리성을 연계하며 과학과 철학에서 범-지구촌을 근대화시켰다. 하지만 남겨놓은 그림자도 많았다. 가장 큰 폐해는 오리엔탈리즘이다. 서구는 자신들의 근대성이 지닌 문화적 가치에 도취한나머지, 동아시아를 비롯한 다른 문명권을 경시하는 부정적 성향을지녀왔다. 반대로 동아시아는 서구가 제시한 근대주의의 지역적,시대적 한계를 철저히 인지하지 못한 상태에서 겉모습의 긍정적인면만 선택적으로 수용하는 부작용도 있었다. 이는 에드워드 사이드가 말한 대로 오리엔탈리즘이라는 부정적 개념으로 남아 있다. 즉,서구의 근대성은 동아시아인에게 나름 긍정적인 성과를 가져왔지만, 동시에 그것이 무조건적인 답습과 세뇌를 통해 진행되었기에동아시아가 서구 근대주의의 폐해를 간과하게 만들었다는 단점도지닌다. 이런 면에서 동아시아 K-신학의 첫째 과제는 우리 안에은연중 내재해 있는 자기-비하적 오리엔탈리즘의 잔재를 처리하고넘어서는 것이 될 것이다.

정리하면 K-신학의 불가능성에 대해서 외치는 첫 번째 원흉은우리 안에 존재하는 부정적 오리엔탈리즘이다. 논자는 뒤에서 "참으로 한국적인 것이 존재할까?"라는 장을 통해 우리 안에 내재해 있는오리엔탈리즘의 폐해를 극복하지 않는 한, 한국적인 것의 세계화를결코 꿈꿀 수 없다는 것을 보여 주겠다.

2. 초월의 부재와 인간의 부재

동아시아와 한국에 세속화의 개념은 이미 1960년대부터 알려졌다. 당시에도 세속화라는 개념이 지닌 다양한 의미가 소개되었지만, 그와 연관해 가장 먼저 부각된 것은 '신의 부재'였다. 오늘날도 상황은 비슷하지만, 단지 '세속화' 개념으로 오늘날의 철학자들이 먼저 떠올리는 것은 신의 부재보다는 '인간의 부재'라는 것이 추가되었을 뿐이다. 여기서 '인간의 부재'란 휴머니즘(humanism)의 부재를 의미하며, 더 좁히면 인문(人文)의 부재이기도 하다. 오늘날 학문은 세속화나 신의 죽음 등의 문제를 휴머니즘의 부재 혹은 인문의 부재와 연결한다. 그렇다면 신의 부재와 인간의 부재, 나아가 인문의 부재는 서로 어떻게 연계되어 토론되는가?

우선 잘 알다시피 오늘의 세속 지성인들은 형이상학과 신학에 심한 알레르기 반응을 보인다. 그들은 최근 2,000년의 역사를 갖는 서구 형이상학과 신학에 도무지 곁을 주지 않는다. 아리스토텔레스가 철학을 형이상학으로 변형시키면서 근거로 신을 상정했을 때, 그것은 합리성의 문제 때문이었다. 데카르트가 서구의 인식론을 확립하면서 신을 제시했을 때도 그 이유는 정당화의 문제 때문이었다. 만일 신이 없다면 형이상학도, 자기-논리의 정당화도 불가능하다고 그들은 말했다.

우리가 어떤 것을 믿는다고 할 때, 그런 믿음이 합리적이라고 믿기 위해서 근거를 찾는다면 그것은 또 다른 믿음에 근거해야 한다. 그러나 이런 식의 근거 찾기를 무한정 수행할 수는 없다. 무한 퇴행이나 순환 논증의 오류를 피하려고 철학자들은 불변의 토대나 기반이 되는 존재를 도입하지 않을 수 없다.[3] 이것이 아리스토

---

3 사람들은 이를 토대주의 혹은 기반주의(foundationalism)라 이름한다.

텔레스 이래로 데카르트에 이르기까지 신이 서구 철학의 논리적 기반으로 존재했던 이유다. 오늘날에도 합리성과 정당화의 문제는 시대를 초월하는 철학적이고 논리적인 문제라 할 수 있다.

물론 많은 현대의 지성인에게 합리성과 정당화의 개념은 여전히 중요한 이슈다. 하지만 오늘의 학문적 경향은 반드시 합리성이 인간의 이성에 부합해야 한다는 뜻을 지녀야만 하는 것은 아니라는 생각에 이르렀고, 항상 논리적으로 일관성이 있어야만 철학적 정당성이 확보되는 것도 아니라는 결론에 도달했다. 오늘날의 철학적 주장들은 새로운 과학적 주장들, 예를 들어 물리학적으로는 양자역학의 불확정성 원리에 의해 지배되고 있으며, 생물학적으로는 우연적 발생론에 의한 (비)인과론에 의존하고 있다. 인간이 살고 있는 우주는 더 이상 합리적 이성에 의해 계산되고 예측될 수 있는 세계가 아니라 불확실성이 기반이 된다.

이런 학문적 풍토 속에서는 논리적 정당화 역시 신과 같은 불변의 토대에 기반하지 않고 그저 앞의 주장과 뒤의 주장이 서로 정합적으로 연결되는지의 문제만이 관심사로 대두된다. 오늘날 일부 철학자들이 따르는 정합주의(coherentism)에 따르면, 하나의 철학적 체계를 구성하는 각각의 주장들은 서로가 네트워크를 이루어 상호 지지하게 되는 것으로 충분히 정당성이 확보된다고 본다. 이러한 관점에서는 순환 논증의 문제가 발생하지 않게 된다.[4]

이렇게 오늘의 현대인은 인간의 합리적 이성을 중심으로 하던 사고방식을 덜 취하고, 대신 과학이 발견한 불확정적인 우주에 근거

---

4 정합주의의 한 예가 화이트헤드의 과정철학이다. 『과정과 실재』, 1부 1장 1절.

한 세계관에 몰입하는 경향을 보인다. 그동안 우주와 인간의 삶의 문제를 해결하기 위한 방법론 중 최고로 인정 받아온 인간의 이성과 논리는 이제 그 탄탄한 위상이 위협받게 된다. 이렇게 인간 혹은 인문의 부재와 초월적 신의 부재는 서로 연결되어 있다. 우리의 우주가 합리적 법칙보다 오히려 불확실성에 의해서 지배된다고 볼 때, 먼저 전통적인 신 개념은 무용지물이 될 수밖에 없다. 철학적 관점에서 볼 때 우주적 합리성의 기반은 이성의 힘과 그 힘을 가능하게 하는 신에 의해 제공된다고 보았기 때문이다.

신이나 초월의 부재를 인간 이성과 논리의 무용성과 연결해 주장한 철학자 중 서구 철학사에서 인상 깊은 주장을 펼친 사람은 비트겐슈타인이다. 비트겐슈타인은 이를 다음과 같이 표현한다: "철학적 저술들에서 발견되는 대부분의 명제와 질문들은 거짓이 아니라 무의미한 것이다."[5] 대부분의 주석가는 비트겐슈타인이 언급한 '대부분의 명제와 질문'이 주로 형이상학적인 것과 연관된다고 해석한다.

따라서 비트겐슈타인에게 '신'이나 '신비' 같은 형이상학적이고 초월적인 개념을 언어로 표현하는 모든 시도는 본질적으로 절름발이 행위가 될 수밖에 없다. 왜냐하면 언어는 본래 한계를 갖는 것이 필연적이기 때문이다. 여기서 비트겐슈타인이 비판의 목표물로 삼은 것은 초월이지 철학 자체는 아니라고 강변할 수도 있다. 그러나 그는 후기 저술에서 철학의 기능과 역할에 대해 재평가하며 언어의 엄밀성에 대한 집착을 버렸다. 이는 철학의 무용성에 대한 비판을

---

5 비트겐슈타인, 『논고』 4.003.

넘어 철학 자체의 기능에 대한 근본적인 의문을 제기한 것이다. 이렇게 비트겐슈타인의 주장은 먼저 인간의 언어와 논리의 한계를 지적하면서, 이를 통해 초월의 부재를 선언했다. 언어와 논리가 무능력할 때 초월에 대한 그 어떤 언설도 의미를 상실할 것이기 때문이다. 이런 이유로 초월에 대한 그의 결론은 '침묵'이었다.[6]

이번에는 동시대 최고 철학 논객인 바디우의 분석을 활용해 '진리'의 문제와 연관해서 오늘의 서구 철학이 토로하는 좌절감에 대해 살펴보자. 바디우는 철학이라는 학문의 무능력과 무기력함에 대해 인정하면서, 이렇게 철학 자체를 타깃으로 놓고 비판해 온 전통을 '반-철학'이라 명명한다. 철학자들이 반-철학(anti-philosophy)이라는 명칭을 통해 반대하려는 대상은 철학이 주장하려는 진리나 의미이다. 반-철학자들은 진리 자체를 비판하여 진리라는 범주 자체를 폐기하려 한다고 본다. 바디우에 따르면 반-철학자들은 철학 자신을 이론으로 구성하려는 야망을 해체하려 하며, 이를 위해 소피스트의 방식을 사용한다.[7] 소피스트는 철학사에서 철학이라는 학문과 그것이 말하는 진리, 더 나아가 진리라는 개념과 범주 자체의 해체를 가장 집요하게 시도한 최초의 그룹이었다. 바디우는 근대 이후 서구에서도 새로운 소피스트들이 지속적으로 나타나 철학의 무용성을 비판해 왔다고 말하며, 그중 대표적인 인물이 니체와 비트겐슈타인이라 본다.[8]

---

6 비트겐슈타인, 『논고』, 7.

7 바디우, 『반철학자 비트겐슈타인』, 20.

8 이외에 바디우가 반철학자의 반열에 올려놓은 이들은 많지만, 가장 대표적인 인물로 파스칼, 키르케고르 그리고 최근에는 라캉을 꼽는다.

바디우가 철학의 무용성을 비판할 때 사용하는 표현 중 가장 극단적인 것은 "철학이 '진리'에 대해 꾸며낸 허구적 우화들은 장식이자 선전이며 거짓말이다"라는 표현이다. 이는 주로 니체에 해당하는 말이지만, 바디우에 따르면 철학은 니체의 분석대로 이런 비판을 들어도 할 말이 없다고 본다. 철학이 진리를 말한다고 하면서 사용하는 모든 이론적 체계와 논리, 그것의 기본이 되는 언어는 단지 하나의 국지적 의미를 전달할 수 있을 뿐, 진리는 아니라는 것이다. 바디우는 이것이 소피스트와 니체 그리고 후기 비트겐슈타인이 철학의 무용성에 대해 생각하는 공통점이라고 본다.

하지만 바디우는 철학의 무용성을 인정하면서도 진리의 추구를 포기하지는 않았다. 그는 현대 철학자 중 진리를 수호하려 애쓰는 몇 안 되는 학자이다. 그러나 그가 추구하는 진리의 철학은 우리가 평소 생각하는 것과는 매우 차별되는 철학이다. 그는 여전히 하나의 철학자로 자리매김하지만, 그의 철학은 철저하게 수학 논리학에 근거한 작업이며, 그 이외의 방식을 따르는 철학 방식에 대해서는 매우 비판적이다. 바디우는 진리의 추구 방식과 절차에 있어 다른 대안을 찾자고 제안하는데, 그것이 바로 '유적 절차'(generic procedure)이다.[9] 여기서 유적 절차란 보편적인 것이 나타나도록 하는 방법적 절차를 말한다. 그럼에도 바디우는 솔직히 진리 자체에는 관심이 없다. 그에게 진리란 획득 불가능하고 식별 불가능한 대상이라 보기

---

9 바디우의 '유적 절차' 개념에 대해서는 II의 2절에서 조금 더 상세하게 다룬다. 나아가 바디우의 철학에 대해 가장 잘 설명해 놓은 주석서 중 한국어로 번역된 것은 피터 홀워드 저, 『알랭 바디우 ― 진리를 향한 주체』 (도서출판 길), 311-313.

때문이다. 하지만 만일 바디우가 추구할 진리 비슷한 것이 있다면, 그것은 실천적 행위를 통해 획득되는 대상이지 이론적 작업이나 논리를 통해 가능한 것이 아니다. 엄밀히 말해서 바디우에게서 초월자나 초월적 진리를 다루는 이론적 철학은 폐기된 것이다. 이렇게 바디우와 같은 오늘의 최고 논객은, 초월자나 그것이 보장하던 '진리'에 대해 더 이상 연연하지 않는다. 오늘의 철학이 해야 할 일은 진리의 추구보다는 그것의 대안으로서의 보편적인 것을 추구하는 것인데, 이는 사랑, 정치, 과학, 예술 등을 통해서 가능하다고 외친다.

그렇다면 우리가 이제까지 보아온바, 초월, 인간 그리고 진리의 부재라는 오늘의 세속적 상황하에서 K-신학은 어떻게 신학적 작업을 추구할 수 있을까? 이는 돌파가 쉽지 않은 난제이며, K-신학의 불가능성을 강화하는 테제 중 하나다. 신학이란 언제나 진리와 수호와 연결해 인간의 인문적 가치를 비롯해 형이상학의 가치를 강조해 왔다. 그리고 초월적 존재를 믿는 신앙을 통해 이런 가치는 기반을 제공받아 왔다. 그러나 이렇게 초월과 진리가 부재한 상황에서 K-신학은 어떻게 이런 불가능성의 장벽을 뚫고 여전히 초월의 문제를 논할 수 있을까?

3. 한국 기독교와 타자의 부재

K-신학이 자신의 국지적 한계를 넘어가려 함에 있어 가장 큰 장벽은 타자의 부재다. 여기서 타자란 무엇이며, 왜 갑자기 불가능성 테제와 관련해 타자를 언급하는가? 잘 알다시피 오늘의 시대는 탈-이원론, 탈-이항 대립의 시대이다. 이는 이원론이나 이항 대립의

원리가 더 이상 필요 없다는 말이 아니라 이항 대립으로 모든 것을 평가하고 판단하던 방식을 절대적인 잣대로 여기던 시대가 끝났다는 것을 의미한다.

K-신학의 가능성을 비웃는 사람들은 그 하나의 이유로서 한국 기독교가 여전히 이항 대립적 사고에 의거해 자신과 다른 타자들을 배타시하는 경향을 꼽는다. 그리고 한국 교회가 이에서 벗어날 기미가 전혀 보이지 않는다는 사실은 대부분의 한국신학도의 머리 위를 배회하는 하나의 절망적 유령이며, 이로 인해 타자의 부재 문제는 K-신학의 정립을 꿈꾸는 이들에겐 가장 강력한 불가능성 테제가 되고 있다.

어쩌다 이렇게 되었는지를 설명하는 것은 어렵지 않다. 우선 이는 결코 한국 기독교의 문제만이 아니며, 인류 전체의 문제, 인간 본연의 문제이다. 여기서 보다 쉬운 이해를 위해 누구나 잘 아는 과학 이론 중 하나인 토마스 쿤(Thomas Kuhn)의 '통약불가능성'(incommensurability)의 개념을 적용해 설명해 보자.

쿤의 패러다임 전환(paradigm shift) 이론과 더불어 유명해진 이 원리는 대화에 연루된 파트너들이 서로 다른 패러다임에 의존해 있는 경우, 한 입장은 다른 입장을 결코 이해하지 못한다는 것이다. 그렇기에 대화 파트너인 양자는 서로 공통 분모를 만들어 상대방인 타자를 포용하지 않는 한 결코 소통이나 대화에 성공하지 못한다는 이론이다.

그러나 쿤이 말하는 통약불가능성의 원리는 결코 새로운 이론이 아니다. 고대는 물론 현대에도 모든 인류는 타자와의 통약 불가능한 차이로 인해 대화의 어려움을 겪어 왔으며, 사실 철학사 자체도 이런 통약불가능성에 입각한 이항 대립의 역사였다고 말해도 과언이 아니다.

이항 대립(binary)의 원칙은 최근에 데리다(Derrida)가 강조했지만, 논자는 이항 대립을 현재의 토론에 대입할 수 있다는 아이디어를 일본의 철학자 지바 마사야의 저서에서 얻었다.[10] 마사야의 분석에 따르면 서구에서는 항상 이항 대립 원칙을 통해 새로운 철학적 관점이 등장하며, 이는 이전의 철학적 관점보다 더 풍부하고 새로운 시각을 제공한다.

예를 들어 들뢰즈는 이전 철학의 핵심을 '동일성의 철학'으로 놓고 그것을 비판하며, 차이성의 철학을 제시함으로써 자신의 철학적 관점을 강화했다. 이러한 대립을 통해 들뢰즈는 동일성과 차이성을 모두 아우르는 잠재성의 철학을 발전시켰다. 대부분의 현대 철학은 종종 이전 철학들과의 대립을 통해 자신을 정의하고 강화한다.

나아가 현대 철학은 이전 철학의 누락된 부분을 찾아내 이를 '타자성'으로 규정하는 특징을 갖는다. 따라서 '타자성'은 이전 철학에서 누락된 요소를 지칭하며, 새로운 철학은 이 타자성을 포괄하여 보다 완전한 철학적 체계를 구축하려 한다. 서구 철학사에 이를 적용해 보면, 고대 및 중세 철학은 형이상학적 세계와 불변하는 절대 세계를 강조했으며, 물질세계와 가변적 세계는 중요하지 않다고 여겼다. 그들에겐 후자가 타자성이었다. 현대 철학은 이러한 고대 및 중세 철학을 비판하며 생성과 과정의 세계, 즉 가변적인 세계를 강조한다. 현대 철학은 고대 철학이 누락한 타자성을 포함하

---

10 지바 마사야, 『현대사상입문』, 198-203.

여 보다 포괄적인 철학을 제시한다.

오늘날 한국의 기독교 신학이 K-신학으로 발돋움하기 위해서는 세계화가 필요하다고 앞서 언급했다. 여기서 진짜 관건은 한국의 기독교 신학이 그동안 자신이 누락시킨 타자를 포괄할 수 있느냐의 여부에 있다. 한국의 기독교는 다른 아브라함 종교들처럼 이항 대립에 매우 익숙한 종교이며, 그로 인해 그동안 수많은 타자를 양산하면서 그들을 자신의 경계 밖으로 밀어냈기 때문이다.

먼저 한국 기독교에서 '한국'이 자신의 시공간적 국지성에 근거해 누락시킨 타자는 무엇인가? 한국이 전-근대적 유교와 불교에 의해 지배되었을 때 놓친 타자들은 여성, 서구, 과학적/논리적 사유 등이다. 한국이 서구의 근대주의가 토해 놓은 신자유주의적 자본주의에 의해 지배되었을 때 놓친 타자들은 자연, 생태, 비-인간들(non-humans), 놀이 등이다. 그렇다면 한국 기독교 중 '기독교'가 누락시킨 타자들은 무엇인가? 그것이 서구의 초자연주의적 신학에 도배되었을 때 누락시킨 타자들은 과학적 사고, 논리적 사고, 다원적 사고 등이었다. 다행스럽게도 오늘의 젊은 한국의 현대 신학도들은 그런 타자들이 무엇인지 계속 찾아 나서고 있다. 이를 통해 현대의 서구 신학과 더불어 객체-중심주의 존재론, 사변적 실재론, 신유물론 등을 공부하면서 그동안 상실되고 잊힌 타자들을 포함할 신학적 방법론들을 탐구하고 있다.

그러나 위에 열거된 누락된 타자들과 연결해 연상되는 불가능성 테제들을 하나씩 꼽아 보면서 우리는 느끼지 않을 수 없다. 어느 하나도 돌파하기에 만만치 않기 때문이다. K-신학의 정립을 위한 첫걸음은 불가능성에 대한 이런 엄중한 현실 인식에서 출발해야 한다.

III. 가능성 테제

1. 다수의 초월과 더불어

자연과학의 발전이 서구 철학에 가져다준 충격으로 인해 철학적 관심이 인간의 이성과 논리에서 탈-이성적, 탈-논리적인 것으로 옮겨갔다는 것을 우리는 앞에서 보았다. 이는 새로운 철학의 도래를 의미한다. 오늘날의 철학이 자연과학의 발견에 충실한 철학을 구성하려면 판단의 출발점이 인간의 이성에서 감정(feeling)이나 정동(affect)의 차원으로 내려가야 한다고 주장된다. 인간의 이성마저 처음엔 감정이나 정동과 같은 경험적 도구에 의존해 작동된다.

오늘의 철학이 내세우는 존재론이나 인식론은 모두 이런 기본적 이해 위에서 재편된다. 반복하지만, 가장 중요한 인식 도구는 그것이 인간의 경험이든 비인간의 경험이든 모두 감성적(aesthetic, 미적) 경험이며, 이것이 모든 인식의 시작점이다. 최근의 존재론은 물리학적 대상으로서의 미시적 사건에 대한 분석으로부터 생명과 몸의 발생적 과정을 분석하는 분자생물학적 이해 그리고 그것에 기초해 전개되는 몸 이해, 나아가 이러한 존재자들이 만들어 내는 관계의 형이상학과 윤리 등에 주요한 관심을 둔다. 객체 중심의 철학, 사변적 실재론, 신유물론 등으로 알려진 다양한 포스트-휴머니즘적 철학의 갈래들은 이러한 관심사를 발전시킨 새로운 철학적 운동으로서, 앞으로의 종교철학은 이들과 대화하면서 새로운 신학과 영성운동을 기획해야 한다.

포스트-휴머니즘의 갈래로 알려진 이러한 철학 운동들에 대한 소개는 다음 기회로 미루도록 한다.[11] 여기서는 주제와 관련해 주로 초월의 문제와 연관된 철학 하나를 다루어, 오늘날의 첨단 철학이 다루는 문제들의 핵심을 살펴본다. 논자가 다루려는 운동은 초월론의 철학(a philosophy of the transcendental)이다. 초월론의 철학을 다루는 근본적인 이유는 신의 부재가 서구 철학의 중심 테마로 떠오른 이후, 오늘날 신을 대체해 초월의 문제를 다루는 운동이 초월론의 철학이라고 보기 때문이다.

초월론의 철학은 들뢰즈(Gilles Deleuze)를 통해 유명해진 개념이지만, 시작은 칸트에서 찾을 수 있다. 칸트는 자신의 철학 체계 내에서 신의 자리를 오로지 최고의 선을 실현하기 위한 실천적 목적을 위해 유지했다.[12] 다시 말해 칸트는 순수이성비판을 비롯한 여러 저작에서 형이상학적인 이론 철학의 체계 내에서는 신의 개념을 지워버렸고, 대신 초월론의 철학을 소개했다. 인간의 경험이 일관되게 성립되기 위해서는 우리에게 필수적으로 요구되는 구조가 있다고 생각했다.

---

11 이들의 관심은 모두 우주가 물질로 이루어진 것에는 동의하지만, 그것의 기반이 무질서와 카오스, 혼동 등이며, 하나로 꼽을 수 있는 단위로 이루어진 것이 아니라 순수 다수이다. 게다가 이런 다자들은 서로 얽히고설킨 상태에서 불확정적인 방식으로 발생한다. 이른바 '우연'이 문제가 된다. 따라서 인간의 이성에서 철학이 출발하지 않고, 사물이 어떤 모습인지 그 미시적인 단위의 세계를 탐구하는 것에서 출발한다. 핵심은 탈-인간중심주의이며 객체 중심이다. 여기서 객체란 인간이 주체라 할 때 인간과 우주를 구성하는 주체 바깥의 모든 객체를 말한다. 이를 대표하는 학자는 하먼이다. 그레이엄 하먼/주대승 역, 『쿼드러플 오브젝트』(현실문화, 2019).

12 물론 칸트는 『실천이성비판』을 비롯한 그의 저작들에서 인간의 최고선을 향한 실천 행위가 반드시 신이 없어도 가능함을 말하기도 한다. 예를 들어 그는 인간이 수단이 아닌 목적으로 대우받아야 한다는 도덕 법칙으로서의 정언명령에 대해 설명하고, 정언명령은 인간이 스스로의 자율성에 입각해 수행할 수 있을 때 보편적인 도덕 법칙이 될 수 있다고 주장하면서 신의 자리에 인간의 자율성을 앉힌 바 있다.

이러한 구조가 없다면 경험은 혼란에 빠지고 사물을 질서 있게 인식할 수 없다고 칸트는 보았다. 사물을 통일적으로 인식하는 데에 필요한 조건은 경험적 대상에서 찾을 수 없고 인간의 주관이 선험적 형식으로 전제하는 것에서 찾을 수 있다는 것이 칸트의 믿음이다. 이렇게 전제된 것이 바로 시간과 공간이라는 형식으로서, 시공은 경험을 넘어선다는 의미에서 초월론적이라고 불린다. 이렇게 본다면 칸트의 초월론적 철학은 철저히 인간 중심적이 되는 셈인데, 왜냐하면 경험을 넘어 있는 시간과 공간은 인간이 전제하는 것이기 때문이고 더 이상 신의 재가를 필요로 하지 않기 때문이다. 이렇게 칸트에게 모든 초월론적인 것은 신과 관련 없이 오로지 인간의 경험에만 의존한다.

인식과 존재의 토대 문제를 인간의 경험으로 끌어내리면서 초월의 문제를 다루는 철학적 작업이 칸트에서 시작되었다면, 그 정점은 들뢰즈에서 이루어진다. 들뢰즈의 초월론적 경험론은 전통적인 초월적 사고를 과학적 사고로 대체한 대표적인 경우다. 그의 철학은 생성의 철학, 차이의 철학 등으로 알려져 있으며 잠재성의 철학으로 유명하다. 그의 잠재성의 철학은 현실 속에 내재된 잠재적 가능성의 세계를 탐구하는 철학이다.[13]

들뢰즈는 잠재성에 대한 설명을 위해 달걀이나 씨앗의 비유를 자주 사용한다. 달걀이나 씨앗은 작지만, 그 내부에는 다양한 가능성의 세계가 내재해 있다. 달걀이나 씨앗은 점진적 과정을 통해 닭이나 꽃이 된다. 여기서 잠재적 가능성의 영역은 초월론적 측면으로 불린

---

13 질 들뢰즈, 『차이와 반복』, 145-147.

다. 왜 그런가?

닭과 꽃은 우리가 현실에서 경험하는 것인데, 이를 가능하게
한 것은 잠재적 가능태의 세계였기 때문이다. 비록 이런 잠재적
가능태의 세계는 현실적 세계는 아니지만, 바로 그 현실적 경험의
세계를 가능하게 한 것이기에 일종의 초월적 영역이 된다. 알이나
씨앗만으로 우리는 결코 어떤 닭이나 꽃이 나올지 알 수 없다.
이렇게 식별 불가능하고 알 수 없는 신비의 영역이라는 점에서
우리의 현실적 앎을 초월하는 근거로서의 그것은 초월론적이라
불릴 수 있다는 것이다.

그러나 이는 동시에 경험론적이라는 것을 깨닫는 것도 중요하다.
왜냐하면 예를 들어 닭의 경우, 우선 알이 있고, 알을 병아리로
만드는 과정, 그들이 빨리 크도록 하기 위한 양계장, 나아가 대량생산
을 위한 닭장 시스템 그리고 농가와 결탁한 유통업자들 등등이
있다. 이 모두가 하나의 닭이 식탁에 오르기 위한 일련의 잠재적
과정들이다. 들뢰즈는 이를 초월론적이면서도 경험론적 측면이라
칭할 수 있다고 주장하는데, 왜냐하면 이런 경험론적 측면에 대한
전제 없이 닭은 설명될 수 없기 때문이다. 이렇게 경험론의 측면은
우리가 닭이나 꽃이 우리에게 현실로서 경험되는 모든 과정을 가리
킨다. 그리고 이런 과정들이 현실의 사건을 설명해 내기에 초월론적
이라 불린다. 이런 식으로 들뢰즈의 초월론적 경험론은 현실 속에서
관찰하고 경험하는 모든 사건을 설명할 때, 다양한 요소들의 관계
속에서 변화하고 생성되는 미시적 과정이 모두 동원된다.

초월론적 경험론은 현실 세계의 복잡성과 변화를 설명해 내면서,
초월자의 흔적을 지워 버렸다. 그동안 초월자에 의지해 설명해 내던

사물의 창조와 발생 등이 오로지 경험적 설명만으로 대체된 것이다. 초월자를 동원하지 않고서도 모든 사실 너머에 존재하는 탄생과 발생의 비밀을 밝혀내기에 '초월론적'(transcendental)이라 이름하는 것이다. 다시 말해서 초월론의 철학은 초월자를 전제하지 않는 또 다른 초월 철학의 새로운 방법론인 셈이며, 이는 미래에 초월적 사실을 다루는 학문이 어떤 방식으로 진행되어야 하는지 지침을 주고 있다고 하겠다.

논자의 입장에서 볼 때 서구 학문의 역사는 초월 철학의 역사이다. 여기서 초월로서 논자가 의미하는 것은 기존의 한계를 넘어서는 통합의 과정이다. 어찌 보면 과학도 일종의 초월적 학문이다. 귀납적 방법을 통해 우리 앞에 놓은 여러 사실이 보여 주는 복잡다단한 현상을 넘어서서 하나의 법칙과 개념으로 통합하려는 학문이 과학이기 때문이다. 그러나 물리적 과학은 초월의 단계에서 한계를 보인다. 그래서 등장한 것이 형이상학이다. 물리과학(physics)이 설명하지 못하는 것을 넘어서서(meta) 새롭게 인간의 정신세계를 포함해 통합적으로 설명하는 초월적 시도가 형이상학(meta-physics)의 기능이기 때문이다. 형이상학은 대부분 신을 전제하는 경우로 이어진다. 형이상학이 한계에 부딪혀 설명해 내지 못하는 것이 생겨날 때 신을 상정해 설명할 수 있기 때문이다. 신학은 이렇게 탄생하게 되며, 또 다른 의미의 초월적 학문이 된다.

하지만 들뢰즈에서 보듯이 오늘의 초월 철학은 전혀 다른 양상을 띤다. 들뢰즈는 차이와 변화에 강조점을 두면서 새로운 경험적 진리를 발견하고자 했으며, 이로써 철저하게 과학적이고 철학적인 접근을 통해 초월의 학문을 만들어 냈다. 한마디로 그는 신을 상정하지 않고도 초월의 학문을 전개해 낸 것이다. 이렇게 들뢰즈의 초월론적 경험론은 논자가 볼 때 새로운 타입의 '초월'의 개념에 부합되며, 과학적이고 철학적인 탐구를 통해 새로운 초월적 진리를 추구하는 접근 방법이다. 이는 비록 신학적이지는 않지만, 기존의 초월적 학문이 간혔던 한계를 넘어서서 새로운 타입의 초월 개념을 제시한 철학적 시도로 이해될 수 있다.

오늘의 신학은 이제 다양한 초월을 말해야 하는 과제에 직면해 있다. 과학적 초월의 학문을 수용하는 것은 물론, 신을 상정하지 않는 새로운 타입의 초월의 학문, 이른바 초월론적 경험론 같은 자연주의 철학과도 만나야 한다. 게다가 K-신학은 동아시아라는 시공의 자리에 닻을 내리고 있기에, 또 다른 의미의 동아시아적 자연주의와 연결된 초월을 주창해야 하는 어려운 과제도 부여받고 있다.

2. 보편성과 더불어

K-신학의 독특함을 주장하기 위해 초월의 위상을 온전히 성립시키는 작업은 매우 중요하다. 이 과정에서 우리가 중요하게 고려해야 할 철학적 개념 중 하나는 보편성의 문제이다. 논자는 이 개념이야말로 유신론과 무신론의 차이를 보여 주는 중요한 점이며, K-신학이 이 문제를 어떻게 풀어나가야 할지에 대한 좋은 토론 거리를 제공한다고 믿는다. 이하에서 바디우의 유적 절차 개념을 활용해 이 문제를 설명하고자 한다.

바디우에 따르면 철학이 보편성의 문제에 관심을 가져야 하는 이유는 상대주의에 빠지지 않기 위해서다. 철학은 가능한 한 여러 공동체와 그룹에게 보편적으로 영향력을 행사할 수 있는 진리 추구를 목표로 해야 한다. 만일 하나의 철학이 특수한 상황이나 특정 시대에 국한된 문제만을 다루면서 제한적이고 상대적인 해답을 제공한다면, 그것은 진정한 해결책을 제공할 수 없을 것이다. 따라서 철학은 보편적인 진리를 추구해야 한다.

바디우는 이를 위해 성경 구절을 인용한다. 그는 로마서 14장 1절을 원어에 충실하게 다시 번역한다. "의견을 논쟁하는 사람들이 되지 마십시오."[14] 의견 혹은 속견이라는 것은 인간의 주관적 견해를 말하거나, 하나의 그룹이나 공동체가 자신들의 이해관계에 초점을 맞춘 주장을 개진하는 것을 말한다. 철학은 결코 이런 상대주의에 종속되어서는 안 되고 보편적 진리를 다루어야 한다는 것이 바디우의 생각이다. 그러나 그는 보편성의 개념이 새롭게 재편되어야 한다고 본다. 보편은 특수한 상황에 구속되는 것이 아니라 모든 상황에 적용되는 진리이며, 대부분 그 의미는 대개 절대적이고 불변하며 고정된 성질을 갖는다. 하지만 바디우에 따르면 진리는 이런 특징을 지녀서는 안 된다고 본다. 불변하며 고정된 것이야말로 시대의 격변에 적응할 수 없기에 상대적인 의견으로 전락할 수 있기 때문이다. 따라서 그가 고정된 보편성의 개념 대신에 대안으로 내세우는 것이 바로 유적 절차이다.

유적 절차(generic procedure)라는 말은 보편과 공통점이 있지만 매우 다르다. 왜냐하면 여기서는 진리가 특수한 상황과 맥락에서 나타난다는 사건적 특징을 갖기 때문이다. 바디우에게 진리는 특정

---

14 바디우, 『사도바울』, 193.

한 사건을 통해 발생한다. 이러한 사건은 인간의 삶에 깊은 의미를 부여하고, 이를 통해 다른 삶과 사회에 영향을 끼치면서 보편적인 가치로 자리 잡는다. 바디우는 이러한 유적 절차를 통해 추구되는 진리가 드러난 사건의 사례로서 프랑스 혁명을 든다. 그에게 프랑스 혁명이란 봉건적 억압에서 인류를 해방해 자유, 평등, 박애라는 진리를 전 세계적으로 퍼뜨려 보편적 가치로 승화되도록 한 사건이다. 이렇게 바디우에게 있어 보편성은 특수한 사건을 통해 발생하며, 역사적 절차나 과학적 발견의 과정을 통해 나타나는 것으로, 특수라는 한계를 넘어서 보편성을 띠는 과정적 절차라고 불린다.

그러나 우리는 여기서 바디우의 보편성 개념이 정말로 그가 말하는 유적 절차를 따라서 진리의 구현에 성공할 수 있는지 조금 더 토론해 보아야 한다. 왜 그런가? 프랑스 혁명의 사례에서 보듯이, 바디우는 유적 절차를 따라 인간이 정치와 예술 그리고 과학과 사랑의 과정을 겪다 보면 어느 순간 진리의 순간이 다가오는 사건의 발생을 경험할 수 있다고 본다. 하지만 사람들은 결코 이런 진리를 향한 유적 절차의 순례에 매진하더라도 많은 경우 실질적인 최종 결과물을 얻지 못한다.

이런 경우 우리는 보편적 가치의 실현을 위해서 신적인 초월자를 다시 요청할 수 있을지도 모른다. 예를 들어 동등한 인권적 가치라는 보편성에 대해서 말해 보자. 모든 사람이 평등하고, 따라서 그들의 인권과 삶이 동등하게 존엄한 가치를 지닌다고 주장하려 할 때, 이러한 가치를 참으로 신봉하고 따르게 만드는 기제로서 신을 믿는 신앙은 매우 중요한 역할을 담당할 수 있다. 하나의 유신론자는 인류가 신의 형상을 따라 빚어졌다는 창조론을 믿는 신념에 의지해 모든 인간이 존엄하며 동등한 인권을 지녔다고 주장하면서, 그러한 진리의 보편성을 구현할 수 있기 때문이다.

논자는 여기서 바디우가 추천하는 유적 절차가 문제가 많다는 점을 지적하려는 것이 아니다. 그의 아이디어는 참신하며 많은 경우 전통적인 보편성 개념이 갖는 문제점을 개선할 수 있는 장점을 지닌다. 그러나 그의 보편성 개념만으로는 삶의 다양한 상황과 맥락에 어울리는 해답을 제공할 수 없는 경우도 있다. 이러한 점에서 보편적 진리 추구에 관해 바디우처럼 무신론적인 길을 갈 수도 있지만, 동시에 유신론적 대안으로 접근할 수도 있다는 점을 필자는 말하려 한다. 이를 통해 보편성을 이해하는 데 있어 여전히 초월의 문제가 중요하다는 점을 지적한다. 이를 통해 우리는 하나의 유신론 신학이 어떻게 자신의 특유한 방식을 통해 상대주의를 극복하면서 보편성을 성취할 수 있는지 알 수 있다.

유신론적 접근은 보편적 가치의 실현을 위해 신적인 초월자를 요청할 수 있으며, 이는 K-신학의 독특함을 강조하는 데 있어 중요한 요소가 될 수 있다. 동등한 인권적 가치를 실현하기 위해 신의 형상을 따라 빚어진 인간이 존엄하며 동등한 인권을 지닌다는 신념에 의지할 수 있다. 이러한 접근은 보편적 진리의 실현에 중요한 역할을 할 수 있으며, K-신학의 가능성을 넓히는 데 기여할 수 있다.

IV. 방법론적 제안

1. 참으로 한국적인 것이 존재할까?

문제는 간단치 않다. 하지만 다음과 같이 간단히 답변할 수 있다. 한마디로 말해 고정된 실체나 본질로서의 '한국적'인 것은 없다. 그러나 고조선 이래 '한국적'이라는 명칭을 통해 하나의 체계로 묶을 수 있는 역사적 흐름은 있다. 하지만 고정된 실체로 존재하는 한국은 없다.

비단 한국적인 것뿐만이 아니다. 그것이 무엇이든, 즉 중국적인 것이든, 일본적인 것이든, 아니면 동아시아적인 것이든, 하나의 고정된 실체나 본질로서 존재하는 것이라면 그런 것은 존재하지 않는다. 예를 들어 중국을 보자. 중국은 지금도 동북공정을 통해 예부터 존재해 오던 동이(東夷), 즉 대한민국을 자국의 속국 중의 하나로 편입시키려 한다. 마치 엄연한 독립국인 티베트를 중화인민공화국의 한 부분으로 편입시키고 있는 작금의 현실에서 나타나듯, 중국은 언제나 하나의 실체로 존재한 적이 없었다. 중국이란 단지 '중원'(中原) 땅에서 수천 년 동안 서로 다투면서 생성하고 소멸해 온 30개의 공동체를 사후적으로 중화인민공화국이라는 이름을 부여해 통일한 것이다. 비로소 1911년 이후에야 중화인민공화국으로 존재하기 시작한 것이 중국이다. 우리는 동일한 원칙을 적용해 '한국적'이라는 것에 대해서 기술할 수 있다.

하지만 그렇게 기술하는 작업이 이루어지기 전에 먼저 수행할 것이 있다. "한국적인 것이 참으로 존재할까?"라는 질문 뒤에는 한국인의 자기-폄하 경향이 작용하고 있음을 지적해야 한다. 이런 지적이 먼저 이루어지는 한도 내에서 우리는 비로소 한국적인 것에 대해서 올바로 말할 수 있기 때문이다. 왜 그런가?

한 나라에서 꽃핀 사상은 물론 주위의 환경과 무관한 채 생겨날 수 없다. 이런 점에서 어느 사상이든 참으로 고유한 것으로 존재하기는 불가능하다. 하지만 하나의 사상이 전적으로 타자와 엮인 상태에서 전혀 자신 고유의 것을 상실한 채 생겨나는 법도 없다. 헤겔이 말한 대로 "각 개인은 자신의 시대의 아들이며, 철학은 사상으로 포착된 그의 시대이다."[15] 엄밀히 말해서 한국 사상은 중국의 아류일지 모른다. 하지만 동시에 중국 사상의 아류로서 태어난 한국적인 것은 자신만의 방식을 통해서 자신을 표현해 온 것이기도 하다. 원효의 사상은 화엄과 선의 영향을 떠나 생각될 수 없다는 점에서 일정 부분 중국 사상의 복사본이다. 하지만 원효의 원융회통(圓融會通) 사상이나 화쟁(和諍) 사상 그리고 통불교(通佛敎) 개념 등은 화엄과 선(禪)의 생각과 개념을 자신만의 방식으로 표현하고 있다는 점에서 고유하며 한국적인 것이다.

이런 상황이 사실임에도 한국인들의 정서 속에는 중화 패권주의가 은연중에 들어와 작동하고 있으며, 일본의 대동아 공영론에 근거한 식민주의에 의해 가스라이팅 되면서 마치 고유한 한국적인 것은 존재하지 않는 것으로 생각되어 왔다. 그리하여 스스로 중국적인 것과 일본적인 것의 복사판에 지나지 않는 것으로 자기 자신을 평가절하해 왔다.[16] 이미 위에서 언급된 것처럼 역사적으로 중국은

---

15 헤겔, 『정신현상학』 I, 31.

과거에는 존화양이(尊華攘夷)의 정책하에서, 최근에는 동북공정(東北工程)이라는 플랜을 통해 한국을 비롯한 주위 국가의 독특성을 지워버리고 중화주의 속에 편입시키는 작업을 끊임없이 자행해 왔다. 그리고 이런 그들의 정책과 방향은 역사적으로 항상 한국인 스스로가 바로 중화주의의 한 조각에 불과한 것으로 여기도록 세뇌해 왔다. 예를 들어 김부식의 『삼국사기』는 우리의 역사이지만, 동시에 중국의 사대주의를 통해 한반도의 역사를 재편해 내고 있다고 비판을 받아 왔다. 이런 세뇌 작업은 일본 제국주의의 식민사관을 통해 이후의 대한민국의 역사에서도 계속 작동해 왔다. 한국인들은 자신의 사상과 역사에 대해 중국과 일본이라는 이웃의 타자에 의해서 자신의 것이 존재하지 않는다는 식으로 생각하도록 계속 가스라이팅되어 왔던 것이다.

이런 점을 감안한다면 우리는 한국적인 것의 존재 여부에 대해 다음과 같이 정리하여야만 한다. 스스로 한국적인 것, 따라서 중국이나 일본의 사상적 영향과 전혀 상관이 없이 형성된 사상이나 역사는 결코 존재하지 않는다. 하지만 동시에 우리는 스스로 고유하게 중국적인 것이나 일본적인 것 역시 존재하지 않는다고 말해야 한다. 중국이 있다면, 그것은 단지 동북아시아에서 동이라는 이름의 조선을 비롯한 주위의 여러 민족 공동체와 함께 형성되어 온 동아시아 공동체들의 삶을 중화라는 이름을 사용해 자기-중심적으로 표현한 것이라 간주되어야 한다. 물론 한국이라는 국가나 역사 혹은 사상과

---

16 한국의 사학계는 이런 사대주의적 역사관으로 점철되어 있음을 보고하는 좋은 지적으로는 이승종, 『우리 역사의 철학적 쟁점』, 62-67.

문명 단위 역시 같은 방식으로 해석되어야 한다. 한국이란 단지 한반도라는 공간 위에서 다양한 시대를 통해 태어나고 사라졌던 공동체들의 계보를 한국이라는 이름으로 묶은 민족 단위의 정체성(identity)을 가리킬 뿐이다. 비록 이는 고정된 실체로서의 한국은 아닐지라도, 어쨌든 하나의 일관성을 지닌 흐름과 과정으로서의 정체성을 지닌 존재라고 해석될 수 있다.

그러므로 '한국적'인 것의 무조건적 고유성을 말하는 것은 자기-중심적 이데올로기의 산물이라 비판 받을 만하다. 실제로 일부 한국의 지식인들이 이런 과장된 민족적 자부심으로 가득 차 있는 것을 여전히 목도하게 되는 것이 현실인데, 이는 결코 바람직한 현상이라 볼 수 없다. 중화의 패권주의나 일본의 식민주의와 크게 다를 바 없기 때문이다.

그럼에도 우리는 먼저 한국적인 것의 고유함에 대해서 매우 적극적인 방식으로 긍정하려는 움직임이 선행되어야 한다. 그 이유는, 이미 지적된 대로, 중국이나 일본의 패권주의가 저질러 놓은 자기 비하적 오리엔탈리즘이 우리 안에 너무 강하게 뿌리 박혀 있기 때문이다. 한국적인 것의 존재성 여부를 토론하는 문제에 관한 한 우리는 먼저 이런 부정적 오리엔탈리즘의 잔재를 근절하는 것부터 시작해야 한다.

단지 이런 한도 내에서 최남선에 의해 소개된 풍류도를 비롯해 율곡과 퇴계 그리고 정약용과 유영모로 이어지는 우리의 전통이 지닌 고유성이 살아나게 될 것이고, 이는 중국과 일본이 스스로 자기중심적 역사관과 문명관에서 벗어나도록 도움을 주는 기제로 작용하게 될 것이다.

2. 왜 동아시아여야 하는가?

동아시아의 학문이 그동안 세계화에서 성공하지 못했다고 생각하는 사람들이 있다. 그렇게 생각하는 사람들은 문제를 과학-기술적인 관점에서 보는 경향이 강하다. 동아시아는 서구에 비해서 과학-기술적인 면에서 뒤처졌던 것이 사실이고, 이것이 동아시아의 문명이 서구에 비해 열등하게 보이는 면으로 작용했던 것도 맞다.

물론 인문학에 있어서는 동아시아가 결코 서구에 뒤처지지 않았기에 상황이 다르다고 생각할 수 있다. 그러나 동아시아의 인문학이 과연 세계적으로 수용되었는지의 문제에 대해서도 논란이 있을 수 있다. 동아시아의 철학이나 종교는 분명히 탁월한 내용을 기반으로 한다고 인정받아 왔지만, 그렇다고 해서 그것의 철학이나 종교가 서구의 것처럼 세계적으로 공론화된 것은 아니다. 우선 논문이나 저서의 발행 부수에 있어 동아시아의 것이 서구의 것을 능가하지는 못한다고 보이기 때문이다. 세계화와 연결해 더 중요한 것은 문명을 끌어가는 힘인데, 과연 동아시아의 철학이나 종교가 근대주의나 탈근대주의 혹은 포스트 휴머니즘이나 트랜스-휴머니즘, 나아가 최근의 신유물론 등과 같은 첨단의 이슈를 놓고 토론할 때, 서구의 학문을 압도해 나갈 수 있을까?

물론 동아시아에는 서구를 압도할 만한 사상적 도구들이 적지 않다. 우선 동아시아의 철학이나 종교는 서구가 지녀온 여러 문제점, 예를 들어 각종 이원론의 폐해에서 벗어날 수 있는 탁월한 아이디어를 가지고 있다. 초월과 내재의 이분법이나 신과 자연의 이분법, 자연과 역사 혹은 자연과 문명의 이분화 등이 토해 내는 여러 난제에 연루되지 않을 수 있는 좋은 철학적 내용을 가지고 있다는 점에서 동아시아의 학문은 분명히 서구의 것보다 탁월한 면이 있다. 특히 최근 다양한 서구의 철학적 주장이 펼치는 다양한 이슈, 예를 들어 생성의 철학이나 자연주의, 나아가 미학적 접근의 중요성을 강조하는 면에서는 물론, 19세기 이후 서구 철학이 지속적으로 자신의 문제점으로 인정해 온 소위 로고스 중심주의의 폐해에서 자유로울 수 있다는 점에서 동아시아의 철학과 종교는 분명히 서구의 것을 능가한다. 하이데거나 데리다가 20세기에 들어서야 발견한 인간 언어와 논리의 한계를 불교는 이미 수백 년 전에 지적해 냈으며, 노자의 도덕경이나 장자의 제물론 등은 이미 수 세기 전에 생성, 무, 비이원론 등의 개념을 통해 오늘의 서구 철학이 도달한 해체주의적 결론을 선취해 왔다고 해도 과언이 아니다. 이렇게 동아시아의 철학과 종교는 서구가 오늘날에 와서야 비로소 깨달은 사실을 이미 오래전에 이루었다.

그럼에도 문명사적 차원에서 볼 때 동아시아의 철학과 종교가 세계를 주도해 가거나 혹은 토론적 힘과 잠재성에서 여전히 서구의 그것을 압도하지 못하는 느낌인데, 그 이유는 무엇일까? 하나는 과학과의 학문적 연계성에서 찾을 수 있다. 오늘날 모든 이론적 주장은 우선 과학적 실증이라는 관문을 통과해야 한다. 그렇지 않으면 형이상학적 사변으로 낙인찍히면서 단순한 탁상공론으로 치부되기 때문이다. 즉, 우리의 실생활에서 하나의 이론은 언제나 과학적으로 입증된 사실에 기초해 펼쳐져야 하는데, 동아시아의 철학과 종교적 주장들은 여전히 너무 사변적이고 형이상학적이라서 많은 경우 이성적 토론의 논리적 공간에서 논의되기 힘든 구조를 지니고 있다

고 평가된다.[17]

물론 이성적 토론의 논리적 공간이 반드시 과학적 실증주의에 의해 지배될 필요는 없다. 과학적으로 입증되지 않는 이론적 주장들이 오늘의 서구 철학에서도 얼마든지 발견되기 때문이다. 불확실성과 불완전성의 논리가 피할 수 없는 기반으로 자리 잡은 오늘의 인문학적 상황에서 그 어떤 논리적 주장도, 그것이 서구의 것이든 동양의 것이든, 일차적으로 어느 정도 사변적이지 않을 수 없다. 그러나 문제는 아무리 하나의 철학적 주장이 여전히 사변적 차원을 넘어설 수 없다 하더라도, 그것이 토론의 장에서 논리적이고 이성적으로 펼쳐지고 있느냐의 여부는 여전히 중요하다. 이런 기초적인 요구 사항을 외면하면서 알 수 없는 추상적인 언어와 이념을 남발한다면, 그 어떤 이론적 주장도 토론에 붙여지기 힘들고 더 이상 생산적이기 힘들기 때문이다.

이런 차원에서 볼 때 동아시아 철학과 종교를 신비주의와의 연계시키는 일부의 주장이나 그것을 미학적으로 해석해 내려는 시도들은 때로 분명한 한계점을 지닌다. 예를 들어 동아시아의 사상적 탁월성을 인정하면서도 그것을 신비주의적 학문으로 해석해 내는 프리조프 카프라의 저서나 동아시아의 종교철학이 미학적으로 탁월한 이론들이라는 점을 잘 지적하면서도 여전히 사변적인 논증의

---

17 이런 논지를 펼치는 대표적인 국내 학자는 김영건이 있다. 그는 동아시아 종교와 철학의 난점을 이성적 공간에서의 토론 능력으로 꼽고 있다. 한마디로 동아시아 철학과 종교는 여전히 애매모호하고 불확실한 논변으로 가득 찬 주장을 펼치기에, 더 이상의 이성적이고 논리적 토론이 불가능한 경우가 많다고 지적한다. 김영건, 『이성의 논리적 공간』; 김영건, 『동양철학에 관한 분석적 비판』.

차원에 그치고 있는 로저 에임즈 등의 저서들은 일리는 있지만 분명한 한계를 보여 준다.[18]

여기서 우리는 K-신학이 범세계화 신학으로서 발돋움하려 할 때 직면하게 될 도전과 과제를 예견해 볼 수 있다. 이제까지 생산된 대부분의 한국적 철학이나 신학 중 위에서 지적된 것들, 즉 과학적 사실에 기반한 이론적 주장이라는 조건과 '이성의 공간에서의 논리적 토론'이라는 검증의 관문은 K-신학이 세계화된 신학으로 도약하려 할 때 기본적으로 요구되는 조건이라 할 수 있다.

3. 자연주의의 도전을 어떻게 다룰 것인가?

첨단의 신학적 주제 중 K-신학이 가장 잘 다룰 수 있는 것은 무엇일까? 논자의 대답은 자연주의다. 어떤 이들에게는 왜 자연주의가 오늘의 사유에서 그리고 K-신학의 세계화 과정에서 그토록 핵심적 주제가 되는지 궁금할 것이므로, 먼저 그것부터 설명하겠다.

우선 자연주의가 신학적 영역은 물론, 오늘의 세속적 사유에서 그토록 중요하게 된 이유는 최고의 철학자와 사상가들이 앞다투어 이 문제를 취급하고 있기 때문이다. 서점가에서 최고 인기 철학자인 들뢰즈를 비롯하여 신유물론이나 사변적 실재론, 포스트-휴머니즘 등 첨단의 철학적 이슈를 다루면서 옹호하는 오늘의 많은 사상가들

---

18 논자는 이미 여러 해 전에 로저 에임즈(Roger Ames)가 펼치는 동아시아 학문의 미학적 탁월성에 대한 주장을 소개한 바 있다. 졸저, 『동양과 서양 종교철학에서 만나다』. 앞에서 언급된 카프라의 저서는 『현대물리학과 동양사상』을 말하며, Ames의 저서로는 *Thinking from the Han, Thinking through Confucianism* 등이 있다.

이 자연주의자들이다. 이 때문에 최근 현대 신학과 종교철학은 신학적으로도 자연주의와 씨름하는 와중에 있다.[19]

그렇다면 자연주의의 무슨 내용이 오늘의 지성인들을 사로잡고 있는가? 이에 답하기 위해서는 먼저 어떤 자연주의를 말하는 것인지 규정하는 것부터 필요하다. 하지만 자연주의의 정의는 매우 폭넓다. 나아가 어떤 개념을 정의하고 규정하는 모든 작업은 긴 시간과 논쟁을 요구한다. 자칫 이야기가 소모적 공방으로 이어질 위험이 다분하다. 따라서 우리는 여기서 현대 철학의 첨단 자연주의를 다루면서, 주로 신학적 사유에 영향을 끼친 자연주의에 국한해 다루어 보겠다.

모든 자연주의는 다양하고 복잡한 내용을 품고 있지만, 대부분 다음에 동의한다는 점에서 깔끔하게 떨어진다. 첫째, 대부분 자연주의는 이원론이나 이분화를 거부한다. 아니, 정확히 말해 정통 자연주의자들에게는 이분화나 이원론의 정립이 불가능하다. '자연'이 모든 것의 중심이라면, 이는 '인간' 중심주의와 '신' 중심주의를 거부하는 것으로 이어지기에 이분화나 이원론이 사라질 수밖에 없다. 따라서 신 vs. 자연, 인간 vs. 자연, 역사 vs. 자연 등의 이분화는 불가능하게

---

19 미국의 진보 신학인 과정신학은 20세기 초부터 자연주의를 자신의 체계 속에 받아들여서 유명해진 화이트헤드의 기독교 버전이다. 논자는 20년 전 과정신학자 데이비드 그리핀의 자연주의 신학을 번역해 소개한 바 있다. 『화이트헤드 철학과 자연주의적 종교론』이 그것이다. 그러나 오늘날 토론되는 자연주의는 20년 전 그리핀의 과정신학이 다루던 자연주의보다 더욱 급진적 이슈들을 다루고 있다. 이는 아마 들뢰즈 같은 최고의 자연주의 철학자의 등장 때문일 것이다. 들뢰즈의 자연주의를 다루는 책은 너무 많지만, 그와 화이트헤드를 동시에 자연주의적 관점에서 다루는 최근의 책을 두 개만 소개하면 다음과 같다. 『기준없이』, 『사물들의 우주』. 두 저서 모두 화이트헤드와 들뢰즈를 모두 잘 아는 미국의 논객 Steven Shaviro가 썼고 안호성이 번역했다.

되는 것이다. 자연이 모든 것이요, 모든 설명이 자연에서 나오기 때문이다. 즉, 자연주의자에게 모든 사건과 사물은 자연적 흐름의 한 부분이요 자연의 한 과정에 불과하다.

자연적 설명이란 무엇인가? 스스로 자(自), 그러함 연(然)을 토대로 모든 것을 설명하는 것이다. 이를 서구의 과학적 방식을 적용해 표현해 보면 모든 것이 저절로(naturally, 자연적으로) 발생한다는 이론인데, 이는 곧 '우연론'의 약진으로 이어진다. 그리고 바로 이것이 자연주의의 두 번째 중요한 특징이 된다. 자연주의자들이 삼라만상을 설명할 때 '우연'의 법칙을 지배적으로 사용하게 되는 이유는, 신은 물론 인간도 사물의 발생을 설명하는 데 있어 핵심이 아니라고 보기 때문이다.

이로써 자연주의는 그야말로 자연스럽게 과학적 진화론과 손잡게 된다. 그토록 많은 보수적 기독교인이 적대시하는 대표적 세속의 사유인 진화론, 그것의 핵심 사유가 바로 '우연'(contingence 혹은 chance)의 법칙이기 때문이다. 다시 반복하지만, 자연주의에 따르면 세상사 모든 일에 있어서 주도적으로 작동하는 것은 신의 의지도 아니고, 그렇다고 인간의 의지도 아니므로, 모든 피조물은 스스로 발생할 뿐만 아니라 우연적 법칙에 지배되는 것으로 기술된다.

여기서 무슨 토론과 설명이 더 필요하겠는가? 우선 자연주의보다 더 기독교 선교에 위협적인 세력이 있을까? 오늘날 많은 사람이 교회를 떠나는 탈-기독교 시대에 접어든 현상이 목격되는데, 이유는 분명하다. 교회가 타락하고 목회자가 도덕적 모범을 보여 주지 못하기 때문이라는 분석도 틀리지는 않지만, 사실 그런 설명은 매우 빈약한 것일지 모른다. 오늘날 우리가 목도하는 탈-기독교 현상의 이유를 가장 잘 분석하는 개념은 오히려 자연주의일 것이다. 모든 사물과 모든 사건이 자연적으로 발생하고, 더구나 우연적 법칙을 따라 굴러가고 있다는 주장 앞에서 현대인들은 전통적인 '신' 개념에 매력을 느끼지 못할 것이다. 그런 신은 더 이상 합리적 믿음의 대상이 되기 힘들다. 자연주의가 팽배한 이상 전통적 종교는 설자리를 잃을 것이고, 교회에서 말하는 모든 말은 설득력을 잃게 될 것이다.

그러나 여전히 의아스러울지 모른다. 만일 자연주의와 기독교의 관계가 이렇게 갈등적이요 모순적이라면, K-신학이 가장 잘 다룰 수 있는 것이 자연주의라는 말은 도대체 무슨 뜻인가?

이를 설명하기 위해서는 많은 지면이 요구된다. 하지만 논자는 이를 동아시아 사상의 자연주의에 대해서 논하는 것으로 대신하려 한다. 논자의 입장에서 볼 때, 지금까지 우리가 요약한 자연주의의 특징을 가장 잘 표현하는 자연주의적 문구는 다음의 것이다. 인류가 만들어 낸 톱클래스 자연주의 철학의 대표 격인 『도덕경』의 한 구절을 보자.

人法地, 地法天, 天法道, 道法自然(도덕경 25장)

굳이 풀어 번역하자면 "인간은 땅의 법을 다르고, 땅은 하늘의 법을 따르고, 하늘은 도의 법을 따르되, 도는 자연의 법을 따른다"쯤 될 것이다. 이렇게 동아시아의 사유 전통에는 맨 꼭대기에 자연이 차지하고 있다. 결국 세상에 존재하는 모든 것은, 그것이 인간이든 아니면 하늘이든, 모두가 자연의 흐름과 법을 따르게 되어 있다. 만일 여기서 하늘=하늘님=하느님=하나님이라고 등치해 놓는다면,

신 역시 자연의 법을 따르는 것으로 선포될 수 있다. 그야말로 전형적인 범신론적 세계관 혹은 무신론적 우주론의 등장이라 말할 수 있다.

그렇다면 이제 모든 이유가 밝혀졌다. 왜 자연주의에 세속의 지성인들이 그토록 매달리는지, 왜 그것이 기독교에 위협적인지, 동시에 왜 그것이 동아시아의 핵심 사상인지, 왜 K-신학은 이 문제를 씨름하지 않을 수 없는지 그리고 마지막으로 자연주의를 가장 잘 다룰 수 있는 사유와 방법론 중의 하나가 왜 K-신학일 수밖에 없는지 등.

지면상 여기서는 마지막 문제만 짧게 취급해 보자. 우선 기독교 신학이 자연주의와 상극이라는 개념부터 떨쳐버려야 한다. 신은 정말 자연과 갈등하며 인간 역시 자연과 이분화된다는 것이 성서가 말하려는 핵심일까? 정말 기독교는 일방적으로 초자연주의의 편일까? 그리고 기독교 신학의 전통에는 정말 신-자연, 인간-자연의 이분화를 넘어서려는 운동이 없었을까?

우리는 성서의 지혜문학 전통에서 자연의 법칙에 지배되는 인간의 삶을 발견한다. 특히 욥기에서는 야훼마저도 인정하는 자연 스스로의 힘과 법칙에 대한 긴 묘사를 발견할 수 있다. 많은 현대 주석가들은 욥기 39-42장에 나타난 신과 자연의 관계야말로 오늘의 자연주의자들이 말하려는 내용이라고 해석한다.[20] 욥기에서 자연은 자연대

---

20 최근 욥기의 자연주의 사상에 대한 좋은 토론으로는 캐런 암스트롱, 『성스러운 자연』. 또한 구약에 정통한 현대 유대 랍비인 쿠쉬너가 악의 문제를 다루면서 자연주의적 해석에 의존한 새로운 신학적 주장을 보려면 해럴드 쿠시너, 『왜 착한 사람에게 나쁜일이 일어날까?』.

로, 신은 신대로 기술된다. 신은 둥근 삼각형을 만들 수 없다는 점에서 자연을 정복하지 못한다. 그러나 신은 자연을 통해 자신의 섭리를 나타내시며, 인간의 손을 통해 일하면서 천지인이 함께 세계 내에서 활동할 수 있게 하신다. 중세 신학자 아퀴나스에서도 신은 존재 자체로서 모든 피조물을 통해서 자신을 현현하는 것으로 묘사되는 것을 우리는 발견하며, 심지어 최근의 과정신학은 자연을 신의 몸으로 기술하기도 한다.[21] 우리가 이런 기독교 신학의 새로운 해석을 동아시아 전통의 자연주의에 접목한다면, 많은 오늘의 지성인들이 수긍하는 새로운 자연주의 신학의 정립이 가능하게 될 것이다.

V. 나오는 말

이 글에서 나는 하나의 이상적인 신학으로서의 K-신학을 제안하려 했다. 이를 위해서는 먼저 오늘의 세속주의적 경향에 의해서 잊힌 초월의 개념을 부활시켜야 한다고 본다. 하지만 여기서 말하는 초월은 전통적 신학이 의지해 온 초자연적 유신론의 초월자를 뜻하지 않는다. 초월의 개념은 다양하며, 심지어 오늘의 과학과 철학은 새로운 의미의 초월론을 말하고 있음을 소개했다. 이를 통해 K-신학을 비롯해 세계화를 꿈꾸는 입장은 언제나 다양한 영역과 학문이

---

21 이는 화이트헤드의 제자였으며 존 캅의 스승이었던 Charles Hartshorne의 여러 저서에서 발견된다. Charles Hartshorne, *Beyond Humanism: Essays in the Philosophy of Nature* (University of Nebraska Press, 1968); *Philosophers Speak of God* (University of Chicago Press, 1963).

주장하는 초월에 눈뜨고 그것과 대화하지 않을 수 없다고 강조했다.

다른 한편 K-신학의 정립을 위해서 우리가 반드시 수행해야 하는 것은 한국적 상황이 놓치고 누락시킨 타자가 무엇인지 깨닫는 것이 중요하다고 지적했다. K-신학의 미래는 잊히고 상실된 타자들을 얼마나 포괄하느냐에 달려 있다고 생각한다. 하지만 신학도로서 논자의 핵심 논점은 타자성의 기준을 신학적으로 구체화하려는 시도에 있다.

논자가 제안하는 이상적인 신학의 관점에서 볼 때, 기존의 서구 신학은 자신의 형이상학적 논리에 치우쳐 비-인간적(non-human) 요소와 그들의 경험적 특성인 직관적 감성을 간과했다. 따라서 하나의 이상적 학문으로서의 초월(론)적 신학을 표방하는 K-신학은 이렇게 누락된 요소들을 통합하려는 시도를 포함한다. 이는 K-신학이 철저히 자연과학과의 대화는 물론, 오늘의 철학적 운동들과의 대화를 게을리하지 말아야 한다는 것으로 이어진다.

이렇게 새로운 이상적 신학으로서의 K-신학은 인간 경험뿐만 아니라 비-인간적인 사물과 감성적 경험을 중시하는 철학과 대화해 나가야 함은 물론, 그것에 덧붙여 동아시아의 종교와 철학의 논리를 포함하는 포괄적 신학을 지향해야 함을 제안한다.

여기서 새로운 대안으로 제안된 K-신학이 동아시아의 이야기와 논리를 포함해야 하는 이유는 더욱 폭넓은 관점의 새로운 신학적 패러다임을 제시하려는 의도에서이다. 이는 K-신학이 기존의 서구 신학과는 다른 독창적이고 통합적인 접근을 꾀해야 함을 의미한다. 동아시아 종교와 철학에 의존함으로써 하나의 새로운 신학은 인간중심주의와 형이상학적 논리를 비판하고, 나아가 미적 감성이나 직관과 같은 요소들을 포함하는 신학적 관점을 제시할 수 있다.

마지막으로 이런 식으로 조성된 K-신학은 오늘날 가장 첨단의 철학적 화두로 떠오르고 있는 자연주의적 운동과 그것이 제시하는 수많은 철학적 도전에 대해 매우 적절하게 응답할 수 있는 하나의 이상적인 신학으로 거듭남을 보여 줄 수 있다.

한국신학의 유형화에 관한 고찰
— 'K-신학의 방법론'을 지향하며*

이찬석

(협성대학교)

I. 들어가는 말

한류(韓柳, Korean Wave)에서 시작하여 K-pop으로 지평을 넓힌 한국 문화(K-culture)는 이제 접두어 'K'를 달고 다양한 꽃을 피우고 열매를 맺고 있다. K-문화가 등장하기 오래전 1960~1970년대에 한국신학은 이미 '토착화신학'과 '민중신학'이라는 이름으로 활발한 신학적 논의를 전개하였다. 과거 정치 영역에서도 '한국적 민주주의' 이름으로 한국적인 것을 말하였지만, 한국적 민주주의는 "박정희 정권 당시 독재를 강화하기 위해 전통 사상의 요소를 악용하여 민주주의적 제도의 왜곡을 정당화한 이론적 '괴물'이라고 흔히 알려

---

* 본 글은 제19회 한국조직신학자 전국대회에서 발표한 글을 수정·보완하여 「한국기독교신학논 총」 134집 (2024. 10.)에 게재되었다.

져 있다."[1] 그러나 한국신학은 '사상적인 식민지적 예속에서 벗어나야 하고, 신학적인 바벨론 포로로부터 해방'[2]을 강조하며 등장하여 한국 사회에 한국적 주체성에 대한 충격과 도전을 주는 선구자였다. 그런데 이제 한국신학은 'K-드라마', 'K-영화', 'K-푸드', 'K-방역' 등 창조적 흐름에 모방자가 되기에도 숨이 가쁘다. 이러한 상황에서 본 글은 'K-신학'을 상상하면서 한국신학의 부활을 위한 생각에 집중하여 보려고 한다.

본 글의 일차적 목적은 그동안 한국신학을 분류하는 유형화가 신학의 '내용'을 중심으로 '보수주의', '급진주의', '자유주의'라는 기본적 구조에서 '보수신학', '사회 · 정치신학', '종교 · 문화신학'으로 이루어졌음을 고찰하는 것이고, 이차적인 목적은 한국신학이 이제는 'K-신학'과 같은 새로운 신학으로 부활하기 위하여 신학의 '내용'만이 아니라 신학의 '방법론'을 중심으로 하는 유형화를 발전시켜야 함을 강조하는 것이다. 한국신학의 유형화를 처음으로 시도한 이는 소금(素琴) 유동식이라 할 수 있다. 그는 한국신학을 사상사적인 측면에서 유형화하였고, 이덕주는 한국 교회사 학자로서 '토착교회 사관'의 관점에서, 김경재는 조직신학자로서 한국신학을 문화신학과 종교신학의 관점에서, 최인식은 최근에 '음양오행론'에 근거하여 한국신학을 유형화하였다. 그러므로 본 글은 유동식이 시도한 한국신학의 유형화를 우선 세밀하게 고찰하고, 그 이후에 이루어진 한국신학의 유형화를 살펴보려고 한다. 이 고찰을 통하여 한국신학의 유형화는 신학

---

1 함규진, "한국적 민주주의의 형성과 민본주의의 역할," 「정치 · 정보연구」 19 (2016), 276.
2 윤성범, 『한국적 신학: 성의 해석학』 (서울: 조명문화사, 1972), 11.

의 '내용' 또는 '사조'를 중심으로 이루어졌음이 명료해진다. 결론으로서 창조적인 한국신학의 창출을 위하여 한국신학의 유형화가 '신학의 내용'만이 아니라 '신학의 방법론'에 근거하여 다양하게 이루어져야 함을 강조하면서, 그 실례로서 '비교 모델', '해석 모델', '구성 모델'을 제시한다.[3]

II. 유동식의 유형화: 한국신학 사상사의 관점

유동식의 한국신학 유형화는 『한국신학 광맥』[4]에서 이루어진다. 그는 한국신학이 한국의 그리스도교 신앙 운동과 맥을 같이한다고 보면서, 신앙 운동과 관련하여 한국신학을 분류한다. 그에 따르면 한국 그리스도교의 신앙 운동은 대체로 세 방향으로 전개되어 갔다. 첫째는 현실에 절망한 이들의 교회 내적 운동으로 개인의 영적 구원의 묵시 문학적 종말론에 서서 현실을 극복해 가려는 운동이었고, 둘째는 현실의 고난과 부조리를 극복해 나가려는 외향적 신앙 운동이고, 셋째는 한국의 문화적 전통과의 만남에서 한국 문화와 역사 전체의 의미와 구원을 모색하려는 신앙 운동이었다. 유동식은

---

3 제19회 한국조직신학자 전국대회에서 본 글을 발표하였을 때, 혹자는 '내용'과 '방법론'을 분리하는 것에 비판적이었다. 그러나 논자의 눈에 한국신학의 유형화에서 '내용'과 '방법'은 분리된다. 다르게 말한다면, 한국신학의 유형화에서는 '주제' 또는 '내용'이 '방법'보다 우선한다고 할 수 있다.

4 유동식의 『한국신학 광맥』은 1982년에 처음으로 출판되었고, 1999년에 개정판을 내었고, 2009년에 출판된 『소금 유동식 전집 제4권』에도 실려 있다. 본 글에서 논자는 『소금 유동식 전집 제4권』을 주로 참조하였다.

한국신학이 세 가지 신앙 운동을 뒷받침하기 위하여 세 방향으로 전개되었다고 보고, 그 세 유형을 '교회적 보수주의', '사회적 진보주의', '문화적 자유주의'로 이름 붙인다.[5]

『한국신학의 광맥』의 기본적인 구조는 보수주의, 진보주의, 자유주의이다. 시대적 구분은 크게 1900년대를 중심으로 하는 한국신학의 태동 시대, 1930년대를 중심으로 하는 한국신학의 정초 시대, 1960~1970년대는 한국신학의 전개 시대로 분류한다. 태동 시대는 세부적으로 태동기와 발아기로, 정초 시대는 정초기와 혼란기로, 전개 시대는 개화기와 발전기로 구분한다.[6] 세부적인 여섯 가지 시기 중에서 유동식이 한국신학의 유형을 선명하게 분류한 것은 '태동기', '정초기', '개화기', '발전기'이다. 유동식의 유형화를 도표화하면 다음과 같다.

	신앙 운동	태동기 (1900~1915)	정초기 (1928~1939)	개화기 (1957~1972)	발전기 (1973~1982)
보수주의	교회적 보수주의	보수적 근본주의	근본주의적 교리적 이해	보수주의 신학 사상	보수신학
진보주의	사회적 진보주의	사회 참여적 진보주의	진보주의적 역사 이해	진보주의 신학 사상	민중신학
자유주의	문화적 자유주의	종교적 자유주의	자유주의 실존적 이해	자유주의 신학 사상	종교신학

유동식은 '태동기'에서 길선주를 보수적 근본주의로, 윤치호를 사회 참여적 진보주의로, 최병헌을 종교적 자유주의의 대표적인 인물로 제시한다. 근본주의적 보수 사상은 '기독교의 본질을 개개인

---

5 유동식, "한국 문화와 풍류 신학," 『소금 유동식 전집 제10권』, 소금 유동식 전집 편집위원회 편 (서울: 한들 출판사, 2009), 316.
6 유동식, "한국신학의 광맥," 『소금 유동식 전집 제4권』, 소금 유동식 전집 편집위원회 (서울: 한들 출판사, 2009), 41.

의 구령 운동에서 찾고, 하나님의 절대성을 그의 말씀인 성서'7
에서 찾는다.

유동식의 눈에 길선주는 보수적 근본주의 사상의 상징이며 한국
장로교회 보수주의 신학 사상 형성에 초석을 놓은 사람으로, 새벽기
도 운동에 적극적이었고, 성경 연구에 열의가 대단하였고, 주님의
재림과 종말을 강조하였다.8 진보주의의 상징인 윤치호는 '학자이기
보다 실천가요 선교자'9였으며, 한국의 구원을 위하여 국민 전체가
도덕성을 회복해야 하고 기독교가 도덕을 창출할 수 있어야 한다고
주장하였다. 윤치호에게 구국의 길은 모든 사람이 기독교의 복음을
받아들이고 거듭나는 것이며, 정치활동에 참여하여 국가 민족을
구원하는 일에 동참하는 것이 선교라고 생각하였고, 그는 실제로
적극적으로 정치활동에 참여하였다.10 자유주의 사상의 상징인 최병
헌의 대표적 저술은 『성산 유람기』(1907)와 『종교 변증론』(1916~
1920)이고, 유동식은 최병헌에게서 한국신학의 출발을 보게 된다고
말한다. 최병헌 일생의 신학적 과제는 재래 종교와 기독교와의 만남
의 문제를 해명하는 것이었고, 다른 종교에 대해 배타적이며 독선적
인 자세를 취하지 않았고, 그렇다고 상대주의를 택한 것도 아니다.
그는 실로 복음적 입장에서 다른 종교와 창조적 접근을 시도하였
다.11

---

7 앞의 책, 78.
8 앞의 책, 80-82.
9 앞의 책, 70.
10 앞의 책, 63-65.
11 앞의 책, 73-75.

유동식은 한국신학의 '정초 시대'의 '정초기'를 '근본주의적 교리적 이해', '진보주의적 역사 이해', '자유주의적 실존적 이해'로 유형화하면서 상징적 인물로 박형룡, 김재준, 정경옥을 제시한다. 박형룡은 성서 무오류설과 축자영감설을 근간으로 하여 '교리적 신앙을 앞세운 성서 이해의 유형'[12]을 지향한다. 박형룡에게 있어서 신학의 사명은 칼빈주의 개혁과 정통 신학을 그대로 받아서 전달하는 것이었고, 자유주의 신학은 성경에 파괴적 비평을 가하여 오류 많은 책으로 인정한다고 비판하고, WCC 에큐메니컬 운동에 대하여 비판적이었다는 점에서[13] 유동식은 박형룡을 '한국 보수주의 신학의 초석'[14]이라고 규정한다.

진보주의적 역사 이해의 상징인 김재준은 유동식이 보기에 예언자를 연구한 구약학자로서 역사 참여 의식이 강한 신학 교육자였으며, 장로교를 중심으로 한국교회를 지배하고 있는 소위 정통주의라는 보수주의 신앙의 진상을 밝히고 한국교회의 자주적인 방향을 처음으로 제시한 신학자였다. 유동식의 눈에 김재준 신학은 한국 역사를 그리스도의 천국 역사로 변질시킨다는 의미의 '그리스도화'를 사명으로 하고, 그가 민주화 투쟁에 적극적이었으나 그의 정치활동은 정당정치가 아니라 기독교인으로서의 신앙고백에 입각한 민족 선교 또는 민족 목회 차원에서 이루어진 것이었다. 김재준의 꿈은 주체성을 가진 한국교회를 통해 한국 민족을 살리자는 것이었다고

---

12 앞의 책, 206.
13 앞의 책, 286-289.
14 앞의 책, 207.

평가한다.[15]

자유주의적 실존적 이해의 상징으로 유동식은 정경옥을 제시한다. 유동식은 자유주의 신학을 '신앙의 진리를 시대에 따라 항상 새롭게 형성해 가는 것이 개신교의 원리라고 보는 신학적 경향'[16]이라고 정의한다. 정경옥은 실제로 다음과 같이 기술한다. "나는 신앙에 있어서 보수주의요. 신학에서는 자유주의 입장을 가진다",[17] "기독교는 세계의 소유이다. 그러므로 기독교를 해석하는 방법과 그 형태는 각자의 문화 형태에 비추어 향토화하고 시대화하지 아니하면 안된다."[18] 그러므로 유동식은 정경옥을 자유주의자로 규정한다. 정경옥은 성서를 하나님의 책이면서 인간의 책으로 종교 문화에 속한다고 보았고,[19] 그가 즐겨 인용한 신학자들은 자유주의 신학자들이었으며 (슐라이에르마흐, 리츨, 바르트 등), 그는 계시가 역사인 것을 믿으며, 그것이 하나님의 창조와 섭리 아래 있는 이상 계시라고 보았다.[20]

유동식이 제시하는 '한국신학의 전개 시대'는 1960년대의 개화기와 1970년대의 발전기로 나누어진다. 유동식은 '1960년 한국신학의 특징의 하나는 토착화신학의 모색과 세속적 신학의 유행'[21]이라고 보면서 개화기의 한국신학도 보수주의 신학 사상, 진보주의 신학 사상, 자유주의 신학 사상 유형으로 분류한다. 유동식은 개화기의

---

15 앞의 책, 299-315.
16 앞의 책, 252.
17 앞의 책, 249.
18 앞의 책, 252.
19 앞의 책, 209.
20 앞의 책, 250.
21 앞의 책, 379.

보수주의의 신학자로 한철하와 이종성을 든다. 이들은 보수주의에 속하지만 에큐메니컬 운동에 대해 개방적이고 현대 신학 사조에 융통성 있게 적응해 가려는 학자들이었다.[22] 진보주의 신학은 세속화론을 중심으로 발전하였다. 세속화론은 현대 과학기술 문명을 배경으로 기독교의 진리를 재해석하고 역사주의적 기독교 이해와 세속적 기독교 이해를 강조하였다. 보수주의 사상이 주로 예수교장로회에 속한 신학자들에 의해 전개되었다면, 진보주의적 사상은 주로 기독교장로회에 속한 신학자들에 의해 전개되었다. 그중에도 대표적인 사람이 서남동이다. 개화기의 진보주의 신학이 세속화 이론을 그 주축으로 전개되었으나, 자유주의 신학은 토착화 이론을 주축으로 전개되어 갔다. 말하자면 복음과 한국 문화와 만남을 주요 과제로 하고 전개되어 간 것이다. 대표적인 인물은 윤성범과 유동식 자신이다.[23]

유동식에 따르면 한국신학의 '발전기'라 할 수 있는 1970년대는 유신체제의 상황으로, 한국의 교회와 신학이 나아갈 수 있는 길은 세 가지였다. 첫 번째는 교회 내에서의 구령 부흥 운동으로 개인의 영적 구원을 목적으로 하는 보수주의 신학의 길이고, 두 번째는 혁명적 급진신학인 민중신학 운동으로 사회-역사적 구원을 목적한 진보주의적 신학의 길이고, 세 번째는 전통적 종교 문화의 만남 속에서 이루어지는 거시적인 종교신학 운동으로 자유주의적 신학의 길이다.[24] 결국 개화기의 세속화론을 중심으로 하는 진보주의 신학

---

22 앞의 책, 346.
23 앞의 책, 350-354.

은 발전기에 민중신학으로, 개화기의 토착화론을 중심으로 하는 자유주의 신학은 종교신학으로 발전하였다고 유동식은 분석하고, 1970년대 진보주의 신학인 민중신학의 대표적인 신학자로 서남동과 안병무를, 종교신학의 대표적인 신학자로 윤성범, 유동식, 변선환, 김경재를 제시한다.

전술하였듯이 유동식의 일관된 신학적 관심사는 한국신학이었고 1980년대에 '풍류 신학'을 제창하였다. 그는 풍류도에 대한 현대적 이해로 '한', '멋', '삶'으로 설명하면서 '한 멋진 삶'으로 풀이하였다. 유동식은 다음과 같이 기술한다: "한국 그리스도교의 사상은 이미 풍류 신학적 전개를 해 오고 있다고도 할 수 있다. '한'과 성부와 보수주의 사상, '삶'과 성자와 진보주의 사상, '멋'과 성령과 자유주의 사상 등의 전개가 그것이다."[25] 다시 말하면 한국신학은 이미 풍류 신학을 펼쳐 왔다는 것이고, 풍류도의 '한'의 차원은 보수주의가, '삶'의 차원은 진보주의가, '멋'의 차원은 자유주의가 전개하였다는 것이다. 유동식은 풍류 신학에서 '한'을 보수주의 신학에, '삶'을 진보주의 신학(민중신학)에, '멋'을 자유주의 신학(토착화신학, 종교신학)에 상응시키고 있다. 그러나 2000년대에 이르러서 '예술 신학'을 주창하면서, '한'의 차원을 보수신학이 아니라 '종교신학'으로, '멋'의 차원을 '예술 신학'으로 분류한다. 그는 다음과 같이 말한다: "역사적으로 삶의 신학으로서의 민중신학이 전개되어 왔고, 또한 한의 신학으로서의 종교신학이 시도되었다. 그러므로 이제 풍류 신학이 지닌 앞으

---

24 앞의 책, 378, 389-390.
25 유동식, 『風流道와 韓國 神學』(서울: 전망사, 1992), 219.

로의 과제는 민중신학과 종교신학을 수렴한 예술 신학의 형성에 있을 것이다."[26]

III. 이덕주의 유형화: 토착교회 사관 관점

역사 신학자로서 '토착교회 사관[27]을 주장하는 이덕주는 토착화 신학을 긍정적으로 평가하지만, 한계도 명료하게 지적하면서 1903 년에서 1907년까지 '복음의 수용과 해석의 주역이었던 개종 1세대'[28] 의 한국신학을 '길선주의 계몽주의 내세 신학', '최병헌의 종교신학', '전덕기의 정치신학'으로 유형화한다.

이덕주는 한국 교회사 학자답게 토착화신학의 방향이 전환되어 야 함을 강조한다. 기존의 토착화신학자들은 대부분 조직신학자, 종교철학자, 문화신학자로 신학 방법론에 있어 서구 신학의 사상과 한국 종교 사상을 병렬적으로 비교하고 분석하는 형태로 진행되었다. 그 결과 토착화신학은 '비교 종교적' 해석에 머물고, 시간과 공간을 초월하는 사변적 학문으로 진행되어 교회의 현실적 상황과는 거리감 이 있었다. 이러한 의미에서 토착화신학은 형질과 성격이 다른 이질 적인 두 개의 종교와 문화를 통합하려는 인위적 개념에서 벗어날

---

26 유동식, "풍류 신학,"『한국신학, 이것이다』, 한국문화신학회 편 (서울: 한들 출판사, 2008), 263.

27 '토착교회 사관'은 한국인의 주체적인 복음의 수용-해석-적용 과정에 주목한다고 이덕주는 주장한다.

28 이덕주,『한국 토착교회 형성사 연구』(서울: 한국 기독교 역사연구소, 2001), 17.

필요가 있음을 강조한다.[29] 이덕주는 '토착화'(indigenization)라는 인위적 개념에 집착하기보다 이미 '토착화된'(indigenized) 역사적, 종교적 상황에 주목한다. 그는 한국인의 구체적 삶과 종교 현장에서 복음과 한국 문화 전통이 만나 갈등과 조화, 배척과 융합의 과정을 거쳐 역사적 산물로 생성된 토착적 종교 체험과 신앙고백을 분석함으로 한국인의 삶과 관련된 한국적 신학을 구성하려고 한다.

이덕주는 개종 1세대의 토착 신학 운동을 세 가지로 유형화한다. 첫 번째 유형은 길선주의 계몽주의 내세 신학이다. 길선주는 본래 선도(仙道)를 수행하여 '도인'(道人)의 칭호를 받았으며, 처음에는 그리스도교에 대하여 부정적인 선입견을 지녔다. 그러나 기독교를 접하고 신앙 체험을 한 후에 개종하고 평양의 장로회신학교에 신학을 공부하고 목사가 되었다. 이덕주는 길선주의 신학이 그의 책 『해타론』에서 잘 드러난다고 본다. 『해타론』의 형태는 이야기이며, 이 세상을 소원성(所願城)으로 보고, 성취국(成就國)을 거쳐 영생국(永生國)에 이르는 과정을 신앙으로 본다. 『해타론』의 이야기 구조는 소원성-정의문-모안로-고난산-휴식정-성취국-영생국으로 이루어지는 신앙의 경로이다. '정의문'까지는 인간이 도달할 수 있지만, '모안로'에서 '성취국'까지는 해타의 유혹을 물리칠 수 있는 특별한 은총이 필요하다. 흥미로운 점은 길선주가 결론 부분에서 '성취국'에 오른 동양의 종교적 성인들을 소개한다는 점이고, 이덕주는 이 점에서 길선주가 다른 종교에 대하여 개방적인 입장을 가졌다고 평가한

---

29 이덕주, "초기 한국 토착교회 형성과 종교문화 — 토착화 신학에 대한 역사 신학적 접근," 「한국 문화 신학회 논문집」 8 (2005), 36; 이덕주, 『한국 토착교회 형성사 연구』, 12-13.

다. 그러나 '영생국'의 백성이 될 수 있는 길은 그리스도교 신앙임을 분명히 하면서, 그리스도교 중심주의 입장을 놓지 않는다.[30] 이덕주는 길선주의 신학을 다음과 같이 정리한다. "그의 신학은 성경 중심 복음주의 전통에 충실하였다. 그의 부흥 운동을 가능케 한 '성령 신학'이나 민족운동의 참여와 회피를 촉구한 '종말 신학'이 이 같은 성경과 체험의 결합으로 이루어졌다는 점에서 그의 신학을 '토착 신학' 범주에 넣을 수 있다."[31]

두 번째 유형은 최병헌의 종교신학이다. 최병헌은 유학자로 전형적인 선비였으며, 길선주처럼 처음에는 그리스도교에 대하여 부정적이었으나 감리교 선교사 존스(G. H. Jones)의 어학 선생이 되면서부터 그리스도교를 접하게 되었고, 정동교회에서 열린 '만국 기도회'(1899)에서 성령으로 거듭나는 체험을 하였다. 이덕주는 최병헌의 신학을 그의 저술, 『삼인 문답』과 『성산 명경』을 중심으로 제시한다. 『삼인 문답』은 '전도인', '집 주인', '선비' 세 사람의 대화이며, 여기에서 최병헌은 그리스도교를 '아시아의 종교'로 해석하고, 동양 진리와 서양 진리가 따로 있지 않고 하나일 뿐이라고 주장한다.[32] 『성산 명경』의 저술 동기는 유 · 불 · 선, 동양 종교인들을 대상으로 기독교를 변증하기 위한 것이었다. 이 책은 유교를 대표하는 진도(眞道), 불교를 대표하는 원각(圓覺), 그리스도교를 대표하는 신천옹(信天翁)의 대화를 정리한 대화 소설체 형태를 취하고, 대화의 목적은 궁극적으로

---

30 이덕주, 『한국 토착교회 형성사 연구』, 196-209.

31 앞의 책, 209.

32 앞의 책, 209-214.

개종에 있으나 다른 종교와의 대화에 있어서 그리스도교에 대한 절대적 권위와 확신에 근거하여 대화를 시도하였다. 『성산 명경』에서 최병헌은 다른 종교에 대하여 배타적인 개종의 입장을 지양하고 대화를 통한 개종을 시도한다. 결국 이덕주의 눈에 최병헌은 그리스도교 신학의 틀을 갖고 다른 종교를 해석하였다는 점에서 한국인으로 첫 조직신학자이고 한국 최초의 종교신학자이다.[33]

세 번째 유형은 전덕기의 정치신학이다. 전덕기도 처음에 그리스도교를 배척하며 선교 활동을 방해하였으나, 선교사 스크랜튼(W. B. Scranton)의 병원에서 일하면서 스크랜튼의 민중적 선교 활동과 그의 부인의 가르침에 감동하여 복음에 접근한다. 전덕기는 그리스도인이 된 후에 스크랜튼을 도와 상동교회의 창설 과정에서부터 중심적 역할을 하였고, 후에 담임목사가 된다. 전덕기의 목회에서 주요 대상은 교회 안팎의 가난하고 소외된 자들이었고, 상동교회는 가난한 사람들이 주류를 이루었으며 구제를 위한 '애율회'를 조직하여 제도적인 빈곤 문제 해결을 모색하였다. 전덕기는 민족운동에도 적극적으로 참여하였다. 상동교회를 중심으로 김구, 주시경, 이회영, 이준 등이 함께하는 '상동파'가 형성되어 '을사 5조약 무효 상소운동', '을사5적 암살 모의', '헤이그 밀사 사건'에 직간접으로 간여하였고, '신민회'를 형성하는 데 주요 세력으로 활약한다. 전덕기에게 있어서 기독교 신앙과 민족운동은 양자택일의 개념이 아니라 상호보완적 개념이었으며, 그는 그리스도교인이면 적극적으로 구국운동에 나서야 한다고 강조하였다.[34] 그래서 이덕주는 전덕기에게 '기독

33 앞의 책, 215-247.

교 민족운동가'라는 칭호를 붙인다.[35]

유동식은 한국신학이 신앙 운동을 뒷받침하였다고 보기 때문에 한국신학보다 한국 그리스도교의 신앙 운동을 먼저 고찰한다. 그러나 이덕주는 반대로 고찰한다. 그는 토착 신학(한국신학)의 결과로 토착 신앙 형태가 형성되었다고 본다. 개종 1세대의 토착 신학은 1907년을 중심으로 형성되었으며, 1907년을 기점으로 전후 3년 동안(1903~1910) 진행된 부흥 · 민족 · 신학 운동의 결과로 초기 한국 그리스도교인들의 신앙 양태가 형성되었다.[36] 그러므로 이덕주는 토착 신학을 먼저 분석하고, 그 후에 토착 신앙 형태를 세 가지로 분석한다. 교회의 기능을 중심으로 하여 '통합 지향적 신앙', '분리 지향적 신앙', '변혁 지향적 신앙'으로 분류하고, 신앙의 표현 양식을 중심으로 하여 '복음 적 신앙', '민족적 신앙', '토착적 신앙'으로 분류한다.

IV. 김경재의 유형화: 종교 · 문화신학적 관점

김경재는 『해석학과 신학』에서 한국의 문화신학에 중심을 두고 종교신학적 관점에서 네 가지 모델로 유형화한다. 이 네 가지 모델은 박형룡의 신학을 파종 모델로, 김재준의 신학을 발효 모델로, 유동식의 신학을 접목 모델로, 서남동의 신학을 합류 모델로 분류한다.

---

34 앞의 책, 247-264.
35 앞의 책, 263.
36 앞의 책, 18.

이러한 분류는 니버(Richard Niebuhr)가 『그리스도와 문화』에서 복음과 문화의 관계를 서구 교회사에서 다섯 가지로 분류하듯이, 김경재는 한국신학을 네 가지로 분류한다.[37]

김경재의 눈에 박형룡의 파종 모델에서 신학적 인식론은 인간이 진리를 이해하고 진리에 참여하는 일정한 자리와 기능을 부정하는 '초자연주의적 계시실증주의신학' 입장이다. 성서의 구원 메시지는 하늘의 계시에 입각한 진리의 말씀이지만, 한국의 전통 종교는 땅 위에서 인간이 찾아 구성한 도덕 체계이거나 우상숭배이거나 비진리를 가르치는 이교 사상이다. 그러므로 그리스도교의 구원 패러다임만이 진정한 구원의 길이고, 다른 종교의 구원 패러다임은 실패할 수밖에 없는 거짓의 길, 사악한 길이라고 강조한다. 이러한 측면에서 김경재는 박형룡의 파종 모델은 마침내 진리의 이름으로 십자군 정복주의, 신학적 배타주의를 정당화한다고 평가한다.[38]

김재준의 발효 모델은 니버의 '문화를 변혁하는 그리스도 모델'을 기반으로 하며, 우리의 과제는 한국 역사 안에 그리스도의 속량 역사를 조성하여 한국 역사를 그리스도의 천국 역사로 변질시키는 것으로 본다.[39] 김재준은 존재하는 모든 피조물의 본질적 선(善)을 긍정하고, 한국의 다양한 고등 종교는 '악마의 소산'도 아니고 '인간의 창작물'도 아니고 자유하시는 성령의 역사에 의한 단편적인 말씀이다.[40] 이러한 측면에서 김경재의 눈에 발효 모델은 '포용적 성취

---

37 김경재, 『해석학과 종교신학: 복음과 한국 종교와의 만남』 (천안: 한국신학연구소, 1994), 187-188.
38 앞의 책, 197-199.
39 앞의 책, 203-204.

설'41이고, 발효 모델의 문제점은 전통문화 유산은 정복의 대상이 아닐지라도 오로지 변혁의 대상이며 불완전한 상태에서 완전한 상태로 완성되고 성취되어야 할 대상으로 간주된다.42

김경재는 유동식을 '한국의 대표적인 선교신학자요 주체적인 토착 신학을 정립한 탁월한 종교-문화신학자'43라고 평가한다. 김경재에 따르면 유동식의 접목 모델에서 주요한 관심은 한국의 재래 종교가 복음의 내용을 어떻게 그들의 형식을 통해서 반영하고 있는 가에 있으며, 전통 종교들은 자기부정을 매개로 새로운 존재가 되어 정의와 사랑을 실현할 때 복음적인 의미를 갖게 된다. 김경재의 눈에 유동식의 접목 모델은 '그리스도 중심적인 보편주의'로 복음과 한국 전통문화의 동시적 주체성과 상호 성장을 가능하게 하는 선교신학의 모델로서 뛰어난 장점이 있으나, 접목 모델이 지니는 심각한 과제는 종교혼합주의 또는 복음의 상대화 위험에 있지 아니하고, 종교 체험의 유형이 다른 종교 간의 '지평 융합' 또는 '접목'이 가능할 것인가의 문제이다.44

서남동은 민중신학의 과제를 그리스도교의 민중 전통과 한국의 전통이 한국교회의 '하나님의 선교' 활동에 합류되고 있는 것을 증언하는 것으로 규정하기 때문에, 김경재는 합류 모델로 규정한다.45 서남동의 합류 모델은 살아계신 하나님, 부활의 그리스도가

---

40 앞의 책, 207-208.
41 앞의 책, 205.
42 앞의 책, 208-209.
43 앞의 책, 211.
44 앞의 책, 214-216.

과거의 전통이나 경전 속에 있지 아니하고 민중 현실에 현존하는 것으로 보고, 성령론적 해석을 통하여 예수가 나를 위해서 속죄한 것보다 내가 예수를 재현하는 것을 강조하고,[46] "합류 모델은 '세계를 보고 해석하는 것'이 아니라 '세계를 변혁하는 과정적 실천' 의지가 함축"[47] 되어 있다. 김경재가 보기에 서남동의 합류 모델에서 물려받은 전통은 해석의 '전거'이기 때문에 다음과 같이 비판한다. "출애굽 사건이나 십자가 사건이 단순한 전거일 수만은 없다. 특히 복음의 원초적 증언을 담고 있는 예수의 이야기는 다른 많은 민중의 이야기의 특출한 범례로서만 기능하는 것이 아니라, 그 이상의 '구원하는 힘'을 담지한 이야기 사건이어야 한다. 합류 모델은 예수 그리스도의 십자가와 부활 사건이 지니는 '궁극성'과 옛것을 새롭게 변혁하는 힘을 지닌 유니크니스를 충분히 담보할 수 없다."[48]

V. 최인식의 유형화: 오미자 모델의 관점[49]

최인식은 K-신학의 방법론으로 '오미자 모델'을 구성하기 위하여

---

45 앞의 책, 216.

46 앞의 책, 220-221.

47 앞의 책, 218.

48 앞의 책, 222.

49 최인식의 논문, "K-신학 방법론: 오미자 모델"은 한국조직신학회가 개최한 2024년 3월 월례 포럼에서 최인식이 발표한 논문이며, 미간행 논문이다. 그러나 최인식의 발표 동영상은 유튜브에 있다. https://www.youtube.com/watch?v=SBasFKY_tzM&t=20s. 본 논문은 월례 포럼 참석자들에게 배포한 최인식의 발표 자료를 참조하였다.

한국신학의 유형을 분류한다. 우선 그는 '한국신학'과 'K-신학'을 구분한다. 수용자의 차원에서 한국신학은 한국인에 국한되어 있다면, K-신학은 '세계인'을 염두에 두고 있다. 한국신학은 한국인이 한국의 현실에 대하여 성서적 관점으로 다양하게 사유하고 행동한 것을 말한 총합이라면, K-신학이란 세계에 내놓을 수 있는 신학이다.[50] 최인식은 K-신학의 구성을 염두하고 한국신학의 유형을 음양오행론에 근거하여 다섯 가지 범주(영성 신학, 문화신학, 자연신학, 참여신학, 교의 신학)로 유형화한다.

첫 번째의 영성 신학은 목기(木氣)에 상응하는 신학으로 죄와 이에 따른 생로병사(生老病死)라는 운명 아래 놓인 인간 개별자의 영성에 주목하기 때문에, 성령의 인격적 만남과 초자연적 변화의 역사에 관한 이야기가 중심이 된다. 한국교회의 부흥 운동, 성결 운동, 오순절 은사 운동이 '사중 복음 신학'이나 '오순절 신학'에 의해 정립된 신학이라 할 수 있다. 영성 신학의 신학적 주제는 '사중 복음 신학'과 '성령 체험 신학'이고, 영성 신학의 한국적 상황은 '자본주의'와 '빈부격차'이다. 영성 신학과 관련되는 인물들은 평양 대부흥 주역의 한 사람이었던 길선주, 순교자 이기풍, 이용도, 한국의 무디라 불린 이성봉, 영과 진리, 영적 기독교를 제창했던 최태용, 오순절 운동을 이끈 조용기 등과 같은 인물들이다.[51]

두 번째의 문화신학은 화기(火氣)에 상응하는 신학으로 기독교 영성이 한국의 역사, 종교, 학문, 예술, 자연, 사회 등의 제반 삶의

---

50 앞의 논문, 1.
51 앞의 논문, 12.

영역에 퍼져 들어감으로써 나타나는 문화를 이야기한다. 여기에서 문화의 내용이 종교이고, 종교의 형식이 문화라는 명제가 정당한 것으로 확인된다. 변증적 종교신학을 시도한 최병헌, 한글 문화신학의 기초를 놓은 류영모, 성(誠)의 신학을 제출한 윤성범, 종교신학의 문을 연 변선환, 체득의 신학을 실천한 김흥호, 풍류도로 멋의 신학, 예술 신학의 초석을 놓은 유동식 등이다. 문화신학의 신학적 주제는 '토착화신학'과 '종교 문화신학'이고, 한국적 상황은 '다종교'와 '다문화'이다.[52]

세 번째의 자연신학은 토기(土氣)에 상응하는 신학으로 흙과 땅과 자연이 오염되고 파괴되는 상황에서 자연의 우주론적 창조의 섭리와 존재 이유를 밝히는 것을 사명으로 삼는다. 자연신학과 관련된 인물로는 과학과 종교를 성서적·영성적으로 풀어낸 곽노순, 자연과학, 신학, 동양 종교 간의 대화를 시도하는 김흡영, 한국적 생명 신학을 제출하는 이정배, 과학과 종교 간의 대화를 이끌어 가고 있는 현우식, 생태 여성 신학 이야기를 전개하는 전현식, 강남순, 정미현 등이 있다.[53] 자연신학의 신학적 주제는 '생태 신학'과 '과학 신학'이고, 한국적 상황은 '생태 파괴'와 '과학기술'이다.

네 번째의 참여 신학은 금기(金氣)에 상응하는 신학으로 역사 참여적이고 현장 참여적이다. 남북 분단의 상황, 인권 탄압의 상황, 빈부격차의 상황, 인격적 차별의 상황 등 사회 곳곳에 가려져 있는 정의롭지 못한 상황에 행동으로 참여하는 과제를 다루는 것이 금기의

---

52 앞의 논문, 11-12.
53 앞의 논문, 13-14.

참여 신학이며, 민중신학이 대표적인 참여 신학의 유형에 속한다, 참여 신학과 관련되는 인물로는 군사독재정권 지배 체제하에 함석헌, 서남동, 안병무 등이다. 다른 한편 민족 통일을 위한 현실 참여에 투신한 문익환, 박순경(1923~2020) 등에 의해 통일 신학을 기대하게 되었다.[54] 참여 신학의 신학적 주제는 '민중신학'과 '통일 신학'이고, 한국적 상황은 '독재정치'와 '인권 탄압'이다.

다섯 번째의 교의 신학은 수기(水氣)에 상응하는 신학으로 교회 공동체를 지키기 위해 교회의 목회 현장과 복음 전도 현장에 참여했다. 거절과 박해 속에서 진리를 사수해야 하는 상황에서 신앙을 지켜내야 하는 사명을 감당하기 위해 무엇보다도 공동체의 신앙고백을 핵심적으로 담아내는 권위 있는 전통을 만들어 놓았다. 교의 신학과 관련되는 인물로 개혁주의 전통에서는 박형룡과 이종성, 웨슬리안 전통에서는 정경옥, 이명직, 조종남이 대표적인 학자이다. 초교파적으로는 김광식, 김균진, 등이 있다. 더 나아가서 창의적인 K-신학의 교의학이 나타나기 시작했는데, 그러한 신학으로는 박종천의 '하나님 심정의 신학', 이세형의 '도의 신학', 김흡영의 '도의 신학', 이정배의 '생명의 하느님과 한국적 생명 신학' 등이 있다.[55]

---

54 앞의 논문, 12.
55 앞의 논문, 12-13.

VI. 한국신학의 새로운 유형화 모색
   : '신학의 내용'에서 '신학의 방법론'으로

1. 신학의 내용에 따른 유형화

앞에서 살펴본 것과 같이 현재까지 한국신학의 유형화는 주로 신학의 내용, 입장, 주제에 따른 분류이다. 한국신학사에 있어서 유동식이 처음으로 보수주의, 진보주의, 자유주의로 유형화하였고, 그 이후에 시도된 유형화 세 가지 유형의 범주를 근간으로 삼으면서 신학의 내용에 중점을 둔다. 유동식의 분류에서 '보수주의'는 '교회적 보수주의'로, 진보주의는 '사회적 진보주의'로, 자유주의는 '문화적 자유주의'로 명명한다. 세 가지 유형은 시대가 변하면서 명칭이 변화한다. 보수주의는 태동 시대의 '태동기'에는 '보수적 근본주의'로, '정초기'에는 '근본주의적 교리적 이해'로, '개화기'에는 '보수주의 신학 사상'으로, '발전기'에는 '보수신학'으로 명명한다. 진보주의는 '태동기'에는 '사회 참여적 진보주의'로, '정초기'에는 '진보주의적 역사 이해'로, '개화기'에는 '진보주의 신학 사상'으로, '발전기'에는 '민중신학'으로 명명한다. 자유주의는 '태동기'에는 '종교적 자유주의'로, '정초기'에는 '자유주의 실존적 이해'로, '개화기'에는 '자유주의 신학 사상'으로, '발전기'에는 '종교신학'으로 명명한다. 결국 유동식이 분류하는 한국신학의 유형화는 시대에 따라 다른 명칭이 붙여지지만, 기본적인 구조는 보수주의, 진보주의, 자유주의이다.

역사학자로서 '토착교회 사관'을 지향하는 이덕주는 이미 토착화된 역사적, 종교적 상황에 주목하면서 개종 1세대의 신학을 길선주의 계몽주의 내세 신학, 최병헌의 종교신학, 전덕기의 정치신학으로 분류하였다. 토착화신학에 대한 그의 문제 제기에 드러났듯이, 그는 서구 그리스도교 신학적 개념과 관점에서 한국의 전통 사상을 해석하려고 하지 않고 이미 한국에 뿌리를 내린 개종 1세대를 중심으로 한국신학을 분류하였다. 그런데도 그의 분류에는 유동식이 유형화한 보수주의, 진보주의, 자유주의라는 세 가지 유형이 유효하게 작용하고 있다. 길선주의 계몽주의 내세 신학은 보수주의이고, 최병헌의 종교신학은 자유주의이고, 전덕기의 정치신학은 진보주의라할 수 있다. 이덕주는 이미 복음을 주체적으로 수용하고 해석한 개종 1세대를 근거로 한국신학을 분류하지만, 그 기준점은 신학의 내용과 주제에 따른 분류였다.

김경재는 종교신학의 관점에서 한국신학을 파종 모델, 발효 모델, 접목 모델, 합류 모델로 분류하면서 복음과 한국 문화에 관계성에 집중한다. 이 분류는 신학적 입장이라기보다 신학적 방법론에 따른 분류처럼 보인다. 그러나 김경재가 각 모델을 분석하는 내용은 유동식의 세 가지 유형화에 상응한다. 박형룡의 파종 모델은 보수주의에, 김재준의 발효 모델은 진보주의에, 유동식의 접목 모델은 자유주의에, 서남동의 접목 모델은 진보주의에 각각 상응한다. 이러한 측면에서 김경재의 유형화는 유동식의 유형화에서 진보주의를 발효 모델과 접목 모델로 세분화하고 있다고 볼 수 있다. 결국 김경재의 유형화도 신학의 내용을 중심으로 분류하는 유형화이다.

최인식이 오미자 모델로 분류하는 한국신학의 유형화는 'K-신학'을 염두하고 있다는 점에서 신선하다. 또한 다섯 가지 유형으로 분류하면서 다양한 한국신학을 폭넓게 포용하는 유형화라 할 수 있다. 그러나 최인식의 분류에서 '교의 신학'은 보수주의에, '참여 신학'은 진보주의에, '문화신학'은 자유주의에 각각 상응한다. 최인 식의 오미자 모델은 '영성 신학'과 '자연신학'을 새롭게 추가하면서 새롭게 부상하는 생태계 신학, 영성 신학, 과학 신학 등을 포함하고 있다는 점에서 의미가 있다. 그런데도 오미자 모델도 신학의 내용, 주제에 따른 유형화를 지향하고 있다.

2. 신학의 방법론에 근거하는 유형화

한국신학의 유형화가 신학의 내용에 근거하면 신학적 사조에 근거하기 때문에 근원적으로 서구 신학과 유사할 수 있다. 유동식에 의해 처음으로 시도된 보수주의, 급진주의, 자유주의라는 구조는 이덕주가 지적하듯이 서구 신학의 영향이라 할 수 있다. 이제 새로운 한국신학을 위하여 '신학의 방법론'을 중심으로 한국신학을 분석하 고 유형화하는 시도가 발전되어야 한다. 논자는 방법론에 따른 유형 화로 '비교 모델', '해석 모델', '구성 모델'을 제시하여 보려고 한다. 비교 모델은 한국적 에토스(한국의 전통문화와 종교)와 복음과 그리스도 교 전통을 비교하고, 해석 모델은 한국적 에토스를 중심으로 복음과 그리스도교 전통을 해석하고, 구성 모델은 한국적이면서 서구적인 혼종적 개념으로 그리스도교의 가르침을 구성하는 모델이다. 비교 모델은 김광식의 '언행일치(言行一致)의 신학'과 윤성범의 '효(孝)의 신학'에서, 해석 모델은 유동식의 '풍류 신학'과 서남동의 '민중신학' 에서 찾아볼 수 있다.

1) 비교 모델

김광식의 '언행일치(言行一致)의 신학'은 비교 모델을 잘 보여준다. 그가 언행일치에 관심하게 된 학문적 동기는 "동서 사상의 대화에서 동양적 사유의 유형과 서양적 사고의 유형을 대조시키는 데서 비롯된 것이다."[56] 김광식은 서양적 사고 유형을 '분석 종합적 사고'로 동양적 사고 유형은 '조화 전개적 사고'로 대조하고, 서구의 종교와 신학을 서양의 아프리오리(*a priori*)로 복음을 해석한 것으로 정의한다.[57] 서양 문화의 아프리오리는 첫 번째로 모순 대립하는 두 요소가 주어지고, 두 번째로 두 요소의 극복을 위한 변증법적인 운동이 뒤따르고, 세 번째로 포괄적인 전체를 형성한다. 그러므로 소외동기가 서양 문화 아프리오리의 본질이다.[58] 서양의 종교성은 소외동기를 본질로 삼기 때문에 서양 종교에서 공통된 점은 모순 · 대립하는 두 요소로 신과 인간 사이의 관계이고, 인간은 신 앞에서 구원받아야 할 존재이고 신은 은혜로서 인간과 관계를 정상화한다.[59] 이 구조로 인하여 서구 신학은 죄/구원론적으로 전개되었다고 김광식은 분석한다. 서양과 반대로 동양의 문화적 아프리오리는 모순 대립이 아니라 '조화 전개의 논리적 통일'로서 소외동기가 없고 조화로운 통일이기 때문에 동양의 종교에서 구원은 자기 전개의

---

56 김광식, "토착화 신학의 길," 『한국신학, 이것이다』, 한국 문화 신학회 편 (서울: 한들 출판사, 2008), 340.

57 이찬석, 『글로컬 시대의 기독교 신학』 (서울: 신앙과 지성사, 2013), 57.

58 김광식, 『언행일치의 신학』 (서울: 종로서적 성서출판, 2000), 150-151.

59 앞의 책, 148-152.

형태로 재연합이 아니라 불완전 상태에서 완전한 상태로 펼쳐진다.[60] 그러므로 김광식에 따르면 동양적 종교성에 기초한 복음의 이해는 죄/구원론적으로 이해하지 않고 언행일치의 인격적 완전성과 불완전성이라는 범주로 이해하는 것이다.[61]

비교 모델의 또 다른 모습은 윤성범의 '효(孝)의 신학'에서 찾아볼 수 있다. 윤성범은 서양의 윤리와 동양의 윤리를 비교하면서 서양의 윤리를 개인 윤리로, 동양의 윤리를 공동체 윤리로 규정하고, 그리스도교의 윤리를 동양의 윤리와 동일시한다. 그는 동/서양 윤리를 이렇게 비교한다: "서양 윤리를 개인 윤리라고 한다면, 동양 윤리를 공동 윤리라 불러서 어폐가 없을 것이다. 왜냐하면 서양 윤리는 인간의 개인적인 자유와 평등에서부터 윤리 문제를 끌어오는 것에 반해, 동양 윤리는 인간 대 인간의 관계에서 하나의 질서를 찾기 위한 과정이라고 보면 좋겠다."[62] 더 나아가서 서양 윤리는 이성을 규범으로 하여 전개되지만, 동양 윤리는 효(孝)를 규범으로 해서 모든 윤리적 문제가 해결된다.[63] 윤성범은 유대교와 그리스도교는 모두 동양의 종교이므로 부자(夫子) 관계라는 전통적인 효(孝) 사상에서 출발한다고 주장한다.[64] 결론적으로 윤성범은 다음과 같이 주장한다: "그리스도교 윤리가 서양의 개인 윤리에 의하여 효의 기본 사상을 잊어버리고 남녀 간의 애정으로 전락하여 버리고 만 것이다.

---

60 앞의 책, 153-154.
61 앞의 책, 163.
62 윤성범, 『孝』(서울: 서울문화사, 1974), 10.
63 앞의 책, 16.
64 앞의 책, 17.

그러므로 양자를 동일시 하면 안 된다. 그리스도교는 원래 동양 종교였다. 모든 사고 양식이 동양적이다. 우리는 이 본연의 그리스도교의 모습으로 돌아가야만 된다."[65]

김광식의 언행일치의 신학은 동/서양의 아프리오리를 비교하면서 서양적 복음을 소외동기를 출발점으로 하는 죄/구원론적인 것으로, 동양적 복음을 조화 전개를 출발점으로 하는 언행일치적 완전성과 불완전성으로 제시한다. 윤성범의 효의 신학은 서양의 윤리와 동양의 윤리를 비교하면서, 그리스도교의 윤리를 서양의 윤리와 구분하고 동양의 윤리와 동일시한다. 동양의 윤리와 그리스도교의 윤리는 효(孝) 사상에 근거하여 공동체 윤리를 지향해야 함을 강조한다. 결국 김광식의 언행일치의 신학과 윤성범의 효의 신학은 동서양의 아프리오리와 윤리를 각각 비교하면서 전개된다. 이 두 신학은 '비교'가 방법론이므로 '비교 모델'이라 할 수 있다. 비교 모델은 한국(동양)을 서양과 비교하여 차이를 명료하게 드러내지만, 동/서양의 공통 분모를 찾기가 어려워진다.

2) 해석 모델

해석 모델은 한국의 종교와 문화적 전통을 포괄하는 에토스(ethos)를 규명하고, 그 에토스를 중심으로 성서와 기독교 전통과 한국을 해석하는 방법이다. 유동식의 풍류 신학과 서남동의 민중신

---

65 윤성범, "효와 종교,"『효와 종교: 윤성범 전집 3권』, 편집위원회 편 (서울: 도서 출판 감신, 1998), 290.

학이 대표적인 해석 모델이다. 유동식에 따르면 "풍류 신학은 한국인의 영성인 풍류도를 해석의 틀로 한 한국 문화와 기독교의 복음 이해를 도모한다."[66] 유동식이 제시하는 토착화신학의 세 단계는 복음의 본질 규명, 한국적 바탕의 파악이고, 이 한국적 바탕에서 복음을 해석하고 뿌리 박음으로써 우리의 터전이 힘차게 자라나도록 하는 것이다. 유동식은 1960년대에 한국의 에토스를 '한'으로, 1970년대에는 '무교'로, 1980년대에 이르러서 '풍류도'로 규명한다.[67] 유동식에 따르면 복음의 중심은 '성육신과 십자가와 부활을 통해 하나님과 인간이 하나로 통합'[68]에 있으며, "풍류도의 핵심은 신과 인간이 하나가 되는 데 있다."[69] 결국 유동식의 풍류 신학은 한국의 에토스를 '풍류도'로 규정하고, 이 풍류도에 근거하여 성서를 해석하면서 풍류 신학을 한국신학으로 제시한다.

서남동의 민중신학은 '민중'을 에토스로 삼아 성서와 기독교 전통을 해석한다. 그에 따르면 "한국의 민중신학의 과제는 기독교의 민중 전통과 한국의 민중 전통이 현재 한국교회의 '신의 선교' 활동에서 합류되고 있는 것을 증언하는 것이다. 현재 눈앞에 전개되는 사실과 사건을 '하나님의 역사 개입' 성령의 역사, 출애굽의 사건으로 알고, 거기에 동참하고 그것을 신학적으로 해석하는 일이다."[70] 여기에서 중요한 단어는 '증언'과 '해석'이다. 김광식은 안병무의 민중신학

---

66 유동식, "풍류 신학," 257. 강조는 논자의 것임.
67 이찬석, 『글로컬 시대의 기독교 신학』, 43-44.
68 유동식, 『풍류도와 한국신학』 (서울: 전망사, 1992), 81.
69 앞의 책, 43.
70 서남동, 『민중신학의 탐구』 (서울: 한길사, 1983), 78. 강조는 논자의 것임.

은 '주석 이전에 민중 개념71이 있었다고 지적한다. 유사하게 서남동의 민중신학에서도 '해석 이전에 민중 개념'이 있었다. 서남동에 따르면 "민중신학의 주제는 예수라기보다는 민중이라는 것이다. 민중신학의 경우에는 예수가 민중을 바로 이해하는 데 필요한 도구의 구실을 하는 것이지, 예수를 이해하기 위한 도구의 구실을 민중 개념이 하는 것이 아니다."72 예수 이전에 민중이 있다고 볼 수 있다. 서남동은 성서와 한국사도 민중을 중심으로 읽어 간다. 출애굽 사건은 노예 해방의 사회경제사적 사건이고, 십자형은 민중이 자기 운명의 주인되는 투쟁의 과정에서 피할 수 없는 정점이다. 한국 역사의 첫 번째 단계에서 민중은 지배의 대상이지만, 두 번째 단계에서 민중 자신이 역사의 전환을 가져오는 계기를 마련하고, 세 번째 단계에서는 민중이 지배 세력으로 등장하는 길을 닦아가는 단계이다. 그는 민중 운동의 계보를 동학혁명-독립협회 운동-3.1운동-4.19 혁명으로 제시한다.73

유동식은 '풍류도'를 한국적 에토스로 규정하고 풍류도를 중심으로 복음과 한국의 종교와 문화를 해석하고, 서남동은 '민중'을 중심으로 성서와 한국의 역사를 해석한다는 점에서 '해석 모델'이라 할 수 있다. 유동식과 서남동의 해석 모델에서 차이는 '서구 신학'에 관한 것이다. 유동식은 복음은 초월적인 것으로 보고, 서구 신학은 복음에 대한 서구적 해석이기 때문에 풍류도의 관점에서 서구 신학

---

71 김광식, 『토착화와 해석학』 (서울: 대한 기독교 출판사, 1989), 96.

72 서남동, 『민중신학의 탐구』, 53.

73 앞의 책, 51-69; 이찬석, "21세기 한국신학의 방향 모색," 「한국기독교신학논총」 85 (2013): 277-278.

을 해석하지 않는다. 그러나 서남동은 민중신학은 서구 신학에 대한 '반(反)신학'이라고 보면서도 교회사적 전통에서 요아킴 플로리스와 뮌처를 통하여 민중 전통을 읽어 간다.[74]

3) 구성 모델

구성 모델을 주장하는 가장 큰 이유는 이제 한국신학도 그리스도교의 가르침을 전체적(거시적)으로 구성하여 세계에 내놓아야 하기 때문이다. 성서의 내용은 태초로부터 종말에 이르기까지 거시적이며, 그리스도교의 전통은 2천 년이라는 긴 역사를 품고 있다. 현재까지의 한국신학은 복음과 그리스도교 전통을 거시적으로 구성하기보다는 한국적 에토스를 규명하고 그 에토스와 복음과의 관계에서 비교(비교 모델) 또는 그 에토스를 중심으로 복음을 해석(해석 모델)하였다. 해석 모델의 민중신학은 출애굽 사건과 십자가 사건을 중심으로 성서를 민중의 책으로 해석하였고, 풍류 신학은 요한복음에 집중하였다. 비교 모델인 언행일치의 신학은 구원론에 집중하였고, 신학의 알파와 오메가라 할 수 있는 창조론과 종말론에 있어서는 일식 현상을 보인다. 이제 한국신학은 성서의 전체적인 내용과 그리스도교 2천 년의 전통을 아우르고, 구원론만이 아니라 창조론에서 종말론에 이르는 거시적 구조의 구성을 신학적으로 시도해야 한다. 이러한 측면에서 한국신학은 비교 모델과 해석 모델을 넘어서 구성 모델을 전개하여 'K-신학'으로 새롭게 부활해야 한다.

---

74 서남동, 『민중신학의 탐구』, 58-62.

구성 모델이 주목할 필요가 있는 그리스도교의 공식은 '창조-타락-구원'이다. 많은 그리스도인은 그리스도교의 기본적이고 핵심적인 가르침을 창조-타락-구원으로 간주한다. 실제로 많은 그리스도교인은 성서를 읽어도 이 공식에 근거하여 해석하고, 설교자들의 성서 본문 해석도 이 공식에 근거하는 경우가 대부분이다. 창조-타락-구원은 창세기로부터 요한계시록에 이르는 폭넓은 성서의 차원을 담아내고 창조론에서 종말론에 이르는 그리스도교의 핵심적인 가르침을 담고 있는 공식이라 할 수 있다. 한국신학은 이제 창조-타락-구원과 같이 그리스도교의 핵심을 포괄하는 공식을 한국적으로 구성하여 세계 신학의 장(場)에 던져야 할 필요가 있다. '정의-생명-평화' 또는 '태초의 창조-계속적 창조- 새로운 창조'도 새로운 공식이 될 수 있다.[75] 마치 한국 문화가 접두어 'K'로 세계로 지평을 확장하듯이, 한국신학도 한국적 공식의 구성을 시도할 필요가 있다.[76]

한국신학이 구성 모델에 근거하여 'K-신학'을 구성할 때 글로벌(global)과 로컬(local)을 아우르는 글로컬(glocal) 관점과 혼종적(hybrid) 개념을 적극적으로 고려할 필요가 있다. 사실 K-신학은 복음의 보편성과 한국이라는 특수성을 동시에 추구하기 때문에 글로컬 신학이라 할 수 있다. 'K-신학'은 'K-pop'의 특성을 주목할 필요가 있다. 'K-pop'은 '글로벌 문화와 로컬 문화가 교섭된 혼종화된 글로컬 문화물'[77]이다.

---

75 제19회 한국조직신학자 전국대회에서 '흥(興)-한(恨)-정(情)'이 하나의 공식으로 거론되었다.

76 본 논문에 대한 심사자들의 공통적인 의견은 구성 모델과 공식에 관한 자세한 기술이 필요하다는 점이었다. 이러한 주제는 본 글에서 지면상 더 자세한 기술이 어렵다. 또한 이 부분은 본 논문의 한계이며 향후 논자의 과제로 삼으려고 한다.

77 김수정 · 김수아, "'집단적 도덕주의' 에토스: 혼종적 케이팝의 한국적 문화 정체성," 「언론과 사회」 23 (2015), 8.

'K-pop'이라는 용어는 외국 대중음악인들이 영미권 팝의 문법과 다양한 팝 장르를 혼합하여 새로운 스타일을 구축한 한국의 아이돌 음악을 지칭하기 위해 기존의 브릿팝(Britpop, 영국), J-pop(일본) 용어를 모방하여 만든 용어이며, 해외인들이 파악한 K-pop의 변별적 특성은 한국어 가사와 영어 가사의 혼용, 후크적 후렴, 화려한 군무, 스타의 성실성과 친밀성이라는 독특한 스타일이다.[78] 결론적으로 K-pop의 독특성에서 중요한 차원은 '글로컬'과 '혼종성'이다. K-pop이 팝의 보편적 측면과 한국의 지역적 측면을 혼종적으로 구성하는 글로컬 차원이듯이, 한국 신학도 'K-신학'으로 부활하기 위하여 복음과 서구 신학의 보편적 차원과 한국 전통과 문화의 지역적 차원을 혼종적으로 구성하는 '글로컬 신학'이 되어야 한다.

VII. 나오는 말

한국의 다양한 문화가 접두어 'K'를 달고 새롭게 부활하여 전 세계의 주목과 사랑을 받듯이, 한국신학도 'K-신학'으로 새롭게 구성되어 부활해야 할 필요가 있다. 이를 위하여 본 글은 한국신학의 유형화가 '신학의 내용'에 따른 유형화를 넘어서 '신학의 방법론'에 따른 유형화의 시도가 다양하게 이루어져야 함을 강조하였다. 본 글은 '신학의 내용'에 근거한 한국신학의 유형화가 유동식에 의하여 시작된 보수주

---

78 김수정, "문화는 '섞음의 미학' 통해 발전: 문화민족주의는 경계해야," 「신문과 방송」 (2023. 5.), 28.

의, 급진주의, 자유주의라는 구조에서 크게 벗어나지 않으면서 '신학의 내용'을 중심으로 이루어졌음을 고찰하였고, '신학의 방법론'에 근거한 유형화를 위하여 비교 모델, 해석 모델, 구성 모델을 제안하였다. 21세기는 글로벌과 로컬을 넘어서는 '글로컬'이 주목받으며, 세계성(보편성)과 지역성(특수성)을 아우르는 혼종성(hybridity)이 중요한 개념이다. 이제 서구와 한국(동양)을 이분법적으로 구분하는 대립의 관계가 아니라 상생의 관계로의 전환을 요구한다. 그러므로 본 글은 이제 한국신학이 복음과 서구 신학과 한국적 에토스를 글로컬 관점에서 포괄하는 혼종적 개념으로 구성하는 구성 신학을 위하여 신학의 방법론에 따른 한국신학의 유형화와 구성 모델을 제안하여 보았다. 한국신학이 '신학의 내용'에 따른 유형화와 더불어 '신학의 방법론'에 근거한 유형화가 다양하게 이루어져서 'K-신학'으로 새롭게 부활하기를 소망한다.

삼위일체에 관한 한국신학적 이해들과 공헌 가능성*

백충현

(장로회신학대학교)

I. 서론

삼위일체 신학은 20세기 중후반 이후로 현재까지 다양하게 논의되는데, 서방 교회의 삼위일체론뿐만 아니라 동방 교회의 삼위일체론이 많이 소개되었고, 더 나아가서 아시아적 관점에서의 논의들도 제시되어 왔다. 이 글에서는 한국신학에서 삼위일체에 관해 제시되었던 여러 논의를 분석하고 소개하고자 한다. 그리고 한국신학에서 진행된 이 논의들이 오늘날 세계 신학에서 부흥기를 맞이하고 있는

* 이 글은 2024년 9월 7일(토) 서울 신내교회에서 "K-신학 — 한국신학의 부활"을 주제로 개최된 제19회 한국조직신학자 전국대회에서 발표된 논문을 보완한 것이다. 그리고 이 글의 일부는 2024년 10월 24~29일에 말레이시아 쿠알라룸푸르에서 개최된 제10차 아시아신학자회의에서 발표된 논문 "Korean Understandings of Nicaea's *Homoousia*, and Their Implications on Ecclesial Unity in Korea"에 포함되었고 이후 국제학술지에 투고되었다.

현대 삼위일체 신학에 기여할 수 있는 공헌들을 정리하고 앞으로의 방향을 제안하고자 한다.

이러한 작업을 위해 이 글은 먼저 한국 개신교 초기 역사에서 삼위일체론이 어떻게 이해되고 논의되었는지를 살펴본다. 연구 범위를 확장할 수 있다면 18세기 후반부터 시작된 한국 천주교 초기 역사에서의 이해와 논의도 함께 살펴본다. 그런 다음에 1960년대에 진행된 토착화 논쟁과 관련된 삼위일체론 논의를 윤성범과 이종성을 중심으로 살펴본다. 그 이후로 1970년대부터 1990년대를 거쳐 2000년대와 현재까지 삼위일체론을 다룬 신학자들을 살펴본다.

그러면서 1990년대 이후로 현재까지, 특히 한국적 사유 방식으로 접근하고 다루었던 신학자들이 삼위일체 하나님에 관한 이해와 표현에 있어서 한국적으로 독특한 구성 신학적 공헌을 하였던 점들을 집중적으로 살펴본다. 특히 이정용이 역(易)의 신학을 바탕으로 시도한 역의 삼위일체론, 김흡영이 유교적 도(道)의 신학을 바탕으로 시도한 도의 삼위일체론을 위주로 살펴본다. 그 외에도 유영모의 신학을 바탕으로 오늘날 새롭게 구성되는 다석의 삼위일체론 등등이 있겠지만, 여러 한계상 이 글에서는 다루지 못하고 추후의 연구로 미루고자 한다.

이 글의 작업은 오늘날 삼위일체 신학을 다루는 세계 신학에 한국신학의 독특하고 창의적인 관점들과 접근들과 모습들을 정리함으로써 세계 신학에서의 삼위일체론 논의에 기여할 수 있는 공헌점을 발견하고 또한 이를 통해 앞으로 세계 신학의 삼위일체론을 더욱 풍성하고 다채롭게 이끌어갈 수 있도록 하고자 한다.

II. 한국에서의 삼위일체에 관한 논의들[1]

7세기 중엽 중국 당나라 태종 때 동방 교회가 중국에 들어왔고 경교(景敎)라 불렸다. 당나라 덕종 때인 781년에 '대진경교유행중국비'(大秦景敎流行中國碑)가 세워졌다.[2] 여기에서는 '삼위일체'(三位一體)라는 표현은 없고 '삼신동귀일체'(三神同歸一體)라는 표현이 있다. 당나라에서 불교가 융성하였던 영향으로 성부와 성자와 성령을 불교 용어를 차용하여 각각 '묘신'(妙身), '응신'(應身), '증신'(證身)이라고 표현하고, '삼신동귀일체'(三神同歸一體)라고 하였다.[3]

그렇지만 삼위일체의 한자어 표기는 16세기 말 중국에서 시작되었다. 이탈리아 출신의 예수회 선교사 폼필리오 루기에리(Pompillio Rugierie, 1543~1607, 중국명으로는 나명견[羅明堅, 루오밍지엔])가 마테오 리치(Matteo Ricci, 1552~1610)보다 3년 앞선 1579년에 마카오에 도착하였다. 루기에리는 1584년에 『천주성교실록』(天主聖教實錄)을 저술하였는데, 여기에서 '천주'(天主)라는 신명(神名)을 처음으로 사용하였고 또한 '삼위일체'(三位一體)라는 표기를 처음으로 사용하였다.[4]

---

1 이 글 II의 후반부는 다음의 책에 있는 내용을 보완·확장한 것이다. 백충현, 『삼위일체신학의 핵심과 확장 ― 성경·역사·교회·통일·사회·설교』 (서울: 장로회신학대학교출판부, 2020), 85-87. 이 책에 있는 글은 본래 2016년 9월 21일에 개최된 제12회 춘계 이종성 신학강좌에서 발표되었고 이후 다음과 같이 출판되었다. 백충현, "춘계 이종성의 삼위일체론이 한국신학 안에서 가지는 위치와 의의," 「장신논단」 49권 1호 (2017. 3.): 283-306. 최윤배·박성규·백충현 책임편집, 『춘계 이종성박사의 통전적 신학과 한국신학』 (서울: 장로회신학대학교출판부, 2018), 229-260.

2 이효림(리샤오린), "20세기 이전 중국어 성서 번역의 역사와 의의," 「한국기독교신학논총」 114 (2019. 10.): 7, 10.

3 우심화, "대진경교유행중국비(大秦景敎流行中國碑) 비문(碑文) 역주(譯註)," 「ACTS 신학과 선교」 8 (2004. 12.): 310-311.

신주현의 연구에 따르면 1584년 루기에리가 저술한 『천주실록』(天主實錄)에는 삼위일체에 관한 언급이 없지만, 이것보다 훨씬 이후인 1637년에 만들어진 후대 편집본 『천주성교실록』(天主聖教實錄)에는 삼위일체에 관한 언급이 있다고 주장한다.[5]

그리고 신주현의 연구에 따르면 1603년 마테오 리치가 정식 출판한 『천주실의』(天主實義)에는 삼위일체에 관한 언급이 없지만, 1605년 별도로 출판한 『천주교요』(天主教要)에는 삼위일체에 관한 설명이 나타난다.[6] 그리고 1615년 알폰소 바뇨니(Alfonso Vagnoni, 1566~1640)가 출판한 『교요해략』(教要解略)에 삼위일체에 관한 설명이 전면적 및 본격적으로 제시되었다.[7]

한국 천주교의 경우에는 18세기 후반 북경을 통해 들어온 서학(西學)을 공부함으로써 여러 사람이 자발적으로 신앙에 입문하였고, 이 중에서 정약종(丁若鐘, 1760~1801)은 1797년부터 1798년에 한국 천주교 최초의 한글 교리서인 『주교요지』(主教要旨)를 저술하였다. 상편 14장에서 "텬쥬삼위일톄"(三位一體)라는 표현을 사용하여 "세 위(位)시오 흔 톄(體)시니라"고 진술한다.[8]

18세기 후반부터 20세기 초까지 교리서들과 요리문답서들이

---

4 북경대학종교연구소 엮음, 『명말청초야소회사상문헌회편 제1권』 (북경: 북경대학종교연구소, 2003), 47-49.

5 신주현, "근세 중국천주교회에서 삼위일체론(三位一體論)의 부상," 「교회사학」 21 (2022): 13 각주 8.

6 위의 글, 18-19.

7 위의 글, 21.

8 정약종, 『주교요지』, 한국기독교고전시리즈 6 (서울: 한국고등신학연구원(KIATS), 2012), 142(영인본, 20).

많이 있었을 것이라고 예상하나, 현재까지 저자가 문헌으로 직접 확인할 수 바로는 다음의 예들이 있다.

첫째, 한국 천주교에서 발행하는 요리문답서 안에는 삼위일체에 관한 문답이 포함되어 있다. 1926년에 발간된 『성교요리문답』(聖教要料問答)(제4판)에서 제12문(問)은 "天主-몃치 계시뇨"라고 묻고 여기에 대한 답(答)은 "세位시니라"고 말한다. 그다음에 나오는 문(問)들에 따르면 제일위(第一位) 성부(聖父)는 "거룩ᄒ신 아비니라"고 말하고, 제이위(第二位) 성자(聖子)는 "거룩ᄒ신 아들이니라"고 말하며, 제삼위(第三位) 성신(聖神)은 "거룩ᄒ신 神이니라"고 말한다. 또한 세 위(位)에는 "놉고 ᄂ즘도 없고 몬져 계시고 後예 계심도 업서 도모지 온젼히 ᄀᆺᄒ샤 ᄒᆫ가지로 ᄒᆫ天主-시니라"고 말한다.[9]

그런데 『성교요리문답』이 한국 천주교에서 처음 발간된 것은 1864년이다. 본래 돌리에르(Doliere) 신부가 중국에서 발간한 한문본 『성교요리문답』을 조선교구 제5대 교구장으로 활동하던 다블뤼 (Marie-Nicolas-Antoine Daveluy, 1818~1866) 신부 등이 번역하여 국한문 혼용본 및 순한글본으로 발행하였다. 그리고 이것은 1934년 새로운 교리서로 출판된 『천주교요리문답』 전까지 70년 동안 사용되었다.[10]

둘째, 1909년 11월 19일에 발간된 「보감」(寶鑑) 162호와 11월 26일에 발간된 163호에 "삼위일톄"(三位一體) 표현이 나타난다. 「보감」은 현재도 발간되고 있는 「경향잡지」의 전신이며 처음에는 「경향

---

9 『성교요리문답』(聖教要料問答) 제4판(1926), 3-4.
10 한국민족문화대백과사전, https://encykorea.aks.ac.kr/Article/E0029194(2024. 8. 21. 접속).

신문」(京鄕新聞)의 부록으로 1906년 10월 19일부터 1910년 12월 30일까지 매주 발간되었다. 일제의 탄압으로 「경향신문」이 폐간되자 1911년 1월부터 종교지로서 「경향잡지」(京鄕雜誌)가 현재까지 발간되고 있다.

「보감」의 내용 구성 중에 '론셜'(論說)은 천주교 교리를 해설하는 연재물이다. 162호 '론셜'에서는 "삼위일톄로 말ᄒᆞ건대 흔텬쥬삼위시라… 곧 쥬셩(主性)으로 말ᄒᆞ면 텬쥬ᄒᆞ나히시고 위(位)로 말하면 텬쥬-삼위시라 함이오"[11]라고 설명한다. 그리고 163호 '론셜'에서는 '삼위일체(三位一體)도리' 또는 '셩삼(聖三)도리'에 관해서 다음과 같이 설명한다. "대개 셰샹을 ᄉᆞ랑ᄒᆞ샤 구쇽ᄒᆞ시려 ᄒᆞ샤 당신의 아들을 보내신 이는 곳 텬쥬셩부(뎨일위)시오. 친히 슈교슈난ᄒᆞ샤 구쇽공부를 행ᄒᆞ샤 셩신을 보내여 주신 이는 곳 텬쥬셩즈(뎨이위)시오 그리스도의 구쇽공로를 모든 밋ᄂᆞᆫ쟈들의게 닙게ᄒᆞ시는 이는 곳 텬쥬셩신(뎨삼위)이심이오."[12]

한국 개신교 초기 역사 중에서 본 논문의 저자가 문헌으로 직접 확인할 수 있는 바로는 삼위일체라는 표현이 사용된 가장 처음 예는 1907년에 발행된 「신학월보」 제5권 4, 5호, 233쪽의 탁사 최병헌(濯斯 崔炳憲, 1858~1927)의 글에서이다. 「신학월보」는 감리교 신학교가 1900년 12월에 창간하여 1910년 가을까지 발행한 한국 최초의 신학 잡지이다. 최병헌은 제5권 1호에서 2회, 4, 5호에서 "셩산유람긔"(성산유람기)를 총 4회 연재하였다.[13] 이것을 증보하여

---

11 「보감」(寶鑑) 162호 (1909. 11. 19.): 457-459.
12 「보감」 163호 (1909. 11. 26.): 465-467.

단행본으로 출간한 것이 『성산명경』(聖山明鏡)인데, 초판은 1909년에 나왔고 재판은 1911년에 나왔다.

「신학월보」제5권 4, 5호 233쪽에서 기독교를 대표하는 인물인 신천옹(信天翁)이 '삼위일톄'라는 표현을 사용한다. "우리 주 예수께서는 근본 하나님의 삼위일체(三位一體)되신 성자로 세상에 강생하실 때에…."[14] 이 부분은 1911년에 출판된 『성산명경』(聖山明鏡)에 그대로 실려 있다. "우리 주 예수께서는 근본 하나님의 삼위일체(三位一體)되신 성자로 세상에 강생하실 때에…."[15]

그리고 『성산명경』에서는 하나님에 관해 설명하면서 "그 위(位)를 말씀할진대 셋이 있으니 성부와 성자와 성신이시오, 그 체(體)를 말씀할진대 하나이시니 독일무이하신 하나님이시라"[16]고 말한다. 또한 천국과 지옥에 관한 항목에서 예수를 통한 속죄와 구원을 설명하면서 "삼위일체 중 제2위 되시는 독생자 예수 씨를 세상에 보내사"[17]라고 진술한다.

그런데 위와 같이 '삼위일체'라는 표현이 사용되고 있음을 여러 곳에서 확인할 수 있지만, 한국 기독교 초기 역사에서 삼위일체론을 연구하는 저술들은 그리 많지 않은 것처럼 보인다. 감리교신학교에

---

13 1991년 한국교회사문헌연구원이 1901년부터 1910년까지의 「신학월보」들을 모아서 만든 영인본 『신학월보 1-5』에는 「신학월보」제5권 3호가 없다.

14 최병헌, "셩산유람긔," 「신학월보」제5권 4, 5호(1907), 233; 한국교회사문헌연구원, 『신학월보 4』(1991 영인본), 693.

15 최병헌, 『성산명경』, 한국기독교고전시리즈 4 (서울: 한국고등신학연구원(KIATS), 2010), 130(영인본, 32).

16 앞의 책, 139(영인본, 44).

17 앞의 책, 161(영인본, 79).

서 발간한 한국 최초의 신학 잡지인 「신학월보」에서는 삼위일체론에 관한 연구를 찾기가 힘들다. 사역자 양성을 위한 목회적 및 실천적 내용 위주로 발행되었기 때문이다. 「신학월보」는 1916년 2월에 「신학세계」로 이어져 학술적 성격이 강화된 신학 전문지로서 감리교신학교에서 발행되다가 1940년 일제에 의해 강제로 폐간되었다. 해방 이후에는 잠시 복간되다가 이후 1975년에 「신학과 세계」로 바뀌어 감리교신학대학교에서 오늘날까지 계속 이어지고 있다.

그리고 평양 조선예수교장로회신학교에서 1918년에 창간된 「신학지남」에서도 삼위일체론에 관한 연구를 찾기가 힘들다. 1918년 7월 나부열(Roberts)의 "삼위일체에 관한 예수의 교훈"[18]이 있을 뿐이다. 「신학지남」은 일제하에서 1940년에 폐간되었다가 해방 후 1954년에 복간되었다. 그러나 1959년 예장 통합과 예장 합동의 분열 이후로 총신대학교는 「신학지남」이라는 이름으로 그리고 장로회신학대학교는 「교회와 신학」과 「장신논단」이라는 이름으로 오늘날까지 발행하고 있다.

삼위일체론의 체계적인 소개는 1931년에 번역 및 출판되었고 해방 때까지 평양 조선예수교장로회신학교에서 교과서로 사용되었던 중국인 가옥명(賈玉明, Chia Yu Ming)의 『조직신학 I-VI』을 통해 이루어졌다. I권은 기독교증험론(基督敎證驗論), II권은 신도론(神道論), III권은 인죄론(人罪論), IV권은 구원론(救援論), V권은 성령론(聖靈論), VI권은 말세론(末世論)을 다룬다.[19] II권 신도론(神道論)은 총 5장

---

18 나부열, "삼위일체에 관한 예수의 교훈," 「신학지남」 I권 2호 (1918. 7.): 19-35.
19 가옥명/이영태·정재면 옮김, 『조직신학 I-VI』 (평양: 장로회신학교, 1931).

으로 구성되어 있는데, 이 중에서 제4장이 삼위일체론을 다루고 여기에서 '삼위일체'라는 표현을 사용한다.[20]

그렇지만 이종성과 최윤배의 설명에 따르면 이 책은 미국의 침례교 신학자인 아우구스투스 홉킨스 스트롱(Augustus Hopkins Strong)이 1886년이 저술한 『조직신학』(Systematic Theology)과 미국의 장로교 신학자인 찰스 하지(Charles Hodge)가 1871년에 저술한 『조직신학』(Systematic Theology)을 바탕으로 쓰여졌다.[21]

한국인이 직접 쓴 책으로는 1931년부터 1940년까지 감리교신학교의 조직신학 교수로 가르친 정경옥이 1939년에 저술한 『기독교신학 개론』에 '삼위일체'라는 표현이 있다.[22] 이 책은 한국인에 의해 저술된 최초의 조직신학 책으로서 선한용은 이 책에 관해 '당대 한국신학자가 쓴 것으로 가장 깊이가 있고 넓이가 있는 신학 서적'이라고 평가한다.[23] 그런데 이 책은 독특하게 그리스도론이 전체 8장 중에서 마지막인 제8장에 위치하며, 삼위일체론은 제8장 그리스도론의 맨 마지막에 부록으로 추가되어 있다.[24]

이러한 배열은 정경옥이 신학의 주된 특성을 역사적, 문화적, 변증적 및 경험적인 것으로 이해하기 때문이다. 그래서 정경옥은

---

20 가옥명/이영태·정재면 옮김, 『조직신학 II 신도론(神道論)』 (평양: 장로회신학교, 1931), 61-77.

21 이종성, 『춘계 이종성 저작전집 40권』, XXXVII (수상집 3), 242-243; 최윤배, 『구원은 하나님 은혜의 선물』 (용인: 킹덤북스, 2016), 410-413; 문춘권, "중국 신학자 가옥명의 조직신학사상연구" (장로회신학대학교 대학원 신학석사학위논문, 2011).

22 정경옥, 『기독교 신학 개론』 개정판 (춘천: 삼원서원, 2010), 495.

23 선한용, "철마 정경옥 교수의 생애에 대한 재조명," 『기독교 신학 개론』 개정판 (춘천: 삼원서원, 2010), 8-25.

24 정경옥, 『기독교 신학 개론』, 495-501.

"가장 근본적인 기독교 경험을 떠나서 삼위일체론을 이해할 수 없다"[25]고 진술한다. 그에 따르면 예수 그리스도의 신성은 "하나님의 영으로 충만한 그리스도의 생활"에서 드러난다. 그러기에 그는 "하나님께서 주시는 도덕적 특질이 예수의 실생활에 충만하게 흘러서 예수의 개체 경험에 우주적 의의가 있게 된 것"[26]이라고 이해한다.

해방 이후 1954년에 속간된 「신학지남」에서는 1958년 이영헌이 "삼위일체 신관의 교리사적 고찰"[27]이라는 논문을 통해 삼위일체론을 교리사적으로 정리하였다. 그런데 1950년대부터는 1953년에 창간된 「사상계」와 1957년에 창간된 「기독교사상」을 중심으로 신학적인 논문들이 많이 발표되었다.

그러던 중 1963년 전후로 한국신학계에서 토착화에 관한 신학 논쟁이 뜨겁게 벌어졌다. 1963년 5월 윤성범은 "환인, 환웅, 환검은 곧 하나님이다"[28]라는 글을 「사상계」에 발표하였다. 여기에 반대하여 1963년 7월 박봉랑은 "기독교토착화와 단군신화"[29]를 「사상계」에 발표하였고, 1963년 9월 전경연은 "소위 전이해와 단군신화"[30]를 「기독교사상」에 발표하였다. 그러자 1963년 10월 윤성범은 "단군신화는 Vestigium Trinitatis이다"[31]라는 글을 「기독교사상」에 발표하였다.

그리고 이러한 논쟁에 당시 연세대학교 신학 교수였던 이종성이

---

25 앞의 책, 486.

26 앞의 책, 486.

27 이영헌, "삼위일체 신관의 교리사적 고찰," 「신학지남」 25권 1호 (1958): 97-114.

28 윤성범, "환인, 환웅, 환검은 곧 하나님이다," 「사상계」 121 (1963. 5.): 258-271.

29 박봉랑, "기독교토착화와 단군신화," 「사상계」 123 (1963. 7.): 172-183.

30 전경연, "소위 전이해와 단군신화," 「기독교사상」 7권 8호 (1963. 9.): 22-29.

31 윤성범, "단군신화는 Vestigium Trinitatis이다," 「기독교사상」 7권 9호 (1963. 10.): 14-18.

1963년 11월 「기독교사상」에 "기독교 토착화론에 대한 신학적 고찰"32이라는 글을 발표하였다. 여기에서 이종성은 토착화론에 관해 논의하였고 또한 단군신화는 삼위일체의 베스티기움이 될 수 없다고 주장하였다. 나중에 이종성은 『삼위일체론』33이라는 책에서 단군신화에 관한 논의를 정리하면서 "단군신화는 과연 삼위일체 하나님의 베스티기움인가?"34라는 글을 썼다. 이렇게 하여 토착화에 관한 논쟁에서 삼위일체론이 다루어졌으며 또한 삼위일체론의 논의를 촉진시켰다.

박형룡은 1977년에 출판된 『교의신학 신론』, 제1편 "하나님의 실유(實有)" 중 제6장에서 "성 삼위일체"(聖 三位一體)를 다루었다.35 또한 차영배는 1982년에 출판된 『삼위일체론』36에서 삼위일체를 다루었다. 그리고 차영배는 1984년에 "칼빈을 자극시킨 이단사상과 그의 삼위일체론"이라는 논문을 「신학지남」에 발표하였다.37 이종성은 1991년에 『삼위일체론』이라는 방대한 분량의 책을 저술하였다.38 유해무는 1993년에 "성부, 성자, 성령 하나님 ― 삼위일체론적 신론 구성을 위한 시도"39라는 논문을 발표하였다. 오성춘은 1994년에 "삼위일체 교리와 섬김의 공동체 비전"40을 「장신논단」에 발표하

32 이종성, "기독교 토착화론에 대한 신학적 고찰," 「기독교사상」 7권 10호 (1963. 11.): 22-31.
33 이종성, 『삼위일체론』 (서울: 대한기독교출판사, 1991).
34 앞의 책, 548-552; 이종성, 『춘계 이종성 저작전집 40권』, VII (삼위일체론 2), 297-302.
35 박형룡, 『교의신학 신론』(박형룡 박사 저작 전집 제2권) (서울: 한국기독교교육연구원, 1977), 185-237.
36 차영배, 『삼위일체론』, 개혁교의학 시리즈 2-1 (서울: 총신대학출판부, 1982).
37 차영배, "칼빈을 자극시킨 이단사상과 그의 삼위일체론," 「신학지남」 51 (1984): 78-105.
38 이종성, 『삼위일체론』.
39 유해무, "성부, 성자, 성령 하나님 ― 삼위일체론적 신론 구성을 위한 시도," 「개혁신학과 교회」 제3호 (1993): 81-117.

여 삼위일체 교리를 목회적으로 적용하면서 섬김의 공동체의 비전을 제안하였다. 김영선은 1996년에 『예수와 삼위일체 하나님』[41]을 저술하였다. 최홍석은 1998년에 "헤르만 바빙크의 삼위일체론"[42]이라는 논문을 「신학지남」에 발표하여 바빙크의 『개혁교의학』에 나타난 삼위일체론을 정리하여 소개하였다.

2000년대 이후로 현재까지 「장신논단」, 「신학지남」, 「신학과 세계」 등등에서 삼위일체론에 관한 논문들이 수적으로 크게 증가하였다. 그리고 삼위일체론에 관한 많은 번역서들이 출판되었고 또한 한국인에 의한 삼위일체 저작들이 나오기 시작하였다. 몇몇 예를 들면 박만의 『현대 삼위일체론 연구』,[43] 유해무의 『신학 — 삼위일체 하나님을 위한 송영』,[44] 곽미숙의 『삼위일체론 전통과 실천적 삶』,[45] 윤철호의 『삼위일체 하나님과 세계』,[46] 백충현의 『내재적 삼위일체와 경륜적 삼위일체: 현대 삼위일체 신학에 대한 신학·철학 융합적 분석 — 존재론과 인식론을 중심으로』[47] 등이 있다. 오늘날에는 세계 현대 신학에서처럼 한국에서도 소위 '삼위일체 신학의 르네상스'의 시대를 보내고 있다.

---

40 오성춘, "삼위일체 교리와 섬김의 공동체 비전," 「장신논단」 10 (1994. 12.): 535-553.

41 김영선, 『예수와 삼위일체 하나님』 (서울: 기독교문서선교회, 1996).

42 최홍석, "헤르만 바빙크의 삼위일체론," 「신학지남」 65권 2호 (1998. 6.): 110-132.

43 박만, 『현대 삼위일체론 연구』 (서울: 대한기독교서회, 2003).

44 유해무, 『신학 — 삼위일체 하나님을 위한 송영』(개혁신앙강좌 8) (서울: 성약, 2007).

45 곽미숙, 『삼위일체론 전통과 실천적 삶』 (서울: 대한기독교서회, 2009).

46 윤철호, 『삼위일체 하나님과 세계』 (서울: 장로회신학대학교출판부, 2011).

47 백충현, 『내재적 삼위일체와 경륜적 삼위일체: 현대 삼위일체신학에 대한 신학·철학 융합적 분석 — 존재론과 인식론을 중심으로』 (서울: 새물결플러스, 2015).

III. 삼위일체에 관한 한국신학적 이해들과 공헌 가능성

위에서 살펴본 흐름 안에는 삼위일체에 관한 전통적인 교리 중심적 논의들이 있고 또한 한국적 사유 방식의 관점에서 접근하고 다루었던 구성 신학적 논의들이 있다. 물론 전통적인 교리 중심적 논의들이라고 하더라도 나름대로 한국적 특색들이 없는 것은 아니며 어느 정도 나타난다.

III장에서는 한국적 사유 방식의 관점에서 접근하고 다루었던 시도들을 중점적으로 살펴본다. 특히 1960년대 토착화신학 논쟁과 관련된 삼위일체론 논의를 윤성범과 이종성을 중심으로 살펴본다. 그런 다음 역(易)의 신학을 바탕으로 제시한 이정용의 역의 삼위일체론과 유교적 도(道)의 신학을 바탕으로 제시한 김흡영의 도의 삼위일체론을 살펴본다.

1. 1960년대 토착화신학 논쟁과 관련된 삼위일체론 논의[48]

1962년부터 기독교의 토착화에 관해 신학적으로 큰 논쟁이 벌어졌고 이와 관련하여 삼위일체 논쟁이 있었다. 이러한 논쟁을 시작한 이는 윤성범인데,[49] 그는 1962년 9월에 "현대신학의 과제 — 토착화지

---

48 이 글에서 III장 1절의 첫 세 문단은 본래 2016년 9월 21일에 개최된 제12회 춘계 이종성 신학강좌에서 발표되었고 이후 다음과 같이 출판된 책에 실려 있다. 최윤배·박성규·백충현 책임편집, 『춘계 이종성박사의 통전적 신학과 한국신학』, 249-250.

49 윤성범의 생애와 사상적 발전에 관해서는 김광묵, 『한국 신학의 두 뿌리 — 성(誠)과 풍류(風流)』 (서울: 동연, 2021), 151-191.

향"[50]이라는 글을 「기독교사상」에 발표하였다. 그리고 1963년 4월 유동식은 "기독교의 토착화에 대한 이해"[51]를 발표하였다. 1963년 4월 정하은은 "한국 에큐메니칼 운동의 과제"를 「사상계」에 발표하여 선교 방법으로서 신학의 토착화를 주장하였다.[52] 또한 1963년 5월 윤성범은 "환인, 환웅, 환검은 곧 하나님이다"[53]라는 글을 「사상계」에 발표하였다. 그리고 1963년 6월 윤성범은 "복음의 토착화에 대한 전이해"[54]를 「기독교사상」에 발표하였다. 1963년 6월 이장식은 "기독교 토착화는 역사적 과업"[55]이라는 글을 「기독교사상」에 발표하였고, 1963년 7월 정하은은 "한국에 있어서 신학의 토착화의 기점"[56]을 「기독교사상」에 발표하였다. 그리고 1963년 9월 홍현설은 "토착화의 가능면과 불가능면"[57]을 발표하였으며, 1963년 10월 이규호는 "토착화론의 철학적 근거"[58]를 발표하였다.

이와 같이 토착화를 주창하는 입장들에 대한 비판적인 입장들이 또한 제시되었다. 1963년 4월에 발표된 유동식의 "기독교의 토착화에 대한 이해"에 반대하여 전경연은 1963년 5월에 "기독교 역사를 무시한 토착화 이론은 원시화를 의미"[59]를 「기독교사상」에 발표하

50 윤성범, "현대신학의 과제 ─ 토착화지향," 「기독교사상」 6권 8호 (1962. 9.): 6-13.

51 유동식, "기독교의 토착화에 대한 이해," 「기독교사상」 7권 4호 (1963. 4.): 64-68.

52 정하은, "한국 에큐메니칼 운동의 과제," 「사상계」 (1963. 4.).

53 윤성범, "환인, 환웅, 환검은 곧 하나님이다," 「사상계」 (1963. 5.): 258-271.

54 윤성범, "복음의 토착화에 대한 전이해," 「기독교사상」 7권 6호 (1963. 6.): 28-25.

55 이장식, "기독교 토착화는 역사적 과업," 「기독교사상」 7권 6호 (1963. 6.): 36-44.

56 정하은, "한국에 있어서 신학의 토착화의 기점," 「기독교사상」 7권 7호 (1963. 7.): 22-30.

57 홍현설, "토착화의 가능면과 불가능면," 「기독교사상」 7권 8호 (1963. 9.): 14-18.

58 이규호, "토착화론의 철학적 근거," 「기독교사상」 7권 9호 (1963. 10.): 19-30.

59 전경연, "기독교 역사를 무시한 토착화 이론은 원시화를 의미," 「기독교사상」 7권 5호 (1963.

였다. 그리고 1963년 5월에 발표된 윤성범의 "환인, 환웅, 환검은 곧 하나님이다"에 반대하여 박봉랑과 전경연이 발표하였다. 1963년 7월 박봉랑은 "기독교토착화와 단군신화"[60]를 「사상계」에 발표하였고, 1963년 9월 전경연은 "소위 전이해와 단군신화"[61]를 「기독교사상」에 발표하였다.

여기에 대해 윤성범은 1963년 10월에 "단군신화는 Vestigium Trinitatis이다"[62]라는 글을 「기독교사상」에 발표하였다. 또 이러한 논쟁에 1963년 11월 이종성은 「기독교사상」에 "기독교 토착화론에 대한 신학적 고찰"[63]이라는 글을 발표하였다. 여기에서 이종성은 토착화론에 관해 논의하였고, 또한 단군신화는 삼위일체의 베스티기움이 될 수 없다고 주장하였다. 나중에 이종성은 1991년에 『삼위일체론』[64]이라는 책을 저술하면서 단군신화에 관한 논의를 정리하면서 "단군신화는 과연 삼위일체 하나님의 베스티기움인가?"[65]라는 글을 썼다. 이종성은 베스티기움을 흔적으로 번역하는 것은 과거에 있었던 것이라는 어감이 강하기 때문에 '모상'(模像)이라는 용어를 사용하자고 제안한다. 이종성은 단군신화가 삼위일체의 모상이라는 윤성범의 주장은 가설일 뿐이며 그의 가설은 가치나 무게가 있는 학설이 아니라고 결론 내린다.

5.): 19-30.

60 박봉랑, "기독교토착화와 단군신화," 172-183.

61 전경연, "소위 전이해와 단군신화," 22-29.

62 윤성범, "단군신화는 Vestigium Trinitatis이다," 14-18.

63 이종성, "기독교 토착화론에 대한 신학적 고찰," 22-31.

64 이종성, 『삼위일체론』.

65 앞의 책, 548-552; 이종성, 『춘계 이종성 저작전집 40권』, VII, 297-302.

윤성범이 말하는 "환인, 환웅, 환검은 곧 하나님이다", "단군신화는 Vestigium Trinitatis이다"라는 주장은 그의 토착화론에 근거한다. 그의 토착화론의 강조점은 '주체성'이며, 특히 '종교적 a priori', 즉 '종교 아프리오리'에 있다.[66] 그는 13세기에 편찬된 『삼국유사』에 기록된 단군설화의 종교적 의의를 발견하고자 기독교의 삼위일체론과의 비교를 통해서 "단군설화가 내포하고 있는 종교적 의미가 기독교의 빛 아래서 천명하게 드러나게 될 때만 우리 민족은 정신적으로 소생할 수 있지 않겠는가 생각을 해본다"라고 밝히면서 자신의 '가정과 가설'을 주장으로 제시하였다.[67]

윤성범에 따르면 기독교의 신관은 삼위일체론이지만, 단군신화는 '삼신일체' 또는 '삼신일체론적인 신관'이다. 동방 기독교가 중국을 통해 한반도에 전래되었다고 본다면, 『삼국유사』에 기록된 단군설화에는 그 영향이 있다고 보며 이런 점에서 "단군신화는 Vestigium Trinitatis이다"라고 주장한다. 그러나 이것은 형식적인 면일 뿐이고, 내용적인 면에서 보자면 단군설화 안에서 복음이 말하는 하나님 사상이 담겨 있으며 기독교의 삼위일체론은 아니어도 삼신일체론적 신관이 담겨 있다고 여긴다. 단군설화 안에 담긴 이러한 한국인의 주체성의 종교적 아프리오리를 분명하게 파악하는 것이 토착화론의 중요한 의의이고 목적이다.

이런 점에서 윤성범의 관심은 삼위일체론 자체보다는 한국인의

---

66 윤성범, "환인, 환웅, 환검은 곧 하나님이다," 259-260. 윤성범은 단군신화를 설화(saga)로 여기며 그래서 '단군설화'라고 표현한다.

67 윤성범, "환인, 환웅, 환검은 곧 하나님이다," 270-271.

종교적 주체성에 있다. 이러한 관심으로 이후 윤성범은 '성(誠)의 신학' 및 '효(孝)의 신학'을 전개하였다.[68] 이와 유사한 접근법 안에서 유동식은 한국사에서의 더 근원적인 사상적 고찰을 통해 풍류도(風流道)를 발견하고 이를 바탕으로 '풍류 신학'(風流神學)을 전개하였다.[69] 그리고 이후 허호익은 단군신화에 담겨 있는 한국적인 사상 구조를 천지인(天地人) 삼재 사상(三才思想)이라 여기고, 이를 바탕으로 '천지인신학'(天地人神學, Theocosmoandric Theology)을 제시하였다.[70]

이종성은 한국인 신학자로서 삼위일체론에 관해 본격적으로 및 체계적으로 소개하고 연구한 첫 학자이다.[71] 이종성은 윤성범과 유동식의 주장에 반대하지만, 그의 주장의 이면에는 독특한 방향성이 있음을 발견할 수 있다.[72] 즉, 전통적 교리적 삼위일체론을 그대로 답습하거나 고수하는 것으로 빠지지는 않는다는 점이다. 이종성은 삼위일체의 모상을 세계의 문화와 종교 속에서 발견할 수 있다는 것에 열린 태도를 견지한다.

실제로 이종성은 『삼위일체론』 제6장에서 삼위일체론의 모상을 다루면서 아우구스티누스의 모상에 대해서뿐만 아니라 타 종교에서

---

68 윤성범, "한국적 신학 — 성의 신학," 「기독교사상」 15권 3호 (1971. 3.): 132-136; 윤성범, 『한국적 신학 — 성의 해석학』 (서울: 선명문화사, 1972).

69 유동식, 『한국신학의 광맥』 (서울: 전망사, 1982); 유동식, 『풍류신학으로의 여로』 (서울: 전망사, 1988).

70 허호익, 『단군신화와 기독교 — 단군신화의 문화사적 해석과 천지인 신학 서설』 (서울: 대한기독교서회, 2003), 262-264.

71 삼위일체론을 연구한 이종성의 신학 여정에 관해서는 백충현, 『삼위일체신학의 핵심과 확장 — 성경 · 역사 · 교회 · 통일 · 사회 · 설교』, 88-89.

72 여기에서 이종성에 관한 내용은 다음의 책의 내용을 바탕으로 한다. 백충현, 『삼위일체신학의 핵심과 확장 — 성경 · 역사 · 교회 · 통일 · 사회 · 설교』, 101-102.

202 | 2부 • K-신학 방향의 정립

발견되는 삼위일체 신관의 모상을 구체적으로 분석하였다. 즉, ①
고대 중국의 3대 신인 상제(上帝), 노군(老君), 황제노군(黃帝老君), ②
수메르와 바벨론의 3대 신인 아누(Anu), 엔릴(Enlil), 에아(Ea)일체 신관,
③ 힌두교의 3대 신인 브라마(Brahma), 비슈누(Vishnu), 시바(Siva),
④ 로마의 3대 신인 주피터(Jupiter), 마르스(Mars), 퀴리누스(Quirinus)
와 같은 신관을 또한 더 나아가서 셸링, 헤겔, 포이에르바흐와 같은
철학자들의 신관의 논리를 검토하였다.[73]

물론 여기에서 이종성은 이러한 모상이 "그리스도교가 가르치는
삼위일체론과는 질적으로 차이가 있다"고 분명하게 주장한다. 그리
고 그것들의 논리구조가 삼위일체론과 유사한 점이 있다는 점을
부인할 수 없다고 말하더라도, 그것들이 삼위일체론의 직접적인
논리적 근거가 된다고 할 수 없다고 분명하게 주장한다. 그렇지만
이러한 검토 작업을 통해서 이종성은 "그러한 사고방식이 고대로부
터 모든 종교와 모든 인류의 정신생활에 있는 보편적인 현상임을
발견하게 되었다"[74]라고 모상이 지닌 의의를 강조하였다. 이렇게
하여 이종성은 삼위일체론이 특정성의 걸림돌에 빠져들지 않으면서
도 온 세계와 전역사에 보편적으로 관련성이 있음을 확보하고자
하였다. 이종성은 이와 같은 생각을 확장하여 자신이 주창하는 통전
적 신학에서의 신관의 특징으로 설명하고 있다.[75]

한국에서 1960년대의 토착화신학 논쟁을 계기로 시작된 삼위일

---

73 이종성, 『삼위일체론』, 477-499.

74 앞의 책, 499.

75 이종성·김명용·윤철호·현요한, 『통전적 신학』(제1, 2회 춘계 신학 강좌) (서울: 장로회신학대
   학교출판부, 2004), 42-43.

체에 관한 논의의 특징은 삼위일체론이 기존의 전통적 교리적 논의와는 다른 특징을 보여 준다. 기존의 전통적 교리적 논의가 성부와 성자와 성령 사이의 관계에 집중되어 있었다면, 한국에서의 논의는 삼위일체 신관과 사상이 한국의 사상, 역사, 문화 등등과 어떤 관련이 있는지를 탐구한다. 삼위일체 신(하나님)과 인간, 사회, 세계와의 관련성에 더 많이 주목하면서 탐구한다.

삼위일체론이 하나의 신학적 주제(theological locus)에로만 한정되기보다는 삼위일체론이 모든 신학적 주제를 바라보는 관점을 제시할 수 있으며, 더 나아가 하나님(신)과 인간과 사회와 세계와 우주 사이의 관계를 정립해 주는 틀을 제공한다. 그러기에 한편으로는 토착화신학의 기획대로 한국적인 종교적 주체성이 지닌 독특성에 집중할 수도 있고, 다른 한편으로 삼위일체가 온 세계와 전역사에 대해 미치거나 함의하는 보편적인 의미를 탐구하기도 한다. 그러기에 한국에서의 삼위일체론은 하나님(신)-인간/사회-세계/우주의 총체적인 관계를 바라보는 사상적이며 세계관적인 틀을 제공하는 역할을 한다.

2. 이정용 — 역(易)의 신학의 삼위일체론

이정용(Jung Young Lee, 1935~1996)은 1955년에 미국에서 유학을 시작하였고 감리교 목사 및 교수로서 꾸준하게 및 왕성하게 연구 활동을 하였다. 미국에서 계속 활동하였지만 그에게 삼위일체에 관한 논의는 단지 신(하나님) 안의 내적인 관계에로만 집중되거나 한정되는 문제가 아니었다. 삼위일체에 관한 논의는 그에게 늘 세계와의 관계를 드러내거나 함의하는 것이었다.

삼위일체론에 관한 신학적인 문제, 특히 내재적-경륜적 삼위일체 관계에 관하여 천착한 이후[76] 이정용은 1996년에 출판한 책 *The Trinity in Asian Perspective*에서 칼 라너의 동일성의 규칙(Rahner's Rule of Identity)을 수정하여 다음과 같이 주장하였다. "내재적 삼위일체는 경륜적 삼위일체 안에 있고, 경륜적 삼위일체는 내재적 삼위일체 안에 있다"(The immanent Trinity is in the economic Trinity and the economic Trinity is in the immanent Trinity).[77] 이러한 주장을 위하여 이정용은 '가족의 유비'(an analogy of family)를 들어 양자의 구별성과 관계성을 설명한다.[78] 즉, 가족과 함께 있는 나의 삶과 가족이 없는 나의 삶은 모두가 나의 삶이지만, 전자는 새로운 차원의 관계성을 포함한다. 이정용에게 삼위일체는 내재적일 뿐만 아니라 또한 경륜적이다. 즉, 삼위일체는 세계와 관계를 맺는다.

이렇게 '가족의 유비'를 제시하는 이정용의 주된 이유는 세계와 관계를 맺고 세계로부터 영향을 받으시는 하나님의 감동성(*divine pathos*[πάθος])을 주창하기 위해서이다. 하나님의 감동성은 그의 신학 여정 초창기에서부터 씨름했던 주제다. 1968년에 하나님의

---

76 내재적-경륜적 삼위일체 관계에 관한 이정용의 입장에 관해서는 백충현, 『내재적 삼위일체와 경륜적 삼위일체: 현대 삼위일체신학에 대한 신학·철학 융합적 분석 — 존재론과 인식론을 중심으로』 (서울: 새물결플러스, 2015), 212-223, 288-294. 이 책은 다음의 영문 책을 번역한 것이다. Chung-Hyun Baik, *The Holy Trinity — God for God and God for Us: Seven Positions on the Immanent-Economic Trinity Relation in Contemporary Trinitarian Theology* (Eugene: Pickwick Publications, 2011).

77 Jung Young Lee, *The Trinity in Asian Perspective* (Nashville: Abingdon Press, 1996), 68.

78 Lee, *The Trinity in Asian Perspective*, 67. 이 책은 다음과 같이 번역되었다. 이정용/임찬순 옮김, 『삼위일체의 동양적 사유』 (서울: 동연, 2021).

고통에 관하여 신학 박사학위 논문을 작성하였고,[79] 1973년에는 "하나님은 변화 그 자체가 될 수 있는가?"(Can God Be Change Itself?)를 썼다.[80] 그리고 1974년에는 자신의 신학 박사학위 논문을 바탕으로 하나님의 감동성이라는 주제를 깊고 광범위하게 다룬 책 『우리를 위해 고통당하시는 하나님: 하나님의 감동성 개념에 관한 조직신학적 탐구』(God Suffers for Us: A Systematic Inquiry into a Concept of Divine Passibility)를 출판하였다.[81]

이러한 신학적 관심과 활동을 보여 왔던 이정용은 『역경』(易經, Yeokkyung, YiJing)으로 알려진 『주역』(周易, Jooyeok, ZhouYi)을 연구하면서 상호 포월의 논리 구조를 재발견한다. 이 책은 변화에 관한 책으로, 영어명은 The Book of Changes이다. 이정용은 "A는 B 안에 그리고 B는 A 안에"라는 논리 구조를 음(陰, Eum, Yin)과 양(陽, Yang, Yang)의 포월적 관계로부터 이끌어 내었고, 이러한 논리 구조에 근거하여 내재적-경륜적 삼위일체 관계에 관한 자신의 입장을 제시하였다.

그런데 여기에서 가장 주목할 만한 점은 이러한 상호 포월의 논리는 변화의 존재론 및 변화의 인식론에 기초하고 있다는 점이다. 즉, 궁극적

---

79 Jung Young Lee, "The Suffering of God: A Systematic Inquiry into a Concept of Divine Passibility" (Th.D. diss., Boston University, 1968).

80 Jung Young Lee, "Can God Be Change Itself?" Journal of Ecumenical Studies, Vol. 10, No. 4 (Fall 1973): 752-770. 이 논문은 다음의 책에 포함되어 있다. What Asian Christians Are Thinking: A Theological Source Book (1st edition), ed. Douglas J. Elwood (Quezon: New Day Publishers, 1976), 173-193.

81 Jung Young Lee, God Suffers for Us: A Systematic Inquiry into a Concept of Divine Passibility (The Hague: Martinus Nijhoff, 1974).

실재를 변화 그 자체로 간주하며, 더 나아가서 근본적으로는 불가해하고 불가지하며 불가명한 신비로서의 신에 대한 이해에 바탕을 두고 있다는 점이다. 이정용에 따르면 『주역』에서 궁극적 실재는 변화 그 자체다.[82] 그에게 궁극적 실재는 하나님이며, 도(道, Do, Dao)와 태극(太極, TaeGeuk, TaiChi)에 해당한다. 여기에서 변화는 절대적인 것으로 간주된다. 그리고 궁극적 실재로서의 변화 그 자체는 항상 양과 음의 양극적 과정에서 표현된다. 즉, 변화 그 자체는 양과 음의 상호작용을 통하여 움직이며, 이러한 운동으로부터 모든 종류의 변화들이 발생한다.

이렇게 볼 때 이정용에게서 삼위일체는 단지 신(하나님) 안에서의 내적인 관계에 관한 것만이 아니라 신과 인간/사회와의 관계 및 신과 세계/우주와의 관계에 관한 것이다. 그런데 이러한 관계들을 바라보는 관점은 변화(變化, change)의 존재론과 인식론이다. 이것은 4세기 초대교회 교부들이 삼위일체론을 공식화할 때 그리스철학으로부터 차용하여 활용했던 실체/본체(實體/本體, ousia/substance)의 존재론과는 매우 다른 것이다.

3. 김흡영 — 유교적 도(道)의 신학의 삼위일체론

김흡영(Heup Young Kim, 1949~)은 유교 집안에서 태어나 대학에서 항공우주공학을 전공하였고, 미국에서 주재원으로 활동하다가

---

82 Lee, "Change," 767; Lee, T*he Theology of Change*, 38-42; Lee, *The Trinity in Asian Perspectives*, 26.

신학을 공부하였다. 미국장로교(PCUSA)에서 안수받은 목사이지만, 한국을 중심으로 세계적으로 활동하면서 신학적인 작업에 집중해 왔다. 특히 그는 자신의 신학의 사회적, 문화적 자리에 깊은 관심을 가지고 유교적 '도의 신학'을 주창해 왔다.

김흡영이 인정하듯이, 현대 서양 신학에서는 칼 바르트와 칼 라너를 비롯하여 다수의 신학자에 의해 '삼위일체 신학의 르네상스', 즉 삼위일체 신학의 부흥기를 보내고 있다. 그런데 김흡영의 인식에서 독특한 통찰은 이러한 부흥을 통하여 동양에 대한 재발견과 함께 동양으로의 신학적 방향 전환(a turn to the East)이 일어나고 있음에, 즉 '삼위일체론의 동양화(Easternization)'가 일어나고 있음에 주목한 것이다.

김흡영은 삼위일체론의 동양화의 근거로서 먼저 동방정교회의 삼위일체 신학이 현대 신학에서 재발견되고 있음을 언급한다. 대표적인 학자로 『친교로서의 존재』(Being as Communion)를 통해 관계적 인격성과 존재론을 제시한 존 지지울라스(John D. Zizioulas)를 소개한다. 그다음 스페인 로마가톨릭 어머니와 힌두교 인도인 아버지에게서 태어나고 인도에서 활동하였던 라이문도 파니카(Raymond Panikkar)를 언급한다. 파니카는 우주와 신과 인간이 관계성 안에 있음을 바탕으로 '우주-신-인간론'(cosmo-the-andr-ism)을 제시하고 신학을 전개하였다. 더 나아가서 김흡영은 삼위일체론의 동양화가 인도에서 중단되어서는 안 되며 동아시아로 나가야 한다고, 즉 '동아시아의 종교적-문화적 매트릭스 안에서 삼위일체가 어떻게 해설될 수 있는지'를 다루어야 한다고 주장한다. 이를 통해서 현대 삼위일체 신학이 더 심오하고 풍성해질 수 있다고 주장한다.

그렇다면 김흡영이 제시하는 '삼위일체에 대한 동아시아적 해석'은 구체적으로 무엇인가? 그것은 유교-도교적 통찰들(Confucian/Daoist Insights)을 바탕으로 하는 신유교(Neo-Confucianism)의 관점에서 제시하는 삼위일체론이다. 즉, 자신의 사회적 문화적 자리에 깊은 관심을 가지고 주창하여 온 도의 신학에서 접근하는 삼위일체론이다. 그의 '도 삼위일체론'은 2011년 출판된 *The Cambridge Companion to the Trinity*, 17장에 포함되어 있고,[83] 한국어로는 2011년 학술지 「종교연구」 65권에 게재되었다.[84] 그리고 한국어로는 2012년 『道의 신학 II』 7장에 포함되어 출판되었고,[85] 영어로는 2017년에 출판된 *A Theology of Dao*, 4장에 포함되었다.[86]

그에 따르면 도의 삼위일체론은 몇몇 특징을 지닌다: '인간-우주론적 비전'(Anthropocosmic Vision), '포괄적 인간론'(Inclusive Humanism), '유교-도교적 존재우주론'(Confucian/Daoist Ontocosmology), 음양의 상보성을 바탕으로 하는 '유교의 관계적 존재론'(Confucian Ontology of Relations), 서양의 본체의 존재론(Substantial Ontology)이 아닌 '변화의 존재론'(Ontology of Change), '천지인의 유교적 삼위일체'(Confucian Trinity: Heaven, Earth, and Humanity) 등등이다. 여기에서 김흡영은 이 분야에서의 선구자로서 이정용을 소개하되, 그의 선구적 작업의 통찰들에 머무르지 말고 비판적 전유를 통하여 더 나아갈 것을 제안한다.

---

83 Heup Young Kim, "Chapter 17 The *Tao* in Confucianism and Taoism: the Trinity in East Asian Perspective," *The Cambridge Companion to the Trinity*, ed. Peter C. Phan (Cambridge: Cambridge University Press, 2011), 293-308.

84 김흡영, "동아시아적 삼위일체론 서설," 「종교연구」 65 (2011): 247-270.

85 김흡영, "제7장 도(道) 삼위일체론 서설," 『道의 신학 II』 (서울: 동연, 2012), 196-219.

86 Heup Young Kim, "Chapter 4 The *Dao* and the Trinity," *A Theology of Dao* (Maryknoll: Orbis Books, 2017), 57-74.

이러한 동아시아적 삼위일체론의 작업에서 핵심적인 사항은 서양의 본체론적 존재론, 개인주의, 배타적 인간론을 철저히 비판하고, 우주신-인간 사이의 관계성을 충분히 전제하고 인정하는 관계적 존재론(relational ontology)을 제시하는 것이다. 그리고 서양의 주된 흐름인 있음의 존재론(ontology of being)이 아니라 없음의 존재론(ontology of nothingneess/non-being)을 제시하는 것이다. 또한 도의 '초-케노시스'(super-kenosis)를 바탕으로 혁명적 전복적 생명력을 강조하는 반전(reversal)과 귀환(return)의 힘을 제시하는 것이다. 이를 통해 김흡영은 '서구 신학의 탈중심화'(Decentering Western Theology)가 이루어질 것이며, 이를 통하여 아시아적/동아시아적 신학이 세계 신학을 더 풍성하게 해줄 것이라고 기대한다.

IV. 결론

이 글에서는 18세기 후반부터 시작된 한국 천주교 초기 역사에서 및 19세기 말과 20세기 초부터 한국 개신교 초기 역사에서 삼위일체론이 어떻게 이해되고 소개되는지를 논자가 확인할 수 있는 문헌을 중심으로 살펴보았다. 그런 다음에 1960년대에 진행된 토착화 논쟁과 관련된 삼위일체론 논의를 윤성범과 이종성을 중심으로 살펴보았다.

그 이후로 1970년대부터 1990년대를 거쳐 2000년대와 현재까지 삼위일체론을 다룬 흐름을 대략 살펴보되, 특히 이정용이 역의 신학을 바탕으로 시도한 역의 삼위일체론과 김흡영이 유교적 도의 신학을 바탕으로 시도한 도의 삼위일체론을 위주로 살펴보았다. 그 외에도 유영모의 신학을 바탕으로 오늘날 새롭게 구성되는 다석의 삼위일체론 등등이 있겠지만 여러 한계상 이 글에서는 다루지 못하고 추후의 연구로 미루고자 한다.

이러한 작업을 통해서 한국신학에서의 삼위일체론 논의들이 지니는 특징들을 몇 가지로 살펴보았다. 특히 한국신학에서의 삼위일체론 논의들은 그동안 서구 신학에서 오랫동안 씨름하였지만 온전히 해결할 수 없었던 많은 어려움을 전적으로 새로운 관점에서 바라볼 수 있도록 하며 또한 이에 상응하여 새롭고 창의적인 해결책들을 제시해 줄 수 있도록 할 것이다. 한국신학에서의 이러한 논의들은 앞으로 세계 신학에서의 삼위일체론 논의에 기여할 수 있는 공헌점이 될 수 있다. 그러기에 이러한 논의를 더욱 확장하고 심화한다면, 세계 신학의 삼위일체론을 더욱 풍성하고 다채롭게 이끌어가는 데 선도적인 역할을 감당할 수 있으리라 기대한다.

참고문헌

장왕식 ┃ K-신학의 불가능성을 넘어서 — 방법론적 소고

김영건. 『이성의 논리적 공간』. 서강대학교 출판부, 2014.

_____. 『동양철학에 관한 분석적 비판』. 라티오, 2009.

그리핀, 데이비드/장왕식·이경호 역. 『화이트헤드 철학과 자연주의적 종교론』. 도서출
　　판 동과서, 2003.

노자. 『도덕경』.

들뢰즈, 질/김상환 역. 『차이와 반복』. 민음사, 2004.

암스트롱, 카렌. 『성스러운 자연』. 교양인, 2023.

이승종. 『우리 역사의 철학적 쟁점』. 소명출판, 2021.

_____. 『동아시아 사유로부터』. 동녘, 2018.

비트겐슈타인, 루드비히/이영철 역. 『논고』. 천지, 1991.

바디우, 알랭/박성훈·박영진 역. 『반철학자 비트겐슈타인』. 사월의 책, 2023.

_____/현성환 역. 『사도바울』. 새물결, 2008.

샤비로, 스테판/안호성 역. 『기준없이』. 갈무리, 2024.

_____/안호성 역. 『사물들의 우주』. 갈무리, 2021.

장왕식. 『동양과 서양 종교철학에서 만나다』. 동연, 2017.

지바 마사야/김상운 역. 『현대사상입문』. 아르테, 2002.

카프라, 프리조프/김용정 역. 『동양사상과 현대 물리학과 동양사상』. 범양사, 2006.

쿠시너, 해럴드. 『왜 착한 사람에게 나쁜일이 일어날까?』. 길, 1997.

헤겔, G. W. F/김준수 역. 『정신현상학』 I. 아카넷, 2022.

홀워드, 피터/박성훈 역. 『알랭 바디우~진리를 향한 주체』. 도서출판 길, 2016.

화이트헤드, A. N/오영환 역. 『과정과 실재』. 민음사, 1991.

Ames, Roger and David Hall. *Anticipating China: Thinking Through the Narrative of Chinese and Western Culture.* SUNY, 1995.

_____. *Thinking From the Han: Self, Truth, and Transcendence in Chinese and Western Culture.* SUNY, 1998.

_____. *Thinking Through Confucius.* SUNY, 1987.

Hartshorne, Charles. *Beyond Humanism: Essays in the Philosophy of Nature.* University of Nebraska Press, 1968.

_____. *Philosophers Speak of God.* Ed. William L. Reese. University of Chicago Press, 1963.

이찬석 ｜ 한국신학의 유형화에 관한 고찰 — 'K-신학의 방법론'을 지향하며

김경재. 『해석학과 종교신학: 복음과 한국 종교와의 만남』. 천안: 한국신학연구소, 1994.

김광식. "토착화 신학의 길." 『한국신학, 이것이다』. 한국 문화 신학회 편. 서울: 한들 출판사, 2008.

_____. 『언행일치의 신학』. 서울: 종로서적 성서출판, 2000.

_____. 『토착화와 해석학』. 서울: 대한 기독교 출판사, 1989.

김수정·김수아. "'집단적 도덕주의' 에토스: 혼종적 케이팝의 한국적 문화 정체성." 「언론 과 사회」 23 (2015): 5-52.

김수정. "문화는 '섞음의 미학' 통해 발전: 문화민족주의는 경계해야." 「신문과 방송」 (2023. 5.): 26-31.

서남동. 『민중신학의 탐구』. 서울: 한길사, 1983.

유동식. 『풍류도와 한국신학』. 서울: 전망사, 1992.

_____. "풍류 신학." 『한국신학, 이것이다』. 한국 문화 신학회 편. 서울: 한들 출판사, 2008.

_____. "한국 문화와 풍류 신학." 『소금 유동식 전집 제10권』. 소금 유동식 전집 편집위 원회 편. 서울: 한들, 2009.

_____. "한국신학의 광맥." 『소금 유동식 전집 제4권』. 소금 유동식 전집 편집위원회 편. 서울: 한들, 2009.

윤성범. 『한국적 신학: 성의 해석학』. 서울: 조명문화사, 1972.

_____. 『孝』. 서울: 서울문화사, 1974.

_____. "효와 종교."『효와 종교: 윤성범 전집 3권』. 편집위원회 편. 서울: 도서 출판 감신, 1998.

이덕주. "초기 한국 토착교회 형성과 종교문화 ― 토착화 신학에 대한 역사 신학적 접근." 「한국 문화 신학회 논문집」 8 (2005): 35-70.

_____.『한국 토착교회 형성사 연구』. 서울: 한국 기독교 역사연구소, 2001.

이찬석. "21세기 한국신학의 방향 모색." 「한국기독교신학논총」 85 (2013): 263- 286.

_____.『글로컬 시대의 기독교 신학』. 서울: 신앙과 지성사, 2013.

최인식. "K-신학 방법론: 오미자 모델." 미 간행물 자료, 한국조직신학회 2024년 3월 월례 포럼 발표 자료.

함규진. "한국적 민주주의의 형성과 민본주의의 역할."「정치 · 정보연구」19 (2016): 275-300.

백충현 ｜ 삼위일체에 관한 한국신학적 이해들과 공헌 가능성

곽미숙.『삼위일체론 전통과 실천적 삶』. 서울: 대한기독교서회, 2009.

김광묵.『한국 신학의 두 뿌리 ― 성(誠)과 풍류(風流)』. 서울: 동연, 2021.

김광식. "한국토착화신학 형성사."「기독교사상」 35권 6호 (1991. 6.): 7-17.

김도훈 · 박성규 엮음.『춘계 이종성 박사의 생애와 사상』(제8, 9회 춘계 신학 강좌). 서울: 장로회신학대학교출판부, 2014.

김명용. "교회를 위한 삼위일체 신학."「교회와 신학」 47 (2001): 56-67.

_____.『온신학의 세계』. 서울: 장로회신학대학교출판부, 2016.

김영선.『예수와 삼위일체 하나님』. 서울: 기독교문서선교회, 1996.

김영선 외 지음.『관계 속에 계신 삼위일체 하나님』. 서울: 아바서원, 2015.

김흡영.『기독교 신학의 새 길, 도(道)의 신학』. 서울: 동연, 2022.

_____.『도(道)의 신학』. 서울: 다산글방, 2000.

_____.『도(道)의 신학 II』. 서울: 동연, 2012.

_____. "동아시아적 삼위일체론 서설,"「종교연구」65 (2011): 247-270.

박만.『현대 삼위일체론 연구』. 서울: 대한기독교서회, 2003.

박봉랑. "기독교토착화와 단군신화."「사상계」 123 (1963. 7.): 172-183.

_____. "칼 바르트의 신앙 — 신앙의 유추." 「기독교사상」 5권 5호 (1961. 5.): 10-20.

_____. "바르트와 그의 후계자들." 「기독교사상」 13권 1호(1969. 1.): 100-104.

_____. "현대 기술문명과 신이해 — 바르트와 본회퍼를 중심으로." 「기독교사상」 11권
9호 (1967. 10.): 68-77.

박봉배. "한국기독교의 토착화." 「기독교사상」 15권 1호 (1971. 1.): 72-81.

박성규. "춘계 이종성의 통전적 신학방법론에 근거한 소통의 계시론 기획." 「제10회 춘계
이종성 신학강좌 자료집」. 장로회신학대학교 기독교사상연구부, 2014.

박순경. "칼 바르트 신학에 대한 서언." 「기독교사상」 13권 1호 (1969. 1.): 93-99.

박형룡. 『교의신학 신론』. 박형룡 박사 저작 전집 제2권. 서울: 한국기독교교육연구원,
1977.

백충현. 『내재적 삼위일체와 경륜적 삼위일체: 현대 삼위일체신학에 대한 신학 · 철학
융합적 분석 — 존재론과 인식론을 중심으로』. 서울: 새물결플러스, 2015.

_____. "춘계 이종성의 삼위일체론이 한국신학 안에서 가지는 위치와 의의." 「장신논단
」 49권 1호 (2017. 3.): 283-306.

_____. 『삼위일체신학의 핵심과 확장 — 성경 · 역사 · 교회 · 통일 · 사회 · 설교』. 서울:
장로회신학대학교출판부, 2020.

_____. 『삼위일체신학의 핵심과 확장 II — 인간 · 복음 · 세계 · 선교 · 평화 · 과학』.
서울: 장로회신학대학교출판부, 2024.

북경대학종교연구소 엮음. 『명말청초야소회사상문헌회편 제1권』. 북경: 북경대학종교
연구소, 2003.

서원모 · 최정연. "최초의 중문 교리교육서 '천주성교실록' 연구 — 라틴어 저본과 중문
판본 비교를 중심으로." 「교회사학」 15 (2018): 5-54.

신주현. "근세 중국천주교회에서 삼위일체론(三位一體論)의 부상." 「교회사학」 21
(2022): 5-34.

우심화. "대진경교유행중국비(大秦景教流行中國碑) 비문(碑文) 역주(譯註)."
「ACTS 신학과 선교」 8 (2004. 12.): 300-339.

_____. "대진경교유행중국비(大秦景教流行中國碑) 비문(碑文) 역주(譯註) 2."
「ACTS 신학과선교」 9 (2005. 12.): 230-262.

유동식. "기독교의 토착화에 대한 이해." 「기독교사상」 7권 4호 (1963. 4.): 64-68.

_____. 『풍류도와 한국의 종교사상』. 서울: 연세대학교출판부, 2004.

_____. 『한국신학의 광맥』. 서울: 다산글방, 2003.

유해무. "성부, 성자, 성령 하나님 — 삼위일체론적 신론 구성을 위한 시도." 「개혁신학과 교회」 3 (1993): 81-117.

유해무. 『신학 — 삼위일체 하나님을 위한 송영』. 개혁신앙강좌 8. 서울: 성약, 2007.

윤성범. 『기독교와 한국사상』. 서울: 대한기독교서회, 1964.

_____. "단군신화는 Vestigium Trinitas이다." 「기독교사상」 7권 9호 (1963. 10.): 14-18.

_____. "복음의 토착화에 대한 전이해." 「기독교사상」 7권 6호 (1963. 6.): 28-25.

_____. "현대신학의 과제 — 토착화지향." 「기독교사상」 6권 8호 (1962. 9.): 6-13.

_____. 『한국적 신학 — 성의 해석학』, 서울: 선명문화사, 1972.

_____. "한국적 신학 — 성의 신학." 「기독교사상」 15권 3호 (1971. 3.): 132-136.

_____. "'Cur Deus Homo'와 복음의 토착화." 「기독교사상」 10권 11호 (1966. 12.): 26-33.

윤철호. 『삼위일체 하나님과 세계』. 서울; 장로회신학대학교출판부, 2011.

이규호. "토착화론의 철학적 근거." 「기독교사상」 7권 9호 (1963. 10.): 19-30.

이동영. "삼위일체론에 대한 이종성의 이해." 「한국개혁신학」 47 (2015): 92-127.

이세형. 『도(道)의 신학 — 기독교 하느님과 악에 대한 도가 철학적 재해석』. 서울: 한들출판사, 2002.

이장식. "기독교 토착화는 역사적 과업." 「기독교사상」 7권 6호 (1963. 6.): 36-44.

이정용/이세형 옮김. 『역(易)의 신학 — 동양의 관점에서 본 하느님에 대한 기독교적 개념』. 서울: 대한기독교서회, 1998.

_____/임찬순 옮김. 『삼위일체의 동양적 사유』. 서울: 동연, 2021.

이종성. "기독교 토착화론에 대한 신학적 고찰." 「기독교사상」 7권 10호 (1963. 11.): 22-31.

_____. 『삼위일체론』. 서울: 대한기독교출판사, 1991.

_____. 『삼위일체론을 중심한 신학과 철학의 알력사』. 서울: 장로회신학대학교출판부, 2005.

_____. 『춘계 이종성 저작전집 40권』. 서울: 한국기독교학술원, 2001.

이종성·김명용·윤철호·현요한.『통전적 신학』. 제1, 2회 춘계 신학 강좌. 서울: 장로회신
학대학교출판부, 2004.

이효림(리샤오린). "20세기 이전 중국어 성서 번역의 역사와 의의."「한국기독교신학논
총」114 (2019. 10.): 7-39.

전경연. "칼 바르트의 공헌."「기독교사상」13권 1호 (1969. 1.): 104-107.

_____. "기독교역사를 무시한 토착화이론은 원시화를 의미."「기독교사상」7권 5호
(1963. 5.): 19-30.

_____. "소위 전이해와 단군신화."「기독교사상」7권 8호 (1963. 9.): 22-29.

전철민. "학문연구에 있어서 한 통전적 방법론의 원리 — 삼위일체의 관점에서."「한국조
직신학논총」33 (2012): 141-175.

정경옥.『기독교 신학 개론』. 개정판. 과천: 삼원서원, 2010.

정약종.『주교요지』. 한국기독교고전시리즈 6. 서울: 한국고등신학연구원(KIATS),
2012.

정하은. "한국에 있어서 신학의 토착화의 기점."「기독교사상」7권 7호 (1963. 7.): 22-30.

차영배.『삼위일체론』. 개혁교의학시리즈 2-1. 서울: 총신대학출판부, 1982.

_____. "칼빈을 자극시킨 이단사상과 그의 삼위일체론."「신학지남」51 (1984.):
78-105.

최병헌.『성산명경』. 한국기독교고전시리즈 4. 서울: 한국고등신학연구원(KIATS),
2010.

최윤배.『구원은 하나님 은혜의 선물』. 용인: 킹덤북스, 2016.

한국바르트학회 엮음.『바르트 신학연구 제1집』. 서울: 대한기독교서회, 1970.

_____.『말씀과 신학 — 바르트 신학연구 제2집』. 서울: 대한기독교서회, 1995.

_____.『바르트 신학연구 제3집』. 서울: 신앙과지성사, 2013.

한숭홍. "계보별로 본 한국신학사."「장신논단」9 (1993): 569-595.

_____.『한국신학사상의 흐름(상)』. 서울: 장로회신학대학교출판부, 2007.

_____.『한국신학사상의 흐름(하)』. 서울: 장로회신학대학교출판부, 2007.

허호익.『단군신화와 기독교 — 단군신화의 문화사적 해석과 천지인 신학 서설』. 서울:
대한기독교서회, 2003.

홍현설. "토착화의 가능면과 불가능면."「기독교사상」7권 8호 (1963. 9.): 14-18.

칼 바르트/박봉랑·전경연 편역. 『성서의 새로운 세계(복음주의신학총서 1)』. 서울: 향린사, 1964.

_____. 『은총의 선택 및 복음과 율법(복음주의신학총서 2)』. 서울: 향린사, 1964.

_____. 『휴매니즘과 문화(복음주의신학총서 3)』. 서울: 향린사, 1964.

Baik, Chung-Hyun. *The Holy Trinity — God for God and God for Us: Seven Positions on the Immanent-Economic Trinity Relation in Contemporary Trinitarian Theology*. Eugene: Pickwick Publications, 2011.

Kim, Heup Young. *A Theology of Dao*. Maryknoll: Orbis Books, 2017.

_____. *Christ & the Tao*. Hong Kong: Christian Conference of Asia, 2003.

_____. "The Tao in Confucianism and Taoism: The Trinity in East Asian Perspective." *The Cambridge companion to the Trinity*. Ed. Peter C. Phan (Cambridge: Cambridge University Press, 2011).

Lee, Jung Young. *God Suffers for Us: A Systematic Inquiry into a Concept of Divine Passibility*. The Hague: Martinus Nijhoff, 1974.

_____. "The Suffering of God: A Systematic Inquiry into a Concept of Divine Passibility." Th.D. diss., Boston University, 1968.

_____. *The Theology of Change: A Christian Concept of God in an Eastern Perspective*. Maryknoll: Orbis Books, 1979.

_____. *The Trinity in Asian Perspective*. Nashville: Abingdon, 1996.

Schwöbel, Christoph Ed. *Trinitarian Theology Today: Essays on Divine Being and Act*. Edinburgh: T&T Clark, 1995.

한국민족문화대백과사전, https://encykorea.aks.ac.kr/Article/E0029194.

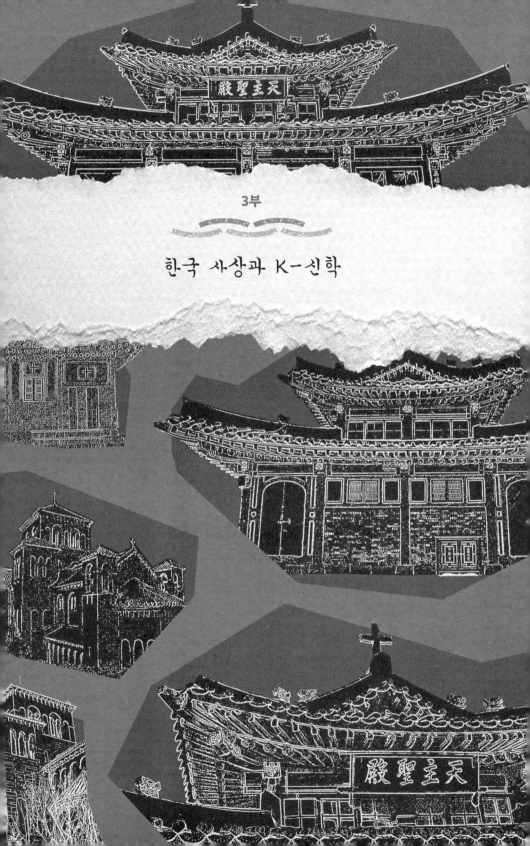

3부

한국 사상과 K-신학

퇴계의 하늘(天)에 대한 신학적 접근*

김광묵

(경기성서신학원, 오산찬양교회)

I. 들어가는 글

인간은 예로부터 자기 존재에 대한 물음과 함께 자기 세계를 주재(主宰)하는 초월적 존재를 생각해 왔고, 이러한 사고는 인문학의 큰 주제로 발전하였다. 특히 동양에서는 하늘(天)과 땅(地) 사이에서 살아가는 인간(人)의 존재 의미와 삶의 가치를 하늘과의 관계에서 생각하면서 하늘을 숭배해 왔다. 한반도인들도 고대로부터 집단적·공공적으로 제천(祭天) 행사를 수행해 왔다는 측면에서 한반도의 역사·문화적 상황에서의 '경천'(敬天)의 문제는 학문적인 고찰 이전에 한반도인의 실존적 삶인 동시에 윤리·도덕적 근거로서 그들의 심저(心低)에 자리하고 있었다. 정진홍은 이러한 한반도인들의 하늘 공경의 삶을 가리켜 '하늘-경험'이라고 불렀다.[1]

---

* 이 글은 조직신학자 전국대회(2024. 9. 7)에서 발표한 것을 수정·보완한 것이다.

조선 성리학의 금자탑을 이루었던 퇴계 이황(退溪 李滉, 1501~1570)의 철학적 바탕에도 이러한 한반도인의 정서가 흐르고 있었던 것으로 보인다. 특히 퇴계는 기본적으로는 남송의 성리학자 주희(晦庵 朱熹, 1130~1200, 이하 '주자')의 사상적 계통을 따르지만, 한편 자기 나름의 새로운 해석을 전개했다는 점에서 주자학에서 일종의 패러다임 전환을 이뤘다.[2] 이러한 경향은 특히 그의 하늘(天)에 대한 이해에서 두드러진다. 곧, 주자의 하늘 개념은 만물의 작용 원리로서의 형이상학적 이치(理- the Principle), 즉 하늘 이치(天理-질서) 정도의 차원에 머무는 반면, 퇴계에게서 하늘은 사실상 종교적, 초월적 대상으로 등장한다는 것이다.[3]

본 연구는 퇴계의 하늘 개념에 대해 기독교 신학적으로 접근함으로써 한국 그리스도인의 하나님에 대한 이해를 풍부하게 하려는 데 근본적인 목적이 있다. 사실 한국 그리스도인의 하나님(神)에 대한 이해는 서구 신학적 개념만으로는 설명이 불충분하다. 한국인은 한국적인 종교 · 문화적 영성을 바탕으로 기독교 복음과 만나고, 그것을 자기 것으로 수용하기 때문이다.[4] 그러기에 한국 종교 · 문화적 영성의 한 측면을 이루는 유학(특히 퇴계 성리학)의 하늘(天) 개념에 대한 신학적 접근은 한국신학의 신 이해 문제와 관련하여 신학적으로 새로운 통찰을 제시할 수 있을 것으로 보인다. 게다가 오늘의 유학 연구는 단순한

---

1 https://post.naver.com/viewer/postView.naver?memberNo=30284864&volumeNo=355 64606(2024. 3. 2. 접속).

2 김광묵, 『장 칼뱅, 퇴계를 만나다』 (서울: 동연, 2023), 248-275.

3 앞의 책, 286-289.

4 김광묵, 『한국신학의 두 뿌리』 (서울: 동연, 2021), 534-538.

인문학적 관심을 넘어 종교적 시각에서 접근하려는 경향이 있다는
점에서 본 연구는 또 다른 가치를 함의하게 된다.[5]

II. 논제에 대한 의의(義意)와 연구사

한반도는 다양한 종교 · 문화적 상황에서 기독교 복음을 받아들였
다. 곧, 한반도인들(한국인)의 심성에는 일찍부터 자생적 샤머니즘
(Shamanism, 巫敎)을 기반으로 한 종교 · 문화적 영성이 살아있었고,[6]
한국인은 이 영성을 바탕으로 외래 종교들(儒·佛·仙)을 수용해 온바,
그것들은 서로 영향을 주고받으면서 한국인의 심저에 안착하였다.
이에 따라 뒤늦게 들어온 기독교는 처음부터 기존의 종교 · 문화적
영성들과의 관계에서 역사의 장을 열게 되었다. 그렇지만 기독교는
기존 종교의 대체물이거나 또 다른 정신적 돌파구가 아니라 오히려
기존 종교 · 문화적 영성들을 넘어서 실제적인 한민족 구원 종교로서

---

5 김승혜는 한국 유학자들의 유학의 종교성에 대한 입장을 정리했다. 즉, 유학은 내세나 타계를
  인정하지 않는 현실주의라는 입장(김충렬)과 유학의 종교적 측면을 인정하면서도 그것에
  관한 사상적 전개를 보류하는 중도적 입장(윤사순) 그리고 유학은 천인합일을 지향하는 삶의
  종교로 보는 입장(금장태) 등으로 대별된다는 것이다. 김승혜, "한국유교의 종교학적 이해와
  서술을 위한 제언," 「국학연구」 3 (2003): 331-368. 그렇지만 오늘날 학자들 다수가 퇴계의
  종교성을 긍정한다. 특히 퇴계의 하늘 개념에 드러나는 종교적 성향은 신학과 유학의 대화에
  새로운 시각을 보여 준다.
6 일반적으로 샤머니즘을 '무속', '무속신앙', '무교' 등으로 부르지만, 일제강점기의 역사학자
  이능화가 '무속(巫俗)'이라는 말을 처음 사용했고, 신학자 유동식은 '무교(巫敎)'로, 인류학자
  조흥윤은 '무(巫)'라고 불렀다. 이것은 태고적부터 한민족의 일상에 자생해 왔다는 점에서 특정
  명칭을 붙이기가 쉽지 않았을 것이다. https://cafe.daum.net/somdaripoem/rA34/1472?q=
  유동식-무교&re=1(2024. 4. 9. 접속).

의 자리매김을 하였다. 그런 의미에서 한국에서 기독교 신앙과 신학을 말한다는 것은 일차적으로 '한국적인 종교다원적 현실'에서의 기독교의 정체성 문제와 연관될 수밖에 없고, 이것은 자연스레 한국적 신학의 문제와 연계된다.[7]

그렇다면 왜 신학이 유교(儒敎) 혹은 유학(儒學)과의 만남을 문제 삼게 되는가?[8] 한반도에서 유학은 이미 삼국시대부터 부분적으로 정치적인 도구로 활용되다가, 조선 사회에 들어서면서부터 그것이 본격적인 정치 이념으로 채택되면서 국가 통치 체제뿐 아니라, 일반 백성들의 생활문화의 정신적 바탕으로까지 작용하게 되었다. 그리하여 유교는 비록 대중적 제의 문화는 없지만, 마치 고려 사회에서 불교가 중심적 가치관이었듯이 조선에서는 유교가 사회 · 문화적 기반으로 살아있게 되었다. 이러한 상황은 기독교 전래 시기인 18~19세기 당시에도 그대로 이어지고 있었기에 기독교 복음은 처음부터 유교적 영성과 만날 수밖에 없었다.[9] 한편 한반도에서 양자의 만남에는 또 다른 맥락이 있다. 공자(孔子, B.C. 551~479)가 창시한 유교는 시류에 따라 다양하게 변천되었고, 한반도에도 여러 학설이

---

7 김광묵, 『한국신학의 두 뿌리』, 20-21.

8 유교(儒敎)는 가르치는 입장에서의 명칭이고, 유학(儒學)은 배우는 입장에서의 명칭이다. 그리하여 유교(유학)는 근본적으로 가르치고 배우는 교학 사상 체계로서, 하늘 이치를 함양 · 실천함으로써 종교와 학문, 정치와 도덕을 통합한 사상 · 문화 체계라 할 수 있다. 이광호, "유학에서의 믿음과 수양," 「한국교수불자연합회학회지」 제17권 2호 (2022. 12.), 150. 여기서는 구분 없이 양자를 혼용한다.

9 김광묵, 『장 칼뱅, 퇴계를 만나다』, 21-22. 물론 그렇다고 무교나 불교 영향력이 약화된 것은 아니었다. 무교는 여전히 한국인의 종교 · 문화적 영성의 바탕이었고, 불교 역시 큰 세력이었다. 그렇지만 근세 500여 년간 한국 사회를 지배해 온 것은 유교적 영성이었고, 이에 따라 한국인의 의식 구조가 유교 문화에 큰 영향을 받았으며, 이것은 사회지도층들에게 더욱 그러했다.

들어왔지만 여말·선초(麗末·鮮初)의 정치적 상황에 따라 천인합일(天人合一) 원리에 바탕을 둔 경천애인(敬天愛人)적 가치관을 지향하는 성리학적 유교가 수용되었고, 그것이 정학(正學)으로 자리 잡게 된 것이다. 이러한 흐름은 특히 퇴계에게서 절정을 이뤘고, 그때부터 조선 성리학, 곧 신유학(新儒學)은 직간접적으로 퇴계의 영향 아래에 놓이게 됐는데,[10] 기독교는 이러한 퇴계의 성리학과 만나게 되었다.

그런데 한반도에서 유학과 기독교의 조우 이전에 양자의 만남에 대한 효시는 사실 17세기 초 중국에서 활동하던 예수회 선교사 마테오 리치(Matteo Ricci, 1552~1610)의 『천주실의』(天主實義)에서 이뤄졌다. 그것은 이른바 보유론적(補儒論的) 관점의 서술이었는데,[11] 더욱 놀라운 사실은 18세기 한반도에서 그 『천주실의』를 기반으로 남인 계열 유학자들 사이에 이른바 서학(西學)에 관해 많은 논의가 이뤄졌고, 그중에는 학문의 경계를 넘어 서학을 천주교 신앙으로 수용한 이들이 적지 않았던 점이다. 그 자취들은 이벽(曠庵 李檗, 1754~1785)의 『천주공경가』(天主恭敬歌)와 『성교요지』(聖教要旨), 정약전(巽庵 丁若銓, 1758~1816)의 『십계명가』(十誡命歌), 정하상(丁夏祥, 1795~1839)의 『상재상서』(上宰上書) 등에서 찾을 수 있다. 그 후 19세기에 들어온

---

10 금장태는 퇴계에 대해 "조선시대의 사회 이념이던 도학 사상을 이론적으로 확고하게 정립함으로써 도학의 철학적 수준에 새 지평을 열었으며, 한국 유학의 특성과 방향 정립에 결정적 역할을 했다"고 평가한다. 금장태, 『퇴계의 삶과 철학』(서울: 서울대학교출판부, 2003), 3. 조선 사회의 성리학 수용과 발전 과정에 대해서는 김충열, "朝鮮朝 性理學의 形成과 그 政脈," 「大同文化硏究」 13 (1979): 8-20; 김항수, "16세기 士林의 性理學 理解," 「한국사론」 7 (1981): 122-177; 유명종, "朝鮮時代의 性理學派," 한종만박사회갑기념논문집 간행위원회 편, 『한국사상사』(익산: 원광대출판부, 1991), 1-22.

11 보유론(補儒論)이란 기독교 사상이 유교 사상과 유사하다는 전제에서 유교를 이해하고, 이를 토대로 기독교 복음을 전하려는 선교적 시각을 의미한다.

개신교 계통에서는 윤치호(佐翁 尹致昊, 1865~1945)와 최병헌(濯斯 崔炳憲, 1858~1927) 등에게서 다소 진일보한 형태를 볼 수 있는데, 특히 최병헌의 『성산명경』(聖山明鏡)은 유, 불, 선 등 동양 종교와 기독교를 선교적 관심에서 비교한 작품이다. 그 후 보다 독특한 형태의 만남은 유영모(多夕 柳永模, 1890~1981)에게서 찾을 수 있다.

그렇지만 한국교회에서 양자의 만남에 대한 더욱 구체적인 모습은 감리교의 윤성범(海天 尹聖範, 1916~1980)에게서 등장하는데, 그의 『誠의 神學』은 신유학의 인간학적 원리인 '성'(誠)을 핵심 매체로 신학과의 대화를 시도함으로써 한국신학의 큰 물길을 열었지만, 대화를 위한 세밀한 논의 단계가 생략된 점은 아쉽다.[12] 그 후 이 흐름은 후학들인 이정배, 박종천, 이은선 등으로 이어졌다. 한편 장로교 계열에서는 양명학과 칼 바르트 신학과의 만남을 제시한 김흡영을 들 수 있는데, 그는 특히 '道의 신학' 관점에서 인간론을 중심으로 퇴계와 칼뱅의 대화를 시도하였다.[13] 나아가 천주교의 김승혜 역시 유학과 신학의 대화에 깊은 관심을 두는바, 그는 과감하게 유학의 관점에서 신학을 읽을 것을 주장한다. 그리고 최근에 양명수는 퇴계 사상에 대한 신학적 이해의 가능성을 조심스럽게 제기하였다.[14] 오늘날 더욱 고무적인 사실은 국내 유학자들 간에 유교의 종교성에 관한 관심이 고조되고 있다는 점이다. 이러한 흐름에는 김형찬, 문석윤, 박종구, 이광호, 이종우, 한형조, 황상희 등이

---

12 김광묵, 『한국신학의 두 뿌리』, 306-325.
13 김흡영, 『道의 신학』(서울: 다산글방, 2001).
14 양명수, 『퇴계 사상의 신학적 이해』(서울: 이화여자대학교 출판부, 2016).

참여하고 있다.

그런데 유학과 신학의 대화에서 가장 큰 걸림돌은 역시 유학의 종교성 문제다.[15] 유학에 종교성이 있다면, 유학(儒學)은 하나의 인문학이 아니라 종교적 특성을 함의한 '유교'(儒敎)로 부를 수 있고 신학과의 대화도 수월할 수 있다.[16] 그러나 종교라는 말이 기독교처럼 고차원적 교리와 제의를 갖춘 신앙 체계를 뜻한다면, 유학은 단지 하나의 인문학으로 분류될 수밖에 없다. 유학에는 기독교와 같은 체계적 제의나 신앙 체계가 없기 때문이다. 하지만 종교 영역을 '궁극적 관심'(Ultimate Concern)과 관계된 '초월의식'(Transcendent Consciousness)으로 폭을 넓힌다면 얘기가 달라질 수 있다.[17] 즉, 종교란 고차원적 교리와 체계적 제의를 바탕으로 한 초월적인 삶이라는 시각을 넘어, 그것이 하나의 민족 공동체의 문화적 기초 이념을 이루는 것이고, 따라서 사람다운 삶에 대한 궁극적인 비전이요 구속적 초월성을

---

15 J. Ching, *Confucianism and Christianity* (Tokyo: Sophia University. 1977), 33. 칭은 유교도 기독교만큼은 아니지만 나름 종교적 제의와 교리와 윤리·도덕을 갖췄기에 일반적 의미에서 종교로 간주될 수 있다면서, "유교가 세속적 종교라고 불린다면, 분명히 그것은 강렬한 종교성을 지닌다"고 본다(35-36). 특히 스미스에 따르면 종교라는 말의 의미가 구체화된 것은 17세기 후반 서구 사회이며, 따라서 그것은 다분히 서구 기독교적 시각이고 동양적 시각이 배제된 개념이다. 따라서 종교 개념은 다양한 측면에서 새롭게 개진될 필요가 있다. W. C. Smith, *The meaning and End of religion* (London: Harper & Row, 1978), 특히 19-74.

16 린드백(G. A. Lindbeck)은 종교에 대해서 명제적(propositional) 유형, 경험-표현적(experiential-expressive) 유형, 문화-언어적(cultural-linguistic) 유형 등으로 분류하면서, 그중 문화-언어적 유형을 가장 바람직하게 본다. 이 유형은 종교를 생활과 사고가 총체적으로 조성하는 문화·언어적 틀 또는 매개체, 즉 문화·언어적 아프리오리로 정의되고, 특히 유학의 특성 이해에 도움을 준다. 김흡영, "인과 아가페," 「神學思想」 84 (1994), 138; "유학과 신학의 대화를 통해 본 새로운 인간 이해," 「한국기독교신학논총」 19 (2000): 439-463.

17 P. Tillich, *Systematic Theology*, vol. I, 유장환 역, 『조직신학』 I (서울: 한들출판사, 200), 27-28.

지향하는 통합적인 삶의 태도 또는 인간의 초월적 · 실존적 자기 개방의 의미로 이해된다면, 유학도 당당하게 하나의 종교로 수용될 수 있을 것이다.[18] 말하자면 유학은 기독교와 같은 제도적-제의적 측면은 약하지만, 그래도 그 안에 초월적, 종교적 특성들이 살아있다는 점에서는 분명히 하나의 종교이고, 기독교와의 대화가 가능한 일종의 신앙적 측면이 있다는 것이다.[19] 본 연구는 이런 관점에서 퇴계의 하늘 개념과 신학의 하나님에 대한 이해 문제를 대화 주제로 삼는다.

III. 퇴계 유학의 독특성

퇴계는 성리학을 조선 정학(正學)으로 확립하는 데 크게 공헌했지만,[20] 인간의 다양한 문제에 대해 단지 이기론(理氣論)으로 접근하려는 주자에게 안주하지 않고 자신만의 길을 열었다. 그러한 퇴계의 시각은 많은 논쟁을 불러왔고, 기대승(高峯 奇大升, 1527~1572)과의

---

18 뚜웨이밍(杜維明)은 유학에 대해 '자기 초월성에 대한 살아있는 인간의 자각적 신념'으로 정의한다. Tu Wei-ming, *Confucian Thought: Selfhood As Creative Transformation* (Albany: State University of New York Press, 1985), 55.

19 김광묵, 『장 칼뱅, 퇴계를 만나다』, 425-226.

20 성리학이 조선 통치 이념으로 채택되는 과정에 대해서는 꺼룽진(葛榮晋), "李退溪의 朱子 理氣設의 受容과 發展," 『李佑成교수 정년기념, 民族史의 展開와 그 文化』 (서울: 창작과 비평사, 1975), 555 -588; 김충열, "조선조 성리학의 형성과 그 정맥" (1979), 8-20; 김항수, "16세기 사림의 성리학 이해" (1981), 122-177; 유명종, "조선시대의 성리학파" (1991), 1-22. 퇴계가 성리학을 정학으로 세워나가는 과정에 대해서는 이운구, "퇴계의 斥異論 小考," 「退溪學報」 33 (1981): 36-47.

'사칠논쟁'(四七論爭)도 그런 맥락에서 이뤄졌다.21 이러한 퇴계의 학문적 성격은 시대적 상황과 밀접하다. 조선은 유학을 통치 이념으로 삼음으로써 유학 융성의 기반을 마련했지만, 초기에는 단순한 정치적인 이념에 그쳤고, 유학이 정치적인 도구의 차원을 넘어서 본격적으로 일반 백성들의 삶의 바탕으로 자리 잡는 실행 유학이 되기까지에는 더 많은 시간이 필요했다.

특히 16세기의 조선 사회는 훈척(勳戚)-사림(士林) 간의 대립이 불러온 사화(士禍)들로 큰 아픔을 겪었는데,22 퇴계는 그 혼란상에서 인간의 실존 현실에 고심하면서 참된 윤리의 근거 찾기에 골몰하는 가운데, 사설(私設)들을 배제하고 성리학을 정학(正學)으로 세워 나갔다. 그것은 우주의 참된 이치인 '리'(理)를 최고 범주로 하는 도학(道學)이었다.23 곧 퇴계는 주자의 이기론(理氣論)을 넘어 주리론 (主理論)적 시각을 지향했는데, 그것은 리(理)와 기(氣)를 아우르는 하늘 사상에서 큰 빛을 발하게 된다. 퇴계에 의하면 리는 만물에 편재해 있고 시시각각 만사에 드러난다. 우리가 몸담은 세계 현실은 리의 드러남이며, 리는 절대적 존재요 세계의 근원으로서 살아있는

---

21 논쟁의 결과, 퇴계가 고봉의 의견을 받아 본래의 "사단이지발 칠정기지발"(四端理之發 七情 氣之發)의 해석을 "사단이발이기수지 칠정기발이이승지"(四端理發而氣隨之 七情氣發 而理乘之)로 개정했고, 고봉도 퇴계의 영향으로 "사칠을 이기로 분속하여 논할 수 없다"는 주장을 바꾸어 독자적 입장에서 "사단이지발 칠정기지발"(四端理之發 七情氣之發)을 인 정하였다.

22 사화는 권간(權奸)들의 사림에 대한 박해 사건으로, 퇴계 사상의 근원적 경험이 되었다. 출생 3년 전에는 무오사화(1489), 4세 때는 갑자사화(1504), 19세 때는 기묘사화(1519), 45세 때는 을사사화가 있었다(1545). 퇴계는 을사사화에 연루되어 관직을 잃었고 형 '해'(瀣) 도 희생됐다.

23 김광묵, 『장 칼뱅, 퇴계를 만나다』, 239.

존재이다.[24] 이 절대적 존재로서의 리는 하늘 이치요, 인간 윤리의 근간이며, 인생 가치의 궁극적 기반이다. 퇴계가 윤리 문제에 있어서 주리론적 시각을 견지하면서 주자를 넘어서려 한 것은 비교적 평온한 시기에 살면서 인간에 대해 낙관적 시각을 가졌던 이이(栗谷 李珥, 1536~1584)와는 달리 퇴계는 혼란한 상황에서 인간 세상을 비관적으로 볼 수밖에 없었고, 이에 따라 하늘이 내린 본성(天命)인 '사람됨의 참된 이치'(理/性)에 치중하면서, 참된 인간성 실현을 위한 수신(修身)의 길인 '경'(敬, Reverence)에 집중했기 때문이다.

특히 그의 경 공부는 '거경궁리'(居敬窮理: 몸과 마음을 바르게 하여 사물의 이치를 탐구함)를 통한 인간성 완성을 지향하는 실행 유학(實行儒 學)이었다. 그리하여 퇴계는 유학이 단순한 호학(好學)이 아닌 하늘 명(天命)을 받은 사람이 하늘 도(天道/天理)를 실현함으로써 하늘이 부여한 본성을 실현하는 삶의 영성(The Spirituality of Life)임을 역설했다. 곧, 인간은 항상 성인의 도를 따를 때 존재 의미와 삶의 가치가 살아나는바, 경을 통해 궁극적으로 중화위육(中和位育: 천지가 조화롭게 안정되고 만물이 생육함)과 천인합일(天人合一: 하늘과 인간이 서로 통하고 하나가 됨)의 경지를 이룸에 퇴계학의 참된 의의가 있다.[25] 그러기에 퇴계에게는 경에 근거하지 않은 배움(學)이나 생각(思)은 무의미한 거짓 학문(僞學)일 뿐이다. 사실 성리학 역사에서 경에 관해 퇴계만큼 깊은 통찰을 보인 인물은 드물다. 그리하여 혼란한 현실에서 참된

---

24 이치억, "대동사회(大同社會)의 철학적 기초로서 퇴계(退溪) 주리철학(主理哲學)," 「儒學 硏究」 38 (2017), 9.

25 오석원, "退溪 李滉의 聖學과 의리사상," 한국유교학회, 「유학사상연구」 21 (2004): 6-7.

인간의 길을 찾는 데 평생을 바친 퇴계는 오늘도 사람됨의 문제에 대해 고민하는 이들에게 큰 빛을 던져 준다.26 이러한 퇴계의 학문적 성격은 특히 『성학십도』(聖學十圖)에서 확연히 드러나는데, 그 근본 원리가 '경'(敬)을 따르는 삶인바(持敬), 경은 성학(聖學)의 바탕으로서 사람됨의 길을 위한 수신의 근본 원리요 수신의 핵심적 심신 기제를 의미한다.

그런데 문제는 그 원리를 어디서 찾느냐는 것이다. 이에 대해 유학은 '하늘'(天, Heaven)에서 그것을 찾아왔다. 『중용』의 첫 구절은 이렇게 시작된다. "하늘이 사람에게 내려준 것을 본성(性)이라 하고, 본성을 따르는 것을 도(道)라고 하며, 그 도를 닦는 것을 가르침(敎)이라고 한다."27 즉, 유학은 인성을 하늘과의 관계에서 이해한다. 특히 주자는 하늘이 부여한 인간 본성(性稟)에는 사람을 참으로 사람 되게 하는 하늘 이치(理: 天理)인 도덕적 원리(四端: 仁, 義, 禮, 智)가 살아있음을 전제하면서, 경에 의한 수신론을 말했다.28 퇴계 역시 기본적으로는 주자를 따르지만, 학문이 깊어질수록 종교적 색채가 확연할 정도로 성리학의 새로운 지평을 열었다. 그것은 특히 하늘의 명(天命)을 받은 인간으로서의 소명, 곧 사람됨의 존재 의미와 가치를 추구하는 길에 대한 깊은 이해에서 비롯됐다. 퇴계로서는 사람이 인간성 본질인 천명(天命), 곧 하늘 이치(天理)를 체현(體現, Embodiment)하기에, 부지런히 힘쓰지 않는다면 인간 됨의 가치를 도외시하는 것이나 다름없

---

26 황금중, "퇴계 성리학에서 敬의 의미와 실천법" (2018), 89.

27 "天命之謂性, 率性之謂道, 修道之謂敎," 김학주 역주, 『中庸』(서울: 서울대학교출판부, 2006), 29.

28 김광묵, 『장 칼뱅, 퇴계를 만나다』, 244.

었다. 그는 경의 진지한 실천을 위해 모든 것—벼슬까지도—을 내려놓았다. 이러한 퇴계의 수신론에는 언제나 경의 원리와 그 당위성에 대한 원천으로서 하늘이 살아있었다. 퇴계에게 하늘은 특히 만물의 존재근거와 원리인 리(理)와 통하는 개념이었다.

IV. 퇴계 유학에서 하늘(天) 개념

유학에서 하늘 개념은 다의적이다. 그것은 유학이 궁극적 진리 혹은 궁극적 실재를 무극(無極), 태극(太極), 도(道), 리(理), 하늘(天) 등으로 표현해 온 것과 무관치 않다. 유학에서 하늘 개념은 다양한 역사·문화적 영향을 입으며 발전했는데, 고대 은(殷)나라에서는 궁극적 실재인 하늘을 '상제'(上帝)로 표기했으나, 주(周)나라에서는 '하늘'(天)이 상제를 대신했고, 공자와 맹자를 거치면서 하늘은 도덕적 원리로 표현되다가, 송대에는 다시 궁극적 실재가 태극, 도, 하늘 등으로 이해됐다. 그렇지만 유학에서 하늘은 줄곧 절대적 우주 원천으로서 희·노·애·락의 감정을 지닌 존재요, 인간사의 제반 문제를 주재하고 공의와 사랑을 베푸는 존재로 인식되었다. 그렇다면 퇴계는 하늘을 어떻게 이해했는가? 퇴계는 원칙적으로 성리학 전통을 따르지만, 단순한 반복을 넘어 독특한 해석을 지향하였다. 이것은 하늘에 대해서도 크게 다르지 않다.

1. 의리천(義理天)으로서의 하늘

퇴계는 주돈이(周敦頤, 1017~1073)-정호(程顥, 1032~1085), 정이(程頤, 1033~1107)-주자로 이어지는 우주관을 바탕으로 하늘 개념을 새롭게 제시했다. 주돈이의 우주관은 '태극론'에 기초하는데, 태극은 고대인들에게 인간 삶을 궁극적으로 의미 짓는 중심 가치적 주체로서 모든 현상의 근원자요 형이상학적 실재였다.[29] 주돈이는 막연하던 인간과 자연에 대해 『태극도설』(太極圖說)로 정리함으로써 정·주학의 논리적 기반을 제공했고, 주자는 "태극은 곧 리"(太極只是一個理)라고 주장하면서 태극이 모든 존재의 생성, 창출을 가져오는 만물의 근본 원리요 천지조화의 본체로서 만상에 감춰져 있다고 보았다.[30] 특히 주자는 인간이 하늘의 명에 따라 하늘 이치를 수용함을 통해 참된 인간성을 형성하게 된다고 봄으로써, '의리천'(義理天) 개념을 수용했다. 퇴계는 주자를 따르지만, 그것을 우주관과 심성론에 적용함으로써 주자가 해명하지 못한 부분을 새롭게 해석하여 유용한 인간 삶의 원리로 제시했다.[31] 그런데 주돈이나 주자보다 하늘에 대해 더 분명하게 밝힌 이는 정호였다. 그는 최초로 "하늘이 곧 리"(天卽理)라고 주장했다. 퇴계는 주돈이의 태극론, 주자의 리 철학, 정호의 '천즉리' 개념을 수용하여 사람이 인간성의 바탕인

---

29 김정진·이영경, "퇴계 태극개념의 윤리적 지향성," 「한국의 철학」 20 (1992), 37.

30 앞의 글, 39-41. 특히 주자는 "천지가 있기 전에 분명히 리가 먼저 있었으며 그리고 곧 하늘의 리가 있게 된다. 만약 리가 없었다면, 이 천지도 없었을 것이다"(未有天地之先 畢竟也只是 先有此理 便有此天理 若無此理 便亦無天地)라고 하였다. 『朱子語類』 卷 1.

31 김광묵, 『장 칼뱅, 퇴계를 만나다』, 290.

'천명'(天命)을 올바로 깨닫고, 그것을 따르는 것이 성인 공부의 근본이라고 보았다. 퇴계는 『천명도설』(天命圖說)에서 다음과 같이 말하였다:

> 하늘(天)은 즉 리(理)이다. 그런데 그 안에 네 가지 덕이 있으니, 곧 원(元)·형(亨)·이(利)·정(貞)이다(이 네 실상을 성[誠]이라고 한다). 대개 원(元)이란 것은 시작의 이치요, 형(亨)은 형통의 이치이며, 이(利)는 수행의 이치요, 정(貞)은 성공의 이치다. 그것이 순환하여 쉬지 않음이 모두 진실하여 거짓이 없는 묘(妙)함이 있으니, 그것을 이른바 성(誠)이라고 한다.[32]

곧 퇴계는 하늘을 원(元), 형(亨), 이(利), 정(貞)의 사덕을 함유한 근원적 이치요, 그것의 근본인 리(理)는 성(誠)을 실체로 한다고 보았다. 따라서 퇴계의 하늘은 자강불식(自强不息: 스스로 힘써 쉬지 않고 심신을 가다듬)하고 진실무망(眞實無妄: 참되고 거짓이 없음)한 도덕적 실체로서, 모든 존재의 본성이며 인간성의 본질인 인·의·예·지·신을 함의하는 의리천으로 등장한다. 이처럼 퇴계는 하늘을 인간 내면으로 끌어들여서 인간 본성은 하늘이 내려준 자연적, 도덕적 원리이기에, 그것을 온전히 실현해 나갈 때 비로소 참된 사람일 수 있음을 역설한다. 요컨대 퇴계는 하늘을 인간의 본성 및 도덕원리

---

32 『退溪全書』「續輯」卷 8, "天命圖說": "天即理也 而其德有四 曰元亨利貞是也 [四者之實
曰誠] 蓋元者始之理 亨者通之理 利者遂之理 貞者成之理而其所以循環不息者 莫非眞
實無妄之妙 乃所謂誠也."

와 결부시킴으로써, 하늘은 인간으로 하여금 자신 안에 내재하는 하늘이 내려준 본성을 자각하고 활성화하여 마침내 하늘 경지에 도달하도록 충동하고 인도하는 하늘의 이상적 원리, 곧 의리천(義理天)으로 등장한다.[33]

2. 주재천(主宰天)으로서의 하늘

동양인들은 하늘을 만물의 궁극적 원리요 모든 자연현상을 주재하는 신성한 대상으로 숭상해 왔는데, 점차 하늘이 사회·정치적 맥락에서 상제와 결부되어 절대적 권능을 지닌 주재천(主宰天)으로 등장하면서, 정치·사회적 상황까지도 관여하는 절대적 상제와 같은 의미를 띠게 되었다.[34] 이제 하늘은 자신의 의지를 적극적으로 표명하는 주재자가 되었고, 이에 따라 천명사상이 등장하면서 통치자들은 자신을 하늘 통치권을 부여받은 존재로 인식함을 통해 천명을 권력의 정당성과 정통성에 대한 근거로 제시하기에 이르렀다.[35] 특히 천명사상은 덕이 있는 사람(有德者)이 하늘을 대신하여 세상을 다스린다는 '유덕자 집정의 천수설(天授設)'과 천명이 사람의 성정에 선천적으로 주어졌다는 '도덕성의 천수설'로 자리 잡게 되었다.

퇴계 역시 인간은 천명의 성(性/理)에 따라 본성적으로 선을 행할

---

33 김광묵, 『장 칼뱅, 퇴계를 만나다』, 292.

34 앞의 책, 294.

35 서용화, "퇴계의 성리학적 인간관," 『韓國思想史』(한종만박사회갑기념논문집) (익산: 원광대출판부, 1991), 3. 공자에게서 하늘 중심 사고가 인간 중심 사고로 전환되면서, 천명사상은 덕치(德治)와 인(仁)을 위주로 하는 도덕 사상으로 발전하였다.

수 있는 능력을 보유한바, 사람이 하늘 가르침을 따라 본성을 함양하고 하늘의 명령에 순종하여 인간 됨의 가치를 실현해 나가면, 그것이 곧 성인(聖人)의 길이라고 보았다. 이제 하늘은 단순한 도덕원리가 아니라 사람에게 도덕적 명령을 수행할 것을 요구하는 상재(上宰)로서 등장하게 된 것이다. 이러한 시각에서 퇴계는 하늘을 부모에 비유하면서, 자식이 부모의 가르침을 따르는 것이 마땅하듯이 인간은 본성적으로 하늘의 명을 따라야 함을 『성학십도』의 제2도인 「서명도」(西銘圖)에서 밝힌다.

건(乾)을 아버지라 일컫고, 곤(坤)을 어머니라 일컬으니, 나는 여기에 미소한 존재로 그 가운데 섞여 있다. 그러므로 천지에 가득한 것이 내 몸이 되었고, 천지를 이끄는 것은 내 성(性)이 되었다. 백성은 내 동포요, 만물은 나와 함께 있는 것이며, 대군은 내 부모의 종자요, 대신은 종자의 가상이다. 노인을 높이는 것은 어른을 어른으로 섬김이요, 외롭고 약한 이를 자애하는 것은 어린이를 어린이로 대하는 것이다. 성인은 천지와 덕을 합한 자요, 현인은 빼어난 자며, 무릇 천하의 병들고 잔약한 사람들과 아비 없는 자식, 자식 없는 아비 그리고 홀아비와 과부들은 모두 형제 중에 심한 환난을 겪어도 하소연할 곳이 없는 자다. 이것을 보존하는 것은 자식으로서 공경함이요, 즐거워하고 근심하지 않는 것은 효에 순한 것이다. 어기는 것을 패덕(悖德)이라 하고, 인(仁)을 해치는 것을 적(賊)이라 하며, 악행을 하는 자는 못난 사람이요, 형체가 생긴 대로 올바르게 행동하는 자가 오로지 부모를 닮은 자이다. 조화를 알면 그 일을 잘 계승하고 신묘한 이치를 궁구하면 그 뜻을 잘 계승할 것이다. 사람이 잘 보이지 않는 곳에서도 부끄럽지 않은 것이 부모에게 욕됨이 없는 것이

며, 마음을 보존하고 본성을 기르는 것이 부모를 섬기는 데 게으르지
않은 것이다.[36]

특히 퇴계는 하늘로서의 리에 대해 우주를 생성하는 동적 실체로
본다(理動說). 그리하여 퇴계의 리는 초월적인 주재자인 동시에 인간
안에 살아 있는 내재적 주재자로 존재한다. 즉, 하늘 이치(天理)로서의
리는 인간성을 초월하지만, 한편 인간 내면에서 인간의 삶을 관장하
는 중요한 주재자이기에, 인간은 선한 삶을 통해 그 하늘에 응답함으
로써 진실한 하늘 자녀의 길을 걷게 된다. 이에 대해 퇴계는 특히
정지운(秋巒 鄭之雲, 1509~1561)과 함께 제작한 「천명도」에서, 두원족
방(頭圓足方) 형태가 곧 천원지방(天圓地方)의 형상을 닮았음을 나타냄
으로써 인간을 자연의 소생으로 명시하고, 인간은 만물의 영장인
동시에 자연에 대하여 효(孝)를 다해야 할 관계임을 암시했다. 물론
이때의 효는 부모에 대한 효와는 구별되지만, 자연이 인간을 원질로
서 존재케 함에 대한 보은의 차원에서의 친숙함을 뜻한다.[37] 그만큼
퇴계는 하늘을 특별한 존재로 대하는바, 그 이면에는 주재천으로서
의 하늘에 대한 공경심이 작용하고 있었던 것이다. 즉, 퇴계에게
있어서 하늘은 인간을 포함한 만물에 대한 상재, 곧 주인으로서

---

36 『退溪全書』「續輯」卷 8, "西銘圖": "乾稱父坤稱母 予玆藐焉 乃混然中處 故天地之塞
吾其體天地之帥 吾其性民吾同胞物吾與也 大君者吾父母宗子 其大臣宗子之家相也
尊高年所以長其長 慈孤弱所以幼其幼 聖其合德賢其秀也 凡天下疲癃殘疾惸獨鰥寡
皆吾兄弟之顚連而無告者也 于時保之子之翼也 樂且不憂純乎孝者也 違曰悖德害仁
曰賊 濟惡者不才 其踐形惟肖者也 知化則善述其事 窮神則善繼其志 不愧屋漏爲無忝
存心養性爲匪懈."

37 윤사순, "退溪 千槪念의 多樣性에 대한 檢討,"「退溪學報」 107, 108 (2000), 13.

존재하며, 인간과 다른 만물 위에 그 뜻을 펼침으로써 온 우주에
자신의 명령이 실현되기를 바라고 있다.

3. 인격천(人格天)으로서의 하늘

유학에서 하늘 문제는 천인 관계를 전제한다는 점에서 그 깊이를
더하게 된다. 퇴계의 하늘 역시 인간을 위한 참된 이치로서, 인격적
존재로 등장하고 인간의 삶에 구체적으로 관여함을 통해 사람이
자기 존재 의미와 가치를 신실하게(誠) 수행케 함으로써 참된 인간성
을 실현하기를 기다린다. 이러한 퇴계의 천인관계론은 결국 하늘을
인간 존재의 근거와 가치를 결정하는 신적 존재로 보는 듯한 인상을
풍긴다. 물론 신학적 개념을 퇴계에게 그대로 적용하는 것은 무리가
있다. 윤사순에 따르면 퇴계가 말하는 신은 『주역』이나 주자의 용례
에 따라 음양과 같은 기 자체를 의미하거나 리와 기의 측정 불가한
작용을 뜻한다. 즉, 퇴계는 신을 궁극적인 인격적 존재로 여기지는
않는다는 것이다.[38] 그렇지만 하늘을 본유적 대상으로 여기는 사람
에게는 하늘이 주재천으로 다가오며, 그와의 관계에 있는 인간에게
하늘은 이미 사람됨의 삶을 요구하는 자애로운 인격천(人格天), 곧
종교적 성격을 띤 궁극적 존재일 수밖에 없다.[39] 이러한 하늘 이해는
그가 선조에게 올린 「무진육조소」(戊辰六條疏)에서 잘 드러난다.

---

38 윤사순, "退溪에서의 宗敎的 傾向," 「퇴계학보」 76 (1992): 7-8.
39 오늘날 무신론으로 알려진 주자에 대해서도 유신론적 해석을 시도하려는 노력이 적지 않다.
   한형조, "주자 神學 논고 시론," 「한국실학연구」 8 (2004): 153-182; 최해숙, "주희와 스피노
   자의 내재관," 「동양철학연구」 23 (2000): 379-406.

국가가 도리를 상실하는 큰 잘못이 있을 때는 하늘이 먼저 재해를 내려서, 견책하는 뜻을 알리고, 그래도 반성할 줄 모르면, 또 괴이한 일을 내려 놀라게 하고, 그래도 변하지 않으면 상패(傷敗)가 이르나니, 이것으로써 하늘 마음(天心)이 임금님을 사랑하여 그 어지러움을 그치게 하려 함을 알 수 있습니다. 실로 만세의 임금들이 귀감으로 삼고 소홀히 해서는 안 될 것입니다. 비록 그럴지라도, 임금이 여기에서 또 마땅히 '천심이 나를 사랑하는 이유가 무엇 때문인지?'를 알고, 또 마땅히 '내가 천심을 받드는 것을 어떻게 할지?'를 알아서, 깊이 생각하고 익히 강구하여, 실제로 몸소 행한 뒤에야 천심을 향유하고 임금의 도리를 다할 수 있을 것입니다.[40]

애국애군(愛國愛君)의 마음을 담은 노신(老臣)의 일필휘지는 구구절절 임금에게 하늘 뜻을 잘 받들어서 군주로서의 길을 올곧게 가라는 충언이다. 여기서 퇴계는 군주와 백성을 향한 '하늘 마음'(天心)을 언급한다. 마치 부모처럼 하늘은 여러 측면에서 군주를 타이르고 올바른 길로 이끄는 자애로움을 보인다는 것이다. 그리고 그런 군주를 향한 하늘 마음은 곧 백성들을 위한 것인바, 이는 하늘이 군주를 통해 백성들을 다스리기 때문이다.[41] 특히 군주와 백성들을 향한 하늘의 보살핌과 타이름(天譴)은 잘못된 행위에 대한 처벌이

---

40 『퇴계전서』 3권, 82, "무진육조소": "國家將有失道之敗 天乃先出災害 以譴告之 不知自省 又出怪異 以警懼之 尚不知變 而傷敗乃至 以此見天心之仁愛人君 而欲止其亂也 旨哉言乎 誠萬世人主之龜鑑 而不可忽焉者也 雖然人主於此 又當知天心之所以仁愛我者 何故而然 又當知我所以奉承天心者 何道而可 無不深思熟講而實體行之 然後庶可以享天心而盡君道矣."

41 김광묵, 『장 칼뱅, 퇴계를 만나다』, 306.

아니라 환난을 미리 대비하려는 하늘의 인애(仁愛), 곧 자애로운 마음이라는 것이다. 이러한 퇴계의 천심에 대한 풀이는 군주가 하늘의 사랑을 받아 군주가 된 까닭이 무엇이며 천심을 받은 군주가 어떻게 처신할 것인지를 해명함으로써 하늘의 선택을 받았을 뿐 아니라 현재도 하늘의 사랑의 대상인 군주의 처신에 대한 확고한 가르침이다.[42] 퇴계는 그런 천심에 대해 다음과 같이 설명한다:

천도는 멀지만 실은 가까운 것이며, 하늘 위엄은 지엄하여 장난으로 볼 수 없습니다. … 신(臣)은 생각하기를 임금과 하늘의 관계는 마치 자식과 어버이의 관계와 같아서, 어버이의 마음이 자식에게 노함이 있으면, 자식은 두려워하고 반성하여 노한 일이나 그렇지 않은 일을 불문하고 일마다 정신을 다하고 효를 다하면, 어버이는 그 정성과 효에 기뻐하여 노하던 일까지도 함께 감싸주어 흔적 없이 사라집니다. 그렇지 않고 꼭 어느 한 가지 일을 지정하여, 그것에 대해서만 공구수성(恐懼修省: 몹시 두려워하고 사양하고 반성함)하고, 다른 일에는 여전히 방자하면 효를 다함에 성실하지 못하고 거짓될 것이니, 어찌 어버이의 노여움을 풀고, 어버이의 기뻐함을 얻을 수 있겠습니까? 바라옵건대 전하께서는 어버이 섬기는 마음을 미루어, 하늘 섬기는 도를 다하시어 어느 일에나 수성하지 아니함이 없고, 언제나 공구 아니함이 없으시고, 임금 자신에는 비록 과실이 없더라도 심술의 은미함에 쌓인 흠과 병통을 깨끗이 씻어버려야 합니다.[43]

---

42 신일철, "李退溪의 天譴·天愛의 政治思想," 「退溪學報」 68 (1990), 146.
43 『퇴계전서』 3권, 83-84, "무진육조소": "天道雖遠而實邇 天威至嚴而難玩… 故臣愚以爲

군주에 대해 자애로운 부모와 같은 하늘을 존숭하고 그 뜻을
받들어 어진 정치를 펼칠 것을 기대하는 간절한 마음이 담긴 퇴계의
충언은 천즉리(天卽理)의 개념을 바탕으로 하늘(상제)에 대한 경외심
에서 나왔다는 점에서, 퇴계에게 있어서 하늘은 이미 의리천이나
주재천의 의미를 넘어 경천사상(敬天思想)을 함의하는 인격적, 종교
적 성격을 띤다. 곧, 그에게 있어서 하늘은 리(理)의 다른 이름이며,
리는 일종의 궁극적 실재에 해당하는바, 우주 만상은 그 유일한
리로부터 다양한 형태로 분화된 것(理一分殊)이고, 인간은 무궁한
우주의 리와 합일할 때 비로소 진정한 인간일 수 있다는 것이다.[44]
이같이 참되고 진실한 인간의 길을 추구하는 퇴계의 수신론은 경천
(敬天) 혹은 사천(事天)을 바탕으로 하며 그 실천적인 삶은 효천(孝
天)적 성격을 지향할 정도로 독특하다.

더욱이 그가 "무진육조소"에서 "노신(臣)은 생각하기를 임금과
하늘의 관계는 마치 자식이 어버이의 관계와 같다고 봅니다"(故臣愚
以爲君之於天 猶子之於親)라고 말하면서 "부모를 섬기는 마음을 헤아
려, 하늘을 섬기는 도리를 다하십시오"(伏願殿下推事親之心 以盡事天之
道 無事而不修省)라는 권도는 충언의 백미이다. 이토록 지극한 퇴계의
수신론은 특히 대월상제(對越上帝) 사상, 즉 일상에서 상제이신 하나
님을 대한다는 생각으로 행동하라는 메시지에 생생하게 살아있다.[45]

君之於天 猶子之於親 親心有怒於子 子之恐懼修省 不問所怒與非怒 事事盡誠而致孝
則親悅於誠孝 而所怒之事 竝與之渾化無痕矣 不然只指定一事 而恐懼修省於此 餘事
依舊恣意 則不誠於致孝而僞爲之 何以解親怒而得親歡乎 伏願殿下推事親之心 以盡
事天之道 無事而不修省 無時而不恐懼 聖躬雖未有過失 而心術隱微之間 疵病山積 不
可以不淨盡."
44 윤사순, "退溪에서의 宗敎的 傾向," 13.

말하자면 퇴계에게서 천명/천리를 품수한 인간이 자신의 존재 가치 실현을 위해 경의 삶을 실천하는 수신(修身)은 곧 성스러운 하늘을 대하는 태도며 신적 존재 앞에서 경건하게 삼가는 것을 뜻한다. 물론 퇴계의 하늘/상제 개념은 아직 기독교 신학의 인격신 경지에는 못 미치지만, 그래도 퇴계는 하늘/상제 개념을 바탕으로 궁극적인 리의 실재를 인격적 절대 존재로 수용하여 천리의 주재성을 사람의 마음에 감흥을 주고 사람을 감화시키는 인격적인 하늘 마음으로 이해하고 있다는 점은 부인할 수 없다.[46]

이처럼 퇴계의 하늘은 단순한 물리적 존재(自然天)나 인간 도덕을 위한 형이상학적 근본 원리(義理天) 혹은 인간을 포함하는 우주 만물에 대한 통치를 주재하는 존재(主宰天) 정도가 아니라 인간을 사랑하고 인간에게 직접적인 은총을 내리는 인격적 존재(人格天)이며, 인간이 마땅히 경외하고 사랑해야 할 대상으로 등장한다. 다시 말해서 계의 사고에서의 하늘은 인격적, 초월적 존재(人格天)요 인간을 포함한 만물의 진정한 주재자라는 점에서, 퇴계의 하늘은 이미 종교성을 띤다. 그리하여 하늘 앞에서의 삶이란 마치 '상제 앞에서처럼'(對越上帝) 늘 스스로를 돌아보면서 진실하게 살아가는 것이다. 퇴계는 「경재잠도」(敬齋箴圖)에서 다음과 같이 주자를 인용한다:

의관을 바로 하고, 눈매를 존엄하게 하고, 마음을 가라앉히고 거처하면서, 상제를 대해 모시듯 하라. 발걸음은 무겁게 하고, 손짓을 공손하게

---

45 조성환, "바깥에서 바라보는 퇴계의 하늘 섬김 사상," 「퇴계학논집」 10 (2012), 314.
46 김주환, "퇴계 주리철학의 천리인식," 「한국사상과 문화」 98 (2019), 141.

하며, 땅을 골라서 밟되, 개미집도 피하여 가라. 문을 나서면, 손님같이 하고, 일을 받들면, 제사를 지내는 것같이 하여, 조심조심 두려워하여 잠시도 안이하게 말라. 입을 지키기를 병마개 막듯 하고, 잡생각 막기를 성문 지키듯 하여, 성실하고 진실하여 감히 잠시도 경솔히 하지 말라. 동으로써 서로 가지 말며, 남으로써 북으로 가지 말고, 일에 당하여 보존 하고 다른 데로 가지 말라. 두 가지 일이라고 두 갈래로 하지 말고, 세 가지 일이라고 세 갈래로 하지 말라. 마음을 오로지 하나로 하여, 만 가지 의 변화를 살펴라.[47]

요컨대 퇴계는 인간의 감각으로 느낄 수 없는 존재인 상제를 능동적이고 절대적인 주체로 여기고, 그 상제 앞에서 자신의 행동거 지를 삼가듯이, 항상 자신을 돌아보며 진정한 인간의 길을 추구할 것을 가르치고 있다. 이러한 퇴계의 경 철학은 인간의 도덕·윤리적 실천의 근거를 인격적인 상제에 비견되는 하늘에서 찾으려는 독특한 인성론적 수신 개념이었고, 그런 측면에서 퇴계의 사상은 가히 종교 적이라 할 수 있다.[48] 여기서 우리는 '퇴계 유학의 종교성'이라는 퇴계 철학의 새로운 차원을 발견하게 된다. 이처럼 퇴계는 주자의 리의 형이상학을 지지하면서도 종교적 초월성을 지닌 하늘 개념을 무시하지 않았을뿐더러, 특히 주자학에서 '우주의 생성 원리'라는

---

47 『퇴계전서』 제3권, 149, "경재잠도": "正其衣冠 尊其瞻視 潛心以居 對越上帝 足容必重 手容必恭 擇地而蹈 折旋蟻封 出門如賓 承事如祭 戰戰兢兢 罔敢或易 守口如瓶 防意如 城 洞洞屬屬 罔敢或輕 不東以西 不南以北 當事以存 靡他企適 弗貳以二 弗參以三 惟心 惟一 萬變是監."

48 이종우, "退溪 李滉의 理와 上帝의 關係에 대한 연구" (2005), 7-22; 윤사순, "退溪 天槪念의 多樣性에 대한 檢討," 8.

관념적인 차원에 머물던 하늘(天)과 이치(理)를 존재론적-형이상학적 차원으로 끌어들이고, 거기에다 초월성과 실재성 그리고 인격성을 부여함으로써 하늘을 인간 삶의 현장으로 불러들였다는 점에서 성리학에서 그의 위치는 가히 독보적이라 할 수 있다.[49]

V. 퇴계의 하늘과 신학의 하나님

서로 다른 종교사상 간의 만남에는 처음부터 한계가 있다. 이것은 신학-유학 사이에도 마찬가지다. 김흡영에 따르면 서구 종교·문화적 토양에서 형성된 기독교는 역사-예언적 전통(the Historic-Prophetic Tradition)에 서 있고, 동양 문화 전통에서 성장한 유학은 우주지혜적 전통(the Cosmic-Wisdom Tradition)에 서 있다는 점에서,[50] 양자 간에는 처음부터 큰 간격이 존재한다. 더욱이 신학은 신적인 축점(Viewpoint of the Divinity)에서 출발하고, 유학은 인간적인 축점(Viewpoint of the Humanity)에서 출발한다. 그래서 양자의 대화는 초월·형이상학적 측면보다 인간학적 측면에서 시작하는 것이 적절할 수 있다. 왜냐하면 유교는 휴머니즘을 지향하는 종교이고 신학의 주된 관심 역시 절대자 하나님이지만, 한편 그분의 피조물인 인간 문제 역시 그 한 축이라는 시각에서 접근할 때 대화의 창(窓)이 더 선명할

---

49 장윤수, "퇴계철학에 있어서 理의 능동성 이론과 그 연원," 「퇴계학과 유교 문화」 51 (2012): 25-26.
50 김흡영, 『道의 신학』 (2001), 234.

수 있기 때문이다.[51] 게다가 퇴계의 하늘과 신학의 하나님은 형이상학적 차원에서는 처음부터 입사각이 다르다. 신학의 하나님은 인격성이 선명하지만, 퇴계의 하늘은 추상적 성격이 짙기에 서로 초점을 맞추기가 어렵다. 따라서 양자는 일차적으로 성화론(신학)과 수신론(유학)에 뿌리를 둔 참된 인간성(하나님 형상/성인) 문제가 대화를 위한 용이한 주제가 될 수 있다.[52] 그렇지만 한편 양자의 주된 대화 영역이 인간론일지라도 인간 이해의 근간이 형이상학이라는 측면에서 양자의 대화는 형이상학적 분야를 전제할 수밖에 없다. 왜냐하면 신학의 인간 이해는 하나님과의 관계에 있는 인간이고, 유학 역시 하늘과의 관계에 있는 인간이기 때문이다.

그렇다면 양자의 대화는 어떻게 시작할 것인가? 서로 다른 종교 문화적 전통 간의 대화에 관해 라이몬도 파니카(R. Panikkar)는 '배타주의'(Exclusivism), '포괄주의'(Inclusivism) 혹은 '평행주의'(Parallelism) 등 대화에 관한 세 가지 입장을 제시하면서 무엇보다 서로에 대한 깊은 이해에 관심을 두라고 충고한다.[53] 사실 대화 과정에서 어느

---

51 김흡영은 기독교와 유교는 공통적 주제인 인간 또는 인간화 문제에서 만날 수 있다는 시각에서 왕양명(王陽明)과 바르트(K. Barth)의 대화를 시도했고(Kim Heup Young, *Wang Yang ming and Karl Barth: A Cunfucian-Christian Dialogue*, Durhan: University of Press of America, 1996), 같은 시각에서 "존 칼빈과 이 퇴계의 인간론에 관한 비교연구"를 수행했다(김흡영, 『道의 신학』, 231-291). 줄리아 칭 역시 인간화에 대한 올바른 실천에 대한 논의가 유교-기독교 간의 대화를 위한 적절한 자리로 보았다. J. Ching, *Confucianism and Christianity*, 60.

52 김흡영, "유학과 신학의 대화를 통해 본 새로운 인간이해" (2000), 444-446.

53 R. Panikkar, *The Intrareligious Dialogue*, 김승철 역, 『종교간의 대화』(서울: 서광사, 1992), 19-26. 특히 파니카는 이러한 대화에 대해, 종교 간의 대화(interreligious dialogue)와 종교 내적 대화(intrareligious dialogue)로 구분하고, 전자의 경우 만남의 장은 종교와 종교 사이(inter)로서 마치 만남의 장이 대화 참여자의 종교 밖이라는 인상을 주기 쉽지만,

한쪽에 우위성을 두게 되면 온전한 대화가 힘들기에, 다름을 먼저 인정하는 겸허한 태도가 필요하다. 특히 한국에서 신학과 유학 간의 대화 문제는 단순히 인식론-환원주의적 대화가 아니라 유교인인 동시에 그리스도인(*Simul Confucianus et Christianus*)이라는 독특한 신앙적 실존에서의 만남이다.54 이런 시각에서 우리는 양자의 대화에 대해 단순한 비교가 목적이 아니라 한국교회라는 맥락에서의 실존적 만남에 중심을 둬야 한다. 그렇다면 신학의 하나님과 퇴계의 하늘에 관한 대화는 어떻게 이어질 수 있는가?

1. 초월적 주재자로서 하나님과 하늘

절대자에 대해, 신학은 '하나님'으로 퇴계는 '상제'(上帝)로 표현한다. 장 칼뱅에 따르면 그분은 무한한 영적 본질이다: "하나님의 무한하심은 우리가 우리의 잣대로 그분을 재지 못하도록 우리에게 두려움을 주며, 또한 그가 영이라는 사실은 그에 관한 어떤 세속적이며 육신적 망상에 빠지지 못하게 만든다."55 곧 영이신 하나님은

후자의 경우는 만남의 장이 대화 참여자의 종교 내부(intra)에 있다는 점에서 자기 종교와는 무관한 객관적·비종교적 대화가 아닌, 당사자의 종교적 실존 안에서의 대화를 뜻한다고 보았다. R. Panikkar, *The Intrareligious Dialogue*, 90-107.

54 김광식 역시 한국인의 종교·문화적 바탕에서 복음의 토착화를 고민했고, 마침내 '기독교인인 동시에 이방인'(*simul Christianus et Peganus*)이라는 독특한 해석학적 틀을 창안했다. 이것은 루터의 '의인인 동시에 죄인'(*simul justus et peccator*)이라는 주제에 기인한 것이다. 그에 따르면 원시 유대 기독교인이 '기독교인인 동시에 유대인'이듯이, 우리는 한국 종교·문화적 영성에서 '한국인인 동시에 기독교인'(*simul Koreanus et Christianus*)이라는 것이다. Kwang Shik Kim, "Simul Christianus et Paganus," *Theologische Zeitschrift*, herausgegeben von der Theologischen Fakultät der Universität Basel, Jahrgang 54 (1998): 241-244.

존재의 근원으로서 무한하고 자유로우시다. 그분은 어디든 계시며, 그분의 영광은 온 세상에 가득하다. 그분은 인간과 세계를 무한히 초월하기에 사람의 지성으로는 도달할 수 없는 절대적 초월성을 견지하신다.

신학에 있어 초월자로서의 하나님에 대한 이해는 칼 바르트에게서 절정을 이룬다. 특히 초기의 바르트는 하나님과 인간 사이의 질적 차이를 강조하면서 하나님의 초월성을 천명했다: "하나님은 인간에 대하여 항상 피안적이고 새롭고 먼 분이요, 낯설고 월등한 위치에 계시며, 결코 인간 영역 안에도 계시지 않고, 그의 소유 가운데에도 계시지 않다."[56] 이러한 시각은 파울 틸리히에게도 등장한다: "신은 실존하지 않는다. 신은 본질과 실존을 초월한 존재 자체이다. 그러므로 신이 실존한다고 주장하는 것은 그를 부인하는 것이다."[57] 이처럼 신학은 근본적으로 하나님의 초월성을 주장하며, 모든 신학 논의는 이것을 전제한다.

그렇다면 퇴계에게 하늘(天)은 어떤 존재인가? 퇴계는 천즉리(天卽理)를 말함으로써 하늘 이치로서 리는 만물의 주재자요 생성력을 지닌 절대적 존재로 등장한다. 즉, 퇴계에게 있어서 하늘 이치로서 리는 단지 소이연(所以然: 마땅히 그리되는 이치 – 존재론)에 그치지 않고 소당연(所當然: 마땅히 그래야 하는 이치 – 윤리론)의 의미를 함유함으로써

---

55 J. Calvin, *Institutes of The Christian Religion (1559)*, 2 vols. ed. John T. McNeil, trans. Ford Lewis Battles (Philadelphia: The Westminster Press 1960), I/13-1.

56 K. Barth, *Der Römerbrief*, 조남홍 역, 『로마서 강해』 (서울: 한들출판사, 1997), 152.

57 P. Tillich, *Systematic Theology*, vol. II, 유장환 역, 『조직신학』 II (서울: 한들출판사, 2003), 82.

사람다운 삶을 요구한다.58 그런데 퇴계의 리는 진일보하여 소능연(所能然: 그리할 수 있는 이치 − 형이상학/종교론)으로 나타나는바, 이것은 이발(理發), 이동(理動), 이도(理到) 등의 개념과 연관된다. 그래서 소능연으로서 리는 곧 하늘이 주재자임을 뜻한다.59 물론 퇴계의 하늘은 존재 자체로만 보면 관념적이고 추상적일 수 있다. 따라서 하늘을 비추는 거울인 인간에 대한 이해가 요청된다. 이는 유학의 하늘 개념 자체가 인간과의 관계에서 비로소 해명되는데, 하늘에 대한 이해는 늘 천인관계론을 전제하기 때문이다. 이런 관점에서 퇴계는 하늘(天/理)을 이렇게 설명한다:

하늘을 포괄적으로 말하면 도(道)라고 한다. 그것을 형체의 관점에서는 천(天)이라 하고, 성정의 관점에서는 건(乾)이라 하고, 주재의 관점에서는 제(帝)라고 하고, 공용(功用)의 관점에서는 귀신(鬼神)이라고 하고, 묘용(妙用)의 관점에서는 신(神)이라 한다. 모두 천지의 조화(造化)이지만, 가리키는 바에 따라 말이 다른 것일 뿐이다.60

태극에 동정이 있는 까닭은 태극이 스스로 동정하는 것이고, 천명이 유행하는 것은 천명이 스스로 유행하는 것이니, 어찌 다시 그렇게 시키는 것이 있겠는가? 다만 무극과 음양오행이 묘합하여 엉기고, 만물을 화생

---

58 윤사순, "退溪 千槪念의 多樣性에 대한 檢討," 16-17.

59 송긍섭, "退溪哲學에서의 理의 槪念" (1978), 45-45; 김성범, "退溪 理氣論의 存在論的 接近,"「退溪學論叢」創刊號 (1995): 205-218.

60 『定本退溪全書』, 제9책, 253, "答鄭姪問目": "夫天 專言之則道也 以形體言 謂之天 以性情謂之乾 以主宰謂之帝 以功用謂之鬼神 以妙用謂之神 今按只是 天地造化 但所指而言有異耳."

시키는 곳에서 보면, 마치 주재하고 운용하여 이와 같이하게 하는 것이 있는 것 같다. 『서경』이 말한 바와 같이, "오직 높으신 상제께서 백성에게 속마음을 내리신다"는 것이 이것이다. 대개 리와 기가 합하여 사물에게 명령하니, 그 신묘한 작용이 스스로 이와 같을 뿐이요, 천명이 유행하는 곳에 또한, 따로 시키는 자가 있다고 말할 수는 없다. 이러한 리는 지극히 높아서 상대가 없으니, 사물에게 명령하고 사물로부터 명령을 받지 않기 때문이다.[61]

곧 퇴계는 상제가 세상사를 주관하듯이 리의 주재에 따라 만물이 존재하고 움직이는 것으로 이해함으로써, 결국 리가 하늘(상제)과 상통하는 개념임을 천명한다(天卽理). 이렇게 보면 퇴계는 직접적으로 창조를 말하지 않더라도 우주 만물이 모두 리(하늘)에 의해 생성·운용된다고 생각한 것으로 보인다. 그래서 리는 한갓 우주 만물의 운동 원리 정도가 아니라(주자) 우주의 시원으로서 모든 존재를 낳게 하는 근원적 실재로서 궁극적·절대적 의미를 갖는다.[62]

그렇다면 초월적 주재자 개념을 중심한 신학과 퇴계의 대화는 어떻게 가능한가? 일단 양자에게 있어서 개념상의 직접적인 일치는 어렵다. 신학의 하나님은 인격적 존재지만, 퇴계의 하늘은 다양한 서술이 가능할지라도 여전히 모호한 측면이 있기 때문이다. 따라서

---

61 『定本退溪全書』제1책, 462, "答李達李天機": "太極之有動靜 太極自動靜也 天命之流行 天命之自流行也 豈復有使之者歟? 但就無極·二五妙合而凝 化生萬物處看 若有主宰運用而使其如此者 即書所謂 '惟皇上帝 降衷于下民.' 程子所謂 '以主宰謂之帝 是也.' 蓋理氣合而命物 其神用自如此耳 不可謂天命流行處亦別有使之者也 此理極尊無對 命物而不命於物故也."

62 안유경, "退溪의 理와 아리스토텔레스의 神과의 접점," 「동서인문학」 56 (2019), 260.

양자의 직접적인 일치는 어렵고, 다만 개념상의 구조적 측면에서는 공명의 자리가 엿보인다. 곧 양자는 함께 세상 만물의 시원인 동시에 그것을 다스리는 절대적인 초월자로서의 주재자를 그린다는 점에서, 신학은 퇴계를 통해 또 다른 측면에서 절대적 주재자 개념을 한국교회에 제시할 수 있을 것이다. 사실 이러한 논의 이전에 한반도에 기독교가 전해질 때, 한국인들은 유학의 하늘 개념을 통해 기독교의 하나님께 쉽게 접근한 측면이 있다.[63] 사실상 한민족은 유학 이전부터 특유의 제천의식(祭天意識: 부여의 영고, 동예의 무천 등)을 통해 하늘을 숭상해 온바, 성리학이 도입되면서 그런 제천의식은 유학 안으로 스며들었고, 퇴계에게서 생생한 성리학적 주제로 살아났으며(특히 對越上帝 사상), 정약용(茶山 丁若鏞, 1762~1836)에게 이르러, 결국 인격적인 상제 개념으로 표출되었다.[64] 말하자면 한민족의 하늘은 비록 신학처럼 창조주, 구속주 등으로 분명하게 정리된 개념은 없을지라도 한민족의 가슴에 절대적 주재자로 살아있었던바, 이것이 유학의 하늘 개념과 결합했고(특히 牧隱 이색의 사상) 후일 퇴계의 사상에 확고하게 자리 잡았을 것으로 보인다. 이것은 퇴계의 하늘 사상 자체가 중국의 그것과는 차이가 있을 뿐 아니라 진일보한 측면이 있다는 점에서 그 의의가 적지 않다고 할 것이다.[65]

---

63 한 예로서 마태오 리치의 『천주실의』를 들 수 있다. 그것은 비록 중국에서 이뤄진 기독교-유교의 대화라는 의미를 담고 있지만, 조선에서는 한국인들의 천주교 신앙 수용에 결정적 역할을 했다. 이러한 구조적 맥락은 훗날 전래된 개신교 신앙과 한국인들의 만남에도 그대로 적용됐을 것으로 보인다.

64 정순우, "다산에 있어서의 천과 상제," 「다산학」 9 (2006): 5-39.

65 황상희, "퇴계사상의 종교성에 대하여," 「退溪學報」 141 (2017): 5-38.

2. 내재적 주재자로서의 하나님과 하늘

신학은 신앙 대상인 하나님에 대해 초월성만을 말하지 않는다. 신학은 그분이 창조주요 절대적 초월자이지만, 피조 세계와 유리된 존재가 아니라 자신을 낮추고 세상, 즉 인간 역사 안으로 들어오셨다고 말한다. 그것이 바로 예수 그리스도의 성육신 사건이며, 그분은 인간과 세계의 구원을 위해 고난을 받으셨고 십자가에서 죽임을 당했으나 부활하셔서 역사의 주인으로 살아 계시다.[66] 이처럼 신학의 하나님은, 이오갑의 말대로, 인간과 세계를 초월하시는 '존엄하신 하나님'(Deus maiestatis)인 동시에 '우리와 함께하시는 하나님'(Deus nobiscom)으로 등장한다.[67] 말하자면 신학은 하나님의 초월성과 내재성을 함께 견지한다.

그렇다면 퇴계의 하늘은 어떠한가? 퇴계는 성리학의 성즉리(性卽理) 원리를 따라 인간의 마음에 하늘 이치가 본성적으로 내재한다고 본다. 그래서 퇴계의 하늘은 본체론적 시각에서 보면 리(理)이지만, 유행에서 보면 원(元), 형(亨), 이(利), 정(貞)의 사덕이요, 또한 하늘이 인간과 사물에 부여하는 명령(天命)의 근원적 모형이다. 따라서 하늘(명령하는 자)과 인간(명령을 받는 자) 존재를 통해 나타나는 사덕의 구조에는 하늘 성품과 인간 성품의 존재론적 공통성이 있다.[68] 그래서

---

66 김광식, 『조직신학』 I (서울: 대한기독교서회, 1988), 104-110.

67 이오갑은 칼뱅의 신개념을 설명하면서, 신학이 말하는 하나님에 대해 초월과 내재의 변증법 속에 계시는 분으로 이해하였다. 이오갑, 『칼뱅의 신과 세계』 (서울: 대한기독교서회, 2010), 45, 47.

68 금장태, "退溪의 天槪念과 天人關係論," 「석당논총」 16 (1990), 302.

하늘과 사람 사이에는 논리적으로 '틈'이 존재하지 않는다(天人無隔). 하늘 본성(天道)과 인간 본성(人道)이 다르지 않기 때문이다. 이에 따라 퇴계는 전통 성리학이 하늘의 존재와 인간 존재, 하늘의 운행 법칙인 천도와 인간의 행위 규범인 인도가 일치한다고 본 천인합일 사상을 수용한다.[69] 이처럼 퇴계의 하늘 개념에는 자연 만물을 생성하는 총체적 원리요 만물의 존재 근거인 초월적 태극으로서 리(理)의 의미를 함의하는 동시에(초월적 주재천) 사람 안에 내재하는 도덕적 실천 규범(人極)으로서의 하늘 이치, 곧 내재적 주재천이 살아있다.[70]

그렇다면 내재적 주재자 개념에서 신학과 퇴계는 서로 만날 수 있을까? 양자의 형이상학적 대화는 내재적 주재자 개념에서 더 용이할 수 있다. 왜냐하면 퇴계 사상의 무게중심이 내재적 주재자에 있기 때문이다. 퇴계가 초월적 하늘에 관해 관심을 둔 이유도 사실 불안한 사회현실에서 인간 본성과 그것의 실현 가능성을 찾으려는 데 있었다. 신학 역시 하나님에 관한 서술에서 인간과의 무한한 질적 차이를 가진 절대자 하나님(Gott an sich)보다는 인간과의 관계 안에 계시는 하나님, 곧 우리를 위한 하나님(Gott für uns)에 대한 관심이 더 크다. 그리고 그 하나님은 사실상 우리의 세계와 역사 안에 함께하실 뿐만 아니라 우리에게 자신을 알려주시며(계시), 늘 우리와의 관계 속에 계시려 하신다.[71] 이러한 측면에서 신학은 퇴계와 함께 내재적 주재자로서의 하나님/하늘에 대해 서로 공명하는

---

69 손흥철, "天人合一의 性理學的 特性과 意味," 「동서철학연구」 23 (2002), 317.
70 엄연석, "퇴계의 중층적 천관(天觀)으로 보는 경(敬)의 주재성," 「퇴계학논집」 19 (2016), 229.
71 김균진, 『基督教組織神學』 I (서울: 연세대학교출판부, 1986), 219-222.

측면이 있을 수 있다.

그렇지만 역시 양자가 처음부터 입사각이 다른 점은 근본적인 문제이다. 즉, 신학의 내재적 하나님에 대한 이해는 어디까지나 신적 축점에 뿌리를 두지만, 퇴계의 경우는 인간적 축점에 뿌리를 두기 때문이다. 그런 측면에서 양자의 하나님/하늘의 내재적 측면에 대한 개념 사이에는 간격이 크다. 게다가 신학의 하나님은 자신이 창조하신 피조 세계 안에 내재하시면서 인간을 찾아오시고 그와 대화하는 인격적 존재이지만, 퇴계의 하늘은 여전히 추상적 측면이 강한 점도 문제다. 따라서 양자의 만남에는 적잖은 난점이 있다.[72]

다만 앞에서 언급한 것처럼 구조적 측면에서는 양자의 대화가 가능할 수 있다. 우선 신학의 신인식론 자체가 신인 관계를 전제하듯, 퇴계의 성즉리 개념도 천인 관계를 전제한다. 신학의 경우 하나님은 자신만의 세계에 독존하지 않으시고, 자신을 열어 세상과 인간을 창조하시고, 그들과 함께하시는 관계의 하나님이다. 하나님의 내재성은 바로 관계의 하나님에 대한 표상과 깊은 연관이 있다. 퇴계의 하늘 역시 사람과 그의 세계에 참된 이치를 부여하며 사람과 그 역사를 통해 자신의 원리가 실현되는 것을 원하는 관계적 개념을 함의한다.[73] 이러한 퇴계의 내재적 주재천으로서의 하늘 개념과 신학의 창조주요 섭리의 주님으로서의 하나님에 대한 개념은 일차적으로 존재론적, 구조적 시각에서 보면, 서로 공명할 수 있는 자리가 엿보인다.

---

72 윤사순, "退溪 天槪念의 多樣性에 대한 검토," 7-26.
73 손흥철, "천인합일의 성리학적 특성과 의미," 319-320.

또한 신학의 하나님의 통치 개념과 퇴계의 리의 주재성 사이에도 공명하는 부분이 있다. 신학은 창조주 하나님께서 피조 세계를 다스리고 본래의 존재 목적대로 이끌어가시는바, 그런 측면에서 그분은 세상과 밀접한 관계 안에 계시고, 우주 만물은 늘 그분께 자기 존재를 의존한다. 이것은 만물에 대한 하나님의 절대적 통치에 대한 이해이다. 특히 "하늘 아버지이신 하나님은 너희 머리카락까지도 일일이 세신다"(눅12:7)는 예수의 말씀은 이에 대한 결정적인 설명이다. 이런 차원에서 신학은 하나님의 내재적 주재권을 인정한다. 이것은 퇴계에게도 유사한 구조이다. 유학에서 하늘은 인간 존재의 의미와 가치의 기반이요 중심 원리이다. 이것은 인간 밖에서는 하늘, 태극, 리 등으로 불리지만, 인간 안에서는 천리, 천명 등으로 불리며 인간 삶의 가치의 핵심 원리가 된다. 이러한 리는 형이상학적으로는 만물의 생성, 변화를 총괄하는 자연의 섭리라 할 수 있다. 퇴계는 『천명도설』에서 다음과 같이 말한다:

묻기를 천명의 뜻을 들을 수 있는가? 선생이 이렇게 답하였다. 천은 즉 리다. 거기에는 덕이 네 가지가 있으니, 원(元)·형(亨)·이(利)·정(貞)이다. 네 가지의 결실(實)을 성(誠)이라고 한다. 원이란 시작의 이치요, 형은 형통의 이치이며, 이는 수행의 이치이고, 정은 성공의 이치이다. 그것이 순환하여 쉬지 않음이 모두 진실하여 거짓이 없는 묘함이, 이른바 성(誠)이라 한다. 그러므로 음양과 오행이 유행할 때 이 네 가지가 항상 그중에 있어서 만물을 명하는 근원이 되었다. 이리하여, 대개 만물의 음양오행의 기운을 받아, 형상이 된 것은 원·형·이·정의 이치를 갖추어 성(性)으로 삼지 않은 것이 없다. 그 성의 조목은 또 다섯 가지가 있으니,

인(仁)·의(義)·예(禮)·지(智)·신(信)이다. 그러므로 이 사덕, 오상은 상하가 같은 이치요, 하늘과 사람 간에 구분이 있은 적이 없었다. 그러나 성인(聖人)과 우인(愚人)과 물(物)이 다르게 된 것은 기가 그렇게 함이요, 원·형·이·정이 본래 그러한 것은 아니다. 그러므로 자사(子思)는 "하늘이 명한 것을 성이라 한다"고 하였으니, 대개 만물의 음양과 오행이 묘하게 합한 근원이며, 사덕을 가리켜 말한 것이다. 리는 본래 하나인데 그 덕은 넷이나 되는 것은 어째서인가? 리는 태극이다. 태극 가운데 본래 아무것도 없는 것이니, 애초에 어찌 사덕이라고 명명할 만한 것이 있겠는가? 다만 그 유행한 뒤에 보면, 반드시 그 시작이 있고, 시작이 있으면 반드시 그 통함이 있고, 통함이 있으면 반드시 그 수행함이 있고, 수행함이 있으면 반드시 그 성공함이 있을 것이다. 그러므로 비롯하여 통하고, 통하여 이룩하고, 이룩하여 성공됨으로써 사덕의 이름이 세워진 것이다. 이 때문에 합하여 말하면 하나의 리일 뿐인데, 나누어 말하면 이 네 가지 리가 있다. 그러므로 "하늘은 한 이치로 만물에 명하고, 만물은 각각 한 이치가 있다"는 것이 그 까닭이다.[74]

---

74 『退溪全書』卷8, "天命圖說" 圖與序: "問-天命之義 可得聞歟. 曰-天卽理也 而其德有四 曰元亨利貞是也 四者之實曰誠 蓋元者 始之理亨者 通之理利者 遂之理貞者 成之理而 其所以循環不息者 莫非眞實無妄之妙 乃所謂誠也 故當二五流行之際 此四者常寓於 其中 而爲命物之源 是以 凡物受陰陽五行之氣以爲形者 莫不具元亨利貞之理以爲性 其性目有五 曰仁義禮智信 故四德五常 上下一理 未嘗有間於天人之分 然其所以有聖 愚人物之異者 氣爲之也 非元亨利貞之本然 故子思 直曰天命之謂性 蓋二五妙合之源 而指四德言之者也 理本一也 其德至於四者 何也 曰理太極也 太極中本無物事 初豈有 四德之可名乎 但以流行後觀之 則必有其 始有始則必有其通 有通則必有其遂 有遂則 必有其成 故其始而通 通而遂 遂而成 而四德之名立焉 是以合而言之 則一理而已 分而 言之 則有此四箇理 故天以一理命萬物 而萬物之各有一理者此也."

곧 신학과 퇴계는 하나님/하늘의 초월적 주재성과 함께 내재적 주재성을 견지하는 가운데, 통치와 섭리의 개념에서 구조적인 유사성을 보이면서 서로 공명하는 것으로 보인다. 신학에서 하나님의 섭리와 통치는 하나님의 내재적 주재성을 반영하는 주제이고, 퇴계에게 있어서도 하늘 섭리의 개념은 인간 안에 내재하는 하늘 이치의 발현과 연결되는 주제이기 때문이다. 그리하여 양자는 섭리 개념에서 함께 만날 수 있을 것으로 보인다.

나아가 퇴계의 천명사상 또한 신학의 로고스 기독론(Logos-Christology)과 유사한 구조를 이룬다. 곧 신학은 하나님 아들이요 말씀(Logos)이신 그분이 사람의 아들이 되어 세상에 오셨다는 성서의 증언을 수용한다. 칼뱅은 이렇게 말한다. "우리는 동정녀에게서 태어나신 중보자는 원래 하나님의 아들이라고 고백한다. ⋯ 즉, 그가 하나님의 아들로 믿어지는 것은 만세 전에 아버지에게서 태어나신 말씀이 위격적 연합 가운데 인성을 취하셨기 때문이다."[75] 곧 그리스도의 성육신 사건은 하나님께서 인간 세상에 들어오신 구원 행동이지만, 한편 '그리스도의 인간성'(humanitatis Christi)은 단지 한 인간 예수가 아니라 오히려 '보이지 아니하는 하나님 형상'(골 1:15)으로서의 본질적 인간성을 함의한다. 이것은 성리학의 하늘 이치가 사람의 성품(人性)이 되어 본질적 인간성인 천명으로 살아있는 것과 유사하다. 물론 신학의 성육신 사건은 예수 그리스도라는 구체적·실존적 인격을 말한다는 점에서 성리학의 천명사상과는 다르다. 그렇지만 인간성의 본질 문제라는 내면적 의미를 주목한다

---

75 J. Calvin, *Inst*., II/4-2.

면, 양자는 함께 대화할 수 있다. 특히 그리스도의 성육신은 하나님의 구원 사건이지만, 한편으로는 하나님께서 하나님 형상인 인간 됨의 본질을 제시하신 사건이요, 결국 참된 인간성 문제로 귀결되기 때문이다.

요컨대 신학과 퇴계의 내재적 주재자 개념 중심의 대화는, 주지하는 바와 같이, 개념적 일치 측면에서보다 구조적 공명이라는 시각에서 바라본다면 많은 논의가 가능할 수 있다. 사실 인간 존재가 하나님/하늘과의 관계 안에서 존재하는 독특한 존재론적 측면을 함의하고 있고, 특히 사람이 하나님/하늘이 부여하는 본질을 따라 살아갈 때 인간성의 참된 실현으로 나아갈 수 있다는 양자의 개념적 구조 자체가 눈부신 과학기술 혁명 시대의 배면에 인간성 상실이라는 아픔이 공존하는 모순적 현실에서, 신학이나 유교는 함께 인간성 회복이라는 시대적 과제에 대한 진지한 고민을 품고 있다. 그리하여 양자는 함께 내재적인 주재자로서의 하나님/하늘에 대한 인식을 바탕으로 신-인 관계 혹은 천-인 관계 안에 존재하는 인간의 존재 의미와 그 가치에 대한 진지한 물음을 불러오게 된다고 할 것이다.

3. 인격적 주재자로서의 하나님과 하늘

궁극적 존재에 대한 초월적-내재적 주재자에 개념은 결국 인격적 주재자 문제로 이어진다. 왜냐하면 초월적-내재적 주재자에 관한 문제는 결국 신인 관계(神人關係) 혹은 천인 관계(天人關係)를 전제하며, 관계성 문제는 곧 인격성 문제로 귀결되기 때문이다. 특히 신학과 유학은 사람에 대해 하나님/하늘에 의해 그 존재가 시작되며 또한 늘 하나님/하늘에 자신의 존재를 의존하는 존재로 이해한다. 이러한 신학과 유학의 사람에 대한 시각은 결국 그러한 인간 존재를 존재할 수 있게 한 하나님/하늘에 대해 처음부터 인격성을 전제할 수밖에 없다.

여기서 인격(Personality)이란 일반적으로 내적 중심을 갖춘 통합적 존재로서의 사람됨의 참된 모습을 의미하고, 이것은 결국 신(神)의 인격성 문제로 이어진다. 신의 인격성에 대해 쟈크 마리탱은 『앎의 등급들』(Les degrés du savoir)에서 "인격적 신을 말하는 것은, 신에게 인간적인 어떤 특성을 부여하는 것이 아니라, 인간의 어떤 특성들을 신성으로부터 규정하려는 것이다. 즉, 인간에게서 인격성이라는 특정 개념을 산출하는 것은 사람을 규정함에 있어서 신의 신성을 통해서 유추함을 의미한다"고 밝힌다. 신이 사람을 닮은 것이 아니라 사람이 신을 닮았기 때문이다. 그래서 마리탱은 신을 최상의 인격적 존재로 본다. 그분은 어떤 것에도 의존하지 않고 존재하는 자, 즉 완전히 혹은 절대적으로 자립적 존재이기 때문이다.[76]

특히 사람이 인격적 존재라는 말은 지(知), 정(情), 의(意)를 가진 이성적, 개별적, 자의적인 자유로운 존재를 뜻하는바, 이것을 신에게 적용하면 절대적 존재인 신은 사람과 세계에 대해 초월-내재자이며 인간의 삶과 역사에 자신의 의지를 행사하시는 진정한 인격적 주재자 개념을 함의하게 된다. 하나님의 인격성에 대한 신학적 진술은 종교개혁자들에게서 선명하게 드러나는바, 특별히 칼뱅에게 있어서 하나님의 인격성은 그의 신학적 기반에 해당되는 문제다. 곧 그분은

---

76 https://m.cafe.daum.net/expo-philo/pNlE/7(2021. 6. 11. 접속).

세상 만물의 창조주이지만, 자신을 낮추고, 유한한 피조물의 세계에 참여하시고, 그들의 역사에 친히 관여하실 뿐만 아니라 죄로 인해 비참 상태에 빠진 인류와 그들의 역사까지도 포기하지 않고 사랑하시며, 그들을 거룩한 구원으로 부르시는 한없는 긍휼의 하나님이신 바, 그분은 오늘도 우리에게 특히 주님(*Dominus*)과 아버지(*Patreus*)로서 다가오신다.[77] 이러한 하나님의 인격성은 무엇보다 외아들 예수 그리스도를 통한 구원의 역사에서 더욱 선명하게 드러난다. 그분은 죄인인 인간을 위해 자신을 저주와 죽음의 자리에 내주는 반면, 인간을 구원의 자리에 세우시는 진정한 사랑 자체이신 하나님이다. 그런 의미에서 하나님의 사랑과 은총을 통한 인격성은 십자가에 달리신 하나님 아들의 모습에서 분명하게 증언된다.[78]

그렇다면 퇴계에게도 하늘(天)의 인격성이 나타나는가? 퇴계는 기본적으로 전통 유학의 자연천(自然天) 개념과 의리천(義理天) 개념을 수용한다. 그렇지만 퇴계는 더 나아가 태극(리)을 인심(人心)에 주어진 인극(人極)으로 이해함으로써 인성 안에 내재하는 도덕적 주재자(主宰天)로 인식의 지평을 확대하였다. 이러한 하늘은 사람의 마음에 내재하는 리로서 인사의 모든 의리를 비춰보는 영명한 빛인 동시에 마음의 능동적 주체자가 됨으로써 인격성과 주재성을 함의하게 된다. 그리하여 퇴계에게서도 하늘, 곧 상제는 사람의 마음에 내재하지만 기와 분리되어 밝은 영명성을 갖고 도덕적 주재와 감시

77 J. Calvin, *Inst.*, I/2-2.

78 J. Moltmann, *Der gekreuzigte Gott*, 김균진 역, 『십자가에 달리신 하나님』 (서울: 한국신학연구소, 1979), 213-214.

자인 리를 관장하는 인격적 주재자로서 등장한다.

그리하여 사람은 자신 안에 내재하는 인격적 주재자로서의 하늘 (天, 理, 上帝, 太極)의 가르침을 따라 자기 본질인 인간성을 하늘 기준에 이르게 하는 것이 본질적인 직분인데, 그러한 인간의 하늘과의 관계에서의 자기 존재의 실현 문제가 곧 퇴계 성리학의 근본이며, 이렇게 볼 때 퇴계의 하늘 개념에는 하늘의 인격성 문제가 전제될 수밖에 없다. 특히 퇴계의 인격적 하늘에 대한 문제는 '대월상제'(對越上帝)를 강조하는 경의 실천론에서 드러난다. 그는 「경제잠도」에서 "의관을 바로 하고, 눈매를 존엄하게 하고, 마음을 가라앉히고 거처하면서, 상제(上帝)를 대해 모시듯 하라"(正其衣冠 尊其瞻視 潛心以居 對越上帝)고 역설한다. 물론 퇴계가 그 하늘이 인격적이라고 구체적으로 밝히지는 않지만, 그의 하늘에 관한 개념들(天, 理, 上帝, 太極)은 하나같이 인간과 사물 안에 내재하는 중요한 존재 원리인 동시에 가치의 핵심으로 등장하며 또한 그것이 참으로 소이연과 소당연일 수 있게 하는 소능연으로서 활동성을 함의한다는 점에서, 이미 인격성을 드러낸다고 볼 수 있다.

그렇다면 이 문제에 대해 신학과 퇴계의 대화는 가능한가? 전술한 바와 같이 구조적 측면에서는 대화의 가능성이 있는 것으로 보인다. 양자가 이해하는 인간과 만물에 대한 주재자는 신-인/천-인 관계를 전제하는바, 사람은 어디까지나 그 절대적 주재자와의 관계 안에서 존재할 뿐만 아니라 그 주재자의 성품을 수용하여 자신 안에서 실현함으로써 진정한 사람됨의 가치를 추구해 나간다는 점에서, 양자는 주재자에 대한 이해에서 공명한다. 곧 신학의 경우 사람은 그리스도 안에서 성령의 은혜로 하나님 형상을 회복함으로써 진정한 사람됨의 의미와 가치를 실현하게 되고, 퇴계 역시 하늘 이치 혹은 하늘 명령으로서의 인간성을 부여받은 사람이 그 하늘의 이치(理: 仁)를 따르며 천명을 수행할 때 비로소 사람됨의 본질을 실현하는 구조라는 점에서, 즉 그들이 제시하는 주재자의 인격성은 인간이 주재자로부터 받은 본질적인 인격성을 실현함에서 주재자의 인격성을 드러내는 구조를 이룬다는 점에서 양자는 함께 대화의 장으로 나갈 수 있을 것으로 보인다.

그렇지만 양자는 차이점도 있다. 신학의 경우 주재자의 인격성은 주재자가 계시를 통해 스스로 드러내신다. 곧 만물의 창조주요 주재자로서의 하나님은 처음부터 인격적이고, 그러한 자신의 인격성을 창조와 계시를 통해 드러내시는데, 특히 사람이 하나님 형상(*Imago Dei*)이라는 사실에서 더욱 분명해진다. 반면 퇴계에 따르면 만물을 주재하는 존재론적 근본 원리인 하늘(天)은 사람을 포함한 모든 사물의 존재 근거와 법칙이지만, 인격성을 스스로 드러낼 수 없다. 하늘의 인격적 특성(天理/天命)은 사람에 의해 실현됨을 통해 간접적으로 그 실체가 드러난다. 그래서 사실상 퇴계에게서 주재자의 인격성은 실체가 불명확하다. 그것은 아마도 유학이 신학과는 달리 존재론적 사유를 하지 않기 때문으로 보인다.[79] 그렇다고 퇴계에게서 하늘의 인격성이 부정되는 것은 아니다. 적어도 퇴계의 시각은 기존 성리학과 달리 리의 발동(發動), 발현(發顯) 혹은 도래(到來)의 개념을 함의함으로써 리의 능동성과 운동성을 인정한다는 점에서 신학만큼은 아니지만 그래도 리로서의 하늘의 인격성을 함의한다. 즉, 퇴계가

---

79 양명수, 『퇴계 사상의 신학적 이해』, 316.

하늘 이치를 인간 안에 내재하는 도덕적 규범의 근거가 되는 측면을 강조한 것 자체가 하늘이 도덕적 원리로써 지상 세계를 주재하는 주재자로서의 인격성을 밝히는 것이라 할 수 있다.[80] 그리하여 퇴계는 주재자로서의 하늘 앞에서 사람은 마치 황제를 대하듯 늘 자신을 돌아보고 경계하면서(對越上帝), 하늘 이치를 따르는 삶의 실천을 원했고 또한 그것을 힘써 가르쳤다. 이렇게 보면 그의 경천사상(敬天思想)은 체(體: 본체)라고 할 수 있고, 대월상제(對越上帝) 사상은 용(用: 작용, 현상)이라고 할 수 있다. 이러한 측면에서 퇴계의 성리학은 이미 종교성을 띠고 있고, 특히 그의 하늘 역시 인격성을 함의한다는 점에서 신학과의 대화는 가능할 수 있다.[81]

요컨대 신학과 퇴계의 하나님/하늘에 관한 대화는 한국교회의 영성에 대한 논의를 위해서는 반드시 필요하지만, 그 안에는 적잖은 한계가 있다. 무엇보다 신학의 하나님과 퇴계의 하늘은 개념부터 차이가 있고 처음부터 입사각이 다르기에 서로에 대한 접근이 쉽지 않다. 그런데 신학적 지평과는 달리 한국교회의 목회 현장에서는 이것이 큰 문제가 되지 않는다. 한국 교인들은 처음부터 하늘과 하나님의 개념 차이를 극복하고 과거 유학의 지평에서 상통되던 하늘을 성서의 하나님으로 수용하는 데 어려움이 없었기 때문이다. 이러한 한국교회적 실존 상황은 유학과 신학의 관계에서도 하나의 해석학적 지평으로 작용할 수 있다. 이제 한국교회는 신학적으로 더 깊은 숙고를 통해 한국교회적 영성의 지평을 새롭게 펼칠 필요가 있다.

---

80 엄연석, "퇴계의 중층적 천관(天觀)으로 보는 경(敬)의 주재성," 259.
81 이종우, "退溪 李滉의 理와 上帝의 관계에 대한 연구," 7-22.

Ⅵ. 나오는 말

최근 유학과 신학의 대화에 관해 관심이 적지 않다.[82] 특히 양명수는 진일보하여 퇴계 사상에 대해 신학적인 이해의 가능성을 찾는다.[83] 말하자면 퇴계 사상에 관한 연구에 있어서 기존의 인문학적인 접근 방식을 넘어 형이상학적, 종교적인 측면에서의 논의들이 이뤄지고 있다는 것이다. 이러한 상황은 신학적 측면에서는 18~19세기에 전래된 기독교 복음이 한국인들의 심성에 전해지는 과정에서 5백여 년 동안 한국 사회의 정신세계를 지배해 온 성리학적 유학이 어떠한 영향력을 끼쳤는가를 들여볼 수 있을 뿐만 아니라 한국교회가 여전히 유학적 세계관 속에서 살아가는 한국인들에게 예수 그리스도의 복음을 보다 효과적으로 전달할 수 있는 종교·문화적 매트릭스가 무엇인가를 고민하는 계기가 될 수 있다.

게다가 일찍이 '성령의 역사로서의 토착화'를 주창했던 김광식의 말대로 '복음의 토착화는 인간의 인위적인 그 무엇이 아니라, 하나님의 성령의 능력 안에서 값없이 주어지는 은총의 역사'라는 측면에서 본다면,[84] 신학과 유학의 대화는 학문적인 논의 이전에 이미 500여

---

82 이에 대해 윤사순, "退溪에서의 宗敎的 傾向," 7-17; 이종우, "退溪 李滉의 理와 上帝의 관계에 대한 연구," 7-22; 최신한, "슐라이어마허와 퇴계: 직접적 자기의식과 경(敬)을 중심으로," 「철학논총」 44 (2006): 465-486; 이광호, "上帝觀을 중심으로 본 儒學과 基督敎의 만남," 534-566; 조성환, "바깥에서 보는 퇴계의 하늘 섬김사상," 「퇴계학논집」 10 (2012): 307-333; 이관호, "退溪 李滉의 天則理와 스피노자의 實體一元論 비교," 「퇴계학보」 135 (2014): 55-93; 황상희, "퇴계사상의 종교성에 관하여," 5-38; 안유경, "퇴계의 理와 아리스토 텔레스의 神과의 접점," 241-272 등을 들 수 있다.

83 양명수, 『퇴계 사상의 신학적 이해』.

84 김광식, "土着化의 再論," 「神學思想」 45 (1984), 406.

년간 유학적 영성의 바탕에서 살아온 한국인의 심령 안에서 성령 하나님의 은혜에 의해 이뤄진 실존적인 현상으로 볼 수 있으며, 특히 양자의 대화는 한국교회의 목회 현장에서 매 순간 일어나는 일상적인 문제라고 말할 수 있다. 그리고 우리는 이러한 대화를 통해 한국교회의 신앙적, 목회적 실존 상황에서 행동하신 그분의 거룩한 발자취를 새롭게 들여다보면서, 다시금 그분의 놀라운 은총의 역사(役事)를 찬미하는 기쁨을 누릴 수 있을 것이다.

그리움과 에로스의 수행-미학적 한국신학
— 다석 류영모와 플로티노스의 신비적 합일을 중심으로*

안규식

(연세대학교 한국기독교문화연구소)

I. 서론

현재 인류는 자기 욕망을 위해 타자의 생명을 착취한 결과로 주어진 기후 위기와 가족 공동체, 생태계 등 자기 존재 기반을 스스로 집어삼키는 '식인 자본주의'(Cannibal Capitalism)[1] 같은 거대한 자기-파국적 상황 앞에 직면해 있다. 타자에 대한 착취와 파괴, 분열과 혐오를 넘어 스스로를 착취하고 파괴하는 현상의 근저에는

---

* 이 논문은 2022년 대한민국 교육부와 한국연구재단의 지원을 받아 수행된 연구이며 (NRF-2022S1A5B5A17046396), 2024년 제19회 한국조직신학자 전국대회(주제: "K-신학: 한국신학의 부활")에서 발표한 원고를 수정 및 보완하여 「한국조직신학논총」 76 (2024. 9.): 119-158에 게재하였고, 이를 다시 수정과 보완을 거쳐 편집위의 허락을 받아 재수록한 글임을 밝힌다.

1 Michael Hill, *Cannibal Capitalism: How Big Business and The Feds Are Ruining America* (New Jersey: John Wiley & Sons Inc, 2011), XIV.

인간이 맺는 관계들의 총체적 파괴와 단절이 자리하고 있다. 자기 꼬리를 먹는 우로보로스(ouroboros) 뱀처럼 오늘날 우리 사회는 스스로에 대한 위협도 고통도 감지하지 못하고 자기 자신을 파괴할 만큼 자기 자신과 단절되어 있음은 물론, 동료 인간과 우리 생명의 존재 근거가 되는 자연을 비롯한 전체 세계와의 교제도 상실하고 있다. 무엇보다 인간은 타자의 고통과 번영을 자신의 것으로 여길 줄 아는 인류애적 감수성은 물론, 해와 달을 보고 내 형제요 자매라 했던 성 프란치스코의 생태적 감수성도 상실했다. 이런 단절과 고립의 상황은 우리에게 근원적 관계에 대한 성찰과 그 관계의 회복과 완성을 위한 전환을 요청한다. 그것은 곧 인간 자신과 자연, 더 나아가 궁극적 실재라 할 신과 맺는 관계에 대한 성찰이다.

이 근원적 관계에 대한 성찰은 우리가 맺는 관계는 무엇에 그 기원과 공통의 토대를 가지고 있는지, 모든 존재자를 하나되도록 만드는 방향과 목적은 무엇이 되어야 하는지 그리고 이러한 관계를 가능하게 할 원동력은 무엇인지를 질문한다.

따라서 우리는 자신이 맺는 관계의 근원적 토대를 깨닫고, 그 지향과 방향을 이해하고 주변 존재들을 감각하기 시작할 때, 존재들의 요청에 대해 반응하고 행동하는 변화를 시도할 수 있을 것이며, 더 나아가 지금 우리가 직면한 총체적 위기를 극복할 동력을 얻을 것이다. 이런 근원적 성찰의 방향은 신-자연-인간이 맺는 유기적이고 통전적인 관계를 깨닫는 인식뿐 아니라 감각과 행동의 변화까지 가져다 줄 미학적이고 수행적인 회개여야 한다. 이러한 과정을 통해서 주어진 정화된 인간의 양심만이 자기 자신, 동료 인간 그리고 세계를 위한 윤리적 수행에 새로운 동력을 가져다 줄 것이다.

그렇다면 이런 성찰을 위해 필요한 신학적 사유는 무엇이고, 변화를 위한 윤리적 실천의 원동력은 어디서 찾을 수 있는가? 이와 같은 문제의식을 가지고 이 글은 그리스도교 신앙을 중심으로 서구의 지적 전통은 물론, 유교, 불교, 도가사상, 근대 한국 종교를 수용하고 융합하여 창조적으로 발전시킨 그리스도교 사상가인 다석 류영모(多夕 柳永模, 1890~1981)와 플라톤을 계승하여 신플라톤주의로 발전시켜 그리스도교에 지대한 영향을 준 3세기 헬레니즘 시대의 사상가인 플로티노스(Plotinus, 205~270)에게서 나타나는 신비적 합일(*unio mystica*)에 관한 내용을 비교 연구한다. 이로써 인간이 맺는 절대자와의 근원적 관계는 물론, 세계와 맺는 상생과 조화의 합일적 관계를 신학적으로 고찰함으로써 오늘날 한국신학을 위한 제언을 시도하고자 한다.

일부 종교적 명상이 제시하는 신비적 합일에 이르는 방식과 내용은 종교 엘리트들만의 체험적 전유물이거나 일자의 전체성과 목적 안으로 존재의 다양성을 제거해 버리는 전체주의적이고 파시즘적인 폭력과 공모한다는 혐의를 받기도 한다.[2] 하지만 신비적 합일의 담론은 전체 생명을 파괴하는 분리와 분열, 대립과 소외라는 이 세계의 존재론적이고 실존적 문제를 해결하기 위한 대안으로 제시되

---

2 브라이언 다이젠 빅토리아는 2차 세계대전 당시 일본의 선불교가 군국주의에 동원되었음을 역사적 사례를 통해 증명하고, 선불교의 종교적 수행이 전체주의와 파시즘 그리고 전쟁 이데올로기와 어떻게 공모하고 작동하였는지에 대한 비판적 연구를 수행했다. 일제 군국주의하에서 선불교의 무아(selfessness) 개념이 작동한 사례를 살펴보기 위해서는 Brian Daizen Victoria, *Zen War Stories* (NewYork: RoutledgeCurzon, 2004), 106-148. 제국주의적 선불교와 전쟁 속에서의 역할에 대해서는 Brian Daizen Victoria, *Zen at War* (Lanham: Rowman & Littlefield Publishers, Inc., 2006), 79-145.

기도 한다. 분리와 대립의 문제를 극복하여 신과 세계 그리고 인간이 전체 생명 안에서 '하나'가 되는 친교의 비전을 구현하는 것이 이 글이 규명하고자 하는 신비적 합일의 결과다. 이처럼 신비적 합일은 분열과 대립의 사회를 치유하는 구원을 향해 인간이 걸어가야 할 '신비적 행로'라 말할 수 있다. 이 "신비적 행로는 합일로 돌아가는 것이다. 하느님과의 합일, 모든 인간과의 합일, 우주와의 합일, 우리 자신 안에서의 합일로 돌아가는 것이다."[3] 또한 신비적 합일은 새로운 인간학을 요청하는 오늘날 상황에 궁극적 실재 그리고 세계와의 상생과 조화를 이루는 신비의 가능성을 지닌 인간학을 발견함으로써 위안을 얻는다. 이는 마치 참혹했던 1차 세계대전 직후 윌리엄 랄프 잉에가 플로티노스 연구의 당위성을 다음과 같이 설명한 것과 같은 맥락이다: "우리는… 인간의 먼 미래를 앞당겨 일찌감치 완전한 인간성을 내다본 몇몇 현자들에 의해 가르쳐진 최고의 정신적인 가치들 안에서 위안(慰安)을 찾아야 할지도 모른다."[4]

이 글은 동서양 종교 전통에 있어서 신비적 합일의 삶과 사유를 뚜렷하게 보여 준 사상가인 다석 류영모와 플로티노스의 신비적 합일을 비교함으로써 그 구체적 내용을 파악한다. 또한 이 글은 분리와 분열, 차별과 대립이라는 폭력의 담론에 대응하는 합일적 구원을 초월적 내재의 수행적 그리스도론과 존재론적 변화의 미학적 수행론으로 정리하고, 이를 수행-미학적(Performative-aesthetical) 한국신학이라는 전망으로 종합하여 제시할 것이다.

---

3 윌리엄 존스턴/이봉우 옮김, 『신비신학: 사랑학』 (서울: 분도출판사, 2012), 345.
4 윌리엄 랄프 잉에/조규홍 옮김, 『플로티노스의 신비철학』 (서울: 누멘, 2011), 40.

II. 귀일(歸一) : 다석과 플로티노스의 신비적 합일의 역학

다석과 플로티노스, 두 사상가에게 신비적 합일의 대상인 '하나'
는 구체적으로 무엇을 의미했으며, 그 차이는 무엇인가? 이들이
가진 '하나'(一) 혹은 '일자'(一者, the One)를 향한 추동의 근원은 무엇
이며, 그것은 어떻게 발생하는가? 이러한 추동이 가리키는 신학적
함의는 무엇일까? 이 질문들과 관련하여 두 사상가의 신비적 합일에
서 공통으로 나타나는 역학을 설명하는 개념은 바로 귀일이다.

다석 류영모에게 신은 '하나'로 언표되며, 신과 세계의 관계는
양자 간에 존재론적 차이에서 발생하는 '그리움'이 합일을 추동하는
귀일의 관계다. 다석 사상의 밑바탕에는 '하나'[5]라 표현된 궁극적
실재와의 만남과 철저한 자기 비움의 수행(修行)으로 주어진 종교
체험인 신비적 합일이 자리하고 있다. 다석이 평생 추구했던 것이
이 합일이다. 다석은 신의 절대성과 전체성을 가리키는 명칭으로
'하나'를 제시한다. 다석은 "모든 것이 절대인 '하나'에서 나와서,
마침내 '하나'를 찾아 하나로 돌아가야 한다는 긴박한 요구가 우리에
게 있다"[6]고 주장했다. 다석에게 "하느님은 절대요 전체인 하나(一)이
다. 무극이태극(無極而太極)이라 오직 하느님뿐이다."[7] 다석의 하나에
관한 이해의 중요한 특징은 신과 세계의 합일적 관계이다. 이 합일적

---

5 다석은 신, 곧 절대자를 여러 명칭으로 표현하는데, 그중 대표적 명칭이 '하나'다. "하느님은
절대요 전체인 하나(一)이다. 무극이태극(無極而太極)이라 오직 하느님뿐이다. … 절대요
전체요 하나인 진리(하느님)를 깨치는 것이 가장 급선무(急先務)이다." 류영모/박영호 엮음,
『多夕 柳永模 어록』(서울: 도서출판 두레, 2002), 64-65.
6 류영모/다석학회 엮음, 『다석 강의』(서울: 교양인, 2017), 763.
7 류영모, 『多夕 柳永模 어록』, 64.

관계를 설명하는 다석의 개념이 바로 모든 것이 하나에게서 나와 다시 하나로 돌아간다는 귀일이다. 필자가 파악한 다석의 귀일 과정 이 가진 핵심은 존재론적 차이에서 발생하는 변증법적 역동성이다. 다석은 신의 절대적 거룩함과 전체성이 유한한 피조물, 특히 인간 안에서 하나를 향한 '그리움'을 일깨우고 귀일하도록 하는 원동력이 된다고 보았다. 다석은 이렇게 말한다. "'하나'입니다. 본래 하나(전체) 입니다. 본래 '하나', 이것이 '성명자성'입니다. 하느님의 존재는 스스 로 거룩합니다. '하나'라야 거룩하고, 거룩해야 그리운 것입니다."[8]

이처럼 다석은 신과 합일하고자 하는 인간의 본성을 그리움이라 규정한다. 다석은 '맨 첨이고 참되시는 아버지 하느님을 그리워함은 어쩔 수 없는 사람의 본성(本性)'[9]이라 이해했다. 피조물의 피조성, 곧 절대적 타자로서 '하나'를 대하는 유한한 피조물로서 자기에 관한 인식이야말로 자신이 '하나'에서 나왔기에 전체 안에 있다는 연속성과 '하나'로부터 떨어져 나온 일부라는 불연속성을 깨달음이 다. 이 변증법적 관계성 안에서 발생하는 '하나'를 향하는 추동의 본질이자 이유가 되는 것이 그리움이다. 요약하자면 유한한 피조물 은 신의 전체성과 거룩성 때문에 '하나'를 '그리워'한다. 피조물이 본래 지닌 '하나'를 향한 이 그리움이 곧 귀일의 추동이다.

플로티노스 역시 신비적 합일의 대상인 궁극적 실재를 일자(the One, 一者) 혹은 하나라 명칭하고, 일자에게서 나오는 유출(流出)과 일자로 돌아가는 회귀(回歸) 그리고 이 과정의 추동이 되는 에로스의

---

8 류영모, 『다석 강의』, 401.
9 류영모, 『多夕 柳永模 어록』, 59.

개념으로 신과 세계의 귀일 관계를 설명한다. 또한 "'신비한'(말로 표현할 수 없는) 근원으로서의 일자(一者), 이 근원과의 '합일', 타락할 수도 있고 상승할 수도 있는 '영혼'의 가능성, '구원'의 갈구"[10] 등이 그 특징으로 제시된다. 플라톤의 영육 이원론을 거부한 플로티노스의 사유는 일원론적이다. 플로티노스의 일원론적 사유는 "세계의 모든 것을 일자의 '유출'(emantipatio)로 보는 관점 그리고 유출의 관계에 따라 모든 것이 '하이어라키'를 형성하는 구도 그리고 무엇보다도 물질을 실재로 보지 않는 입장"[11]으로 요약된다. 특히 "플로티노스의 사유는 일자로부터의 유출을 사유하는 이론적 측면과 일자와 합일하기 위해 상승하는 실천적 측면으로 구성되어 있다."[12]

플로티노스는 유출을 근거로 모든 피조물이 일자 안에 있음을 다음과 같이 설명한다: "어떤 것에 의해서 생겨난 모든 것들은, 만약 그것을 만든 그 무엇이 있다면 그것을 만든 것 안에 있든지 아니면 다른 어떤 것 안에 있게 된다. 그 이유는, 유출되고 존재하기 위해서는 다른 어떤 것이 필요하고, 어디서나 그 어떤 것을 필요로 하기 때문이다."[13] 플로티노스에게 있어 일자는 절대성과 근원성으로 그 특징을 설명할 수 있다. 플로티노스는 모든 것이 일자로부터

---

10 이정우, 『세계철학사 1 — 지중해세계의 철학』 (서울: 도서출판 길, 2019), 591.

11 앞의 책, 592-593.

12 앞의 책, 593.

13 Enn., V 5, 9. 1-3. 본 논문에서는 플로티노스의 『엔네아데스』에 해당하는 자료로 번역본인 Plotinus, John M. Dillon and George Boys, trans., LLoyd P. Gerson, ed., *The Enneads* (Cambridge: Cambridge University Press, 2019)를 사용하고, 이후로 *the Enneads*의 출처는 1957년에 제정된 플로티노스학회의 국제학술표기 약정에 따라 다음과 같이 약어로 표시한다. 예를 들어 Enn., V 5, 3. 10은 Plotinus, *the Enneads*의 5권 5, 3장, 10절을 말한다.

유출되고, 일자는 자신과 다른 것, 덜 완전한 것을 낳는다고 생각했다. 이러한 유출의 과정을 통해서 일종의 순차적이고 위계적인 질서인 '거대한 존재의 사슬'이 구성된다. 이 위계의 시작은 일자이고, 다음은 지성, 그다음은 영혼이다. 만물은 이 위계 안에서 일자로 회귀하려고 노력하고, 인간 역시 신이라 말할 수 있는 일자를 향해 이끌린다. 이 이끌림을 추동하는 것을 플로티노스는 신에게 상승하고자 하는 열망이자 사랑인 에로스라 보았다.[14] 플로티노스는 "영혼은 신과는 다르지만 신으로부터 나왔기 때문에 필연적으로 신을 열망하고… 천상적인 열망을 소유하고 있다"[15]고 주장한다. 이런 플로티노스의 존재론적 위계의 사슬은 절대자이자 신이라 할 일자와 세계와의 유기적 관계를 강조한다는 점을 그 주요한 특징으로 들 수 있다.

종합하자면 하나와 합일하고자 하는 추동을 표현하는 다석의 용어는 그리움이고, 플로티노스의 용어는 에로스(Ἔρως, 열망 혹은 사랑)다. 다석은 인간 실존을 탐(貪, 탐욕), 진(瞋, 분냄), 치(癡, 어리석음)를 쫓는 타락한 '제나'로 이해함으로써 이 세계와 '하나'와의 관계에 있어 존재론적 차이를 강조하는 변증법적 이해를 보여 준다. 다석의 변증법적 존재 이해는 식색(食色, 식욕과 성욕)을 끊는 금욕적 수행으로 구체화된다. 이 금욕적 수행을 통해 참나를 깨달음으로써 '하나'에게 다시 돌아가는 귀일의 강렬한 추동이 바로 그리움이다. 플로티노스는 다석처럼 '하나'와 이 세계의 관계가 갖는 역동을 유출(혹은 발출)과 회귀로 설명하지만, 귀일의 과정에서 아름다움이 합일에 대한 열망

---

14 존 쿠퍼/김재영 옮김, 『철학자들의 신과 성서의 하나님』(서울: 새물결플러스, 2016), 67.
15 Enn., VI 9, 9. 27-30.

을 일으키고 덕을 발생시켜 구원에 이르는 상승의 존재론적 참여를
부각시킨다. 플로티노스에게 신, 곧 '하나'는 에로스의 대상이다.
그러므로 신과 합일하기 위해서는 에로스의 안내를 받아야 한다.

III. 다석 류영모의 '하나'와 '그리움'

1. 그리움의 대상으로서 '하나'

다석이 사용한 신에 관한 중요한 명칭은 '하나'(一)다. 다석의
하나가 가진 신학적 함의는 다음과 같다. 첫째, 하나는 초월적 타자로
서의 신이다. 다석은 '이름이 없는 것이 신'[16]이라고 말하면서 신의
이름 없음을 주장한다. 다석은 이름 없는 신을 가리키기 위한 언표로
서 '하나라면 신을 말하는 것'[17]이라 주장한다. 이름 없는 신인 하나는
인간의 언어로 포획할 수 없고, 인간의 인식으로 완전히 대상화할
수 없는 무규정적인 신이 가진 초월적 타자성을 함의한다. 이름
지어진 존재는 자신의 기원을 스스로에게 두지 않고 그 이름을
지어준 대상에게 둔다. 따라서 이름 없는 신은 그 기원이 신에게
이름을 붙이는 인간이나 이 세계에 있지 않다. 이런 맥락에서 다석은
신이 '어디 있다'라고 말할 수 없다 했다. 다석은 이렇게 말한다:
"신이라는 것이 어디 있다면 신이 아닙니다."[18] 이렇게 다석이 생각했

---

16 류영모, 『다석 강의』, 332.
17 앞의 책, 332.

던 하나는 이 세계에 그 기원을 두지 않는, 이 세계와 질적으로 다른 차원을 지닌 초월적 타자였다.

둘째, 존재의 근원이자 원리이며, 절대이자 전체인 동시에 무규정 적인(indefinite) 무극이태극(無極而太極)으로서 하나다. 다석에 따르면 "하느님은 절대요 전체인 하나(一)이다. 무극이태극(無極而太極)이라 오직 하느님뿐이다. … 절대요 전체요 하나인 진리(하느님)를 깨치는 것이 가장 급선무(急先務)이다."[19] 다석은 절대이자 전체로서 하나를 무극이태극[20]이라는 성리학의 개념과 연결해서 제시한다. 무극이태극은 중국 송대 유학자인 주돈이(周惇頤, 1017~1073)가 저술한 『태극도설』(太極圖說)[21]에 등장하는 용어다. 주희(朱熹, 1130~1200)의 해석을 빌리자면 무극이태극이란 태극이 시간과 공간을 초월하여 형체가 없기에 리(理)만 있음을 의미하는 말이다. 즉, 존재의 근원이자 원리인 리는 전체인 태극이다.[22] 따라서 다석이 말한 태극은 존재의 원리이자 절대이면서 전체인 리라고 말할 수 있다. 그러나, 유념해야 할 것은 무극과 태극을 개별적인 두 개의 본원으로 이해해서는 안 된다는 사실이다. 주희는 주돈이가 『태극도설』에서 무극을

---

18 앞의 책, 332.

19 류영모, 『多夕 柳永模 어록』, 64-65.

20 다석은 두 번에 걸쳐(1960년 11월 7일, 1966년 2월 11일) 『태극도설』(太極圖說)을 순우리말로 번역하면서, 무극이태극(無極而太極)을 1960년에는 "없극궂이오 커극궂이다"로, 1966년에는 "없ㄱ중서 ㅎ훈ㄱ중"으로 번역했다. 안규식, 『비움과 숨: 한국적 영성을 위한 다석 류영모 신학 연구』 (서울: 도서출판 동연, 2024), 157-158.

21 『太極圖說』: "無極而太極 太極動而生陽 動極而靜 靜而生陰 靜極復動 一動一靜 互爲其根 分陰分陽 兩儀立焉 陽變陰合 而生水火木金土 五氣順布 四時行焉 五行一陰陽也 陰陽一太極也 太極本無極也."

22 풍우란/박성규 옮김, 『중국철학사』하 (서울: 까치, 1999), 531-533.

태극이라 함은 만물의 생성과 구조 그리고 원리에 있어 지극한 궁극적 실재라 할 태극이 장소와 형상, 냄새와 소리도 없음을 밝히기 위해서라 주장한다. 이는『중용』에서 이르듯 하늘의 작용이 무성무취하고 일정한 모양도 없어 지극하면서 파악할 수 없다는 뜻에서 무극이라 함과 같다. 다만 모양이 없고 파악할 수 없다고 하여 그것이 존재하지 않음은 아니며, 오히려 확실히 존재한다고 하여 이를 다시 태극이라 하는 것이다. 다시 말해 궁극적 실재는 오직 태극 하나이며, 그 태극을 가리켜 무극이라 하는 것이다. 따라서 무극에서 태극이 나온 것이 아니라 태극이 곧 무극이고, 무극이 곧 태극이다. '무극과 태극을 둘로 보지 않고, 동일한 존재의 양면'이라 해석해야 하는 것이다.23 이처럼 무극이 태극이라 함은 무극과 태극이 동일한 궁극적 실재의 서로 다른 양태임을 말한다. 이 세계의 모든 만물의 근원이자 존재의 원리가 되는 태극은 동시에 현상계를 초월하여 있어 초경험적인 것으로서 규정될 수 없는 무규정자인 무극에 다름 아니다.24

셋째, 다석이 말한 하나는 존재(Being)와 비존재(Non-being)를 포괄하는 통전적인 궁극적 실재를 말한다. 다석은 "무극이태극을 통해 무(無) 곧 '없음'으로 간주할 수 있는 이 혼돈과 허무가 사실상 존재와 둘이 아닌 '하나'"25임을 알았다. 다석에 따르면, '혼돈(우주)은 언제나 하나인 태극'26이다. 다시 말해 인간 인식으로 규정될 수 없는 '허무는

23 유현주, "朱熹의「太極圖說」해설의 관점으로 본 21세기 생명가치 연구," 동양철학연구 109 (2022), 239.
24 안규식,『비움과 숨』, 160.
25 앞의 책, 161.

무극(無極), 고유는 태극(太極)'27이다. 하지만 '태극·무극이 하나니까 하나는 신'28이다. 다석은 1956년 11월 18일에 기록한 일지에서 무극(无極)/태극(太極)-양의(兩儀)-사상(四象)-팔괘(八卦)의 순서로 이어지는 우주 창생의 과정을 기록하였고, 여기서 무극(无極)을 '모르는 하나',29 태극(太極)을 '한 하나'30로 표기한다. 무극과 태극은 존재론적으로는 동일한 하나이지만, 그 양태에 있어서는 다르다. 무극이 모름의 하나라면, 태극은 앎의 하나다.

이처럼 다석이 이해한 무극이태극의 신은 이 세계에 모름과 앎을 모두 허용하는 '하나'의 신으로서 이 두 가지 모두를 통해 자신을 드러낸다. 우주 창생의 근원적 존재이자 모든 존재자를 관통하여 모든 곳에 충만한 초월적 존재인 태극으로서 신은 이런 의미에서 분명 존재의 신이다. 동시에 태극으로서 존재의 신은 인간 인식과 감각에 결코 포획되지 않는 무극의 신이다. 어쩌면 무극의 신은 인간의 신 인식이 고정되지 않고 끊임없이 '미끄러져서' 오히려 인간의 앎이 필연적으로 모름을 만들어 내기에, 존재의 신이면서 언제나 비존재의 신이다. 따라서 신에 대한 인간의 앎뿐만 아니라 모름 역시 신의 계시가 된다. 신은 인간 인식에 역설적으로 '없이 계심'으로 드러난다. 다석은 오직 한 분인 없이 계신 하나님만 확실히 존재한다고 보았다.31 다석은 존재와 비존재가 '하나'인 신을 한

---

26 류영모, 『多夕 柳永模 어록』, 122.

26 류영모, 『多夕 柳永模 어록』, 122.

27 앞의 책, 122.

28 앞의 책, 122.

29 류영모, 『多夕日誌』 1 (서울: 홍익재, 1990), 284.

30 앞의 책, 284.

없이(無極) 큰(太極), 없이 계신 님이라 불렀다. 지극한 존재이기에 없음으로 드러난다. 그래서 없이 계신다. 다석은 이 하나, 곧 없이 계신 하느님에게 도달해야 함을 주장한다. 그리고 하느님에게 도달함의 방향은 '내 속'이다. "우리가 하느님 아버지라고 하지만 아버지는 우리가 따질 수 없는 크고 참된 존재이시라 없이 계신다. … 하느님은 내 속에 있다. 하느님의 말씀을 알면 그것이 하느님에게 다다른 것이다."[32]

결국 이 세계의 존재론적 근원과 변화의 원리로 경험되는 신은 인간에게 '한 하나', 곧 태극에 대한 앎으로 인식되지만, 그 앎은 다시 앎을 넘어서는 혼돈과 무규정으로 경험되는 신인 '모르는 하나', 곧 무극에 대한 모름의 영역을 끊임없이 만들어 낸다. 이로써 인간은 앎을 존재로 경험하지만, 모름은 비존재로 경험한다. 다석의 무극이 태극은 이 앎과 모름, 곧 존재와 비존재가 모두 통전적으로 '하나'임을 주장한다. 신에 대한 인간 인식의 이런 앎과 모름, 존재와 비존재의 역설적 일치는 인간 인식을 끊임없이 넘어서는 신 그리고 그 신이 세계와 맺는 관계가 통전적이라는 사실에 주목하게 한다. 이 통전성의 핵심은 모름을 또 다른 차원의 앎으로 이해하고, 앎을 또 다른 차원의 모름으로 이해함으로써 더 큰 궁극적 실재를 향한 개방적 앎으로 나아가는 역설에 있다.

그렇다면 앎과 모름 중 무엇이 먼저일까? 분명히 앎 이전에 모름이

---

31 "이 사람은 모든 상대적 존재의 근원인 **전체 하나**(一)가 얼로 없이 계심을 느낀다. 이 하나 밖에 다른 것은 없다. 모든 상대적 존재는 이 하나(一) 속에 들어 있다." 류영모, 『多夕 柳永模 어록』, 163. 강조는 필자의 것.

32 류영모, 『多夕 柳永模 어록』, 344. 강조는 필자의 것.

있다. 규정되기 이전에 규정되지 않음이 전제되어야 하기 때문이다. 따라서 무극이태극의 신은 혼돈에서 질서로, 무규정에서 규정으로, 무(無)에서 유(有)로 인간 인식에 드러난다. 그래서 일반적으로 신비주의자들이 주장하는 신비적 합일의 길은 신에 대한 인간 언어와 앎을 소거하는 방식으로서 신에 대해 '무엇인가'가 아니라 '무엇이 아닌가'를 묻는 부정의 방식으로 진행된다. 이런 맥락에서 오히려 "한낮의 밝음은 우주의 신비와 영혼의 속삭임을 방해하는 것이다."[33] 따라서 신에 대한 진정한 앎이란 근본적으로 무지(無知)로 향하는 앎이 되어야 한다. 낮보다 밤이 영원함을 알았고 영원한 '저녁'을 그리워한 다석이 자신의 호를 많은(多) 저녁(夕)을 뜻하는 다석(多夕)으로 정했던 것은 바로 이런 맥락이 있었다.[34]

마지막으로 다석의 하나는 곧 절대무(絶對無)이자 절대공(絶對空)이다. 다석은 하나란 마주 봄으로 서로 나누어지지 않은 상태인 둘(二)이 아니라 하여 '불이'(不二)라 했고, 이 둘이 아닌 상태인 하나가 곧 무라는 뜻에서 '불이즉무'(不二卽無)라 불렀다. 다석은 인간이 자기 존재의 근원과 귀결이 하나인 무라는 것을 알면 이 세계의 종노릇에서 벗어날 수 있다 보았다.[35] 다석에게 이 세계는 마주 봄의 상대(相對) 세계다. 이 상대 세계의 존재자들은 자기 존재의 근거가 자기에게 있지 않다. 이 존재자들의 근거는 불교에서 말하는 연기(緣起)의 상호주체성으로 설명되는 무아(無我)다. 눈에 보이는 감각 세계인

---

33 박영호, 『다석 전기』 (서울: 교양인, 2012), 416-417.
34 "저녁은 영원하다. 낮이란 만년(萬年)을 깜박거려도 하루살이의 빛이다. 이 영원한 저녁이
   그립도소이다." 앞의 책, 417.
35 류영모, 『다석 강의』, 766.

상대 세계는 결국 나누어지지 않은 절대(絶對) 세계인 하나, 곧 절대무와 절대공으로 되돌아간다. 이 사실을 깨닫지 못하고 이 세계의 존재자들을 소유하고 집착하려 할 때 탐, 진, 치의 삼독에 빠지는 종살이가 시작된다.

그렇다면 하나에 어떻게 도달하는가? 다석은 절대무라 할 하나를 원래부터 있는 하나라 하여 '원일물'(元一物)이라 했다. 원일물은 불이즉무(不二卽無)한 것이기에 소유나 인식으로 획득되는 것이 아니다. 원일물이란 "소유한 것이 도무지 없고, 있었던 소유도 잊어야 하는 '원일'이다."36 따라서 하나에 이르는 귀일의 길은 감각적인 것들로 본래 존재인 무를 감추고 공을 채움으로써 허무한 것들을 존재한다고 믿도록 기만하는 존재자들의 환영을 부정(否定)하는 것이며, 자신 안에 있는 하나인 무와 공으로 향하는 자기 비움의 길이다.

2. 그리움을 통해 '그리스도록'

다석에게 절대무와 절대공인 하나로 되돌아가는 자기 비움의 수행적 원동력은 무엇일까? 그것은 바로 하나를 향한 그리움이다. 인간은 자기 존재의 근원이자 귀결인 하나를 그리워한다. 다석은 '맨 첨이고 참되시는 아버지 하느님을 그리워함은 어쩔 수 없는 사람의 본성(本性)'37이라 보았다. 그리움은 무(빈탕)와 공(허심)에 도달하는 자기 비움의 금욕적 수행을 통해서 구체화 된다. 다석은

---

36 앞의 책, 768.
37 류영모, 『多夕 柳永模 어록』, 59.

'몸성히, 묌비히, 바탈틔히'[38]의 단식(斷食)과 단색(斷色)하는 자기 비움의 금욕적 수행을 통해서 빈탕(虛空)과 허심(虛心)에 도달하고자 했다.[39] 다석은 하나에 이르는 길을 자기 비움의 금욕적 수행이라 보았고, 그런 수행의 원동력을 그리움으로 표현했다.

여기서 필자가 특히 주목하는 것은 다석이 자기 비움의 수행과 그리움을 자신의 그리스도론의 지평 안에서 종합시켰다는 점이다. 다석은 인간 본성으로서 그리움이 자기 비움의 수행을 통해 인간 영혼 안에서 그리스도를 탄생시킨다고 보았다. 다석은 인간이 가진 하나를 향한 그리움이 하나와 신비적 합일을 이룰 수행적 동력을 주고, 인간 영혼 안에서 독생자, 곧 그리스도가 태어나도록 한다고 본 것이다. "하나님을 향한 다석에게 그리스도는 하나님을 향한 그리움을 통해 비워진 인간 영혼 안에서 태어나는 하나님의 아들이었다."[40] 이처럼 하나를 향한 그리움으로 추동되는 수행을 통해 인간 영혼 안에서 그리스도가 태어나 하나가 되는 신비적 합일을 다석은 '그리스도록'이라 표현한다.[41] "우리는 세상에 나와서 올라가고 다시 나오고,

---

38 '몸성히, 묌비히, 바탈틔히'는 몸성히, 맘놓여, 뜻태우로 표현할 수 있다. 다석이 말한 몸성히는 탐욕을 버려 많이 먹지 않는 '점심'(석가가 대낮에 한 끼 먹었다는 뜻) 수행이고, 맘놓이는 정조를 지키기 위해 치정(癡情)을 끊어 버리는 것이며, 뜻태우는 몸성히와 맘놓이를 통해서 지혜의 광명을 얻는 것을 말한다. 류영모, 『多夕日誌』 4 (서울: 홍익재, 1990), 411-412.

39 김흡영은 다석의 '몸성히', '묌비히', '바탈틔히'를 "'한나신 아들'인 독생자 예수 그리스도의 형상을 닮은 '참몸', '참맘', '참바탈'을 성취하기 위한 다석의 수양법"으로 규정하고, 이를 그리스도교 신학의 성화론과 연결시킨다. 김흡영, 『가온찍기: 다석 유영모의 글로벌 한국 신학 서설』 (서울: 도서출판 동연, 2016), 198.

40 안규식, 『비움과 숨』, 325.

41 인간 영혼 안에서 태어나는 독생자에 대한 사유는 중세 독일의 신비주의 신학자 에크하르트 (Meister Eckhart, 1260~1328)에게서도 동일하게 찾아볼 수 있다. 다석은 자신의 독생자론에서 인간 안에 태어나는 독생자를 '한나신아들'이라 표현했다. 다석 류영모와 에크하르트의

먼 빛을 바라보며 그(하느님)를 그리워하고, 그가 그리워 나왔으니 그리스도록(立) 살아야 합니다. 이것이 그리스도입니다."[42]

'하나'를 향한 그리움과 자기 비움의 수행을 통한 그리스도 됨, 곧 신비적 합일은 두 가지 조건 때문에 가능하다. 첫째, 존재론적 동일성[43]이다. 다석의 관점에서 볼 때 모든 인간은 '독생자', 곧 그리스도가 될 가능성을 이미 가지고 있다고 보았다. 왜냐하면 마이스터 에크하르트의 주장처럼 인간의 근저(Grund)와 하나님의 근저가 동일하기 때문이다. 인간은 그 근저의 순수성을 회복하는 깨달음의 사건을 통해 인간 영혼 안에서 독생자가 탄생하는 경험을 할 수 있다. 다석은 이렇게 말했다: "그런데 예수만 '외아들'입니까? 하느님의 씨(요일 3:9)를 타고나, 로고스 성령이 '나라는 것을 깨닫고 아는 사람은 다 하느님의 독생자(獨生子)입니다. 독생자는 비할 수 없는 존신(尊身)을 가집니다."[44] 비록 그리움은 절대적 '하나'와 유한

─────────────────

사상적 연관성에 대한 자세한 내용은 앞의 책, 308-326.

42 류영모, 『다석 강의』, 184.

43 필자는 앞서 다석의 하나가 가진 신학적 함의를 초월적 타자로서의 신이라 설명했다. 하지만 여기서 언급된 존재론적 동일성은 하나를 범재신론의 관점에서 초월적 내재의 신으로 규정할 때 상정할 수 있는 하나의 내재성에 근거한 특성을 가리킨다. 다석에게 신은 초월적 내재의 신으로 설명된다. 다석은 무극이태극으로서 하나의 초월성을 강조하지만, 동시에 인간 본성에서 신적 특성을 얼나 바탈과 같은 용어로 표현하면서 내재성 역시 강조한다. 이러한 초월적 내재의 특성은 신을 '깨끗'의 신이자 이 세계와 질적 차이를 가진 초월적 신이면서, 동시에 인간 안에서 인간 역사와 세계에 참여하는 내재적 신으로 이해할 수 있게 한다. 그렇다면 다석의 신은 인간 역사, 특히 고난에 참여할 수 있는가? 그렇다. 초월적 타자의 '깨끗', 곧 거룩과 인간에 내재하면서 역사에 참여함은 범주가 다르다. 전자는 존재론적 범주이고, 후자는 참여적 범주이다. 따라서 거룩의 신은 자신의 초월성을 지키면서 동시에 세계와 분리되지 않고 인간의 고난, 곧 약함과 비움과 비하에 참여할 수 있다. 다석의 하나, 곧 하느님은 절대적 타자이자 인간 역사, 특히 고난에 참여하는 초월적 내재의 신이다.

44 앞의 책, 874.

한 인간 사이의 존재론적 차이에 의해서 발생하지만, 역설적으로 인간이 하나와 신비적 합일을 이루는 것은 하나와 인간 사이의 동일한 근저 때문이다.

둘째, 존재론적 차이를 해소하는 매개인 사건이다. 다석이 모든 인간이 그리스도가 될 수 있는 가능성을 생각할 수 있었던 것은 그리스도를 인성과 신성이라는 실체론적 관점이 아닌 탄생이라는 사건의 관점에서 이해했기 때문이다. 다석에게 독생자란 '오직 하나의 아들임을 깨닫는 관계',45 곧 깨달음을 통한 탄생의 사건을 의미했다. 다석에게 하나와 신비적 합일은 독생자가 자기 영혼에서 탄생하는 사건으로 실현된다. 사건의 관점에서 보면 나사렛 예수 사건은 이천 년 전에 일회적으로 끝난 사건이 아니라 지금 여기서 시공을 초월해 계속해서 일어나고 있는 사건이다. 민중 신학자 안병무가 "예수가 곧 민중이다"라고 말할 수 있었던 것은 예수 사건이 역사 속에서 민중 사건으로 계속해서 일어나고 있다고 보았기 때문이다.46 민중이 곧 예수라는 말은 실체적 동일성이 아니라 사건적 동일성 속에서 예수가 민중 사건을 통해 재현됨을 뜻한다. 다석이 말한 독생자 역시 그리움으로 추동된 자기 비움의 수행으로 하나와 신비적 합일에 이른 인간 영혼 안에서 그리스도가 태어나는 사건을 통해 그리스도가 이 세계에 재현되는 것을 의미한다. 다석은 이 사건을 그리스도록이라 불렀다.

---

45 앞의 책, 473.
46 안병무, 『민중신학을 말한다』, 안병무 전집 2 (서울: 도서출판 한길사, 1993), 32-33.

3. 수행적이고 미학적인 예수의 희생, 고디 대속론

인간은 감각적 세계를 포함하면서 초월하는 근원적인 '하나'의 절대 세계의 형상인 무와 공을 '그리워하며' 자기의 근원으로 되돌아가고자 한다. 이 그리움은 자기 비움의 수행적 방식으로 무와 공의 진리에 주체를 변형시키도록 이끈다. 다석에게 자기 비움은 식욕과 색욕을 끊는 '고디'(곧음)의 금욕적이고 대항-문화적인 삶으로 구체화되었다. 고디라는 용어는 곧음을 뜻하는 말로 다석이 식색(食色)의 만족을 추구하는 삶을 거부하고 곧음의 정의와 생명 살림의 삶을 추구한 대항-문화적인 그의 정신과 삶을 압축적으로 설명한 다석의 용어다. 다석은 그리스도교를 고디 정신에 가장 투철한 가르침이라 하여 곧음을 뜻하는 한자인 정(貞)자를 붙여 '정교'(貞敎)라 불렀다. 다석은 고디 정신을 통해 그리스도교의 대속을 새롭게 이해하는데, 이 세계의 전체 생명을 위해 끝까지 고디 정신을 가지고 살다 십자가의 고난을 당한 예수처럼 예수를 따르는 자들 역시 '피로서, 맘의 고디(貞)로서 대속하는 정신'[47]을 가지고 살아야 할 것을 촉구했다.

이런 다석의 고디 대속론은 예수 십자가 죽음에 관한 '형벌 대속적 이해'(penal substitutionary understanding)가 가진 한계를 수행적이고 미학적인 관점에서 보완하고, 더 나아가 이를 극복하는 설명으로 제시된다. 예수 십자가에 대한 형벌 대속적 이해는 세 가지 측면에서 비판이 제기된다. 첫째는 하나님의 만족이 예수 십자가 죽음이라는 폭력을 통해 이루어졌다고 봄으로써 아들을 죽여 자신의 명예를 회복

---

47 류영모, 『다석 강의』, 759.

한 가학적 성부라는 왜곡된 이해와 폭력의 정당화를 가져온다는 것이다. 둘째는 예수 십자가 고난을 개인적 구속으로만 이해함으로써 구원이 가진 사회적이고 현실 변혁적인 차원을 잃어버린다는 것이다. 셋째는 구원을 죄와 용서의 수용으로만 이해하여 신앙적 실천을 간과한다는 것이다.[48] 따라서 예수 십자가 죽음과 희생에 관한 형벌 대속적 이해는 개인의 구원에만 치중하고 성부에 대한 왜곡된 이해로 인해 사회적 변혁의 원동력을 주는 수행적 차원과 도덕적 감화를 이끌어내는 미학적 차원이 약화된다는 한계를 지닌다.

하지만 다석은 예수의 삶과 십자가 죽음을 형벌 대속적 이해가 아닌 사회 변혁적 수행과 도덕적 감화의 미학적 관점을 결합시킨 고디 대속론을 제시한다. 다석의 고디와 대속의 개념 그리고 그리스도 이해는 동양 전통에서 말하는 효(孝)에 근거하고 있다. 효는 인간 본성을 기르고(養性, 양성) 자신에게 주어진 일에 정성을 다하는(存心, 존심) 수행적 삶이 육신의 부모에 대한 도리를 다하는 사회적 효도일 뿐 아니라 천지(天地), 곧 우주라 할 '아버지'에 대한 우주적 효도임을 상정한다. 그런데 부모에 대한 자식의 철저한 효행은 기계적이고 위계적인 순응이 아니라 이를 '전 사회적으로 확산시키는 것, 그리하여 그 시너지 효과로서 아름다운 풍속과 조화로운 사회 그리고 튼튼한 나라를 이룩'하는 도덕적이고 사회적이며 무엇보다 미학적인 감화를 그 본질적 요소로 갖고 있다.[49] 이처럼 동양에서 효는 부모에

---

48 박만, "속죄론적 십자가 죽음 이해에 대한 비판적 논고," 「한국조직신학논총」 39 (2014): 310-311.

49 퇴계 이황 편집/한형조 독해, 『성학십도, 자기 구원의 가이드맵』 (성남: 한국학중앙연구원, 2018), 157-160.

대한 도리를 다하는 것을 넘어서 그 철저함을 통해 이를 지켜보는 자들에게 미학적인 감화를 주어 사회 변혁으로 이어져야 하는 것이었다.

다석에게 철저한 정직과 희생의 삶, 곧 예수의 고디는 성부를 만족시키기 위한 가학적 수행이나 기계적인 복종이 아니라 성부에 대한 절대적 신뢰와 사랑에 기초한 성자의 효, 곧 '하느님의 아들 노릇'이었다. 다석에 따르면 예수는 "하느님 아들 노릇을 하는데 아주 몸까지 희생했다."[50] 십자가에 달린 예수는 '천직에 매달린 모범을 통해, 우리를 위한 대속(代贖)'[51]을 보여 주었고, 예수를 믿고 따르는 자들에게 '자기의 천직에 임무를 다하는 것이, 십자가에 매달린 예수와 같은 독생자(獨生子)가 되는 길'임을 알려주었다.[52] 이처럼 다석은 예수의 고디의 삶과 십자가의 희생을 성부에 대한 도덕적이고 사회적인 변혁의 모범이 되는 효로 이해했으며, 성부에 의한 가학이 아닌 예수를 따르는 우리로 하여금 도덕적 완성의 구원으로 나아가도록 추동하는 미학으로 보았던 것이다.

결론적으로 다석의 그리움과 신비적 합일의 사건은 인간 영혼 안에서 탄생으로 나타나는 독생자, 곧 그리스도의 현존을 가져오는 매개다. 이렇게 그리움은 무와 공의 수행 주체를 그리스도로 '탄생'시키는 추동이다. 이러한 다석의 하나와 그리움은 인간 영혼 안에서 일어나는 독생자의 탄생 사건을 통해 이 세계에 현존하는 그리스도

---

50 류영모, 『多夕 柳永模 어록』, 146.
51 류영모, 『다석 강의』, 754.
52 앞의 책, 754.

를 설명하는 한국신학의 가능성을 제시한다. 역사적 예수와 신앙의 그리스도라는 실체론적이고 이원론적인 간극 사이에서 다석의 그리움은 하나를 그리워하는 사람을 통해 인간 안에서, 인간 밑에서, 인간 위에서, 인간과 함께 이 세계에 무와 공 그리고 '고디'로 현존하는 초월적 내재라 할 그리스도가 어떻게 이 세계에서 수행적이고 미학적인 방식으로 우리의 구원을 이루는지를 설명해 준다.

IV. 플로티노스의 '하나'와 에로스

1. 하나

플로티노스의 하나는 다음 네 가지 특징으로 설명된다. 첫째, 차별화되기 이전의 절대적 하나다. 하나는 단순히 숫자를 의미하지 않는다. 플로티노스에게 하나는 '단일성과 다수성의 차별화가 진행되는 원천'이며 모든 존재의 부정이자 불가해한 그 무엇이다. 플로티노스는 하나-정신-영혼-물질의 존재론적 위계에서 정신 위에 혹은 정신 이전에 존재하는 어떤 원리를 하나라 부른다. 사유는 사유의 대상이 없이는 존재할 수 없기에, 정신이 사유와 사유되는 것의 이중성 이전에 존재하는 것을 플로티노스는 하나라 본 것이다. 이런 맥락에서 하나는 "'사유'와 '사유되는 것'이 동시에 이루어지게 하는 원천"이자 모든 차별화를 넘어서는 절대적이고 완전한 단순성이다. 따라서 정신이 인식과 인식 대상, 이 둘로 존재함으로써 상대화되는 인식 가능한 것이라면 '하나라는 이름은 우리가 감각으로는 이해할

수 없는 절대적인 것의 본성'을 가리키며, 인간의 감각으로 파악될 수 없는 그 무엇을 의미한다.[53]

둘째, 존재 너머에 있는 하나다. 마이스터 에크하르트가 신성 (Godhead)과 신(God)을 구별하기 이전에 플로티노스는 알 수 없는 절대자와 알 수 있는 신을 구분하였다. 에크하르트에게 신성이 영원한 잠재성(potentiality)으로서 존재 이전에 신 자체가 지닌 모든 차이를 가지고 있는 상태에서 아직 이를 전개하지 않은 상태라면, 플로티노스의 절대자, 곧 하나는 존재 너머에, 현실태 너머에, 정신과 사유의 너머에 존재하는 '정신과 감각과 생명 너머의 (완전한) 현실태'다. 하나는 "그 자신(존재)의 장본인이며 모든 의지이다. 그래서 그에게는 그의 의지보다 앞선 것이란 아무것도 없다." 절대자인 하나는 스스로 존재하기 원하는 바로 그것이며 모든 필연성이다. 존재 너머에 있는 하나는 자신이 뒤쫓아야 할 필연성이 없기에 절대적으로 자유롭다는 점에서 자유의 원인이자 '자유를 선사하는 자'다. 따라서 하나는 존재 너머에 있으면서 모든 세계를 빠짐없이 다스린다.[54]

셋째, 근원적으로 무한하여 시공간으로 한정 불가능한 하나다. 여기서 무한성은 절대적 충만함이다. 앎은 어떤 대상을 시공간으로 한정하는 행위다. 하지만 무한을 아는 것, 곧 무한을 한정한다는 것은 불가능하다. 플로티노스의 하나에 적용될 무한성은 시공간의 차원을 넘어서는 것이다. 이런 의미에서 하나는 모든 곳에 머무르지만,

---

53 윌리엄 랄프 잉에, 『플로티노스의 신비철학』, 515-518.
54 앞의 책, 518-528.

어디에도 존재하지 않는다고 생각할 수 있다.[55]

넷째, 최초의 원인이자 최종의 목적으로서 하나다. 플로티노스의 하나는 자신의 절대성을 결코 포기하지 않으면서 자신에게 전적으로 의존하는 세상을 창조한 절대자다. 다른 원인에 의해 생겨난 것들은 그것을 만든 원리나 존재 안에 머무르게 된다. 이런 원리 아래에 가장 낮은 단계의 존재자들은 바로 위의 단계에 그리고 더 높은 단계에, 더 나아가 가장 높은 단계에 머무름으로써 최초의 원리까지 나아간다. 그러나 가장 높은 단계의 최초 원리는 자기 위에 아무것도 존재하지 않기에 다른 것 안에 머무를 수 없다. 이 최초의 원인 곧 하나는 '하나의 흘러넘침'으로 세계를 창조한다. 따라서 하나는 모든 존재 단계에서 현존하며 모든 것을 관통하는 힘을 가지고 있다. 그러나 플로티노스의 하나는 절대자와 세계가 서로 필연적이라는 헤겔식 설명이 아니라 '완전한 무의존성'(독립성)으로 설명되어야 한다. 플로티노스의 사유에서는 절대자가 세상에 필연적이지만, 세상이 절대자에게 필연적이지 않다. 말하자면 하나, 곧 선(the Good)은 모든 존재자가 의존하고 열망하며 필요로 하는 원리이지만, "선 그 자체로는 아무것도 결핍되어 있지 않다." 마치 신이 원인과 결과로 세상을 창조한 것이 아니라 자기의 영광을 위해 창조한 것과 같은 원리다.[56]

---

55 앞의 책, 528-530.
56 앞의 책, 530-535.

2. 하강과 상승의 신비적 합일

플로티노스는 『엔네아데스』 IV 8에서 영혼이 신적 존재와 하나가 되고 영혼이 육체에 떨어져 버리는 '상승과 하강의 길'에 관해 언급한다. 플로티노스는 영혼이 육체와 결합한 나머지 감각 세계라는 '동굴'에 갇혀 죽는 비극에서 벗어나기 위해 감각 세계에서 정신세계로 향하는 여정을 설명한다. 플로티노스는 인간 영혼이 육체에 갇히거나 관여하지 않는다면, 세계 영혼과 함께 "높은 곳을 걸으면서 온 세계를 다스리게 될 것이다"라고 주장한다. 중요한 것은 영혼과 육체의 분리가 아니라 육체에 대한 영혼의 우위다. 플로티노스에 의하면 영혼은 육체 안에 존재하지도 육체 아래에 놓이지도 않는다. 영혼의 역할은 더 높고 복된 관조로부터 몸을 끌어내리지도 않고 늘 이 우주를 운영한다.[57]

그러나 하나-정신-영혼-물질의 위계적 구조하에서 인간 영혼은 한편으로는 물질의 감옥에 갇히지 않고 고무되어 자신보다 우위에 있는 정신을 바라보고 사유하며, 다른 한편으로는 자신의 자아나 자기 뒤를 따르는 것을 명령하고 관리하고 다스린다. 여기서 개별 영혼은 자신이 생겨난 그것을 향해서 되돌아감에 있어 지성적 열망(desire)을 사용한다. 그러나 동시에 개별 영혼은 전체에서 떨어져 나와 각자 고유하게 존재하기 위해 분화하려 한다. 플로티노스는 이러한 분화와 갈라섬은 정신적인 것을 바라보지 못하게 한다고 보았다. 그래서 분화된 영혼은 전체에서 떨어져 나온 부분 혹은

---

57 *Enn.*, IV 8, 1-2.

개체가 되어 분리, 병약함, 부산함을 겪게 된다고 주장한다. 이렇게 인간 영혼은 그 '타락'의 결과, 자기 육체 안에 사로잡히고 육체의 감옥에 갇혀 있게 됨으로써 감각-지각의 수준에서만 활동하게 된다. 이는 무덤이나 동굴에 갇혀 있는 것이라 말할 수 있다. 하지만 인간 영혼이 정신을 향해 다시 돌이킨다면 그 속박에서 벗어나 해방되어 '상승하는 것'이 된다. 이러한 해방과 상승은 상기 혹은 회상의 활동을 통해 존재들을 관조함에서 시작되는데, 그 이유는 개별 영혼들이 타락 후에도 어느 정도 초월적인 특성을 늘 지니고 있기 때문이다.[58]

영혼의 하강과 상승의 구도에 있어 중요한 특징은 하강과 상승의 가능성 자체다. "모든 영혼은 육체를 향한 하강하는 성향과 정신을 향해 상승하는 성향을 가지고 있다."[59] 다시 말해 인간 개별 영혼은 언제든 육체의 동굴에 갇힐 수 있고, 언제든 그 동굴에서 빠져나올 수 있는 것이다. 타락의 능력도 상승의 능력도 모두 영혼에 있으며, 이는 구원을 위한 상승의 자기-초월 능력이라 표현할 수 있다. 플로티노스는 인간의 타락에도 불구하고 여전히 사라지지 않고 남아 있는 인간이 가진 상승하는 자기-초월적 능력을 시종 강조한다. 그렇다면 상승하는 자기-초월 능력의 중요한 동력은 무엇이며 어디서 발원하는 것일까? 여기서 플로티노스의 중요한 문제가 제기된다. 우리는 "어떻게 개별적 사물들을 다시 인식할 수 있으며, 어떻게 의식을 되찾고, 성찰하고, 합리적으로 사유하고, 우리 몸을 지각할 수 있는

---

58 *Enn.*, IV 8, 4.
59 *Enn.*, IV 8, 8.

가? 다시 말해 우리는 어떻게 다시 인간이 될 수 있는가?"[60]

플로티노스에 따르면 "정화(purifications), 덕(virtues), 질서(orderings)는 우리가 선(the Good)으로 향하는 길로 인도하고, 정신적인 것을 향하여 가는 '사다리 발판'(rungs of the ladder)은 우리가 선에 견고히 뿌리내리고 선을 향유하는 길로 우리를 인도한다."[61] 이처럼 플로티노스는 신비적 합일의 필수적 선행 조건으로서 덕을 제시한다. 만약 덕의 실천이 선행되지 않는다면, 영혼의 변화는 없는 것이다. 그렇다면 영혼의 변화를 불러오는 덕은 어디서 발생하는가? 플로티노스에 의하면 덕은 관조(contemplation)에서 나온다. 피에르 아도는 플로티노스의 설명에 나오는 관조와 덕 사이에서 일어나는 '영혼의 여정'을 설명한다. 일자의 자비로운 운동으로 상승한 영혼은 다시 밑으로 떨어지는데, 일상의 삶과 성찰 그리고 의식으로 돌아온 그는 자기 내면에서, 삶에서 자신을 신과 비슷하게 만드는 덕을 발견한다. 영혼은 덕을 실천함으로써 다시 정신에까지, 곧 순수한 영적 삶까지 자신을 상승시킨다. 이렇게 되면 덕은 지혜가 되고, 영혼이 다시 한번 신비적 합일을 준비할 수 있는 안정된 상태에 이른다. 말하자면 영혼이 관조의 상태에서 밑으로 떨어졌을 때, 덕이 그 영혼 안에서 다시 활동하는 것이다. 그러나 인간을 신에게 안내하는 덕은 오로지 신과의 최초의 합일 이후에야 영혼 안에서 탄생한다.[62]

그렇다면 신비적 합일의 무엇이 영혼 안에서 덕을 낳는 것일까?

---

60 Pierre Hadot and Michael Chase, trans., *Plotinus or The Simplicity of Vision* (Chicago: The University of Chicago Press, 1998), 64. 강조는 필자의 표기.

61 *Enn.*, VI 7, 36.

62 Pierre Hadot, *Plotinus or The Simplicity of Vision*, 68.

플로티노스에게 있어 덕을 탄생시키는 최초 원인은 바로 '지성의 아름다움'이다. 그리고 지성의 아름다움은 신비적 합일을 통해서 최초로 주어진다. 지성의 아름다움이 주는 기쁨을 맛보기 전에는 영혼 안에서 덕이 탄생할 수 없다. 영혼은 스스로 충분히 정화되지 못했기에 최초의 신비적 합일을 지속하지 못한다. 그러나 덕이 탄생함으로써 그 덕이 신비적 합일을 유지하는 것이다. 다시 말해 신적 현존 속에서 신비적 합일을 경험한 인간 안에서는 자신의 신적 변화를 위한 열망(desire)이 생긴다. 영혼이 정신 안에 있는 선의 빛, 곧 아름다움의 빛을 보고 사랑에 빠져 다시금 합일하기를 열망하고, 이 합일을 위해 덕을 탄생시키는 것이다.[63] 그런데 플로티노스에게 덕을 탄생시키는 아름다움은 곧 선이다. "선과 아름다움은 동일하다."[64] 모든 영혼이 열망하는 신비적 합일에서 선은 사랑을 불러일으킨다. 하지만 동시에 "우리는 모든 영혼이 열망하는 선을 향해 상승해야 한다."[65] 신비적 합일에서 영혼을 향해 하강하여 '하나'를 향한 사랑을 발생시키는 선의 아름다움과, 다시 그 선의 아름다움이 불러일으키는 하나를 향한 상승의 열망으로 인한 덕의 실천은 하나와 세계 사이의 하강하고 상승하는 사랑의 역동이라 말할 수 있다. 따라서 이런 사랑의 역동이 플로티노스가 제시하는 에로스의 구원이라 이해할 수 있을 것이다.

---

63 *Ibid.*, 68-69.
64 *Enn.*, I 6, 6.
65 *Enn.*, I 6, 7.

3. 에로스의 구원

플로티노스는 에로스[66]를 아름다움(κάλος)과 연관시킨다. 플로티노스가 전유한 플라톤적 에로스는 아름다움과 결합하기를 열망하는 영혼 안에서 발생하는 감정이다. 플라톤의 에로스는 아름다움의 형상, 곧 이데아를 최종적인 목표로 삼는다. 하지만 플로티노스에게는 아름다움 그 자체가 에로스의 궁극적 대상은 아니다. 플로티노스의 에로스가 추구하는 궁극적 대상은 아름다움이 아니라 '좋음', 곧 선(the Good)이다. 이 좋음이 '가장 아름다운 것이자 첫 번째 아름다움'이며 아름다움의 원천이자 원리다. 플로티노스의 아름다움은 개체가 형상에 참여할 때 깃드는 것으로서, 여기서 아름다움은 '형상들의 총체인 신적 정신'이 된다. 다시 말해 플로티노스에게 아름다움은 형상에 의해 결정되는 것으로서, 이 형상이 부여하는 통일성이 아름다움을 가져다 주는 것이다. 이로써 아름다움의 원천

---

66 플로티노스는 En. III 5, 50에서 사랑 곧 에로스(Eros)를 세 가지로 구분한다. 첫째는 육체적인 것과는 아무런 관련 없이 아름다움을 추구하는 순수한 에로스(καθαρός), 둘째는 불멸을 향하는 하나의 길로서 자손을 낳는 것을 목적으로 하여 성적인 관계를 통해 아름다움에 대한 숭배를 구현하는 사랑이라 할 혼합된 에로스(μικτός), 셋째로 본성에 반하는 욕망으로서의 에로스(παρὰφύσιν)다. 이 에로스는 본성에 반한다는 점에서 앞의 두 에로스의 범주에서는 벗어난다. 플로티노스는 에로스와 관련한 두 가지 전통, 곧 에로스는 천상의 여신 아프로디테의 아들이자 추종자라는 전통과 플라톤의 『향연』에서 제시된 것처럼 에로스의 반신반인(daimonic)의 본성을 주장하는 전통을 조화시켜 에로스에 관한 신학적 접근을 시도한다. 플로티노스는 마치 영혼이 지성과는 다르지만 그로부터 생성된 것처럼, 에로스 역시 그 존재의 원천인 영혼에 의존하지만 영혼의 외부에서 존재하는 실체로 이해한다. Dimitrios A. Vasilakis, *Eros in Neoplatonism and Its Reception in Christian Philosophy: Exploring Love in Plotinus, Proclus and Dionysius the Areopatite* (London: Bloomsbury Academic, 2022), 13-15.

은 하나, 곧 좋음이라 말할 수 있다. 존재론적 위계에서 좋음은 가장 상위에 자리하고 있는 하나(一者)와 동일시되는데, 이 좋음의 하나가 바로 아름다움의 원천이고 원리이자 궁극적 아름다움이며, 에로스의 최종적 대상이 된다.67

그렇다면 좋음은 어떻게 에로스를 불러일으키는가? 플로티노스는 『엔네아데스』에서 '좋음', '아름다움', '에로스'의 관계를 상세히 논하면서, 아름다운 것 그 자체가 에로스의 대상이 될 수 없으며, 형상은 그 자체로 아름다울지라도 형상만으로는 에로스를 불러일으킬 수 없다고 주장한다. 플로티노스는 아름다운 것이 에로스를 불러일으키기 위한 조건으로서 '좋음의 빛'을 이야기한다. 아름다운 것은 이 좋음의 빛으로 조명되어야 그것을 보는 자에게 에로스를 불러일으킨다. 여기서 좋음의 빛은 아름다운 것을 아름다움으로 드러내는 조명의 빛으로서 좋음은 사랑의 원천이 된다. 따라서 '좋음의 빛은 아름다운 것을 사랑의 대상으로 만들어 주고, 그것을 바라보는 영혼을 사랑의 주체로 만들어 준다는 점에서 사랑의 조건이자 원인이며, 그 빛의 원천인 좋음은 사랑의 원천'이라고 할 수 있다.68

송유레는 플로티노스가 구체적으로 설명하지 않은 좋음의 빛에 대해서 피에르 아도의 '카리스'(χάρις), 곧 은총에 대한 설명을 빌려 이를 '좋음의 절대적 무상성(無償性: gratuité)'으로 부연 설명한다. 피에르 아도는 플로티노스에게 있어 좋음이란 '만물에 어떤 좋음을 선사하

---

67 송유레, "신(神)을 향한 에로스 ― 플로티누스의 철학적 신비주의," 「서양고전학연구」 51 (2013): 77-79.
68 앞의 논문, 79-80.

는, 다시 말해 은총을 베푸는 넉넉한 신'이라 설명한다. 또한 좋음이란 아무런 대가 없이 자신을 무상으로 내어주는 방식으로 우리에게 현전한다. 송유레는 이와 같은 좋음의 무상성을 우아함, 곧 부드러움과 섬세함으로 연결하고, 여기에 생명이라는 요소를 추가함으로써 좋음을 아름다움으로 설명한다. 생명을 가진 것이 그렇지 않은 것보다 사랑스럽고 아름다운 것이다. 따라서 아름다움은 그 자체로 사랑스러울 수 없고, 다만 좋음의 빛, 곧 무상성, 우아함, 생명력을 통해서 사랑, 곧 에로스를 불러일으켜야 한다.[69]

그렇다면 아름다움의 원천인 좋음으로 가는 방법은 무엇인가? 플로티노스는 좋음에 이르기 위해 필요한 여러 요소를 제시한다. 이 요소들에는 비유, 부정, 좋음에서 유래한 것들에 관한 인식이 있으며, '특정한 단계들'(anabasmoi tines)을 통해 '정화와 덕과 질서 그리고 정신계로 올라가서 정착하여 그곳의 양식을 만끽함'이 있다. 특히 이 특정한 단계들은 플라톤의 『향연』에 등장하는 '에로스의 사다리'를 말하는 것으로 감각적 아름다움으로부터 시작하여 상위의 아름다움을 상기시켜 주는 역할을 한다. 플로티노스에 따르면 감각적 아름다움에 머물지 않고 보이지 않는 보다 높은 단계인 정신적 아름다움을 볼 수 있으려면 그리고 더 나아가 최고신의 '위대한 아름다움'(to mega kallos)을 볼 수 있으려면 무엇보다 아름다운 영혼이 되어야 한다. 플로티노스는 "어떤 영혼도 아름다워지지 않고서 아름다움(to kalon)을 볼 수 없다. 누군가 신과 아름다움을 보려 한다면, 실로 먼저 온통 신을 닮고 온통 아름답게 되도록

---

69 앞의 논문, 81-83.

하라"고 말한다.[70]

플로티노스가 말하는 에로스가 가진 중요한 함의는 '닮음'이 불러일으키는 아름다움의 '상향식' 구원이다. 플로티노스의 에로스는 '더 높은' 아름다움으로 끊임없이 이끄는 힘이며, 무엇보다 아름다움을 볼 수 있도록 우리를 아름답게 만드는 힘이다. 아름다운 영혼이 아름다움을 발견하며, 아름다움을 발견하기 위해서는 아름다워져야 한다. 왜냐하면 닮음을 통해서 닮은 것을 인식하기 때문이다. 또 다른 중요한 함의가 있다면, 그것은 덕의 실천을 통해서 오는 존재의 변화가 가져다 주는 구원의 '향유'다. 아름다움의 구원을 이루는 길은 선을 향한 덕의 실천으로 포장되어 있다. 하나, 곧 아름다움을 향한 에로스는 선함과 진리에 대한 사랑의 열망을 불러일으키고, 덕을 실천하게 함으로써 우리를 아름답게 하여 아름다움을 향유하도록 하는 수행적이고 미학적인 구원을 의미한다. 하지만 아름다움의 구원을 도덕적 실천 정도로 환원해서는 안 된다. 분명 덕 이전에 아름다움이 먼저 선의 빛을 통해 우리에게 주어져야 한다. 신비적 합일이 선과 아름다움의 빛으로 영혼 안에 닮음을 향한 열망을 낳고, 그것이 덕으로 주어지듯, 아름다움의 구원은 그 최초의 아름다움인 하나와의 신비적 합일에서 탄생한다. 결국 인간은 선을 향해 덕으로 포장된 아름다움의 길을 걸으면서 아름다움을 닮아가고, 아름다움을 닮아간 인간이 다시 스스로의 아름다움, 세계의 아름다움, 궁극적으로는 하나의 아름다움의 발견하며, 더 나아가 존재론적으로 그것을 취함으로써 그 구원을 향유하는 것이다.

---

70 앞의 논문, 85-87.

V. 귀일(歸一)의 구원과 대동(大同)의 지혜

다석과 플로티노스가 제시하는 그리움과 에로스의 구원이 오늘날 한국 사회를 위해 제시하는 실천적 함의는 무엇일까? 그리움과 에로스의 구원은 전체이자 절대인 하나와의 합일을 추동하여 전체 안에서 생명을 찾는 귀일(歸一)의 구원으로 확장된다. 다석은 귀일의 구원을 위한 실천적 방법으로서 전체 생명을 추구하는 대동(大同)의 지혜를 제시한다. 여기서 대동의 지혜란 '온통 하나가 되는 지혜'[71]를 말한다. 이는 절대적이고 초월적인 전체인 하나만 추구하며, 하나만 옳다는 것을 인정함 속에서 개체들이 자기주장만 옳다는 독선과 아집에서 벗어나 참뜻을 추구하는 가운데 다른 개체들과 함께 전체 생명 안에서 온통 하나가 되는 길이다. 대동의 지혜 안에서 분열과 차별을 가져오는 모든 이데올로기는 해체되고, 인간은 전체 생명으로 지향하면서 하나가 되는 것이다.

다석은 세계의 역사를 대동의 길을 걷는 귀일의 운동으로 이해했다. "사람은 누구나 하느님을 떠나 와서 다시 하느님께로 들어가는 대동의 길을 걷는 것이다. 세기(世紀)가 바뀌어짐에 따라 차차 대동(大同)으로 눈을 뜨는 것이 확연히 보이고 있다. 온 세상이 대동으로 움직이려고 하고 있다. 이것을 그대로 넓혀가 참(하느님) 뜻을 우리 인류가 받들면 이 땅 위에 대동의 세계를 한 번 보이게 될 것이다."[72] 이처럼 그리움과 에로스의 구원, 곧 귀일의 구원은 역사 안에서

---

71 류영모, 『多夕 柳永模 어록』, 242.
72 앞의 책, 243.

모든 존재자가 하나를 지향함에서 오는 대동의 지혜를 통해 개체들이 차별을 극복하고 하나가 되는 무차별의 정신적 수준에서 전체 생명을 완성해 가는 대동의 구원이라 말할 수 있다.

귀일의 구원은 온통 하나가 되는 대동의 지혜를 통해 실현된다. 다양한 개체들이 하나가 되는 대동의 길은 불교의 무(無)에 관한 사유로 설명된다. 불교에서 무란 '부정·긍정의 대립을 그 근원에서 초월하면서 부정·긍정의 하나하나를 그 자체로서 성립시키는 절대 긍정의 원리(the absolutely affirmative principle)'[73]이다. 다시 말해 무에 기초한 대동의 사유란 부정의 논리를 통해 '이것 아니면 저것'의 양자택일에서 벗어나 궁극적으로는 이 둘을 모두 긍정함으로써 이 둘을 구별하는 구도 자체를 뛰어넘는 절대적 긍정을 향한 변증법적 원리이다.

하나와 합일하기 위해 무아(無我)의 텅 빈 마음을 추구했던 다석의 사유가 부정과 긍정, 이 두 가지 중 어느 하나에도 속하지 않고, 이것도 아니고 저것도 아니어서 이 둘을 구분하는 구도 자체를 뛰어넘음으로 결국에는 이 둘 모두를 절대 안에서 긍정시키는 변증법적 사유라 생각해 볼 때, 대동의 지혜란 바로 이 긍정과 부정의 대립을 뛰어넘는 무차별적 사유에 기초한 지혜임을 알 수 있다. 이처럼 대동의 지혜는 이것 아니면 저것으로 선택을 강요하는 이분법적 구도 안에서 작동하는 자기 긍정의 사유가 아니라 '이것도 아니고 저것도 아닌' 자기부정의 사유를 통해 궁극적으로는 '이것과

---

73 아베 마사오/변선환 엮음, 『선과 현대신학-종교 부정의 이데올로기를 극복하는 길』 (서울: 대원정사, 1996), 53.

저것 모두'를 절대 긍정으로 포함시키는 무차별의 변증법적 사유에 기초한다.

대동의 지혜는 오늘날 한국 사회에서 자기 동일성의 과잉으로 점점 증폭되는 대립과 분열 그리고 소외라는 문제를 해결할 통찰로 제시된다. 대동의 지혜를 가능하게 하는 조건은 바로 내면에 천착하는 관조적 사유다. 오늘날 우리 사회는 깊이 사유하고 스스로를 성찰하는 것을 점점 불가능하게 만든다. 우리 사회 시스템은 우리가 깊이 사유할 틈 없이 빠르게 판단하고 결정할 것을 요구한다. 우리는 방대한 양의 정보의 바다 속에서 헤엄치듯 살지만, 우리 스스로를 비판적으로 그리고 관조적으로 성찰함으로써 도달하는 우리의 깊은 내면으로부터 솟아나는 지혜는 메말라 간다. 단시간에 말초신경을 자극하는 콘텐츠들로 구성된 숏폼 형태의 지식 전달 체계는 단순하고 자극적인 정보들로 우리 머리를 채우지만, 전체적이고 긴 안목에서 깊이 사유하는 정신적 근육은 약화시킨다. 이런 사회에서는 사유, 곧 자기 성찰이 사라져가기에 자기 욕망이 언제나 정당화되고 역사 안에서 공동체가 나아갈 방향에 대한 관심과 헌신도 사라져 버린다.

이때 사유의 공백을 메우는 것은 극단적 입장을 취해서 자신의 정체성을 분명하게 하여 동일성을 강화시키는 전체주의적 사유다. 우리 사회 시스템은 점점 극단적인 입장과 선택을 강요한다. 이것 아니면 저것이라는 이분법적 선택의 구도 속에서 사람들은 양자택일의 선택을 강요당하고, 자신과 다른 정체성을 가진 집단은 물론 이 둘에 속하지 않은 다양성을 가진 존재에 대해서도 의심하고 혐오하고 배제한다. 테오도르 아도르노가 통찰한 것처럼, 전체주의 사회는 물론 자본주의 사회에서도 유용성 및 교환 가치를 기준으로 쓸모 있는 것과 쓸모없는 것으로 이 세계를 구분하고 자신의 존재를 이런 기준으로 증명할 것을 요구한다.[74]

결국 이런 극단적인 양자택일의 이분법적 구도는 우리가 추구해야 할 공동선, 효율성 및 교환 가치만으로는 따질 수 없는 우리 사회의 근간을 이루는 중요한 미학적 가치들, 다양한 존재 방식으로 살아가는 타자들 그리고 기존의 가치를 뛰어넘는 새로운 사회를 향한 가능성을 보지 못하게 한다. 이런 양자택일의 차별적이고 전체주의적 사유의 구도는 순수성, 곧 동일성을 위해 이질적인 것을 악으로 규정하여 무자비하게 숙청하는 당파주의, 유용성을 가진 것만을 존재할 만한 것으로 주장하는 잔혹한 능력주의 그리고 배제와 혐오의 폭력을 작동 시키고 이로써 타자의 생명을 저지하여 전체 생명을 저지한다.

이러한 차별적 사유를 해체하는 것이 바로 이것도 아니고 저것도 아닌 부정과 긍정을 뛰어넘는 대동의 지혜인 무차별의 변증법적 사유다. 이 무차별의 변증법적 사유는 무차별적 비폭력의 윤리를 위한 기초가 된다. 다석의 제자인 씨알 함석헌 역시 차별의 당파주의 를 극복하는 새로운 세계관과 종교의 본질을 무차별적 비폭력으로 제시한다. 여기서 비폭력이란 단순히 폭력을 사용하지 않거나 저항 하지 않음이 아니다. 그것은 '너 나의 대립을 초월한 것'이자 '차별상 (差別相)을 뛰어넘은 것'이다. 그런데 함석헌은 인간과 인간 사이의 무차별뿐 아니라 인간과 가축 사이의 차별도 없음까지 나아간다.[75]

---

74 박구용, "아도르노 — 끝없는 부정의 철학," 고지현 외, 『프랑크푸르트학파의 테제들』(고양: 사월의책, 2021), 46-49.

75 함석헌, 『人間革命의 哲學』, 함석헌 전집 2 (서울: 한길사, 1983), 40-41.

또한 양자택일의 차별적인 이분법에 기초한 전체주의는 역설적으로 이 세계의 전체 생명을 파괴함은 물론 자기 생존과 욕망만을 최우선으로 여기는 동일성을 추구하는 가운데 타자에게는 전혀 무관심한 개체들만 난무하는 각자도생(各自圖生)의 사회를 만든다. 이로써 주어지는 개체화된 인간의 사회적 경험이란 고도의 경쟁과 단절 속에서 오는 정신적이고 사회적인 죽음의 징후들, 이를테면 고독, 혐오, 배제, 선동, 착취 등이다. 이러한 경험들은 결국 이 세계의 차별적 폭력성이 가져온 결과들이다. 따라서 이러한 차별적 폭력의 세계에서 역사적 변혁의 구원과 새로운 세계에 대한 구상은 전체주의적인 이분법적 차별을 철폐하는 무차별의 비폭력 사유와 실천을 요청한다.

다석과 플로티노스가 보여 준 신비적 합일이 도출하는 윤리는 이런 무차별적 비폭력이다. 신비적 합일은 대동의 지혜를 통해 전체 생명 안에서 자기 생명과 타자의 생명을 동일하게 여기게 하는 심오한 동일성의 경지에 이르게 한다. 이 동일성은 타자를 자신의 욕망으로 환원시키는 전체주의적 동일성과는 다르다. 하지만 대동의 지혜에서 발원하는 무차별적 동일성의 정신적 수준이야말로 대동의 영성이자 한국적 영성이라 말할 수 있다.

VI. 결론: 그리움과 에로스의 수행-미학적 한국신학을 향하여

오구라 기조(小倉紀蔵)는 한국 사상사 전체를 이해하는 중요한 요소 중 하나로 '조선적 영성'을 제시한다. 그가 말한 조선적 영성이란 한국인의 역사 속에서 분출되어 온 것으로서 하늘과 사람이 같음을 말하는 천인합일(天人合一)의 영성이자 대립하는 것들이 회통하는 영성이다.[76] 이런 조선적 영성, 곧 한국적 영성의 관점에서 김상봉은 오늘날 한국 사회의 병리적 현상, 곧 극단적 개인주의, 타자 혐오, 무관심, 특히 분열과 대립만 일삼는 '한국 민주주의의 위기의 근저에 영성의 부재'가 놓여 있다고 주장한다. 김상봉은 한국 사회의 분열과 분리라는 근본적인 문제가 결국 영성, 곧 '내가 전체와 하나라는 믿음'의 부재, 특히 타인의 고통에 무관심하고 자신의 욕망에만 몰두하는 퇴행에 있다는 것을 밝히면서 이렇게 묻는다: "이처럼 나와 세계가 고통으로 연결되어 있지 않은데, 어떻게 나와 세계가 하나라고 말할 수 있겠는가?"[77] 타인의 고통을 나의 고통으로 받아들일 수 없는 것, 나와 세계가 전체 생명 안에 하나임을 받아들이지 못하는 것은 이성의 한계 때문이다. 하지만 나와 전체 생명을 하나로 받아들일 수 있는 것은 영성의 영역이다. 오늘날 한국 사회의 분리와 분열의 문제와 대결하는 한국신학의 가능성은 바로 이 영성의 영역에서 설명되는 신비적 합일의 담론이다. 필자는 다석과 플로티노스의 신비적 합일의 내용을 종합해 다음 두 가지를 우리 시대의 한국신학을 위한 담론으로 제시하고자 한다.

첫째, 그리움과 자기 비움의 고난을 통해 그리스도가 초월적으로 내재하는 수행적 그리스도론이다. 지극히 거룩한 '하나'와 유한한

---

76 오구라 기조/이신철 옮김, 『조선사상사 ― 단군신화부터 21세기 거리의 철학까지』 (서울: 도서출판 길, 2022), 20-21.
77 김상봉, 『영성 없는 진보』 (서울: 온뜰, 2024), 11-13.

인간 사이의 존재론적 차이는 인간에게 그리움을 불러일으키고, 결국 하나를 향한 '그리움'을 가지고 그리스도의 자리에 곧게 '스도록' 자기-비움과 고디(곧음)의 수행에 천착한 인간 영혼 안에서 '한 나신 아들'인 그리스도가 탄생하는 것이다. 다석은 신비적 합일을 통해 주어진 구원, 곧 인간 영혼 안에서 얼 생명으로 태어나는 한 나신 아들인 '독생자'를 '그리스도록'이라는 초월적 내재의 그리스도론으로 표현한다.

무엇보다 다석의 독생자론과 고디 대속론은 개인 차원의 구원에 머물지 않고 민중의 자발적 고난과 비자발적 고난 모두에서 이루어지는 전체 생명을 위한 도덕적 완성의 구원으로 구체화된다. 전체 생명의 자리에서 모든 고난은 고디의 수행이다. 민중이라 할 씨알이 그리스도라 말할 수 있는 근거는 바로 고난의 사건이다. 자기 비움의 고난의 사건, 곧 나의 고난 혹은 타자의 고난에 참여함으로써 나와 그리스도가 하나가 되고, 나와 세계가 하나가 된다. 따라서 고난의 사건에 참여하는 자가 예수처럼 구원하는 자다. 정의로운 자를 통해 이 세계에 정의가 존재하듯, 고난 당하는 자를 통해 이 세계에 구원이 존재하는 것이다.

결국 다석의 그리움의 구원은 무와 공의 하나를 그리워하여 자기 비움의 수행을 통해서 무아(無我)가 되는 초월적 신비적 합일이 이 세계에서 그리스도를 현실화하는 초월적 내재의 구원이라 말할 수 있다.

둘째, 에로스를 통한 덕의 실천으로 존재론적 변화를 추구하는 상승의 미학적 수행론이다. 신비적 합일은 아름다움이 불러일으킨 에로스를 통해서 덕의 실천으로 나아가는 구조를 갖는다. 이 합일이 보여 주는 에로스의 구원은 아름다움의 대상을 향한 근원적 열망이 추동하는 사랑의 구원이자 아름다움으로 태어난 덕의 실천으로 아름다운 존재가 됨으로써 이루어지는 미학적 구원이다. 이런 맥락에서 아름다움은 자신과 세계의 구원을 위한 상승의 힘이다.

다석과 플로티노스 모두 신비적 합일의 구원에 있어 수행적 측면과 미학적 측면을 동시에 보여 준다. 다만 두 사상가의 신비적 합일의 차이가 있다면, 다석의 그리움은 인간과 이 세계 안에서 독생자가 태어나는 하향식 구원의 수행적 그리스도론으로, 플로티노스의 에로스는 하나와 합일하기 위해 이 세계의 아름다운 것들을 발판 삼아 높은 차원의 아름다움으로 고양하는 상향식 구원의 미학적 관조로 귀결된다는 것이다.

다석과 플로티노스의 신비적 합일이 가져오는 그리움과 에로스의 구원은 한국신학에 어떤 가능성을 제시할 수 있을까? 다석의 그리움의 구원이 수행을 통한 그리스도의 현실화를 강조한다면, 플로티노스의 에로스의 구원은 선의 아름다움을 통해 존재의 변화를 가져와 다시 그 아름다움을 향유하는 구원을 강조한다. 따라서 필자는 다석 류영모와 플로티노스의 신비적 합일의 구원에 관한 내용을 종합하여 수행-미학적 구원(Performative-aesthetical salvation)으로 결론 내린다.

분열과 대립으로 인해 전체 생명의 자리를 상실한 오늘날 세계는 나와 세계를 하나 안에서 보고, 타자의 고통을 나의 고통을 받아들일 수 있는 초월적 영성의 담론을 요청한다. 하지만 그 합일을 이루고 이 세계 안에서 전체 생명으로 현실화하기 위해서는 자기 비움과 영혼을 고양시키는 자기-초월의 수행-미학적 힘을 필요로 한다.

다석과 플로티노스는 이 힘을 그리움과 에로스라 주장한다. 신은 그리움과 에로스를 통해 이 세계와 하나가 된다. 그리움과 에로스의 신이 이 세계에 보여 주는 가장 아름다운 형상은 가시관을 쓰고 십자가에 달린 예수다. 십자가의 예수는 자기 비움의 수행적 동력과 아름다움의 고양을 불러일으키고, 자신 안에서 그리고 이 세계 안에서 소외로 인한 고난에 동참하도록 이끈다. 이로써 그리스도의 현존, 곧 양쪽으로 갈라진 것을 하나로 만들고 사람 사이를 가르는 담을 허물어 '자기 안에서 하나의 새 사람[78]을 만드는 그리스도의 화해와 평화의 사역이 완성되는 것이다. 이처럼 다석과 플로티노스의 대화를 통해 보여 준 수행-미학적 구원은 구원의 내용을 넘어 그 방법과 동력까지 제공한다는 점에서 오늘날 한국신학이 열어갈 수 있는 하나의 새로운 가능성이 될 수 있을 것이다.

---

78 에베소서 2. 15. 새번역.

토착화신학의 상호문화적 전개 가능성 모색*

신용식

(부산장신대학교)

I. 서론: 다문화적 생활세계 속에서 한국적인 것의 의미

본 연구는 세계화 현실 속에서 한국의 문화적, 사상적 특수성에 기반을 둔 한국적 문화신학으로서의 토착화신학을 비판적으로 검토하고, 오늘날 다문화적 생활세계 속에서 요구되는 토착화신학의 새로운 방향성을 모색하려는 시도이다. 토착화신학이 곧 한국적 문화신학이다. 그렇기에 이 연구는 과거 토착화신학 연구자들의 노고 속에 잠재된 채로 남아 있던 토착 문화 및 사상의 상호문화적 파편들을 다시금 조명하려는 시도이다. 과거 토착화신학 연구자들이 그토록 토착적인 문화와 사상과 신학적으로 고군분투했던 것은 그 자체가

* 이 논문은 2022년 대한민국 교육부와 한국연구재단의 지원을 받아 수행된 연구(NRF-2022S1A 5B5A16050750)이며, 2024년 9월 7일, 제19회 한국조직신학 전국대회(주제: "K-신학. 한국 신학의 부활")에서 발표한 원고를 수정 및 보완하여 「한국조직신학논총」 77 (2024. 12.): 215-264에 수록된 글을 편집위의 허락을 받아 재수록한 것임을 밝혀 둔다.

선교적 과제였기 때문이다. 이들의 학문적 투쟁은 오늘의 한국적 신학에도 여전히 이어받아 발전시켜야 하는 중요한 과업이다.

토착화신학의 관점에서 복음과 문화의 상관관계를 염두에 두자면, 신학은 근원적으로 상황적이며 해석학적이다. 일찍이 이 복음과 문화의 상관관계를 자신의 신학 체계로 삼았던 폴 틸리히(Paul Tillich, 1886~1965)는 그의 신학을 위한 방법론으로 상관관계를 활용하였다. 이는 비단 하나님과 인간/피조물이라는 수직적 구조뿐 아니라 문화와 종교라는 수평적 구조를 모두 함축하는 방법론이다.[1] 신학은 근본적으로 문화 및 생활세계의 지평을 간과한 채로 이행될 수 없는 학문이기 때문이다. 그리고 복음이 문화 속으로 의미 부여될 수 없다면, 복음은 힘을 잃어버리기 때문이다. 복음과 문화는 서로 불가분의 관계를 유지하고 있지만, 복음은 문화가 아니며, 반대로 문화 역시도 복음일 수 없다. 이 둘은 철저히 내용과 형식의 상관관계 속에서 올바로 이해될 수 있다.[2]

---

[1] 이 글은 필자가 앞서 발표했던 두 연구의 후속 작업이다. 하나는 신용식, "문화신학의 해석학적 과제에 대한 고찰: 폴 틸리히의 문화신학과 김광식의 토착화신학의 비교연구," 「한국조직신학논총」 62 (2021. 3.): 73-116이며, 또 다른 하나는 신용식, "폴 틸리히의 문화신학에 대한 상호문화적 비판: 베른하르트 발덴휄스의 타자 현상학을 중심으로," 「한국조직신학논총」 71 (2023. 6.): 95-137이다. 특히 두 번째 글은 2023년 4월 22일, 한국조직신학자 전국대회(주제: "생명과 신학")에서 발표한 "폴 틸리히의 문화신학에 대한 상호문화적 비판: 베른하르트 발덴휄스의 타자 현상학을 중심으로"를 수정 및 보완한 것이다. 필자는 틸리히의 상관관계 방법이 문화신학에 있어서는 일관되게 그리고 유효하게 견지되지 못한 채 유형론적인 구조 안에서 폐쇄적으로 작동되고 있었기에, 상관관계적 신학이 본래 지향하는 바를 완성할 수 있는 상호문화적 관점을 발덴휄스를 통해 보완하고자 했다. - 본 논문은 폴 틸리히의 문화신학이 상호문화적으로 확장되었을 경우를 가정함으로써 그간 이행된 한국의 토착화신학을 비판적으로 검토하고, 이 토착화신학이 다시금 문화신학적 과제로, 더 나아가 상호문화적으로 다루어져야 하는 학문적 당위성과 그 과제를 다루고자 한다. 위 자료집은 한국조직신학회 홈페이지에서 확인 가능하다. http://ksst.kr/symposium_book/6885(2024. 8. 2. 접속).

위와 같은 의미에서 복음은 필히 문화를 통해서 현상하고, 문화와 더불어 해석되어야 한다. 이러한 해석학적 관심에서 한국신학 안에서 1960년대에 만개한 것이 토착화신학이다.3 이른바 토착화신학은

---

2 아래에서 살펴보겠지만 윤성범의 경우에도 복음과 문화, 복음과 재래 종교를, 더 나아가 여러 종교와 기독교를 혼합하는 것은 결국 기독교의 복음 진리를 파괴할 뿐이라고 강조한다. 더 나아가 그는 토착화신학이 재래 종교를 연구하는 이유가 그것과 기독교의 혼합이 아니라 양자를 분명히 구분하여 올바른 복음 이해의 토대를 확보하기 위함이라고 주장한다. 이에 대해서는 윤성범, "복음의 토착화에 대한 전이해," 「기독교사상」 66 (1963. 6.): 28-35, 특히 31-32. 이와 관련하여 한 심사자는 Kathryn Tanner의 탈근대적 문화신학을 근거로 복음 자체가 하나의 문화적 혼종성(Hybridity)의 표현임을 주지하면서, 본 연구의 문화신학이 지나치게 폴 틸리히의 영향 아래 있다고 평가했다. 아마도 심사자는 틸리히를 근대적 문화신학에 Tanner를 탈근대적 문화신학에 대입시켜 틸리히의 논의가 Tanner에 비해 닫힌 구조를 지니고 있다고 평가한 듯하다. 하지만 필자는 틸리히 연구자로서 복음과 문화의 상관성을 염두에 두면서, 문화의 본래적 속성이 혼종성이라는 것과 복음이 혼종적이라는 교묘한 주장을 구분하는 것이 신학의 시작이라고 본다. 그리고 복음이 문화를 통해서 구성되는 것이라고 이해되어서도 안 된다. 에드문드 후설(Edmund Husserl)의 현상학을 적용해서 설명하자면, 현상이 의식 내적으로 구성된다고 하여 본질(곧, 복음)이 (문화로써) 현상하는 것을 그 본질 자체가 구성적 의식 활동의 산물일 뿐이라고 오해해서는 안 되는 것과 같은 이치이다. 복음이 문화를 통해 현상하는 것이지, 복음 자체가 문화라거나 문화의 혼종적 변혁의 산물이라고 이해될 수는 없다. 복음과 문화는 내용과 형식, 본질과 현상의 관계로 이해되는 것이 더 타당하다. K. Tanner의 문화신학에 대한 전반적인 평가와 그것의 구성주의적 특징에 대해서는 이은주, "캐트린 테너의 자기-비판적 문화론," 「한국조직신학논총」 33 (2012. 9.): 421-453, 특히 428-432.

3 토착화신학의 역사적 발전을 기반으로 그 단계를 분류하자면, 1세대 토착화신학은 윤성범(1916~1980)과 유동식(1922~2022)으로, 2세대 토착화신학은 김광식(1939~), 이정배(1955~) 그리고 그 나름의 한국적 신학을 모색했던 김흡영(1949~)과 허호익으로 구분될 수 있다. 이 1세대와 2세대라는 잠정적 구분은 변선환아카이브·동서신학연구소 편, 『제3세대 토착화신학』(서울: 복있는사람, 2010)에서 등장하였다. 이 글에서 주로 거론될 이들의 연구는 다음과 같다. 윤성범, "환인, 환웅, 환검은 곧 하나님이다," 「사상계」 (1963. 5.); 윤성범, "단군신화는 'Vestigium Trinitatis'이다," 「기독교사상」 (1963. 9.); 김광식, 『선교와 토착화』(서울: 한국신학연구소, 1975); 김광식, 『토착화와 해석학』(서울: 대한기독교출판사, 1987); 이정배, 『한국 개신교 전위 토착신학 연구』(서울: 대한기독교서회, 2003); 이정배, 『토착화와 세계화』(서울: 한들출판사, 2007); 김흡영, 『도의 신학 I』(서울: 다산글방, 2000); 김흡영, 『도의 신학 II』(서울: 동연출판, 2012); 허호익, 『단군신화와 기독교』(서울: 대한기독교서회, 2003); 허호익, 『천지 인신학』(서울: 동연출판, 2020); 허호익, 『한국 문화와 천지인 조화론』(서울: 동연출판, 2020). 그 밖의 다양한 한국신학을 둘러싼 담론을 제시하고 논의를 전개했던 과거 학자들의

소위 한국적인 신학을 구현하기 위한 그간의 노력이 배어 있는 결정체이며, 복음을 한국적으로 이해하고 해석하는 과제를 통칭한다. 1세대 토착화신학 중에서 윤성범은 단군신화와 유교에 기초하여 복음을 해석하였고, 유동식은 풍류라는 한국 사상의 원류에 기초해서 전개했다. 더 나아가 2세대 중에서 김광식은 언행일치 개념을 통해 서양과 분명한 차이를 보이는 동양적 사유 체계로 토착화신학의 원리를 모색했다면, 이정배는 동학의 개벽 사상을 통해 소위 개벽적 기독교를 제시했다. 그 밖에도 김흡영은 전통적인 로고스 중심 신학과 실천 중심의 신학으로 양분되어 왔던 신학사를 비판적으로 조명하면서, 이 둘을 뛰어넘는 유교적 시각을 '도의 신학'으로 구체화하기도 했다. 허호익은 단군신화 안에 흐르는 천지인 조화 사상을 한국신학의 전개 원리로 모색하고자 했다. 이러한 토착화신학의 다양한 시도들은 한국적인 그 무엇 혹은 한국적 정체성을 담지하는 문화적 사상적 기저를 모색하면서 한국적 신학을 주창하려는 시도들이었다.

하지만 불현듯 필자는 "과연 이 세계화 시대에 한국적인 신학이 가능한가? 만일 가능하다면, 그것은 한국적인 특수성을 발굴하는 작업으로부터 시작되어야 할까?"라는 의문을 가졌다. 한국 역사 속에서 발견되는 단군신화, 유교, 풍류, 동학 등 역시 한국인들의 삶의 태도[4]에 기반하여 구성되고 발전된 결과물이다. 이것들 역시도

글은 분량상 최소한으로 언급할 것이다. 그리고 이 연구는 과거 토착화신학의 면모 자체를 검토하는 것이 아니라 그 핵심적 관심과 방법론을 명확히 도려내고, 이를 비판적으로 계승할 수 있는 상호문화 신학으로서의 토착화신학의 가능성과 과제를 제시하고자 한다.

4 여기에서 '태도'(Einstellung, attitude)라 함은 현상학 및 현상학적 사회학의 배경에서 개인이

하나의 문화적 형식일 뿐이다. 우리의 토착화신학 담론은 이것들보다 더 심층적으로, 한국인들의 삶의 태도에 대한 분석으로까지 들어가야 하지 않을까? 세계화로 인해 문화적 다양성이 우리 삶의 일반적 조건으로 자리한 상황 속에서 우리에게 요구되는 문화신학적 과제는 신학의 상호문화 역량을 강화하는 것이다. 상호문화 역량은 상호문화적 해석을 통하여 우리의 문화적 기저를 확보하는 역동성을 뜻한다. 만일 한국적인 것이 세계적인 것이 될 수 있다면, 그것은 한국적 특수성이 세계적인 보편문화적 현상에 유의미한 지평을 선사할 때만 가능하다. 하지만 상호문화적 관점에서 보자면, 우리의 문화적 특수성이 아니라 타문화와 소통할 수 있는 사이의 공간으로서의 문화적 중첩을 다루어야 한다. 토착화신학 담론은 서양적 합리성과 동양적 합리성을 구분 짓는 이분화를 넘어서야 한다. 그리고 이 둘을 포괄할 수 있는 중첩과 유비에 기초한 합리성을 모색하고, 한국 문화 및 사상의 특수성이 보편적인 세계화된 생활세계와 중첩될 수 있는 사이 영역으로 기능할 수 있음도 논증해야 한다. 이를 위해서는 토착화신학이 상호문화적인 지평을 확보하고 있음이 비판적으로 고려되어야 한다.

당초 연구는 한국적인 그 무엇으로부터 복음의 문화적 현상들을

사회 세계 안에서 문화적으로 습득한 실천 양식을 통칭한다. 특히 현상학적 사회학자 알프레드 슈츠(Alfred Schütz)에 따르면 한 사회는 이미 그 나름의 체계와 그 체계에 대한 지식 및 관련 규범이 전제되어 있는데, 그 관련 규범들은 그 사회 구성원들이 적합하다고 여기는 것들에 상관관계적으로 의미 부여되고 반영된 결과물들이다. 슈츠는 바로 특정 사회체계 내에서의 의미 선택 체계를 '레시피'(Rezept)라고 불렀으며, 이것이 본 논문에서 '삶의 태도'라는 개념이 의미하는 바이다. 슈츠의 '레시피'에 대한 논의는 Alfred Schütz and Thomas Luckmann, *Strukturen der Lebenswelt* (Konstanz: UVK, 2017), 44.

해석하는 과제로서 토착화신학을 다루는 것이었으나, 앞선 문제들에 대한 고민으로 이 논문의 방향이 크게 바뀌었다. 토착화신학은 한국 토착적 사상과 이념 자체에 천착할 것이 아니라 한국인들의 삶 속에 전래되고 내재된 삶의 태도로 돌아 들어가는 작업이 필요하다. 이를 위해 우선적으로 토착화신학 앞에 놓인 학문적 딜레마와 토착화신학의 문화신학적 성과와 한계를 정리할 것이다(II). 이어서 오늘날 토착화신학이 추구해야 하는 한국인들의 삶의 태도에 대한 분석의 근거와 요소들을 분석할 것이다(III).

II. 문화신학으로서의 토착화신학의 딜레마와 그 과제

1. 한국 문화 안에 자리한 한국적 정체성? 그리고 토착화신학의 딜레마

토착화신학은 한국적인 것을 다루어야 하지만, 그 토착적인 것이 낯설게 느껴지기까지 하는 세계화된 오늘날의 다문화적 생활세계 속에서 다시금 우리의 문화와 사상을 재조명해야 하는 학문적 딜레마에 놓여 있다. 그러므로 우리에게 가장 핵심적인 질문은 지금 우리의 사회-문화적 현실은 어떠한가이다. 일찍감치 이찬석은 필자가 고민하는 바로 그 지점을 아래와 같이 지적한 바 있다:

세계화의 물결은 긍정적으로로든, 부정적으로로든 확대되어질 것이고, 한국교회의 해외 선교적 열정은 계속되고 있다. 이와 더불어 한국의 전통

문화보다는 기독교문화에 더 친숙함을 느끼는 '기독교적 한국인'은 계속적으로 증가될 것이다. 이러한 21세기의 상황에서 복음과 문화를 분리하고, 대립적으로 이해하는 파종, 발효, 접목의 비유는 적합성이 상실되어지고 있다.[5]

이는 한국적 신학을 시도하려는 이라면 누구나 느낄 법한 학문적 당혹감이다. 이런 딜레마 앞에서 토착화신학이 직면하는 가장 도발적인 질문은 "과연 한국적인 그 무엇이 존재하는가"이다.[6] 사실 이러한 질문은 과거의 것을 부정하는 허무주의적, 해체주의적 주장이라기보다는 한국 역사를 관통하는 한국인들의 현실을 대하는 태도에 초점을 맞추고 있다. 그렇기에 특정 사상적 유산으로 정체성 논의들을

---

5 이찬석 "토착화신학의 모델들에 대한 비판적 고찰," 「한국조직신학논총」 27 (2010), 134.
6 사실 한국적 정체성 및 한국의 문화적 정체성을 다루는 선행연구들은 아주 방대하다. 본 연구의 주제와 직접적으로 관련하여서 언급하자면 다음의 연구들이 눈여겨볼 만하다. 신현준, "한국 문화와 한국인의 정체성에 관한 몇 갈래의 사고들," 「문학과 사회」 13/3 (2000): 1316-1323; 김종만·김은기, "가치관을 통해 본 한국인의 문화적 정체성: 유교와 무교를 중심으로," 「신학 과 사회」 34/3 (2020. 8.): 193-235; 이기동, "한국문화의 형성 원리와 그 표현형식," 「한국사 시민강좌」 40 (2004. 2.): 21-39; 김봉렬·심광현, "한국문화의 정체성을 말하다," 「문화과학」 42 (2005. 6.): 296-317; 공유식, "세계화와 한국문화: 문화적 폐쇄성 극복," 「계간 사상」 24 (1995): 193-215; 김수정·김수아, "집단적 도적주의 에토스: 혼종적 케이팝의 한국적 문화정 체성," 「언론과 사회」 23/3 (2015. 8.): 5-52; 송준, "세계화 대응 전략과 지역문화의 중요성," 「한국민속학」 58 (2013. 11.): 203-234; 오지섭, "세계화 시대 한국문화의 정체성: 한국 종교의 조화와 공존적 특성을 중심으로," 「인간연구」 14 (2008): 7-33; 임형백, "한국인의 정체성의 다문화적 요소: 역사·인류학적 해석," 「다문화와 평화」 4/2 (2010): 10-43; 조병준·고정은, "다문화시대 한국인의 국민 정체성 고찰," 「언어와 문화」 9/13 (2013): 301-327; 차하순, "문화를 통해 본 세계," 「계간 사상」 52 (2002): 74-94; 허영식·정창화, "한국의 정체성 재정립을 위한 간문화적 접근 방안," OUGHTOPIA: The Journal of Social Paradigm Studies 27/2 (2012. 11.): 239-265; 현택수, "문화의 세계화 담론과 문화정체성," 「문화정책논총」 13 (2001): 1-25; 현택수, "문화의 세계화와 한국문화의 정체성: 비언어극 <난타>의 사례 연구를 중심으로," 「한국학연구」 20 (2004): 175-199.

환원하는 것을 극도로 경계한다. 가령 탁석산은 한국적인 것은 없으며, 단지 시대마다 실용주의적 태도로 현세적 행복을 추구했을 뿐이라고, 심지어 종교도 이념도 모두 현세주의적인 토대 위에서 토착화되었다고 말한다.[7] 그리고 호미 바바의 혼종성 담론을 통해 최근 한국 문화의 창조성을 혼종성이라고 분석했던 문소영의 연구 역시도 이와 맥을 같이한다.[8] 우리는 오늘날 한류의 내부에 한국적인 그 무엇 혹은 그 원류가 있다고, 특정 드라마의 국제적 흥행이 한국적인 것의 흥행으로 보고자 하지만, 문소영은 이러한 일반적 상응 관계에 제동을 걸고서, 한국의 문화적 역량은 낯선 것을 익숙하게 버무리는 것에 있다고 지적한다.

실용주의적 현세주의 혹은 창조적 혼종성에 특화된 한국 문화라는 견해들은 일면 타당한 듯 보이지만, 달리 보면 참으로 허무하기 짝이 없는 이야기처럼 들리기까지 한다. 그럼에도 위와 같은 허무주의적으로 들리기까지 하는 논의들이 중요한 것은 한국적인 그 무엇이 아니라 한국적인 삶의 태도를 모색하고 있다는 것이다. 결국 한국적인 그 무엇이 있다, 없다 하는 이야기들의 긴장 속에서도 여전히 우리는 한국적인 그 무엇, 곧 그러한 삶의 태도를 찾고자 하는 노력을 지속할 수밖에 없다. 그러한 노력을 통해 우리 시대에 요구되는 신학적 진술의 요소들을 발견할 수 있기 때문이다.

---

7 탁석산, 『한국인은 무엇으로 사는가』 (서울: 창비, 2008), 63. 물론 그는 샤머니즘을 그 후보로 거론한 바 있다. 하지만 문제는 이 샤머니즘이 한국적인 것의 원형이라기보다 한국인들의 삶의 태도에 맞았기 때문에 한국적인 것이 되었다는 것이 그의 지적이다. 탁석산, 『한국의 정체성』 (서울: 책세상, 2020), 112-113.

8 문소영, 『혼종의 나라』 (서울: 은행나무, 2024).

한국적인 그 무엇의 정형화된 대상 및 이념 하나를 도출하기란 거의 불가능에 가깝지만, 한국의 역사 경험과 그 경험 기저에 자리한 집단 기억은 분명 존재한다. 그래서 "국민이 가지는 정체성은 집단적인 역사적 경험과 기억을 바탕으로 형성되고 변화한다"고 했다.[9] 한국적 정체성과 집단 기억을 처리하는 태도는 깊은 연관성이 있다. 토착화신학이 관심을 가져야 하는 것은 이 집단 기억을 처리하는 태도의 영역에 있어야 한다. 과거 토착화신학 역시 이 작업과 무관하지 않지만, 구체적으로 경험을 처리하는 방식에 있어서 충분히 전개하기보다는 과거 전통에서 한국적 실재를 도출하는 이론적이고 원리적 분석에 관심을 두었다.

---

9 이숙종 외, 『2020 한국인의 정체성: 지난 15년간 변화의 궤적』(서울: 동아시아연구원) 15. 통상적으로 국민 정체성 모델은 민족적·혈통적 모델과 시민적·영토적 모델로 나뉜다. 우리나라의 경우에는 전자의 모델을, 미국과 같은 다문화국가의 경우에는 후자의 모델을 따른다. 하지만 최근 우리나라가 다문화사회로 접어들면서 이러한 국민 정체성 모델이 혼재되는 양상을 보인다. 한마디로 우리나라는 "의식적으로는 시민형이지만, 정서적으로 또는 감정적으로는 여전히 종족형에 머물러 있다"고 볼 수 있다. 조병준·고정은, "다문화시대 한국인의 국민 정체성 고찰"(2013): 309-314(인용 부분은 314). 그리고 역사와 집단 기억 그리고 그것이 사회적 태도 형성에 미치는 영향에 대해서는 일찍이 알라이다 아스만(Alaida Assmann)은 역사과 기억(Memory)의 상관관계에 입각해서 과거의 역사적 기억 및 집단 기억은 단순히 보존된 기억(remembered)이 아니라 회상적 기억(memorized)임을 구분하였다. 그렇기에 과거의 것이 실체로서 고정불변하게 존재하는 것이 아니라, 물론 "학습을 통해서 획득될 수는 있으나, 오로지 내면화와 참여의식을 통해서만 '우리'라는 정체성이 창조된다"는 것이다. 결국 '우리'라는 사회적 정체성은 특정 사회 속에서의 사회적 태도를 형성한다고 볼 수 있다. Alaida Assmann, "Transformations between History and Memorey," *Social Research* 75/1 (2008, Spring), 52; Alaida Assmann, "Re-framing memory. Between individual and collective forms of constructing the past," Karin Tilmans, Frank van Vree and Jay Winter eds., *Performing the Past. Memory, History, and Identity in Modern Europe* (Amsterdam: Amsterdam University Press, 2010), 37-38.

2. 토착화신학의 문화신학적 의미와 한계
: 유형론적 환원주의에 대한 비판적 고찰

토착화신학은 과거의 한국적인 것에서 복음의 해석을 위한 소재를 찾는 작업이었다. 이러한 해석학적 작업을 위해서 토착화신학자들은 한국적인 것의 정체를 규명하는 데 많은 노력을 기울여 왔다. 물론 우리의 것으로 복음을 해석하는 것은 모든 토착화신학자의 궁극적인 목표이기도 하거니와 과거 한국적 사상 속에 복음의 해석을 위한 귀한 보화가 숨어 있다는 연구의 대전제는 지금까지도 유효하다.

하지만 그간의 토착화신학은 이러한 한국적인 것을 형성해 왔던 한국적인 삶의 태도에 대한 근원적 모색에 있어서는 충분히 전개하지 못했다. 토착화신학은 종교-문화적 유비에서 신학적 해석의 토대를 마련하거나 우리의 전통적 사유 체계를 통해 복음을 해석하고자 했다. 하지만 이는 동시에 복음의 종교-문화적 아프리오리로의 환원(1)과 복음 해석의 사유 체계로의 환원(2)이라는 한계를 안고 있다. 이를 종합하자면 그것은 복음의 해석을 위해 과거의 종교-문화적, 철학적 범주로 돌아가는 것이다. 여기에는 이미 급변하는 우리 시대의 문화적 현실과의 경험적 비대칭이라는 실제적 어려움이 충분히 고려되고 있지 않다. 이는 토착화신학이 지닌 구조적 한계일 수도 있다. 우리는 이 한계들을 분명히 함으로써 오늘날 토착화신학의 새로운 전개를 위한 돌파구를 함께 모색해 보아야 할 것이다.

1) 한국신화와 복음의 해석학적 유비?
: 유형론적 환원주의 1 — 윤성범의 단군신화 담론

우선 복음의 문화적 해석을 위한 전 이해를 깊이 파헤친 시도를 살펴보아야 한다. 토착화신학의 근본적인 생각은 '복음의 동양적 이해'의 문제를 환기했던 유동식의 글 "도와 로고스"(「기독교사상」 1959. 3.)에서 시작되었으며,[10] 구체적인 '토착화' 개념은 1961년 12월, 「기독교 사상」에 장병일이 "단군신화에 대한 신학적 이해 — 창조설화의 토착화 소고"라는 제목의 글을 발표하면서 등장했다.[11] 그리고 단군신화에 대한 신학적 해석을 둘러싼 윤성범과 박봉랑의 논쟁은 유동식과 전경연의 논쟁보다 구체적이면서도 치열한 공방이 오갔다.[12] 본격적인 토착화신학의 방법론을 둘러싼 논쟁이라고 볼 수

---

10 유동식, "도와 로고스 — 복음의 동양적 이해를 위한 소고," 「기독교사상」 (1959. 3.): 54-59, 특히 55. 유동식의 작업은 복음을 우리 한국적 맥락에 적합하게 번역하는 것과 다르지 않다. 반면 전경연은 복음에 문화적으로, 곧 민족 고유의 맥락을 덧입히는 것은 복음에 대한 왜곡을 불러일으킨다고 보았다. 이 둘의 논쟁은 복음과 상황 및 문화의 상관성을 둘러싸고 있었지만, 다소 명확한 결론에 도달하지 못했다.

11 토착화 및 토착화신학 자체의 역사를 거칠게 요약하자면, 문화적 맥락과 해석학적 구조를 중시하는 복음에 대한 이해와 성서에 드러난 그리스도 중심적인 복음 이해로 구분이 가능하다. 전자는 유동식과 윤성범이 천착했던 부분이라면, 후자는 전경연과 박봉랑의 주된 관심거리였다. 이 토착화신학의 역사 및 발전에 대한 간략한 소개는 김광식, "한국 토착화신학 형성사," 「기독교사상」 35/6 (1991. 6.): 7-17, 특히 10-14; 이상규, "1960년대 한국교회의 토착화 논쟁," 「고신신학」 (2002, 봄): 221-245, 특히 228-232. 그리고 한국신학 전반의 성장 및 변천 속에서의 토착화신학의 자리는 유동식, 『한국신학의 광맥』 (서울: 다산글방, 2003).

12 윤성범과 박봉랑의 논쟁을 담고 있는 글로는 우선 윤성범, "환인, 환웅, 환검은 곧 하나님이다," 「사상계」 (1963. 5.); 윤성범, "단군신화는 'Vestigium Trinitatis'이다," 「기독교사상」 (1963. 9.): 14-18; 박봉랑, "기독교 토착화와 단군신화 — 윤성범 교수의 소론과 관련하여, 삼위일체 해석의 신학적 문제를 중심으로," 「사상계」 (1963. 7.); 박봉랑, "성서는 기독교 계시의 유일한 소스 — 윤성범 박사의 대답에 답함," 「사상계」 (1963. 10.)(단, 현재 사상계 글들은 인터넷

있다. 여기에서는 윤성범을 중심으로 살펴보도록 하겠다.

윤성범은 복음의 토착화의 전 이해 자체를 중시했는데, "환인, 환웅, 환검은 곧 하나님이다"와 "단군신화는 'Vestigium Trinitatis'이다"라는 글을 통해서 우리 문화 속에서 기독교 신학의 영향의 파편들을 찾고자 노력했다. 그에게 있어서 토착화라는 것은 일종의 종교적-문화적 아프리오리를 이해하고 재래 종교와 기독교 복음의 만남을 의미했다. 그의 연구 방법론은 종교학적이고 언어학적이면서 동시에 토속 문화 등에 관한 연구를 병행하는 것이었다. 그의 과업은 한국의 토속 문화와 종교 속에서 기독교적인 요소를 찾고자 하는 데서 시작되었다. 그는 단군 이야기가 종교성을 지닌 신화라고 하였다. 신화의 양식을 빌려 종교적 내용을 담고 있기에 해석학적 시도가 불가피하다고 여겼다. 그는 기독교의 삼위일체 교리가 동방 교회를 통해서 샤머니즘적인 한국 전통으로 유입되면서 단군설화로 집약되었다고 봄으로써 단군신화와 기독교의 삼위일체의 유비를 조명하였다.[13] 그는 '외래의 것이라도 그것이 한국에 들어와서 우리의 풍토에

DB에 업로드되어 있지 않음). 그리고 윤성범과 박봉랑의 논쟁에 대한 일목요연한 정리는 박영규, "단군 이해를 통한 한국적 신학의 모색," 「고조선단군학」 2 (2004. 4.): 117-121.

13 그는 "환인, 환웅, 환검은 곧 하나님이다"에서 이러한 단군신화의 삼위일체적 구성의 기원을 4세기 내지는 5세기로 보고 있다. 그러나 우리는 그의 견해처럼 동방 교회의 영향을 받아 단군신화가 구성되었겠는가를 역사학적 관점에서 되묻지 않을 수 없다. 그의 주장처럼 가설일 뿐이다. 이에 대해서는 아래의 각주 19를 참고할 것. 최근 허호익의 『천지인 신학』도 이들의 유형론적 시도의 궤도 안에 자리하고 있다고 볼 수 있다. 그의 작업 역시 일종의 신학적 해석을 위한 문화적, 역사적 발견(Heuristik)의 일종인 것이다. 단군신화가 지닌 신학적 의미에 대한 구체적인 논의는 허호익, 『단군신화와 기독교』 (서울: 대한기독교서회, 2003). 하지만 허호익은 윤성범보다 더 심층적으로 단군신화를 연구했는데, 단순히 삼위일체와의 유비적 해설에 머물지 않고 한국적인 세계관인 '삼태극'(하늘, 땅, 인간)으로 논의를 심화했다는 점에서 탁월한 안목을 선보인 바 있다. 이러한 측면에서 허호익은 이미 1세대

서 독특한 성격을 띠고 나타'나기에 복음 이해의 문제는 결국 우리의 것에 대한 올바른 이해와 깊은 관련이 있음을 강조했다.[14]

나의 견해 곧 단군설화는 기독교 삼위일체 교리가 동방 교회를 통해서 동북 시베리아의 샤마니즘(무당교)의 세계에 들어오게 되고, 이것이 다시 한국에 들어와서 그 뚜렷한 모습으로 정착되어 버린 것이 아닌가 하는 가설이다.[15]

만일 삼위일체 교리가 이와 같이 한국에 와서 낙착된 것이라면 여기에는 중요한 문제가 일어나게 된다. 달리 말하면 이러한 교리가 한국에 와 떨어질 때 어떠한 영향이 있었겠느냐를 생각해 보면 더 분명해질 것이다. 우리는 천주교나 개신교가 한국에 들어오기 전에 벌써 훌륭한 '하나님' 개념을 가지고 있었다는 것 하나만 가지고도 굉장한 사실이 아닐

토착화신학자 윤성범의 유형론적 환원주의를 뛰어넘었다고 볼 수 있다. 허호익, 『천지인신학』, 57-62. 그는 삼태극이 한국적 지층이라는 점을 단군신화와 더불어 다음과 같이 설명한다. "단군신화의 천지인 조화론은 고대와 삼국 시대에 삼신신앙으로 전승되었고, 조선조 유교의 천지인 삼재론과 근세 천도교의 삼경론으로 이어졌다(154). [중략] 삼태극 문양이 삼신신이라는 신호의 형태로 전승된 것이 단군신화이다(155)." 허호익, 『한국 문화와 천지인 조화론』, 154-155. 이와 유사하게 김흡영은 하나님, 우주 그리고 인간의 조화 곧 삼태극을 모델링하여 소위 '도의 신학'(Theo-Dao)을 주창함으로써 신인학을 위한 한국적 성찰의 극치를 보여 준 바 있다. 김흡영, "생명, 생태, 신학: 신, 우주, 인간(삼태극)의 묘합(도의신학)," 「한국기독교신학논총」 13 (2004): 181-211, 특히 192-198. 여기에서 김흡영은 유교적 인간상과 전통적 그리스도의 두 본성을 종합적으로 다음과 같이 요약한다. "예수는 다름 아닌 하늘땅사람의 참길을 따라 살신성인하여 참삶을 산 참사람, 하늘땅사람의 참어울림, 곧 그리스도이다. … 그러므로 예수 그리스도는 하늘땅사람의 참길, 신우주인간적 도(Christ as the Theanthropocosmic Tao)라고 할 수 있다"(195).

14 윤성범, "단군신화는 'Vestigium Trinitatis'이다", 15.
15 앞의 논문, 16.

수 없는 것이다. (중략) 만일 단군설화가 진정한 의미의 삼위일체론의 잔해(vestigium trinitatis)라면 우리 기독교는 잃었던 부모를 찾은 기쁨과 흡사한 느낌을 가지게 될 것이다.[16]

그에게 단군신화는 삼위일체 교리의 토착화된 결과물이며 수용 미학의 결정체이다. 그의 작업은 이렇듯 종교학과 역사적 접근을 통하여 우리의 역사와 전통 속에 배어 있는 복음의 자취를 발견하는 작업이다. 그렇기에 그는 복음을 담을 수 있는 한국적 전통이라는 그릇을 면밀히 다루고자 했던 것이다.[17] 하지만 그의 작업의 역사적 근거를 확인하기란 여간 어려운 일이 아니기에, 박봉랑 박사의 비판처럼 그의 주장을 가설을 넘어 상상이라고 치부해 버릴 수도 있다. 하지만 윤성범의 연구가 보여 주는바, 복음을 수용하는 문화적 토양을 준비하는 것 역시 신학적 과업이 아닐 수 없다.

박봉랑은 "기독교 토착화와 단군신화", "성서는 기독교 계시의 유일한 소스"라는 글에서 계시를 떠나 피조물적 구조 그 자체 내에서 존재론적 유비를 찾을 수 없다고 주장하였다. 즉, 계시를 떠나서 단군신화를 종교적-문화적 아프리오리로 보는 것은 곧 단군신화가 기독교 삼위일체 하나님 인식의 필수적인 요소라는 것을 의미한다. 성서는 비록 이스라엘 역사를 포함하고 있지만, 구약과 신약은 예수 그리스도의 유일한 계시와 서로 관련성을 지니고 있다. 그러므로 하나님에 관한 지식과 해석은 예수 그리스도의 지식과 해석에, 이것

---

16 앞의 논문, 17.
17 앞의 논문, 18.

은 더 나아가 곧 성서의 본문과 그것의 이해와 해석과 밀접한 관련성을 지니고 있다는 것이다. 즉, 하나님 존재 양태에 대한 인식은 성서 외적인 것에서 찾을 수 없다는 것이다.

반면에 윤성범의 토착화신학은 "복음의 내용이 한국 문화의 순수 형식과 결부되어야만 된다"고 강조한바, 복음이 문화적 형식을 통해 현상할 수 있도록 '한국 문화의 본질적인 내용과 형식을 올바로 찾아 놓는 작업'으로 이해한다.[18] 그의 토착화신학은 기독교의 영향을 받았음에도, 우리가 인지하지 못한 토속 문화를 조명함으로써 오히려 토속 문화를 통해 복음을 이해하고 해석할 수 있음을 보여주는 한국적 해석학적 신학의 원류라고 볼 수 있다. 그는 그 영향을 논증하기 위해 종교학, 역사학 등의 학제적 연구를 병행하였다.

만일 그의 주장처럼 단군신화가 삼위일체 교리의 토착화된 결과물이라고 한다면, 우리의 신학적 분석은 과연 우리의 어떠한 풍토가 삼위일체 교리를 단군신화의 형식으로 구현되었는지를 숙고해 보는 것으로 나아가야 할 것이다. 윤성범의 논의는 한국 문화에의 기독교 교리의 영향사를 추적함으로써 양자의 유비적 관계를 조명하는 데 천착한 나머지, 어떻게 이를 토착화할 수 있었는지에 대해서는 침묵한다.

윤성범이 촉발시킨 삼위일체로부터 단군신화가 형성되었다는 가설, 더 나아가 결과적으로 단군신화를 통해서 삼위일체가 쉬이 이해되고 해석될 수 있다는 그의 작업은 원인과 결과만 적시되고 수용의 근간에 대한 분석이 결여되어 있다. 단지 단군신화와 삼위일

---

18 윤성범, "한국재발견에 대한 단상," 「기독교사상」 (1963. 3.), 20.

체를 유비적으로 병치시킴으로써 전자를 통해 후자를 해석해야 함을 제시한 것이 일종의 유형론적 환원주의라고 평가한다면, 이는 지나친 평가인가? 이러한 복음에 대한 이해와 해석을 형식적 유사성으로 환원시키는 것은 충분히 해석학적으로 확장되지 않은 채로 여전히 유형론적 비교에 머물 위험이 있다.

그럼에도 불구하고 윤성범의 단군신화 담론의 핵심은 역사적 가설을 소개하는 것으로 만족하기보다 복음을 통해서 우리 문화를 해석할 수 있다는 신학적 해석학 그 자체를 전개하는 것이었다. 그에게는 복음과 문화의 긴밀한 상관관계가 새로운 문화를 창발하는 역동성 그 자체이다. 윤성범의 단군신화 담론이 기독교 신학으로부터 비롯되었다는 가설은 이 둘 사이의 구조적 유비 및 유사성을 조명함으로써 설정되었다. 이에 대한 역사학적 증명은 그리 순탄치는 않다.[19] 결론적으로 본래 낯선 복음과 익숙한 문화 사이의 간극을 유비를 통해서 메우려는 접근은 필요불가결한 것이다. 필자는 이

---

19 이필영은 단군신화와 고대 시베리아 샤머니즘과의 관련성을 주장하는 윤성범의 가설과는 달리, 단군신화의 기원 문제를 두고서 북아시아 전역에 널리 퍼져있던 천신 신앙과 관련되어 있다고 본다. 특히 고대 무속, 곧 이무제천(以巫祭天)의 전통 속에서 천신을 숭배하던 종교·문화적 토대 위에서 고조선이 건립되었다고 주장한다. 반면 북방의 샤머니즘은 하늘 숭배가 문화와 정치의 규합으로 이어지지 않았다. 하지만 조선인의 경우는 하늘 숭배(拜天)가 모든 이들을 혈연 의식으로 한데 묶는 정치적 교섭으로 이어졌을 뿐 아니라 문화적 동질성 형성을 위한 종교적 배경으로 기능했다. 최남선, 안백산, 이능화 등의 연구가 이를 뒷받침하는데, 이들의 연구에 대한 소개 및 평가는 특히 이필영, "단군신화인식의 제문제 — 학사를 중심으로," 「한국고대사연구」 9 (1996. 11.): 21-22; 김성환, "단군신화의 기원과 고구려의 전승," 「고조선단군학」 3 (2000. 10.): 119-120. 그리고 최근에 최광식의 연구에 따르면 단군신화에 반영된 천강신화(天降神話)는 이미 고조선 당시부터 전해졌을 것이라고 한다. 김성환, "단군, 신화에서 역사로," 「동북아역사논총」 76 (2022. 6.), 118. 그리고 북방의 샤머니즘과 구별되는 조선인의 무속의 특징에 대해서는 아래 III장 2절에서 추가로 논의될 것이다. 이들의 논의를 종합해 보면, 단군신화의 역사적 기원의 문제는 명확한 하나의 답변으로 귀결되지 않는다.

유형론적 작업 자체가 그릇되었다고 비판하려는 것이 아니다. 오히려 이러한 유형론적 작업은 그 시대의 학문적 요청이었을 뿐, 우리시대의 학문적 과제는 과거 토착화신학의 것과 다를 수밖에 없음을 이야기하고자 한다. 한마디로 유형론적 환원주의의 오류를 범했던 과거 토착화신학은 낯섦과 익숙함을 처리하는 방식에 있어, 더 나아가 익숙함 속에서 낯섦을 토착화할 수 있었던 방식 및 삶의 태도에 대한 분석으로까지 논의를 확장하지 않았다.

2) 한국적 사유 체계를 통한 복음의 해석학?
: 유형론적 환원주의 2 – 김광식

두 번째의 과오는 지나치게 서양과 동양을 사유 체계를 기반으로 양분함으로써 이 둘 사이의 상호 교류 및 제3의 관점의 창발을 원천 봉쇄한 것이다. 동양이라고 동양적인가, 반대로 서양이라고 서양적일 수만 있을까? 동양과 서양이라는 지리적 구분을 뒤로하고 이것을 합리성의 다른 두 가지 체계로 구분하려는 유형론적 시각 역시 원천적 한계를 내포한다. 이러한 동서양의 이원론적 유형론은 흥미롭고 일목요연하게 정리되는 측면이 많지만, 오리엔탈리즘과 옥시덴탈리즘이라는 이념적 시각을 고착화할 위험을 내포하고 있다. 세계화 시대에 우리는 이러한 유형론적 시각에 머물러서는 안 된다.

이러한 측면에서 종래의 토착화신학 담론은 토착적인 것을 시간적인 과거의 것에 국한하여 이해하고자 했다. 그러다 보니 동방의 것은 서방의 것과 더 나아가 한국적인 것 역시 서방의 것과 달라야 한다는 이념적 전제에 매몰된 측면이 적잖다.[20] 예를 들어 김광식은 서양과 동양의 사유 체계의 근본적인 차이점에 기초해서 동양적 탈소외적 동기로부터 복음을 해석함으로써 토착화신학의 이행 주체에 대한 논의를 환기시켰다. 그는 윤성범의 '성의 신학'을 재해석함으로써 한국의 역사, 문화적 맥락 속에서 복음의 의미가 무엇인가를 해명하는 것이 한국 토착화신학의 과제라고 여겼다. 그의 토착화신학 담론에 따르면[21] '지극히 작은 것이나마 우리 자신의 모습을 신학적으로 찾아보자는 것'이 토착화신학의 중심이다.[22] 하지만 물론 서방과

---

20 가령 김광식과 김흡영은 공히 죄론으로 집약되어 버린 그리스도 이해를 넘어서야 한다고 주장한다. 심지어 김흡영은 원죄론이 극단적으로 적용되어 한국 사회를 유지해 오던 의리 및 이웃에 대한 신뢰를 무너뜨리는 파괴자 역할을 했다고 지적하기도 했다. 김흡영, 『도의 신학 I』(서울: 다산글방, 2000), 23. 물론 그의 이러한 지적은 한국 기독교가 실패한 원죄론에 대한 재해석을 다시금 조명해야 한다는 교의학적 과제를 전제한 것이다. 전통적인 공동체 의식과의 조화 속에서 그리스도의 구원을 새로이 해석하는 작업이 중요하다는 것이다. 김흡영, 『도의 신학 II』(서울: 동연, 2012).

21 일전에 필자는 김광식의 토착화신학을 틸리히의 문화신학과 비교한 바 있다. 신용식, "문화신학의 해석학적 과제에 대한 고찰: 폴 틸리히의 문화신학과 김광식의 토착화신학의 비교 연구," 73-116.

22 김광식, "토착화신학의 해석학적 국면에 대한 연구," 「성곡논총」 16 (1985. 5.), 177. 또한 김광식은 토착화신학이 한국신학 안에서도 지나칠 정도로 혐오의 대상이 된다고 할 정도로 토착화신학에 대한 문화신학적 고찰이 신학의 주변부로 밀려났음을 토로한 바 있다. 김광식, "토착화신학에서 본 문화신학," 「한국문화신학회 논문집: 한국 종교문화와 그리스도」 1 (1996): 11-23, 특히 12-15. 그는 여기에서 토착화신학에 대한 혐오의 이유를 크게 세 가지로 정리한다. 첫째는 토착화신학이 복음을 왜곡한다는 오해이며, 둘째는 토착화신학은 급변하는 사회현실을 반영하지 못한다는 이유이며, 끝으로 세 번째는 교파주의적으로 토착화신학에 대한 일방적인 무관심과 비판을 하는 태도가 그 이유이다. 그는 토착화신학의 신학적 근거를 모색하고자 칼 바르트의 '신인학'(Theanthropologie) 표현을 빌려 신학은 본시 하나님과 인간의 상관관계로부터 출발하기에 '신학이 곧 문화신학'이라고 강조하였다. 김광식, "토착화 신학에서 본 문화신학," 21. 그리고 그는 칼 바르트의 '신인학'이라는 표현의 출처 및 의미에 대해 상술하지는 않는다. 바르트의 이 표현은 Karl Barth/신준호 역, 『개신교신학 입문』(서울: 복있는 사람, 2014), 18. 바르트는 '인간의 정신, 실존, 정신적 능력을 주요 대상으로 삼고서 하나님을 부차적인 항목으로 취급하는' '인간학적 신학'(Anthropotheologie)과는 반대로, '신인학'(Theanthropologie)은 '인간의 실존과 관계하시며, 믿음을 일깨우시고, 정신적 활동을 요청'하시는 하나님에게 관심을 가진다고 보았다. Barth, 앞의 책, 13-14.

동방의 사유 체계는 분명 차이를 보이기는 하나,[23] 동양적 사유와 서양적 사유를 질적으로 구분 짓는 것은 오늘날 크게 유의미해 보이지 않는다. 탈서양화라는 연구의 목표가 과연 오늘날 한국신학을 전개함에 있어 얼마나 적절하며 유의미하게 관철될 수 있을지도 의문이다. 그에게 서양의 것을 분석적 사유에 동양의 것을 조화전개적 사유에 등치시킨 것은 단지 토착화신학의 우선적 과제로서 탈서양화를 이야기하기 위한 전제조건으로서 기능하는 듯하다. 그는 서양적인 것과는 다른 동양적인 것을 대조적으로 조명하는 데 연구의 많은 부분을 할애한다.[24]

자칫 이러한 유형론적 비교는 구체적인 현실을 담지하지 못하고, 이념적인 측면에 머무를 수 있다. 실제로 오늘날 우리에게 동양적인 것이 더 낯설지 않은가! 이에 한국신학은 한국적인 그것을 특징화할 것인가, 아니면 보편문화적인 것과 한국적인 것의 중첩을 한국적으로 해석해야 하는가를 질문해야 한다. 이는 단순히 서양적 방법론과 동양적 방법론에 얽매일 필요가 없음을 뜻한다.[25] 중요한 것은 문화

한마디로 인간의 실존, 역사, 문화, 정신 등에서 활동하시고 요청하시는 하나님의 행위에 관심을 가져야 하는 신학은 인간 실존의 거시적 틀인 문화 안에서의 하나님의 행위를 진술한다. 이러한 맥락에서 보면 신인학으로서의 신학은 문화신학과 진배없다는 김광식의 설명은 타당하다.

23 이를 심리학적으로 깊이 분석한 대표적인 연구로는 Richard E. Nisbett/최인철 역, 『생각의 지도 동양과 서양, 세상을 바라보는 서로 다른 시선』 (파주: 김영사, 2004).

24 김흡영은 『토착화와 해석학』에서 보여 준 김광식의 토착화신학을 위한 해석학적 시도는 결국 해석을 위한 모델을 한국 사상 내부가 아니라 독일 사상에서 찾고자 했기에 스스로 독일 신학의 아류가 되어버린 토착화신학이라고 비판하기도 했다. 결국 한국적인 해석학적 신학을 위해서 한국 및 동양적 해석학이 아니라 독일의 해석학으로의 환원을 비판한 것이다. 김흡영, 『도의 신학 II』, 133. 물론 '신토불이' 및 불이론적 사유 체계를 직접적으로 분석했던 김광식의 작업에 대해 김흡영의 비판은 적용될 수 없다.

신학으로서의 토착화신학은 우리의 과거 문화의 흔적을 가지고 복음을 해석하고자 했는데, 앞서 문제시된바, 오늘날에는 이러한 시도로는 충분하지 않다는 것이다. 오늘날 세계화 속에서의 우리의 생활세계와 그 맥락은 결코 과거 토착적인 것에 얽매이지 않는다.

3. 소결

지금까지의 논의를 종합적으로 고찰하자면 토착화라는 것은 맥락과 진리의 변증법적인 해석에서부터 출발한다. 오늘날의 토착화신학 작업들 역시도 이 두 조류 사이의 그 어딘가이다. 하지만 과거 1세대 토착화신학의 맥락과 시대적 과제와 지금 우리의 것은 같을 수 없다. 그러므로 우리는 사대주의와 민족주의의 양극단을 지양하면서, 과거 한국의 역사 및 문화는 이미 타문화를 우리의 것으로 흡수할 수 있는 문화의 창조성을 지니고 있었음을 인지해야 한다. 그러므로 우리는 그 문화적 창조성이 발현될 수 있었던 의식과 실천의 기저가 무엇인지에 집중해야 한다. 바로 그러한 창조성을 담고 있는 삶의 태도를 조명할 때, 한국적 신학의 한 퍼즐을 확보할 수 있다는 것이다. 한마디로 상호문화 역량을 담지하는 우리의 삶의 태도는 단순히 우리의 것에 대한 소유권 주장이 아니라 오늘날 우리 시대의 다양한 생활세계들과도 함께 호흡할 수 있고 기여할

---

25 그래서 김흡영은, 물론 유교라는 동양철학을 가지고 설명하고 있기는 하지만, 서양과 동양의 이분법을 넘어 성경이 진술하는 하나님의 길(道)을 우리의 방식으로 구성적으로(constructive) 설명해야 하는 것이 신학의 과제라고 했다. 김흡영, 『도의 신학 II』, 132-137.

수 있는 가치관이다. 그러므로 우리의 눈은 그러한 상호문화 역량을
통해서 이미 토착화된 과거의 가시적, 비가시적 결과물에 초점을
맞추기보다 그 역량이 담지하는 삶의 태도에 집중해야 한다.

III. 토착화신학의 상호문화적 전개를 위한 과제

토착화는 외적인 것을 흡수하여 열매를 맺는 과정이다. 그렇기에
우리는 단순히 문화적 현상 자체를 획일하게 유형화하거나 비교
분석하는 것을 넘어 타문화와 호흡하고 그것을 수용하는, 일련의
창조적 과정을 유념해야 한다. 공유식은 우리의 것을 지나치게 강조
한 나머지 일종의 민족주의적인 문화적 폐쇄성에 머무르면 안 된다
고 강조한 바 있다.[26] 과거 토착화신학자들이 이행한바, 기억된
한국적인 실체를 발굴하는 것에 그치지 않고 그 기억을 작동시키는
한국적인 태도의 윤곽을 확인할 수 있다면, 오늘날의 한국적 신학이
나아가야 할 길을 모색해 볼 수 있을 것이다. 한국적인 삶의 태도에서

---

26 공유식, "세계화와 한국문화," 210-211. 오늘날 한류를 민족주의적으로 활용하는 다양한
모습들이 조명되고 있는바, 이러한 충고는 귀담아들을 필요가 있다. 실제로 한류는 1999년
김대중 정부 시절에 '문화산업발전 5개년 계획'을 수립함으로써 정부 주도로 시행된 장기간
문화산업의 결과물이다. 문재인 정부에 들어서는 문체부 산하에 '한류지원협력과'를 신설함
으로써 한류를 전적으로 지원하기에 이르렀다. 이동연에 따르면 오늘날의 한류 열풍은 국가
주도형 문화 정책에 따른 '문화민족주의'의 한 형태다. 하지만 동시에 한류의 팬덤 문화는
탈국가적 형태를 띠고 있기에 단순히 문화민족주의에 머무른다고 볼 수 없기도 하다. 그래서
한류의 생산은 문화민족주의적 배경을 지니지만, 소비에 있어서는 이데올로기로부터 자유
로운 문화자본주의적인 현상이라고 볼 수 있다. 결과적으로 한류에 있어서 문화민족주의는
문화자본주의 안에서 이해되어야 한다. 이에 대해서는 이동연, "한류는 문화민족주의의 산물
인가?," 「황해문화」 (2022, 여름): 56-75, 특히 60-68, 74-75.

신학을 이행할 때 비로소 한국신학이 될 수 있으며, 그러한 신학은 세계에 유의미한 논의점을 제시할 수 있을 것이다. 물론 이 한국적인 삶의 태도 역시 유동적이며 잠정적일 뿐이다. 또한 연구를 거듭하면 할수록 다채로운 삶의 태도를 도출해 낼 수 있겠으나, 아래에서는 역사 속에 살아 숨 쉬었지만 오늘날 주변부로 밀려나 있는 듯 보이는 삶의 태도를 낯섦에 대한 판단중지와 현세주의적 초월로 구분하여 분석하고자 한다.

1. 낯섦에 대한 판단중지로서의 '쿰다'
: 낯섦의 익숙함으로의 근원적 환원 불가능성

문화신학이 복음의 문화적 해석을 시도하고자 한다면, 문화신학은 상호문화적 지평으로 확장되어야 마땅하다.[27] 이것이 상호문화

---

27 문화신학은 문화적 현상이라는 단면을 부각시킨다면, 상호문화 신학은 문화가 현상하게 되는 창조적 과정 자체를 부각시킨다. 오늘날 신학 내에서 상호문화 신학(Interkulturelle Theologie)이라는 개념은 선교학의 새로운 용어로 사용된다. 조직신학적 관점에서 중요한 지점은 선교학으로서의 상호문화 신학이 지향하는 신학의 상호문화적 전개가 뜻하는 바를 확인하는 것이다. 이를 위해 상호문화주의 및 상호문화성에 대한 개념적 설명이 요구된다. 이는 오늘날 문화연구에서 파생된 개념이다. 기존의 문화연구는 특정 문화의 영역 혹은 문화적 표식 등 고정불변하고 관찰 가능한 대상으로서 문화를 다루었지만, 오늘날 문화연구에 있어서는 문화는 말 그대로 문화적 다양성을 그 특징으로 하기에 동질적인 그 무엇을 실재론적으로 제시하는 것이 근원적으로 어렵다는 사실에서 출발한다. 그렇기에 문화연구는 문화 자체가 아니라 문화적 다양성, 곧 그 안에서 각기 다양한 세계와 지평들이 뒤섞여 있으면서 새로운 가치를 형성하는 과정을 예의주시해야 한다. 오늘날에는 이러한 문화적 다양성 속에서도 보편적 가치를 형성하는 일련의 과정을 중시하는 것을 '상호문화주의'(Interkulturalismus) 라고 부른다. 그리고 문화적 다양성 속에서 이러한 보편적 가치를 형성하는 문화 자체의 속성을 '상호문화성'(Interkulturalität)이라고 부른다. 이 개념들에 대해서는 Martin Abdallah-Preteille/장안업 역, 『유럽의 상호문화교육』 (서울: 한울아카데미, 2010), 27.

신학이 지니는 문제의식이다. 이를 위해서는 문화적 특수성이 아니라 그 특수성을 형성하는 보편적 삶의 태도로의 관점의 전환이 필요하다. 이 보편적이라는 것은 인류에게 공통된 그 무엇을 지칭하는 것이 아니라 오로지 판단중지를 통해서 경험될 수 있는 공동의 영역을 지칭한다. 중첩되어 있지만, 자연적 태도로는 결코 인지될 수 없는 공동의 영역인 보편적인 부분을 조명함으로써 동질성을 구성했던 과거의 경험을 살펴보자. 현상학적 관점에서 보면 타자로부터 비롯된 다름을 나의 익숙함으로 환원하지 않아야 한다. 보편적인 영역들은 공동의 영역이다. 이는 문화적 획일화와는 다르다. 오히려 보편적인 영역을 통해서 서로 다름을 인정하고 오해의 싹을 제거하는 것이 우리의 우선적 과제일 것이다. 이를 위해 서로에 대한 오해를 해석하는 것, 다름에 대한 근원적 이해의 과정을 거치는 것이 필요하다. 이에 대한 구체적인 실례를 제주의 타자 수용 태도에서 발견할 수 있다. 하지만 이는 그렇다고 제주의 타자 수용 태도가 한국인들의 전형이라고 말하고자 함이 아니라 그것 안에서 한국적인 상호문화적 태도를 모색할 가능성을 엿볼 수 있을 뿐이다.

제주도에는 외지인이 제주에 적응하기까지 인위적 무관심을 가지는 문화가 있다. 그것을 제주 토속어로 '쿰다'라고 한다.[28] 쿰다는

---

28 제주의 '쿰다'를 다룬 직접적인 연구는 김준표 박사의 연구가 유일하다. 김준표, "다문화사회의 정체성 트러블과 제주의 쿰다 문화," 「현상과인식」 44/4 (2020): 207-227; 김준표, "적대와 환대를 넘어서는 무관심의 포용, 쿰다," 「다문화사회와 교육연구」 12 (2022): 51-69. 김준표의 연구에 따르면 '쿰다'라는 표현은 제주어 사전에서만 등장할 뿐 오늘날 쓰임이 없다. 다만 이 쿰다에 반대말처럼 들리는 '드르싸다'('두루쌍 내불라': 적당히 싸서 밖에 둔다, 가만히 내버려 둔다)는 오늘날에도 사용되고 있다. 쿰다 및 드르쿰다(적당히 쿰다)라는 제주도 방언이 오늘날 사용되지 않는 이유는 모르겠으나, 오늘날 사라져 가는 제주어 '쿰다'는

'품 안으로 끌어안는다'는 것을 의미한다.[29] 쿰다는 타자에 대한 적대와 환대 이외에 제3의 태도 및 반응이다. 이는 외지인과 도민을 편 가르기 하는 것이 아니라 인위적인 무관심으로 기다려 주는 것이다. 김준표는 타자에 대한 '적극적 환대 없이 무관심을 전면에 내세움으로써 타자를 받아들이는 제주도민들의 나름의 타자 수용의 과정'이 곧 쿰다라고 했다.[30] 그렇기에 쿰다는 일방적인 개입 대신 시간을 두고서 외지인과 도민 사이의 긴장을 해소하는 문화 해석학적이고 사회적인 장치인 것이다. 형식적으로는 일종의 무관심이지만, 내용적으로는 '관심의 유예'이다. 낯섦에 대한 불쾌감이나 이에 대한 면역반응을 표출하는 것이 아니라 관심의 유예로서 무관심을 내비치는 것이 제주의 쿰다이다.[31] 이런 사회적 태도가 제주 토박이들에게는 전형적인 태도라고 한다. 그래서 "외지인들은 본래 자신의 문화에 기반을 둔 정체성을 포기하지 않고 새로운 터전인 제주 문화의 정체성과 함께 선택적으로 표현하며 살아갈 수 있다"고 한다.[32]

　이를 외부자의 시선으로 폐쇄적이라고 비판할 수는 있겠으나, 이는 제주도민들의 역사적 경험에 대한 무지에서 비롯된 것이다. 제주는 외지인에 대한 적극적 관심보다는 그들이 적응하기까지

다름 아닌 외지인을 품는 제주 특유의 방식을 상징한다고 볼 수 있다. 이 용어에 대한 사전적, 문화사적 의미에 대해서는 김준표, "다문화 사회의 정체성 트러블과 제주의 쿰다 문화" (2020): 219-220.

29 김준표, "적대와 환대를 넘어서는 무관심의 포용, 쿰다," 61.

30 김준표, "다문화 사회의 정체성 트러블과 제주의 쿰다 문화," 219.

31 김준표, "적대와 환대를 넘어서는 무관심의 포용, 쿰다," 58-61.

32 김준표, "다문화 사회의 정체성 트러블과 제주의 쿰다 문화," 222.

환대나 적대적인 태도를 의식적으로 중지한다. 그래서 오늘날에도 제주도민들은 문화적 이질성에 대해서 불편해하지 않는다고 한다. 타자가 이웃이 되는 시간적 간극에 대해서 전혀 개의치 않는다. 그들의 입장에서 낯설기만 한 이웃의 삶의 태도에 대해서 적극적 판단을 유보함으로써 그들이 참된 이웃이 되기까지 기다려 준다고 한다. 어찌 보면 이러한 제주의 쿰다 문화는 낯섦과 익숙함의 질적인 차이를 충실히 수용하는 것이다. 낯섦은 본질적으로 익숙함으로 환원 불가한 영역의 것이다.[33] 그래서 낯섦은 (제주라는) 공동 영역 속에서 자신의 자리를 그에 걸맞게 찾아가는 창조적 과정을 의미하게 된다.

이를 신학적으로 확장해 보자. 신학은 익숙함에서 낯섦을 논증하는 것이 아니라 낯선 경험을 통해서 익숙함을 새로운 낯섦의 방식으로 재조명하는 작업이다. 하나님 경험은 결코 익숙함에서 비롯되지 않는다. 그 경험은 오히려 익숙함을 철저히 해체하고 전적으로 새로운 방식으로 그 익숙함을 대하도록 하는 종말론적 경험이다. 복음은 본질적으로 낯선 것이다. 이 낯섦을 이해하기 위한 가장 적절한 방법은 타자 경험을 통해 나의 세계를 보다 더 낯설게 들여다보는 것이다. 복음과 상황은 본래 일치도 상응도 아닌, Asymmetrie 관계이다. 그래서 천병석은 '문화현상 속에 내재된 시대 경험이나 사유 경험이 주제화 되었지, 이러한 관점들이 드러나는 신앙 경험의 지평

---

33 우리는 이 낯섦과 익숙함의 변증법적 관계를 베른하르트 발덴휄스의 타자현상학에서 발견할 수 있다. 발덴휄스는 타자가 근원적으로 접근 불가한 존재임에도 자아의 영역으로 환원하고자 한 것이 에드문트 후설 현상학의 구조적 한계라고 비판했다. 신용식, "폴 틸리히의 문화신학에 대한 상호문화적 비판: 베른하르트 발덴휄스의 타자 현상학을 중심으로," 113-116.

은 소홀히 취급'되었다고[34] 그간의 토착화신학의 한계를 정리하면서, 토착화신학은 결코 문화적 상이함을 신학적 낯섦과 혼동해서는 안 된다고 밝힌 바 있다. 이는 앞선 쿰다 문화와 맞닥뜨려진다. 낯섦을 굳이 익숙함으로 환원할 필요가 없다는 것이다. 그간 토착화신학은 동양적 특수성을 조명하는 방식으로 낯선 복음을 설명하고자 했다. 토착화신학은 한국의 문화적 특수성 부분에 많은 관심이 있었으며, 이는 유의미한 결과를 가져왔음은 부인할 수 없다. 하지만 오늘날에는 이를 넘어서는 공동 영역으로 관점의 전환이 요구된다.

2. 현세주의적 초월: 타자 및 타문화 경험의 현세주의적 태도에 대한 종교적, 역사적 고찰

앞에서는 생활세계의 상호문화적 관점에서 인간의 근원적 자기이해는 익숙함이 아니라 낯섦임을 제주의 '쿰다'문화를 통해 살펴보았다. 그렇다면 복음은 언제나 상황을 익숙함이라는 폐쇄적 체계로부터 우리를 해방시킨다고 이해해 볼 수 있다. 이를 달리 표현하면 복음이 복음인 이유는 우리의 세계에 구체적이고 새로운 의미를 부여해 주기 때문이다. 복음이 선사하는 구원은 실제적이며 현세적이다. 물론 동서고금을 막론하고 현세주의적 태도를 견지하지 않는 문화권은 없다고 볼 수 있지만, 과거 다른 동아시아 국가에 비해 한국은 고대 국가들 안에서 타문화를 수용하는 방식으로서 현세주의적이고 실용주의적인 태도가 단연 두드러진다. 한국적 종교성에는 존재론적인 의미의 초월

---

34 천병석, "토착화신학의 근본문제," 「신학사상」 122 (2003), 164.

및 피안적 지향은 찾아보기 어렵다. 초월 역시 현세주의적으로 내재화 되어 있을 뿐이다. 그리고 역사 속에서도 이러한 현세주의적 태도는 실제 삶의 자리에서 발생하는 다양한 긴장과 문제를 해결하는 데 효율적으로 작동했다. 피안적 구원을 추구했던 한국 기독교의 신앙 역시도 신앙인 개인의 고난을 신앙적으로 해명하기 위한 신학적 장치 에서 비롯된 것이기에 우리의 피안적 신앙도 충분히 현세적이라고 볼 수 있다. 이에 이러한 현세주의적인 삶의 태도를 종교적, 역사적 지층을 간략히 살펴봄으로써 확인하고자 한다.

1) 현세주의적 태도의 종교적-초월적 지평: 선맥과 풍류

우선 종교성을 기준으로 한국적 삶의 태도를 통시적으로 다룬 연구들을 살펴보면 한국인들의 종교성을 기반으로 한 현실 판단의 윤곽을 다소간 확보할 수 있을 것이다. 한국에 토착화된 모든 종교는 현세주의적이라는 데는 이견이 없다. 하지만 이 현세주의적 태도의 연원을 모색하는 것은 결코 쉬운 작업이 아니다.[35]
심광현은 '흥'과 '한'을 한국의 문화적 정체성이라고 표현한 바 있다. 그간 한국적 정체성을 한에서 찾고자 했던 시도들을 비판하면 서, 오히려 흥에 기반하여 한을 다룬 것이 우리 문화의 특징이라고 했다. 결국 우리 문화의 기저가 흥이라는 것이 그의 주장의 핵심이 다.[36] 흥과 한의 변증법을 한국의 역사 속에서 확인하는 작업은

---

35 한국 고유의 현세주의적 태도를 떠받드는 한국적 고유성에 대한 다양한 시각들은 허호익, 『한국 문화와 천지인 조화론』, 148-152.

간단하지 않지만, 그의 주장을 무시할 수도 없다. 실제 지금까지도 이 홍과 한의 모습은 한국 문화에 자리하고 있기 때문이다. 하지만 그의 분석은 이 홍과 한의 종교적 지층을 충분히 설명해 주지 못했다.

김종만과 김은기는 샤머니즘(무교)이 한국인들의 문화적 정체성의 원류라고 보았다.[37] 이 주장은 그리 새로운 것이 아니다. 일찍이 유동식은 1980년대에 풍류(風流) 신학을 전개하기 전 1960년대와 1970년대에는 무교를 집중적으로 연구한 바 있다.[38] 그는 유형론적 작업에 머물지 않고 한국적 종교성 및 한국적 삶의 원류를 찾는 문화사적 분석을 이행했다. 그는 무교란—오늘날 무당(샤먼)의 굿에 초점을 맞춘 무속과는 분명 구분되어야 한다— 한국 사상과 문화의 원형으로서 '천지의 주재신인 하느님과 인간이 하나가 됨으로써 신의 능력에 힘입어 인간의 꿈을 실현'하는 것이라고 설명했다.[39]

---

36 김봉렬 · 심광현, "한국문화의 정체성을 말하다," 309.

37 김종만 · 김은기, "가치관을 통해 본 한국인의 문화적 정체성," 211. 그리고 이기동은 "우리나라에 들어온 외래 문화는 국민의 기질이나 자연적 풍토 그리고 그때그때의 역사적 조건과 시대 상황의 제약을 일정 정도 받으면서 토착화의 과정을 밟았다"고 주장하면서, 그 토착화의 기저에 자리하는 한국인의 기질 및 심성을 샤머니즘의 전통에서 찾고자 했다. 그는 민족적 주체성에 입각해서 과거 한국사와 한국 문화사는 전통을 계승함과 동시에 외래 문화를 창조적으로 수용하여 토착화했음을 보여 준다고 강조했다. 한국의 전통문화 역시 "끊임없이 외래 문화를 흡수, 소화하면서 이에 생명을 불어넣은 결과물인 것이다. 이기동, "한국문화의 형성 원리와 그 표현형식," 38.

38 한국 종교적 영성으로서의 무교에 대한 연구로는 유동식, "한국종교와 기독교" (서울: 대한기독교서회, 1판 1965/2판 2001), 특히 13-34; 유동식, 『한국무교의 역사와 구조』(서울: 연세대학교출판부, 1975); 유동식, "무교와 한국문화," 「기독교사상」 (2023. 1.): 138-149 등이 있다. 풍류 신학을 구성하던 시기의 글로는 유동식, "풍류신학," 「신학사상」 41 (1983): 432-441; 유동식, "한국의 문화와 신학사상," 「기독교사상」 47 (1984): 718-734이 대표적이다.

39 유동식, "무교와 한국문화," 140; 유동식 · 이주연, "토착화신학의 선구자 유동식 — 한국신학의 원로를 찾아서 2," 「기독교사상」 453 (1996. 6.): 137-155, 특히 147-148.

무교 연구에서 한 발자국 더 심화하여 유동식은 풍류도 연구를 진척시켰다. 그는 무교가 추구하고자 했던 신인합일이 삶 전반으로 확장되는 과정을 풍류도에서 찾고자 했다. 그에 따르면 풍류도는 유교, 불교, 도교를 포괄하는 초월적이면서도 근원적인 뿌리 종교이다.[40] 그는 삼국을 통일했던 신라의 풍류도 안에 이미 천지인의 포함삼교의 원리가 내재한다고 본 것이다.[41] 그에 따르면 풍류도는 포월적 사상이며, 민중을 교화하여 사람의 도리를 하도록 하는 것이었다. 이러한 풍류의 삶은 하나님께 제사를 드리는 '한'(종교), 주어진 환경과 조화를 이루며 신명나게 사는 '멋'(예술) 그리고 살아 숨쉬는 인간이 사회 속에서 새롭게 무엇을 창조하는 '삶'(생활)을 통해서 이루어진다. 그는 『한국신학의 광맥』에서 이러한 한-삶-멋의 조화적 체계를 아버지-성령-아들의 삼위일체 신앙적 체계뿐 아니라 한국신학의 세 흐름(근본주의-진보적 사회참여의 신학-문화적 자유주의 신학)을 분석하는 데에도 활용하였다. 그에게 신학의 목표는 구체적인 우리의 삶 속에서 이 한-삶-멋이 실현되는 것이라고 보았다.

최근 이호재의 종교학적 연구는, 무교에서 풍류도를 논의하고자 했던 유동식과는 반대로, 이 풍류적 체계를 정초시키는 '선맥'(仙脈)

---

40 유동식, "풍류신학," 433.

41 유동식, "한국의 문화와 신학사상," 720: "화랑이란 풍류도를 몸에 지닌 주체적인 청년 지도자들이었다. 그들은 당시 흩어져서 서로 대립하고 있던 고구려, 백제, 신라 등 삼국을 하나로 통일함으로써 한국 민족문화 형성의 터전을 만들었던 것이다. 그들의 훈련을 위한 교과과정은 세 가지로 구성되어 있다. 첫째는 도의로써 서로 몸을 닦는 것이니 이는 뭇사람들에 접해 그들을 교화할 덕을 얻기 위함이었다. 둘째는 노래와 춤으로써 서로 즐기는 것이니 이는 풍류를 몸에 익히는 것이었다. 셋째는 명산대천을 찾아 노니는 것이니 이것은 그곳에 임재하신 하느님과 교제하기 위한 것이었다." 여기에서 세 번째가 '한'에 상응하며, 두 번째가 '삶'에 그리고 마지막 첫 번째가 '멋'에 상응한다고 볼 수 있다.

이 있음을 심층적으로 다루었다.[42] 그는 선맥이 곧 한국의 독특한 종교성이며 문화적 정체성의 원류임을 논증하고자 했다. 선맥은 무교와는 달리 풍류도 안에 흐르는 종교성이다. 이호재는 무교에서 풍류도를 도출했던 유동식이 무교와 풍류도의 종교적 체계를 혼동했다고 본다.[43] 그에 따르면 한국의 종교성에는 선맥(풍류)과 무맥(巫脈)이 혼재되어 있다. 이 둘은 공통적으로 신과의 합일을 추구하며 현세적이지만, 무교와는 달리 풍류는 삶의 구체적인 변화를 수반한다.[44] 이호재의 연구를 종합하자면 결국 선맥을 통해 파악될 수 있는 한국인들의 문화적 정체성 및 삶에 대한 태도로서의 현세주의는 신인합일이라는 초월적 지평을 지니고 있지만, 그 하나 됨이 문화와 삶 속에서 구현될 때야 비로소 현실 변혁이 일어난다고 본다.

2) 현세주의적 태도의 역사적, 사회적, 내재적 지평
: 통일신라와 조선 후기 융합적 세계관

한국인들의 삶의 태도로서의 현세주의는 종교적 측면을 지니고 있음이 위에서 논의되었다. 이제 그것의 역사적, 사회적, 내재적

---

42 이호재는 풍류도가 화랑도를 통해 실현되었지만, 풍류도가 곧 화랑도인 것은 아니라고 강조한다. 종교적 심성인 풍류가 문화적으로 현상한 것이 신라 화랑도였던 것이다. 이호재,『선맥과 풍류해석학으로 본 한국 종교와 한국교회』(서울: 동연, 2022), 61.

43 이호재, 앞의 책, 220, 348 각주 14.

44 이호재, 앞의 책, 347-378: "무교성이 강조될 때는 한국 종교의 역사는 수동적이며, 기복적이고 피안적 신앙이 강조되었지만, 풍류성이 강조될 때는 한국 종교의 역사는 능동적이며, 실천적이고 차안적 신앙으로 해석된다"(378). 그리고 이러한 맥락에서 그는 "선맥의 풍류성은 무맥의 무교성을 포용하는 종교성이지만, 무맥의 무교성은 선맥의 풍류성을 포착하지 못한다"고 보았다(49).

측면을 살펴보아야 한다. 선맥적 원리에서 실현되는 현세주의는 실제 삶 속에서 화합과 융합을 만들어 낸다. 이를 담지하는 사상이나 실제 역사적 실현 과정 등을 살펴봄으로써 한국의 현세주의적 태도가 신학적으로 유의미함을 예증할 수 있다면, 이 현세주의적 태도에 대한 구체적 근거를 어느 정도는 확보할 수 있을 것이다.

우선 앞에서 잠시 언급된 통일신라의 사례를 살펴보자. 통일신라는 고구려와 백제에 비하여 융합적 세계관이 탁월했다고 평가된다. 9세기에 접어들어 신라는 중국(당시 당)에 대한 문화적 열등감에서 벗어나 문화 민족으로서의 주체의식을 고취시키고자 동인 의식(東人意識)을 강조했다.[45] 비록 당과의 연합을 통해서 통일국가를 건설하기

---

45 한국철학사연구회 편, 『한국철학사상사』 (서울: 심산, 2003), 69. 민족이라는 개념의 역사와 그 민족주의 담론의 근대적 출발점을 염두에 둔다면, 이러한 민족을 둘러싼 다양한 논의의 혼란스러움은 더욱 가중된다. 가령 신채호와 함석헌의 경우 민족의 정신을 넓은 만주를 호령했던 고구려에서 찾고자 했다. 이정배, 『토착화와 세계화』, 특히 41. 이정배의 정리에 따르면 대외 항쟁에서 민족적 정체성을 지켰다는 것에 입각하며, 신채호와 함석헌은 고구려는 각별하게 취급했지만, 신라 삼국통일에 대해서는 미온적이거나 부정적으로 대했다. 하지만 이정배는 이에 대한 자세한 설명을 하고 있지 않다. 대신 이를 충실히 설명해 줄 만한 연구는 이종욱, 『상처받은 신라: 그 안에 한국인 정체성의 원점이 있다』 (서울: 서강대학교출판부, 2016). 여기에서 이종욱은 신채호의 한국독립사학이 민족적 정체성의 원류를 왜곡했다고 강하게 비판한 바 있다. 신채호는 역사를 민족 독립이라는 정치적 욕망을 실현키 위한 사상적 기폭제로 활용하고자 했기에, 부득불 당나라와 손을 잡고 고구려와 백제를 몰아낸 신라를 부정적으로 볼 수밖에 없었다는 것이다. 이종욱, 앞의 책, 95-96, 234. 그리고 통일신라에 들어서야 비로소 '생명력 있는 민족국가 건설의 기반'(73)이 형성되었다고 말했다. 삼국은 '혈통, 언어, 습관이 비슷'(74)했으며, '동일종족, 동일민족적 특성을 공유했지만 장구한 세월 동안 분리되어 성장'(71)했다. 그럼에도 신라는 정치적으로는 고구려와 백제를 흡수 및 통합했을 뿐 아니라 한강 이남과 가야 지역을 병합함으로써 자주적인 국력 신장을 위해 노력하였으며, 사회-문화적으로는 유교와 불교를 통해 문화적 동질성을 형성할 수 있었다. 한마디로 통일신라의 가장 중요한 업적은 '한 국가의 같은 영역 안에서 같은 문화를 향유하게 된 국민으로 정착함에 따라 참으로 민족공동체가 이루어진 것'(74)이다. 인용 문구는 『한국사』 9권, 71-74.

는 했지만, 신라 입장에서는 백제와 고구려 유민들을 통합해야 하는 문화·사회적 과제를 완수해야만 했다. 이를 위해서 백제와 고구려 유민들에게 관직을 수여하는 전략뿐 아니라 그들이 서로 인종적, 문화적, 언어적으로 동질적이라는 점을 부각시켜야만 했다. 물론 이러한 민족적 동질성을 내세운 전략이 통일신라 초기부터 시행된 것은 아니었지만, 삼국 간의 갈등이 대립으로 치닫는 것을 방지하기 위한 '자기보존의 방편'으로써 삼국의 공통된 종교인 불교가 활용되었다.[46] 그뿐 아니라 민족적 질서를 확립하기 위해서는 유학의 가르침 역시도 적극 활용하였다. 한마디로 통일신라는 내적인 질서를 구축하기 위해서 유교와 불교를 적극적으로 융합했던 것이다. 대표적인 인물 중 하나가 유불선 이전의 고유한 종교로서의 풍류도와 '화'(和)에 기반을 둔 원융회통을 강조했던 통일신라 말 무렵 최치원(857~?)이다.[47] 유학자였던 그는 유교와 불교의 공통된 지점을 '인'(仁), 곧 '사람됨'에 있음을 다음과 같이 설명한 바 있다:

> "여래(如來)[역자: 부처])와 주공(周公)·공자(孔子)는 출발은 비록 다르지만 마지막에는 하나로 돌아가는 것으로 서로 이치를 같이하는 것이다. 양자를 겸수하지 못하는 것은 두 가지를 다 받아들이지 못하기 때문이다. 심약(沈約)이 이르기를 공자는 단서를 열었으며 석가는 그 극치를

---

46 『한국사』 9권, 65, 70.

47 한국철학사연구회 편, 『한국철학사상사』 (서울: 심산, 2003), 71. 물론 최치원 이전, 통일신라 초기에 이미 원효(617~686)의 화쟁사상이 원융회통의 정신을 전개한 바 있다. 하지만 유동식의 논의를 확장하여 설명을 덧붙이자면, 최치원의 포함삼교는 원효와는 달리 유교의 이상인 '본질적 인간으로 돌아가는 것'을 목적으로 삼았다. 유동식, "한국의 문화와 신학사상," 720.

다하였으니 그 위대함을 아는 자[양자를 겸수한 자]라야 비로소 지도
(至道[극치])를 말할 수 있다."[48]

최치원에게 있어 유교와 불교는 득도를 위한 방법상의 차이만
있을 뿐이다. 그에게 중요한 것은 당시 사회적 혼란을 해결할 수
있는 융합적 세계관을 확보하는 것이었다. 그뿐 아니라 그는 유교와
불교, 더 나아가 도교에 이르기까지 다양한 종교적 세계관들이 실제
삶 속에서 인간됨을 실현하는 데 기여해야 한다고 보았다.[49]

이러한 융합적이며 현세적인 세계관은 조선 후기에 들어서면서
학문, 정치, 종교 등 실로 다양한 분야에서 등장한다. 우선 학문
분야에서 두드러진 융합 현상은 실학(實學)을 통한 성리학과 현실의
조화이다. 17세기를 넘어서면서 조선 후기의 성리학은 그 이전의
모습과는 사뭇 달랐다. 조선 초기의 성리학은 학문적인 체계에 있어
서나 그 사유의 깊이에 있어서나 다소 부족한 측면이 강했다. 반면
실학은 유학의 근본정신을 배제한 채로 실사구시만을 지향한 것이
아니라 오히려 성리학의 근본 이상을 현실 속에서 실현하는 데에
천착했다.[50] 급변하는 시대 현실에 대응하기 위한 실학의 내적인
원리는 결국 인간다운 삶의 실현이며, 이 이상은 조선의 유학 정신을
관통하는 것이었다. 실학이 추구하고자 했던 현실적 대동사회의

---

48 최치원, "쌍계사 진감선사 대공탑비," 『조선금석총람』(朝鮮金石總覽) 上 (雙谿寺眞鑑禪
師大空塔碑, 1919), 67. 『한국사』 11권, 174에서 재인용.

49 앞의 책, 175. 이런 맥락에서 최치원은 이렇게 이야기했다. "인심은 곧 불심이며, 부처의
뜻과 유교의 인은 통하는 법이다." 최치원, "봉암사 지증대사 적조탑비"(鳳巖寺智證大師寂
照塔碑), 『조선금석총람』(朝鮮金石總覽) 上, 88. 이 인용구는 앞의 책, 175.

50 한국철학사연구회 편, 『한국철학사상사』 (서울: 심산, 2003), 323.

건설이라는 관심은 18세기에 신분제의 영향력이 누그러지면서 본격적인 민중 사회가 시작된 이후에도[51] 그리고 19세기에 제국주의에 저항하는 맥락에서 근대 민족주의 및 근대 교육운동이 일어난 그 시기에도[52] 여전히 유효했다.

위와 같은 특징을 분명히 확인해 볼 수 있는 대표적인 인물이 19세기 초반의 실학자 정약용(1762~1836년)이다. 그는 기존의 성리학의 이기론이 인간 실존의 내면을 충실히 반영하지 못한다고 여겨 성리학의 형이상학적 질서를 뒤집어 버린다. 그는 다음과 같이 성리학적 체계에 대한 실학적 패러다임 전환을 명시했다:

"기는 스스로 존재하는 것이고, 리는 의존적이고 부속적인 것이다. 의존적이고 부속적인 것은 자립적 존재에 의존하고 부속하게 마련이다. 그러므로, 기가 발현하면 그에 따라 곧바로 리가 있게 된다."[53]

---

51 『한국사』 36권, 1, 21-25.

52 『한국사』 45권, 13-27. 이러한 격변기에 서양의 침략 앞에서 '민족적 위기와 전근대사회의 체제적 위기'라는 이중적 위기에 노출된 19세기 중엽의 조선 후기에 등장한 세 가지 주요 사상이 개화사상, 동학사상 그리고 위정척사사상이었다. 『한국사』 37권, 91-92. 오경석, 유홍기 그리고 박규수로 대표되는 개화사상은 실학사상을 이어받아 자주 부강한 조선이 되기 위해서 필히 대외 통상이 실행되어야 함을 강조했다면(『한국사』 37권, 119), 동학과 위정척사사상은 서양으로 인해 조선의 민족적 위기가 도래했다고 보았다. 동학 역시도 개화기의 사상적 창발과 불가분의 관계를 지니고 있지만, 19세기 말 조선의 사회경제적 위기는 결코 조선의 힘만으로 극복될 수 없는 시장체제였다. 이러한 배경 속에서 일본과 청 및 구미 열강들과의 불평등조약이 체결된 것이다. 특히 소작농민층은 급변하는 시장경제 체제에 적응하지 못하고, 그들의 "잉여생산물조차도 외국 상인들과 지주층들에게 빼앗기기 일쑤였다"(『한국사』 39권, 269-271). 그리고 위정척사운동은 성리학, 주자학에 대한 이해 없이는 온전히 파악될 수 없다고 했다(『한국사』 38권, 199-). 무엇이 올바른 것인지, 무엇이 척결되어야 하는 것인지를 판단하는 시금석은 유학의 원리에서 비롯되기 때문이었다.

53 중용강의보, 『여유당전서』 제2책. 고려대 민족문화연구원 한국사상연구소 편, 『자료와 해설: 한국의 철학사상』 (서울: 예문서원, 2001), 724의 번역문을 인용함.

"나는 이렇게 생각한다. 인, 의, 예, 지의 명칭은 일의 실천 이후에 성립하는 것이다. 사람들은 사랑하는 행위가 있고 나서 그에 대해 '인하다'고 부르는 것이며, 사람을 사랑하기 전에는 '인'이라는 이름이 성립하지 않는다. (중략) 어찌 인, 의, 예, 지라는 네 가지 알맹이가 복숭아씨나 은행 씨처럼 사람의 마음 속에 또렷하게 들어있을 것인가?"[54]

"발현하기 이전에 리가 먼저 있다고 하더라도 그것이 발현할 때에는 기가 그에 앞서게 마련인 것이다. 율곡의 말은 바로 이 점을 근거로 한다."[55]

정약용은 성리학적 사유 체계를 넘나들 수 있는 역량을 소유했기에 성리학의 핵심을 비틀 수 있는 학문적 대담성을 표출할 수 있었다. 성리학적 사유 체계 속에서는 만물의 원리요 도덕법칙인 '이'(理)와 구체적인 사물을 이루는 존재론적인 바탕을 '기'(氣)라고 보았으며, 이 둘을 구분했다. 하지만 정약용은 이와 기의 형이상학적인 우열 및 선후관계에 천착하지 않고 구체적인 우리의 경험 세계로부터 설명하고자 했다. 그에게 물리적인 현실을 포괄하는 기 없이는 그 어떠한 이에 대한 논의도 유의미하지 않은 것이다. 이를 달리 표현하면 이는 필히 기를 통해 경험되고 현상되어야 한다는 것이다. 실리와 실사구시를 중시하는 실학이 성리학적 체계와 불가분의 관계를 유지

---

54 맹자요의, 『여유당전서』 제2책. 고려대 민족문화연구원 한국사상연구소 편, 앞의 책, 725의 번역문을 인용함.

55 서암강학기, 『여유당전서』 제1책. 고려대 민족문화연구원 한국사상연구소 편, 앞의 책, 727의 번역문을 인용함.

하고 있으면서도 성리학과 분명한 차이를 보이는 부분이 바로 이 실제성이다. 정약용이 현실 판단의 구성 요소를 성리학으로부터 전달받았음에도, 그 현실 판단의 원리 모색에 있어서는 탈성리학을 과감하게 시도할 수 있었던 이유는 성리학의 본질을 꿰뚫고 있었기 때문이다.[56]

이를 보다 더 포괄적이고 유연한 관점에서 본다면, 실학에서야 비로소 성리학적 원리의 실제적 구현이 이루어졌다고도 이해될 수 있을 것이다. 이념적인 것에 머무르지 않고 실제 삶의 세계 속에서 그것이 구현되도록 현실을 바꾸어 나가려는 창조적이고 개혁적인 시도를 19세기 실학사상에서 엿볼 수 있다. 이는 결코 서양의 자연과학과 같지 않다. 오히려 자연을 통해 이치가 현상할 수 있는 구조를 개인과 사회를 통해 구현하는 것이 실학의 궁극적인 목표였던 것이다. 실학은 이를 반영하지 못하는 기의 현상에 대한 비판이면서, 기를 통해 구현되지 못하는 이의 추상적 상태 모두에 대한 비판이기도 하다.

3. 소결

지금까지 과거 토착화신학의 유형론적 환원주의의 한계를 극복할 수 있는 길이 이미 타인 및 타문화를 다루었던 한국인들의 삶의

---

56 정약용과 마찬가지로 19세기 말 실학자 최한기(1803~1877) 역시 탈성리학적 패러다임 전환을 보인다. 그도 '기'의 우선성을 강조했던 정약용과 유사하게 '천지만물의 생성 근원이 기의 조화에 있기에 자연과 인간사회 및 개인의 삶 속에서 이 기의 조화를 추구'해야 한다고 여겼다. 한국철학사연구회 편, 『한국철학사상사』, 367.

태도에 잠재되어 있음을 상술했다. 우선 본 연구에서는 낯섦을 익숙함으로 환원하지 않는 태도를 구체적으로 설명하고자 제주의 '쿰다' 문화를 조명했다. 물론 "과연 한국적인 것이 존재하는가?" 혹은 "제주의 쿰다 역시도 한국적이라고 말할 수 있는가?" 등의 반론이 제기될 수 있다. 하지만 본 연구는 제주의 쿰다가 한국적 태도의 전형이라고 일반화할 수 없지만, 낯섦을 다루는 한국인들의 적절한 한 방식을 거기에서 발견해 볼 수 있음을 적시하고자 했을 뿐이다. 낯섦을 다루는 태도는 오늘날 문화연구에서 아주 핵심적이다. 폐쇄적 문화 담론은 모든 문화적 현상을 익숙한 세계로 환원하여 더 이상 새롭고 창조적인 진술이 불가능한 구조를 뜻한다. 문화신학 역시 예외가 될 수 없다. 고정불변한 진술 체계를 가지고 다양한 문화를 분석하고 판단하는 것이 아니라 나를 판단하시는 하나님의 현실 판단으로부터 나의 진술 체계를 낯설게 조명하는 것이 문화신학의 첫 과제일 것이다.

또한 토착화신학이 문화신학으로서 보다 더 구체적인 우리의 현실 담론과 맥을 함께 해야만 함이 논의되었다. 이를 두고 본 연구는 한국적인 현실 담론의 태도를 현세주의라고 표현하였다. 실제 역사 속에서 파악되는 삶의 현세적인 태도는 종교와 역사적 경험에서도 두드러진다. 종교적으로는 천지인의 조화를 초월의 영역이 아니라 구체적인 삶의 현실 속에서 추구하고자 한 것이 두드러진다(선맥과 풍류). 그리고 역사사회적으로는 통일신라 말기의 포용적 유학과 조선 후기의 실학에서 실례를 확인해 보았다. 삼국시대에 불교가 전래되었지만, 통일신라는 민족적 동질성을 고취시키고 삼국의 정치적 갈등을 치유하고자 유교를 기반으로 불교 사상을 융합하였다. 조선 후기에는 격변하는 국제정세 속에서도 조선을 지탱해 왔던 성리학적 질서를 파기하지 않으면서, 이를 전적으로 새로운 패러다임 속에서 적용하고자 실학이 등장했다. 우리는 이러한 역사적 사례들에서 상호문화 역량의 결정체를 확인해 볼 수 있다. 우리 선조들은 이미 시대 질문에 대한 창조적 답변을 추구하고자 다양한 사상이나 사유 체계들을 유연하게 종합했다고 볼 수 있다.

IV. 결론 및 제언: 문화신학적 토착화신학에서 상호문화적 토착화신학으로

토착화신학은 과거의 것에서 복음의 해석을 위한 요소를 끄집어 내는 해석학적 작업을 필요로 한다. 하지만 한국적인 그 무엇의 실체를 뽑아내기란 여간 어려운 일이 아닐 수 없다. 그럼에도 한국적인 그 무엇을 이야기해야 한다는 사실이 우리 앞에 놓인 학문적 딜레마라고 했다.

본 연구는 이러한 딜레마 속에서 과거 토착화신학은 유형론적 환원주의에 머무른 측면이 적잖았다고 평가했다. 그것은 과거 토착화신학이 전통적으로 한국적인 그 무엇에서 복음의 해석을 위한 탁월한 번역 장치를 발굴하는 것에 천착했기 때문이다. 그렇다고 이러한 평가는 과거 토착화신학의 1~2세대 신학자들의 작업을 평가절하하는 것이 아니라 그들의 신학적 작업은 당시의 시대 질문에 대한 역동적인 대응이었음을 전제하고 있다. 오늘의 한국신학을 모색하는 모든 시도는 그들이 마련해 둔 토대 위에서 진행되고 있다. 하지만 복음의 해석을 위해서 복음을 전통의 영역으로 환원시킨 것 자체는 방법론적 한계를 내포할 수밖에 없다. 이것은 시대와 학문의 조류가 변화함에 따른 관점의 전환으로 보는 것이 더 적절할 것이다.

그래서 본 연구는 토착화신학의 확장(!)을 위해서는 상호문화적 관점을 확보해야 한다고 했다. 한마디로 우리에게 요구되는 것은 상호문화 역량, 곧 우리 앞에 펼쳐지는 각기 다양한 문화적 요소들과 나의 문화적 기저가 창조적으로 만나 새로운 가치와 해석의 방법들을 만들어 내는 창조적 역동성이다. 복음의 낯섦과 문화적 익숙함의 만남을 상호문화적 해석학을 통해 해명하는 과제가 궁극적으로 토착화신학이 지향해야 하는 것이다. 이미 서두에 상호문화적 해석학은 긴장과 충돌의 기원인 문화적 차이에 초점을 맞추지 않고, 그 중첩의 영역을 다양하게 해석하는 지평적 차이를 조명한다고 했다. 그리고 이 글에서 상호문화적 만남을 통한 융합적 세계의 출현을 위한 해석학적 안목은 이미 우리나라의 다양한 삶의 태도 속에 자리함을 살펴보았다. 이러한 창조적 역동성이 과거 한국인들의 삶의 태도에서 발견되고 있음을 신학적으로 조명하고, 더 나아가 우리 시대의 다양한 의제(경제적 불평등, 기후위기, 인공지능, 미래 담론, 생명공학 등)들에 새로운 돌파구를 마련하는 것까지가 우리 시대 토착화신학이 해야 할 일이다. 토착화신학을 이행함에 있어 유교, 무속, 동학, 풍류, 언행일치 등의 논의는 우리의 삶의 태도로 돌아 들어가기 작업의 한 방편일 뿐이다. 만약 필요하다면 김광식이 지적한 것처럼 여러 오해와 혐오의 대상이 된 채 방치되어 있는 '토착화신학'이라는 용어도 과감하게 다른 것으로 대체될 필요가 있어 보인다.

필자는 본 연구를 통하여 토착화신학이 우리 것에 대한 그리고 우리 것에 기초한 신학적 해석의 수준을 넘어서 복음이 각기 다양한 문화적 토양에서 어떻게 드러나고 해석될 수 있는지에 대한 해석학적 모범으로 활용될 수 있음을 논하고자 했다. 그렇기에 이 연구는 토착화신학의 역사적 연원과 학문적 논쟁의 적절성 및 타당성을 직접적으로 건드리지 않고, 이전의 토착화신학이 보여 준 해석학적 신학의 정수가 다시금 문화신학의 지평에서 어떻게 제고될 수 있는지를 다루었을 뿐이다. 필자는 본 연구를 토대로 다시금 토착화신학에 대한 신학적 논의가 일기를 그리고 토착화신학이 다양한 신학적 논의에 과감히 적용될 수 있는 한국교회 및 세계 교회의 신앙적 성찰의 촉매제가 되기를 바란다. 이를 위해서는 이정배의 바람처럼 토착화를 넘어서는 토착화신학이 필요하다.[57] 다양한 한국적 사유 태도로부터 토착화신학의 구체적인 전개는 추후 연구 과제로 남기고자 한다.

---

57 이정배, 『토착화와 세계화』, 45.

참고문헌

김광묵 | 퇴계의 하늘(天)에 대한 신학적 접근

李滉. 『국역 퇴계전서』. 서울: 퇴계학연구원, 1994.

_____. 『定本 退溪全書』. 서울: 퇴계학연구원, 2008.

_____. 『退溪全書』. 서울: 성균관대학교, 대동문화연구원, 1978.

금장태. 『퇴계의 삶과 철학』. 서울: 서울대학교출판부, 2003.

김광묵. 『한국신학의 두 뿌리』. 서울: 동연, 2021.

_____. 『장 칼뱅, 퇴계를 만나다』. 서울: 동연, 2023.

김균진. 『基督敎組織神學』 I. 서울: 연세대학교출판부, 1986.

김광식. 『조직신학』 I. 서울: 대한기독교서회, 1988.

김학주 역주. 『中庸』. 서울: 서울대학교출판부, 2006.

김흡영. 『道의 신학』. 서울: 다산글방, 2001.

양명수. 『퇴계 사상의 신학적인 이해』. 서울: 이화여자대학교출판부, 2016.

이오갑. 『칼뱅의 신과 세계』. 서울: 대한기독교서회, 2010.

꺼룽진(葛榮晋). "李退溪의 朱子 理氣設의 受容과 發展." 『李佑成교수 정년기념, 民族史의 展開와 그 文化』. 서울: 창작과 비평사, 1975.

금장태. "퇴계의 천 개념과 천인관계론." 「석당논총」 16 (1990): 301-321.

김광식. "土着化의 再論." 「神學思想」 45 (1984): 395-418.

김성범. "退溪 理氣論의 存在論的 接近." 「退溪學論叢」 創刊號 (1995): 205-218.

김승혜. "한국유교의 종교학적 이해와 서술을 위한 제언." 「국학연구」 3 (2003): 331-368.

김정진·이영경. "퇴계 태극개념의 윤리적 지향성." 「한국의 철학」 20 (1992): 33-52.

김주환. "퇴계 주리철학의 천리인식." 「한국사상과 문화」 98 (2019): 130-154.

김충열. "朝鮮朝 性理學의 形成과 그 政脈." 「大同文化研究」 13 (1979): 8-20.

김항수. "16세기 士林의 性理學 理解." 「한국사론」 7 (1981): 122-177.

김흡영. "인과 아가페:유교적 그리스도론의 탐구." 「神學思想」 84 (1994): 137-176.

_____. "유학과 신학의 대화를 통해 본 새로운 인간이해." 「한국기독교신학논총」 19 (2000): 439-463.

서용화. "퇴계의 성리학적 인간관." 『韓國思想史』. 한종만박사회갑기념논문집. 익산: 원광대출판부. 1991.

신일철. "李退溪의 天譴 · 天愛의 政治思想." 「退溪學報」 68 (1990): 142-148.

송긍섭. "退溪哲學에서의 理의 槪念." 「퇴계학연구」 6 (1979): 51-66.

손흥철. "天人合一의 性理學的 特性과 意味." 「동서철학연구」 23 (2002).

안유경. "퇴계의 理와 아리스토텔레스의 神과의 접점." 「동서인문학」 56 (2019): 241-272.

엄연석. "퇴계의 중층적 천관(天觀)으로 보는 경(敬)의 주재성." 「퇴계학논집」 19 (2016): 229-263.

오석원. "退溪 李滉의 聖學과 의리사상." 「유학사상연구」 21 (2004): 5-36.

유명종. "朝鮮時代의 性理學派." 『韓國思想史』. 한종만박사회갑기념논문집. 익산: 원광대출판부, 1991.

윤사순. "退溪에서의 宗敎的 傾向." 「退溪學報」 76 (1992): 7-17.

_____. "退溪 千槪念의 多樣性에 대한 檢討." 「退溪學報」 107, 108 (2000): 7-26.

이관호. "退溪 李滉의 天則理와 스피노자의 實體一元論 비교." 「退溪學報」 135 (2014): 55-93.

이광호. "上帝觀을 중심으로 본 儒學과 基督敎의 만남." 「유학사상연구」 (2011): 534-566.

_____. "유학에서의 믿음과 수양." 「한국교수불자연합회학회지」 제17권 2호(2022. 12.): 149-169.

이운구. "퇴계의 斥異論 小考." 「退溪學報」 33 (1981): 36-47.

이종우. "退溪 李滉의 理와 上帝의 관계에 대한 연구." 「철학」 82 (2005): 7-22.

이치억. "대동사회(大同社會)의 철학적 기초로서 퇴계(退溪) 주리철학(主理哲學)." 「儒學硏究」 제38집 (2017): 1-22.

장윤수. "퇴계철학에 있어서 理의 능동성 이론과 그 연원." 「퇴계학과 유교문화」 51 (2012): 1-38.

정순우. "다산에 있어서의 천과 상제." 「다산학」 9 (2006): 5-39.

조성환. "바깥에서 보는 퇴계의 하늘 섬김사상." 「퇴계학논집」 10 (2012): 307-333.

최신한. "슐라이어마허와 퇴계: 직접적 자기의식과 경(敬)을 중심으로." 「철학논총」 44 (2006): 465-486.

최해숙. "주희와 스피노자의 내재관." 「동양철학연구」 23 (2000): 379-406.

한형조. "주자 神學 논고 시론." 「한국실학연구」 8 (2004): 153-182.

황금중. "퇴계 성리학에서 敬의 의미와 실천법." 「退溪學報」 144 (2018): 49-94.

황상희. "퇴계사상의 종교성에 관하여." 「退溪學報」 141 (2017): 5-38.

Barth, K. *Der Römerbrief.* 조남홍 역. 『로마서 강해』. 서울: 한들출판사, 1997.

Calvin, J. *Institutes of The Christian Religion (1559),* 2 vols. Ed. John T. McNeil. Trans. Ford Lewis Battles. Philadelphia: The Westminster Press, 1960.

Ching, Julia. *Confucianism and Christianity.* Tokyo: Sophia University, 1977.

Kim Heup Young. *Wang Yang ming and Karl Barth: A Cunfucian-Christian Dialogue.* Durhan: University of Press of America, 1996.

Kim Kwang Shik. "Simul Christianus et Paganus." *Theologische Zeitschrift.* herausgegeben von der Theologischen Fakultät der Universität Basel Jahrgang 54 (1998): 241-258.

Moltmann, J. *Der gekreuzigte Gott.* 김균진 역. 『십자가에 달리신 하나님』. 서울:한국 신학연구소, 1979.

Panikkar, R. *The Intrareligious Dialogue.* 김승철 역. 『종교간의 대화』. 서울: 서광사, 1992.

Smith, W. C. *The meaning and End of religion.* London: Harper & Row, 1978.

Tillich, P. *Systematic Theology,* vol. I. 유장환 역. 『조직신학』 I. 서울: 한들출판사, 2001.

_____. *Systematic Theology,* vol. II. 유장환 역. 『조직신학』 II. 서울: 한들출판사, 2003.

Tu Wei-ming. *Confucian Thought: Selfhood As Creative Transformation.* Albany: State University of New York Press, 1985.

https://post.naver.com/viewer/postView.naver?memberNo=30284864&volumeNo=35564606(2024. 3. 2. 접속).

https://post.naver.com/viewer/postView.naver?memberNo=30284864&volu
meNo=35564606(2024. 3. 2. 접속).

https://cafe.daum.net/somdaripoem/rA34/1472?q=유동식-무교&re=1(2024. 4.
9. 접속).

https://takentext.tistory.com/237(2021. 5. 9. 접속).

https://m.cafe.daum.net/expo-philo/pNlE/7(2021. 6. 11. 접속).

안규식 ㅣ 그리움과 에로스의 수행 - 미학적 한국신학
— 다석 류영모와 플로티노스의 신비적 합일을 중심으로

『太極圖說』.

고지현 외/연구모임 사회비판과대안 엮음.『프랑크푸르트학파의 테제들』. 고양: 사월의
책, 2021.

기조, 오구라/이신철 옮김.『조선사상사 — 단군신화부터 21세기 거리의 철학까지』.
서울: 도서출판 길, 2022.

김상봉.『영성 없는 진보』. 서울: 온뜰, 2024.

김흡영.『가온찍기: 다석 유영모의 글로벌 한국 신학 서설』. 서울: 도서출판 동연, 2016.

박만. "속죄론적 십자가 죽음 이해에 대한 비판적 논고" 「한국조직신학논총」 39 (2014).

류영모.『多夕日誌』1. 서울: 홍익재, 1990.

_____.『多夕日誌』4. 서울: 홍익재, 1990.

_____/다석학회 엮음.『다석 강의』. 서울: 교양인, 2017.

_____/박영호 엮음.『多夕 柳永模 어록』. 서울: 도서출판 두레, 2002.

마사오, 아베/변선환 엮음.『선과 현대신학-종교 부정의 이데올로기를 극복하는 길』.
서울: 대원정사, 1996.

박영호.『다석 전기』. 서울: 교양인, 2012.

박재순.『함석헌의 철학과 사상』. 서울: 한울아카데미, 2014.

송유레. "신(神)을 향한 에로스 — 플로티누스의 철학적 신비주의." 「서양고전학연구」
51 (2013).

안규식.『비움과 숨: 한국적 영성을 위한 다석 류영모 신학 연구』. 서울: 도서출판 동연,

2024.

안병무. 『민중신학을 말한다』. 안병무 전집 2. 서울: 도서출판 한길사, 1993.

유현주. "朱熹의 「太極圖說」 해설의 관점으로 본 21세기 생명가치 연구." 「동양철학연구」 109 (2022).

이정우. 『세계철학사 1 ― 지중해세계의 철학』. 서울: 도서출판 길, 2019.

잉에, 윌리엄 랄프/조규홍 옮김. 『플로티노스의 신비철학』. 서울: 누멘, 2011.

존스턴, 윌리엄/이봉우 옮김. 『신비신학: 사랑학』. 서울: 분도출판사, 2012.

쿠퍼, 존/김재영 옮김. 『철학자들의 신과 성서의 하나님』. 서울: 새물결플러스, 2016.

퇴계 이황 편집/한형조 독해. 『성학십도, 자기 구원의 가이드맵』. 성남: 한국학중앙연구원, 2018.

풍우란/박성규 옮김. 『중국철학사』 하. 서울: 까치, 1999.

함석헌. 『人間革命의 哲學』. 함석헌 전집 2. 서울: 한길사, 1983.

Hadot, Pierre. *Plotinus or The Simplicity of Vision*. Trans. Michael Chase. Chicago: The University of Chicago Press, 1998.

Hill, Michael. *Cannibal Capitalism: How Big Business and The Feds Are Ruining America*. New Jersey: John Wiley & Sons Inc, 2011.

Plotinus. *The Enneads*. Ed. LLoyd P. Gerson. Trans. George Boys and John M. Dillon. Cambridge: Cambridge University Press, 2019.

Vasilakis, Dimitrios A. *Eros in Neoplatonism and Its Reception in Christian Philosophy: Exploring Love in Plotinus, Proclus and Dionysius the Areopatite*. London: Bloomsbury Academic, 2022.

Victoria, Brian Daizen. *Zen at War*. Lanham: Rowman & Littlefield Publishers, Inc., 2006.

Victoria, Brian Daizen. *Zen War Stories*. NewYork: RoutledgeCurzon, 2004.

신용식 ｜ 토착화신학의 상호문화적 전개 가능성 모색

고려대 민족문화연구원 한국사상연구소 편. 『자료와 해설. 한국의 철학사상』. 서울: 예문서원, 2001.

공유식. "세계화와 한국문화: 문화적 폐쇄성 극복." 「계간 사상」 24 (1995): 193-215.

국사편찬위원회 편. 『신편 한국사 1~52권』. 서울: 탐구당, 2003. (『한국사』로 축약)

김광식. "토착화신학의 해석학적 국면에 대한 연구." 「성곡논총」 16 (1985. 5.): 175-221.

_____. "한국 토착화신학 형성사." 「기독교사상」 35/6 (1991. 6.): 7-17.

_____. "토착화신학에서 본 문화신학." 「한국문화신학회 논문집: 한국 종교문화와 그리스도」 1 (1996): 11-23.

김봉렬·심광현. "한국문화의 정체성을 말하다." 「문화과학」 42 (2005. 6.): 296-317.

김성환. "단군신화의 기원과 고구려의 전승." 「고조선단군학」 3 (2000. 10): 107-136.

_____. "단군, 신화에서 역사로." 「동북아역사논총」 76 (2022. 6.): 115-157.

김수정·김수아. "집단적 도적주의 에토스: 혼종적 케이팝의 한국적 문화정체성." 「언론과 사회」 23/3 (2015. 8.): 5-52.

김종만·김은기. "가치관을 통해 본 한국인의 문화적 정체성: 유교와 무교를 중심으로." 「신학과 사회」 34/3 (2020. 8.): 193-235.

김준표. "다문화 사회의 정체성 트러블과 제주의 쿰다 문화." 「현상과인식」 44/4 (2020): 207-227.

_____. "적대와 환대를 넘어서는 무관심의 포용, 쿰다." 「다문화사회와 교육연구」 12 (2022): 51-69.

김흡영. 『도의 신학 I』. 서울: 다산글방, 2000.

_____. 『도의 신학 II』. 서울: 동연, 2012.

_____. "생명, 생태, 신학: 신, 우주, 인간(삼태극)의 묘합(도의신학)." 「한국기독교신학 논총」 13 (2004): 181-211.

문소영. 『혼종의 나라』. 서울: 은행나무, 2024.

박봉랑. "기독교 토착화와 단군신화 — 윤성범 교수의 소론과 관련하여, 삼위일체 해석의 신학적 문제를 중심으로." 「사상계」 (1963. 7.).

_____. "성서는 기독교 계시의 유일한 소스 — 윤성범 박사의 대답에 답함." 「사상계」 (1963. 10.).

박영규. "단군 이해를 통한 한국적 신학의 모색." 「고조선단군학」 2 (2004. 4.): 115-144.

송준. "세계화 대응전략과 지역문화의 중요성." 「한국민속학」 58 (2013. 11.): 203-234.

신용식. "문화신학의 해석학적 과제에 대한 고찰: 폴 틸리히의 문화신학과 김광식의 토착화신학의 비교 연구." 「한국조직신학논총」 62 (2021. 3.): 73-116.

_____. "폴 틸리히의 문화신학에 대한 상호문화적 비판: 베른하르트 발덴휄스의 타자현상학을 중심으로." 「한국조직신학논총」 71 (2023. 6.): 95-137.

신현준. "한국문화와 한국인의 정체성에 관한 몇 갈래의 사고들." 「문학과 사회」 13/3 (2000): 1316-1323.

오지섭. "세계화 시대 한국문화의 정체성: 한국 종교의 조화와 공존적 특성을 중심으로." 「인간연구」 14 (2008): 7-33.

유동식. "무교와 한국문화." 「기독교사상」 (2023. 1.): 138-149.

_____. "풍류신학." 「신학사상」 41 (1983): 432-441.

_____. 『한국무교의 역사와 구조』. 서울: 연세대학교출판부, 1975.

_____. 『한국신학의 광맥』. 서울: 다산글방, 2003.

_____. "한국의 문화와 신학사상." 「기독교사상」 47 (1984): 718-734.

_____. 『한국종교와 기독교』. 서울: 대한기독교서회, 1판 1965/2판 2001.

유동식·이주연, "토착화신학의 선구자 유동식 — 한국신학의 원로를 찾아서 2." 「기독교사상」 453 (1996. 6.): 137-155.

윤성범. "단군신화는 'Vestigium Trinitatis'이다." 「기독교사상」 (1963. 9.): 14-18.

_____. "복음의 토착화에 대한 전이해." 「기독교사상」 66 (1963. 6.): 28-35

_____. "한국재발견에 대한 단상." 「기독교사상」 (1963. 3.): 14-20.

_____. "환인, 환웅, 환검은 곧 하나님이다." 「사상계」 (1963. 5.).

이기동. "한국문화의 형성원리와 그 표현형식." 「한국사 시민강좌」 40 (2004. 2.): 21-39.

이동연. "한류는 문화민족주의의 산물인가?." 「황해문화」 (2022, 여름): 56-75.

이상규. "1960년대 한국교회의 토착화 논쟁." 「고신신학」 (2002, 봄): 221-245.

이숙종·이내영·강원택·박형준. 『2020 한국인의 정체성: 지난 15년간 변화의 궤적』. 서울: 동아시아연구원, 2020.

이은주. "캐트린 테너의 자기-비판적 문화론." 「한국조직신학논총」 33 (2012. 9.): 421-453

이정배. 『한국 개신교 전위 토착신학 연구』. 서울: 대한기독교서회, 2003.

_____. 『토착화와 세계화』. 서울: 한들출판사, 2007.

이종욱. 『상처받은 신라: 그 안에 한국인 정체성의 원점이 있다』. 서울: 서강대학교출판부, 2016.

이호재. 『선맥과 풍류해석학으로 본 한국 종교와 한국교회』. 서울: 동연, 2022.

이찬석. "토착화신학의 모델들에 대한 비판적 고찰." 「한국조직신학논총」 27 (2010).

이필영. "단군신화인식의 제문제 ― 학사를 중심으로." 「한국고대사연구」 9 (1996. 11.):
    11-54.

임형백. "한국인의 정체성의 다문화적 요소: 역사-인류학적 해석." 「다문화와 평화」 4/2
    (2010): 10-43.

조병준·고정은. "다문화시대 한국인의 국민정체성 고찰." 「언어와 문화」 9/13 (2013):
    301-327.

차하순. "문화를 통해 본 세계." 「계간 사상」 52 (2002): 74-94.

천병석. "토착화신학의 근본문제." 「신학사상」 122 (2003): 140-165.

탁석산. 『한국의 정체성』. 서울: 책세상, 2020.

_____. 『한국인은 무엇으로 사는가?』. 서울: 창비, 2008.

허영식·정창화. "한국의 정체성 재정립을 위한 간문화적 접근방안." *OUGHTOPIA:*
    The Journal of Social Paradigm Studies 27/2 (2012. 11.): 239-265.

허호익. 『단군신화와 기독교』. 서울: 대한기독교서회, 2003.

_____. 『천지인신학』. 서울: 동연출판, 2020.

_____. 『한국 문화와 천지인 조화론』. 서울: 동연출판, 2020.

현택수. "문화의 세계화 담론과 문화정체성." 「문화정책논총」 13 (2001): 1-25.

_____. "문화의 세계화와 한국문화의 정체성: 비언어극 <난타>의 사례 연구를 중심으
    로." 「한국학연구」 20 (2004): 175-199.

Abdallah-Preteille, Martin/장안업 역. 『유럽의 상호문화교육』. 서울: 한울아카데미,
    2010.

Assmann, Alaida. "Transformations between History and Memorey." *Social*
    Research 75/1 (2008, Spring): 49-72.

Assmann, Alaida. "Re-framing memory. Between individual and collective forms
    of constructing the past." Eds. Karin Tilmans, Frank van Vree and Jay
    Winter. *Performing the Past. Memory, History, and Identity in Modern*
    Europe. Amsterdam: Amsterdam University Press, 2010.

Barth, Karl/신준호 역. 『개신교신학 입문』. 서울: 복있는 사람, 2014.

Nisbett, Richard E./최인철 역. 『생각의 지도. 동양과 서양, 세상을 바라보는 서로 다른 시선』. 파주: 김영사, 2004.

Schütz, Alfred and Thomas Luckmann. *Strukturen der Lebenswelt*. Konstanz: UVK, 2017.

4부

한국 사회 정치 현실과 K-신학

민족의 해체 시대에 남북 분단의 고착화의 극복과 통일을 이루는 한국신학으로서 통일 신학의 길 모색*

최태관

(감리교신학대학교)

I. 들어가는 말

최근 한반도의 평화가 흔들리고 있다. 현 정부가 북한에 대해 '힘에 의한 평화'를 주장하면서 한반도에 전쟁위험이 고조되고, 북한도 최근 적대적 두 국가론을 주장하고 있다. 북한은 남한과 북한을 더는 하나의 민족이 아니라 서로에 대한 적대적인 양국 체제로 규정한다. "북한은 76년간 지켜온 남한 혁명 통일론을 사실상 폐기했다."[1] 이것은 앞으로 남북이 단일 민족에 기초해서 통일을 추진하는

---

* 본 논문은 2024년도 9월 7일 개최된 제19회 한국조직신학자 전국대회에서 발표된 논문이자 「신학논단」 제118집 (2024): 281-323에 게재된 논문임을 밝힙니다.

1 https://www.hani.co.kr/arti/politics/defense/997464.html.

일이 더욱 어려운 일이 될 것이라는 사실을 의미한다. 서울대학교 평화통일연구원이 조사한 「통일의식조사」에 따르면 지금 남한의 상황도 크게 다르지 않다. 왜냐하면 남북통일 필요성에 대한 부정적 인식이 증가하고 있기 때문이다. 통일이 필요하다는 응답은 43%로, 이는 2007년 63%로 집계된 결과와 비교해 보면 점진적으로 하락했다는 사실을 알 수 있다. 반면 통일이 필요하지 않다는 주장은 19%에서 29.8%로 크게 늘었고, 무관심하거나 크게 신경을 쓰지 않는 것도 26.3%에 달한다.2

한국 사회에서 국가 및 민족정체성에 대한 인식의 변화도 뚜렷하다고 한다. 정한울에 따르면 한국 사회에서 두 민족과 두 국가라는 인식이 확장되고 있다. 그러므로 그는 한민족 신화의 붕괴를 수용하고, 북한을 한민족이 아니라 타자로 이해해야 한다고 주장했다. 이와 더불어 그는 민족공동체의 통일 방안도 재검토되어야 한다고 보았다.3 양자의 상황을 종합해 보면 통일 무용론과 민족의식의 해체가 지금까지 공고히 유지된 민족 중심의 통일론을 흔들고 있으며 남북통일의 당위성에 관한 생각조차도 사라지게 만들고 있다. 정한울은 현재 한국 사회에 나타나고 있는 민족의식이 변화하는 근거를 다음의 연구 분석 결과에서 제시한다. 첫째, "글로벌 경쟁이 치열해지고 각국에서 극단적인 민족주의와 보호주의의 분위기 확산, 둘째, 남북 간 적대적인 분위기와 배타적 태도, 셋째, 분단의 장기화에 따른 세대교체로 인한 젊은 세대의 증가이다."4 실제로 한국 국민은 북한과 북한 주민을

---

2 김범수, 『2023 통일의식조사』 (서울: 서울대학교 통일평화연구원, 2023), 115-116.
3 앞의 책, 78-79.

더는 민족 동질성을 가진 대한민국의 구성원으로 보지 않는다. 문화체육관광부가 조사한 "한국인의 의식, 가치관조사"(1996~2016)와 EAI 아시아문제연구소와 「중앙일보」의 "한국인의 국가 정체성 조사"에 따르면 대한민국 국가 정체성에 대한 긍정적 응답은 76.9%(2005)에서 85.3%(2015) 증가하고 있다.[5] 이에 반해 국가에 대한 자부심과 애국심의 추락은 심각하다. 문화관광부가 조사한 결과에 따르면 한국에 대한 자긍심이나 애국심은 1996, 2006, 2016년 사이에 급격히 낮아지고 있다.[6] 게다가 북한 주민을 한민족 구성원에서 배제하는 인식이 증가하고 있다. 1996, 2006, 2016년 조사에서 북한 주민을 한민족으로 인식하는 것도 90.4%-78.8%-68.9%로 점차 낮아졌다.[7]

이와 같은 민족의식의 약화는 자연스럽게 남과 북의 통일에 대한 무관심으로 이어진다. 게다가 1980년대부터 시작된 탈민족주의는 민족의식의 약화를 촉진한다. 이와 같은 현실에서 우리는 북한 사람들의 현실을 제대로 이해할 수 없고, 통일에 대한 적극적 의지를 가질 수 없고, 오히려 통일 무용론에 직면하게 된다. 결과적으로 한반도의 분단 체제는 통일 무용론과 더불어 지속할 수밖에 없다. 따라서 한국교회는 이와 같은 현실에 직면하여 북한 사람들을 민족적 정체성을 토대로 이해하고 그들의 자유와 인권을 찾아주는 일을 감당해야

---

4 정한울, "대한민국 정체성의 변화: 'Two Nations- Two States' 정체성 부상에 대한 경험적 연구," 고려대학교 평화와 민주주의 연구소, 「평화연구」 vol. 25, no. 2 (2017): 44-45.
5 앞의 논문, 53. 정한울은 이러한 결과를 한민족 의식이 잔존하는 것이 아니라 민족 분리주의적 경향으로 인식한다.
6 앞의 논문, 54. 한국에 대한 자부심은 87.9%, 77.8%, 75.6%로 낮아졌다.
7 앞의 논문, 59.

한다. 이 과제를 위해서 한국교회는 이념 중심의 남과 북의 갈등을 종교적으로 완화할 수 있는 길을 모색하고, 동등한 위치에서 한반도 분단 체제를 극복하고 남북 통합의 길을 모색해야 할 것이다.

그러나 한반도에서 남과 북은 민족 개념을 서로에 대해 체제의 우월성을 주장하고, 그에 따라 자본주의 경제체제에 따른 흡수통일이나 혹은 공산 체제 중심의 통일을 추구하는 도구로 사용해 왔다. 그 결과 남과 북은 각자의 체제를 바탕으로 하는 통일 논의에 갇혀버렸고 군사적 긴장과 갈등을 강화하는 과정에서 두 국가론을 주장하는 데에 이르게 되었다. 또한 남과 북은 다른 체제에 살고 있는 사람들을 타자화하게 되었다. 오히려 남과 북은 분단 체제를 극복하려는 통일의 주체로서 민족의 개념을 사용해야 한다. 역사적으로 한반도에서 민족은 중요한 역할을 해 왔기 때문이다. 한반도에서 민족주의나 사회주의는 민족 개념을 일본 제국주의로부터 해방과 자유를 추구하는 주요한 근거로 주장해 왔으며, 한국신학으로서 토착화신학도 민족의 문제를 민족 신앙의 문제만이 아니라 통일의 문제를 넘어 세계화로 나아가는 한국신학의 문제로 발전시켰다. 이들의 사상적 근거가 되었던 3.1운동은 한반도에서 살아가는 사람들이 일제 강점기에 국가적 독립이나 해방 이후 정치적 민주화나 통일운동에 있어서 중요한 역사적 근거가 되었다. 또한 1974년 7.4남북공동선언 이후 남북 교회가 분단에 따른 민족의 아픔이나 서로를 인정하는 태도로 대화의 길을 모색했을 때, 남과 북은 서로에 대한 갈등을 넘어 공존의 길을 모색할 수 있었다. 논자는 한반도 분단 체제를 극복하기 위해 민족의식이 필요하며, 한반도 안에서 통일이 분단을 극복하려는 유일한 이유가 아니라 한반도에서 하나님 나라를 이루어 가는 과정이라는 사실을 강조한다.

　이와 같은 상황에서 본 글은 민족주의에서 한반도 분단의 고착화를 극복하고 통일로 나아갈 수 있는 길을 모색하려고 한다. 첫째, 20세기 한반도 민족 문제의 근간으로서 3.1운동과 한반도 분단에 대한 근본적인 인식을 살핀다. 둘째, 토착화신학의 발전 과정에서 나타난 민족 신앙의 문제와 통일 신학으로 이어지는 발전사를 조명하면서 민족주의와 사회주의 사이의 갈등을 넘어 세계평화를 나아가려는 토착화신학의 민족주의의 길을 재조명한다. 이 과정에서 민족주의와의 상관관계를 해명한다. 마지막으로 굳어진 분단의 상황과 탈민족주의 사이에서 한국신학으로서 토착화신학의 길을 새롭게 살핀다.

II. 3.1운동 이후 한반도에서 나타난 '민족 개념'의 특성과 의의

　지금 한반도에는 남한과 북한의 갈등과 긴장이 고조되고 있다. 언제 터질지 모르는 전쟁의 위협이 한반도를 전쟁 가능 지역으로 바꾸어 놓았다. 이와 같은 상황에서 남한과 북한에 있어서 민족의 개념은 무용한 것일까? 이미 오래전 논의되었던 탈민족주의 논의는 남한과 북한이 더는 민족 통일의 관점에서 이 문제를 해결할 수 없다는 주장에 정당성을 부여하게 되었다. 그러나 논자는 낭만적으로 민족주의에 매달려서 이 문제를 풀기보다 포기할 수 없는 민족의 가능성을 모색해야 한다고 본다. 한반도에서 민족 개념은 근본적으로 서구의 민족 개념에서 영향을 받은 개념이다. 그러나 그 의미는 다르게 사용된다. 한반도의 민족은 3.1운동에서 시작되었고, 근본적인 의미는 제국주의로부터 해방을 추구하는 주체를 의미한다. 박찬승의 『민족 · 민족주의』와 백낙청의 논문 "3 · 1과 한반도식 나라 만들기"는 낭만적인 종족 민족주의 한계에도 불구하고 한반도에서의 민족 개념의 특징과 그 유용성을 보여 준다.

민족은 근대 유럽에서 시작된 근대적 개념이지만, 혈통과 종족을 의미하는 nation에서 시작되었다.[8] 박찬승에 의하면 민족의 개념은 유럽 국가마다 다양한 의미로 쓰였다. 그 개념은 정치적이고 경제적이거나 혹은 역사적 개념으로 사용되었다. 프랑스에서는 시민들이 주체로서 정치적 이념을 표현하는 의미로 민족 개념을 사용했다면, 독일에서는 혈통이나 지역이나 언어를 공통으로 사용하는 사람들이 자신의 공통 지반을 표현하는 개념으로 사용했다.[9] 민족주의 담론을 연구한 겔너, 베네딕트 앤더슨, 홉스본은 민족의 기반으로서 동일화된 문화와 언어를 내셔널리즘의 결과물로 이해한다. 민족은 민족적 자의식의 산물이 아니라 정치적 경제적 행위의 결과라는 뜻이다. 더 나아가 앤더슨은 '상상의 공동체'라고 주장하며 종교의 붕괴에 따른 새로운 공동체의 가치라고 주장한다.[10] 홉스본도 민족주의가 민족이란 개념을 만들어 낸 것으로 본다.[11]

---

8 박찬승, 『민족 · 민족주의』 (서울: 도서 출판 소화, 2011), 27.

9 앞의 책, 28-29. 박찬승은 영어나 프랑스에서 나타나는 Nation과 독일어의 Volks의 개념을 구분하여 사용한다.

10 베네딕트 앤더슨/윤형숙 옮김, 『상상의 공동체: 민족주의의 기원과 전파에 대한 성찰』 (파주: 나남출판, 2006), 26.

한국 근대사에서도 민족 개념은 식민지의 상황에서도 민족주의와 사회주의의 정치적 관계에서 발생했고 발전했다. 박찬승은 '민족'이라는 서구적 개념을 동아시아의 관계 구조에서 받아들였고, 일본 식민지 체제에서의 독특한 방식으로 발전시킨 것으로 보았다. 한반도에서 민족은 중국으로부터 받아들인 서구적 개념이었지만, 한반도의 기나긴 역사적 흐름에서 토착화된 개념이기 때문이다. 한반도에서 살아가는 지식인들은 중국으로부터 '민족' 개념을 수용했고, 삶의 지반으로서 땅, 혈통, 언어, 문자를 통해 다른 민족에서 구분하는 정체성의 문제로 인식했다.[12] 또한 그들은 이를 서구적 근대주의적 맥락에서 해석했다. 그러나 그는 민족의 개념을 서구 민족주의적 개념으로부터 구분하고, 100년의 역사 속에서 원초적이며 영속적 성격을 토대로 발전했으며 일제 강점기와 한국전쟁이라는 민족의 고난 아래에서 형성된 독립적이고 자주적 성격의 개념으로 이해한다.

첫째, 한반도에서 민족주의는 서구 유럽에서와 같이 제국주의와 그에 바탕을 둔 민족적 우월성에 바탕을 두기보다는 외세 침략에 맞서 한반도에서 살아가고 있는 사람들을 통합하고 일본 제국주의에 저항하는 일에 큰 역할을 했다. 예를 들어 3.1운동은 한국 사회에서 근대적 민족 개념이 한반도 전체로 확장되기 시작하는 계기가 되었다.[13] 특히 그는 3.1운동의 의미를 민족의 주체성 자각과 더불어

---

11 박찬승, 『민족·민족주의』, 35.

12 앞의 책, 48. 그에 따르면 한국도 중국의 량치차오의 영향을 받았다. 그가 말하는 민족의 기준은 공동의 땅, 혈통, 언어, 문자, 풍속이다. "이 기준을 가지고 부지불식간에 타족과 서로 간격을 가지면서 하나의 특별한 단체를 조성하게 되며 하나의 고유한 성질을 가지게 될 때 이를 자손들에게 전화된다. 이것을 가리켜 민족이라고 부른다."

13 앞의 책, 10. 저자는 문화적 민족주의 성격으로 파악한다: "민족주의는 일제 강점기에 민족의

민족 안에만 머무르는 것이 아니라 세계평화와 인도주의, 평화주의로 나아가는 거족적 운동이라는 점에서 찾았다.[14] 이와 같은 민족의식은 자국 중심주의로 귀결되는 민족주의가 아니라 오히려 사해동포주의와 같은 범민족적 가치의 기초가 되었다.[15]

1930년대에 문화적 민족주의의 등장과 더불어 단군신화를 중심으로 하는 혈연적이고 언어의 동질성을 바탕으로 하는 '민족' 개념이 등장했다. 박찬승에 따르면 단군의 후손과 같은 개념이 한민족을 결정하는 근거가 되었다고 본다. 실제로 민족주의자들은 "우리 민족은 원래 단군과 기자의 후예라고 주장했고 유교적 교화를 강조하였다."[16] 하지만 분단 이후 민족 개념은 남한의 자유민주주의와 북한의 사회주의 대립 속에서 분화되었고 논쟁의 대상이 되었다. 그럼에도 불구하고 단군신화를 중심으로 하는 민족주의는 분단 이후에 '단일민족론'으로 이어졌다고 한다. 민족에 대한 인식의 차이에도 불구하고 '단일 민족'을 주장하는 과정에서 민족주의나 사회주의의 이견이 없었기 때문이다. 김구나 김용중은 분단 체제에 따른 민족의 위기를 인식했다면,[17] 이승만은 분단 체제보다는 민족 독립에서 찾았다.[18]

정체성과 독자성을 필요로 하였다."

14 앞의 책, 93.

15 앞의 책, 93: "반만년의 역사를 가지고 하나의 민족이다."

16 앞의 책, 82. 박찬승은 한국의 민족 개념의 시작과 의미 발전을 살펴보면서 「독립신문」이나 회보, 「동아일보」에서 나타나는 민족 개념의 변화를 기술하고 보편적 개념이 되어가고 있음을 기술하고 있다.

17 앞의 책, 111.

18 앞의 책, 111-113. 박찬승에 따르면 이와 같은 논의들은 혈통을 바탕으로 하는 이범석이나 안호상이 일민주의적 의미의 한겨레나 한 핏줄을 강조하는 방향으로 발전했다. 그러나 단일민족주의에 맞서는 단일 민족이 아니라 여러 인종 또는 종족으로 구성되어 있다는 신채호의

사회주의자였던 안재홍도 민족의 근거를 '단일 민족'에서 찾음으로써 마르크스의 사회적 차원의 민족 개념을 수용하지 않았다.[19] 사회주의적 민족주의를 주장했던 북한도 점진적으로 공산주의 성격의 민족이 아니라 혈연에 기초한 민족주의를 주장했다.[20] 이처럼 민족주의 흐름을 살피는 과정에서 박찬승은 3.1운동이나 분단 체제에서 통일운동을 위한 분명한 동력을 민족주의에서 발견한다. 그것은 민족주의를 부정적으로 보는 시각에 동의할 수 없는 이유를 분명히 보여 준다.

변혁적 중도의 관점에서 백낙청도 3.1운동의 성과를 근대적 주체성—민족과 민중—의 확립과 더불어 분단 체제를 극복하는 민족통합의 선구적인 사건으로 보았다. 3.1운동은 종교적 차이에도 불구하고 일본 제국주의에서 해방을 추구했기 때문이다. 그에 따르면 "실제로 기미 독립선언문은 천도교, 기독교, 불교 지도자들의 합작품이었고 민족의 전개 과정에서도 변혁적 중도주의의 선구자로 부름직한 인사들이 포함되었다."[21] 이와 같은 민족운동의 통합 정신은 민족주의와 사회주의의 차이에도 불구하고 민족이라는 이름의 정체성을 절대적인 의미의 가치로 이해하도록 했다. 실제로 "평화 사상가였던 안중근, 의열단의 지도자이면서 독립운동에서 좌우합작을 추진한 약산 김원봉도 노선으로 중도임이 분명하며 동일전선의 주요

다민족주의 유형도 있었다.

19 앞의 책, 118.

20 앞의 책, 120.

21 백낙청, "3·1과 한반도식 나라만들기," 『근대의 이중과제와 한반도식 나라만들기』 (파주: 창비, 2021), 64.

인물이었다."[22] 이와 같은 그의 주장은 민족의 문제에 있어서 좌우가 없었고, 한반도에서 살아가는 누구라도 이념에 상관없이 민족의 문제를 자신의 문제로 받아들였음을 알 수 있다. 그는 3.1운동의 의미를 정치적 이념의 갈등을 넘어 남북한을 통합하고 한민족의 주체성과 자주성을 확보하는 민족주의에서 찾았다. 그에 따르면 "오랜 시간 지속되고 있는 굳어진 남북 분단의 문제를 해결하는 일이 3.1운동의 의미를 되살리는 일이기 때문이다. 3.1운동이 '근대 적응의 본격적 출발로 인정받는 것도, 비록 독립된 근대 국가 건설은 망명 임시정부의 형태로밖에 달성하지 못했으나 민중의 주체적 역량이 크게 향상되었기 때문이다."[23] 이와 같은 관점에서 그는 민족 문제로서 통일 문제를 바라보고 민주화 과정에서 나타난 '촛불 항쟁'의 의미를 찾는다. 남한과 북한이 대립하는 한 미완으로 남을 수밖에 없는 촛불혁명의 역사적 현실을 분명히 보여 주고 있다.[24] 더 나아가 그는 3.1운동이 보여 준 민족주의 의미를 남북 연합을 뛰어넘는 완성된 정치 공동체의 실현에서 찾는다. 이 과정에서 그는 종족 동일성의 환상에 기초한 당위적인 통일을 거부하고 또한 유럽 연합과 같은 경제적 연합을 추구하지 않는다. 오히려 각 국가 시민의 삶에 기여할 수 있는 협력 관계를 요청한다.[25] 이와 같은 실질적인

---

22 앞의 논문, 64-65.

23 앞의 논문, 68.

24 백낙청은 이와 같은 한반도의 현실을 한 번도 존재하지 않았던 근대 국가의 현실과 더불어 분단으로 인해 그 과제를 잃어버린 결손 국가로 이해한다. 결손 국가의 이해는 적어도 현재 한국 안에서 벌어지고 있는 남한 안에서 한정된 민족 이해에 대해 비판적일 수밖에 없다. 왜냐하면 한반도 안에서의 국가는 북한을 배제할 수 없기 때문이다. 앞의 책, 37.

25 백낙청, "동아시아 공동체 구상과 한반도," 『근대의 이중과제와 한반도식 나라 만들기』 (파주:

의미의 동아시아 연대를 위해 그는 한반도의 굳어진 분단 체제를 극복하고 평화 체제를 확립하는 일을 통일의 당위성을 강화하는 일로 보았다. 또한 그는 분단의 현실을 극복하려는 과제를 수용하려는 주체성에 대한 인식과 더불어 한반도의 자주를 위한 실천적 과제를 제시한다.

다른 한편 백낙청은 한반도를 둘러싸고 있는 국가들의 연대, 동아시아 연대를 주된 과제로 제시한다. 그는 동아시아를 더는 제국주의적 민족주의의 시각에서 보는 것이 아니라 민족들의 연대라는 관점에서 다양성을 근간으로 하는 문화적 연대로 이해한다.[26] 그에 따르면 "유럽연합은 국가연합과 '단일 화폐권'으로 조성해 가는 단계이다. 정치적 통합성도 점차 높아가고 있는데 최근의 경제 위기를 통해 국가의 재정권이 분산된 채 화폐만 통합된 연합체의 문제점을 실감함으로써 정치적 통합의 추진에 힘이 실릴지 모른다."[27] 유럽연합과 다른 한반도의 현실에서 그는 현실적인 동아시아 연대를 추구해야 한다는 사실을 강조한다. 따라서 유럽연합과 구분되는 공동의 문명 유산을 중심으로 하는 문화적 연대를 하나의 가능성으로 내세운다. [28] 이와 같은 현실은 한반도 통일의 분명한 이유를 보여 준다. 한반도의 통일은 남한과 북한의 분단 체제에서 벗어나야

창비, 2021), 159.

26 앞의 논문, 162. 그는 구체적으로 한반도 국가연합을 그 예로 제시한다.

27 앞의 논문, 159.

28 그는 '황해도시공동체'를 하나의 예로 들고 있다. 그 개념은 "중국 해안 지대와 일본의 많은 부분도 망라한 개념으로서 세계에서 경제활동이 가장 활발한 지대이자 공동의 문명 유산을 지닌 황해 일원에서의 실질적인 인적 교류, 물적 교류가 긴밀해지는 정도에 따라 성립하는 유동적인 지역 공동체라고 한다." 앞의 논문, 162.

하는 거족적인 의미의 민족 해방운동이다. 더 나아가 남한과 북한은 한반도를 더는 전쟁 지역이 아니라 평화 지역으로 재편할 수 있는 길을 모색하여야 할 것이다. 한반도 민족주의는 오랫동안 이어지고 있는 민족해방을 추구해 온 역사적 전통을 수용하면서도, 동시에 체제 중심의 통일론이 아니라 한반도 분단 체제를 넘어 평화 체제를 구축할 수 있는 방향으로 기여한다. 또한 그 민족주의는 세계시민주의를 지향하는 지역적 연대를 나아가는 과정에서 민족 통일을 하나의 과정에 기여해야 한다.

III. 한국 토착화신학에 나타난 민족의 문제들

남한과 북한 사이의 분단 체제가 고착된 시대에 '한국신학'으로서 통일 신학의 길은 무엇인가? 지금껏 한국신학은 역사적이고 정치적이고 문화적인 맥락에서 다양하게 형성되었다. 1960년대 이후 나타난 한국 토착화신학과 민중신학이 그 대표적 길이였다. 상대적으로 토착화신학이 한반도 분단의 문제를 주제로 삼지 못했다. 변선환도 종교 해방이나 민중 해방의 문제에 있어서 종교 간 대화를 주장했지만, 한반도 분단의 문제에는 상대적으로 관심이 적었다. 종교재판과 그의 이른 죽음도 분단의 문제에 적절히 기여할 수 없는 이유가 될 것이다. 게다가 1990년 소비에트 연방과 동유럽의 공산 체제 붕괴로 인해 정치적 자유주의와 경제적 자유주의가 최종적인 승리자가 된 이후, 독일과 다르게 한반도의 분단 문제는 해결되지 않고 오히려 굳어졌다. 본 연구자는 근본적인 원인을 민족 개념의 해체와 더불어 정치적 의미의 탈민족주의를 중요한 원인으로 본다. 지금 남한과 북한 사이의 정치적이고 군사적 갈등이 심각해지는 상황에서 한반도 분단의 극복은 피할 수 없는 한민족의 중요한 과제임이 틀림없다. 왜냐하면 한반도 분단 체제는 민족의식의 부재와 상대방을 적으로 규정하는 지금의 남한과 북한 사이에서 사회 안에 군사적인 위험 요소로 작용하기 때문이다. 따라서 토착화신학은 한반도의 긴장 완화를 위해서 할 수 있는 역할을 찾아야 할 것이다. 이 과제를 위해서 민족의 관점에서 토착화신학의 발전 과정을 살피고 비판하며 통일 신학의 길을 위한 기여 가능성을 살핀다. 한국 토착화신학은 이와 같은 원초적 의미의 민족주의를 근간으로 시작되었다. 또한 한국의 종교들, 유 · 불 · 선의 다종교의 현실성에 직면하여 기독교의 역할과 책임을 인식하고 한국의 역사적이고 정치적 현실을 극복하려는데 그 목적이 있었다. 이것은 한국의 역사와 함께해 온 종교들의 무능을 극복하여 식민지 현실을 극복하고 독립 국가를 형성하는데 역할을 다하는 일이었다. 토착화신학이 한반도 분단의 문제를 간접적으로 다루었을지라도, 외면한 것은 아니었다.

1. '민족 신앙'의 문제로서 토착화신학

한반도의 민족주의는 영속적 또는 원초적 성격을 가지고 종족적이고 상징주의적 맥락에서 이해할 수 있다. 왜냐하면 한반도의 민족의식은 '단군신화'나 '건국신화'나 '백의민족'과 같은 개념들을 바탕으로 이해하고 있으며, 혈연 중심으로 형성된 집단의식을 가지고 있기 때문이다. 이와 같은 민족의식을 통해 그리스도인들은 민중을 교육하고 신앙의 길로 이끌어감으로써 국가를 변혁하려고 했으며, 일제 강점기에는 민족의식을 바탕으로 국가 독립을 추구했고, 이는 민족 통합에 기여했다. 토착화신학도 민족주의의 발전과 더불어 발전했다. 이 과정에서 토착화신학은 다양한 가치들을 융합한다. 민족주의의 발전과 더불어 토착화신학은 한반도에서 문화종교로서 기독교의 정체성을 추구했다고 볼 수 있다. 그 신학의 과제는 민족적 정체성을 바탕으로 하는 그리스도인의 자기 이해와 한국의 종교들, 언어, 문화를 바탕으로 하는 신학을 재구성하는 일이었고, 이는 서구 신학의 종속성에서 벗어나 한국적 기독교의 정체성을 재인식하는 일이었다. 원초주의나 영속주의 성향의 민족주의, 역사적인 다종교 상황을 바탕으로 하는 민족주의, 외세의 억압에 저항하는 저항적 민족주의 성격을 보이고 있었다. 이처럼 토착화신학은 민족주의와의 관계에서 자신의 신학을 형성했다.

유동식은 한, 삶, 멋이라는 세 가지 차원에서 한국신학을 이해했다. 이는 보수적 근본주의, 종교적 자유주의, 진보적 사회참여로 그 태동기와 발전을 이해하는 일이었다. 그의 『한국신학의 광맥』은 단순히 한국에서 형성된 다양한 신학을 소개하는 데 머물지 않고 한국교회의 분열을 극복하고 통합하려는 민족 과제로서 한국신학을 이해하는 데 있었다. 그 목적에 따라 유동식은 한국신학을 발아기, 정초기, 전개로 구성했고 3.1운동을 출발점으로 이해했다. 왜냐하면 1차 세계대전 종결 이후 3.1운동은 윌슨의 민족자결주의 흐름에 따라 비인도적인 일제의 식민 지배에서 벗어나려는 해방운동이었고 한국의 얼과 민족적 자의식을 불러일으킨 민족운동이었기 때문이다.[29] 특히 한국신학의 발아기에 3.1운동은 한국의 종교 문화와 언어를 중심으로 민족 공동체를 인식하고, 이를 통해 외세로부터의 해방을 추구하는 신학 전통의 시작이었다. 유동식에 따르면 "장로교 측의 길선주, 이승훈, 양전백, 이갑성, 유여대, 이명룡, 김병조와 더불어 이필주, 박동완, 오화영, 최성모, 신석구, 신홍식, 박희도, 김창준, 정춘수가 참여했고 정의와 인도와 생존 존영을 민족운동의 목적으로 이해했다." 30 이를 통해 그리스도인들은 한일합방이 민족의 요구가 아니었다는 점을 분명히 밝히고 있으며, 민족적 정체성과 더불어 자주민으로 한민족의 정체성을 분명히 주장했다. 이 기본적인 주장에 대해 천도교와 불교와 기독교가 공감하고 있었다. 31

민족 계몽운동을 기반으로 하는 토착화신학자인 최병헌은 국가와 민족을 변혁할 수 있는 종교적 힘으로서 '기독교'를 이해했다. 3.1운동에 가담하지 않았으나 민족운동에 열의를 다한 그는 종교를 통한 구국운동을 전개했다. 한편으로 부패한 사회를 비판하고 개혁하는 예언자적인 모습을 보여 주었고 민중 해방운동을 전개했다. 또한 제천 지역에 주도권을 가지고 있던 의병 항쟁에 대해 애국계몽운동을 했다. "그는 선론사가 되어 의병 해산을 권유한 적도 있었고, 그의 논리는 「황성신문」에 실렸다. 그의 주장은 먼저 교육에 힘쓰고, 인재를 기른 후에 역량을 헤아려 움직이고 저들을 알고 난 후에 싸워야 한다는 것으로서, 전형적인 애국 계몽의 논리였다. 뚜렷한 근거가 있는 것은 아니지만 전국적인 지명도를 얻게 된 그의 영향이

---

29 유동식, 『한국신학의 광맥』 (서울: 다산글방, 2000), 73-74.
30 유동식, 『한국감리교회의 역사』 상 (서울: 기독교대한감리회유지재단, 1994), 435-436.
31 앞의 책, 438.

제천에 없을 리 없다."[32] 송길섭은 최병헌이 한국신학의 맹아를 발견하고, 이를 바탕으로 민족운동의 거점으로서 민족교회의 비전을 제시했고, 그를 통해 한국 종교들을 온전한 길로 이끌 수 있는 길로서 기독교의 책임적 역할을 강조했다고 보았다.[33] 그것이 민족운동을 위한 전제로서 종교들의 대화이다. 최병헌은 1916년에서 1919년 사이에 종교 변증론을 바탕으로 『성산명경』과 『만종일련』(萬宗一蓮)을 썼고, 세계종교들과의 관계에서 기독교를 인식했고 그리스도를 민족의 문제를 해결할 수 있는 근거로 삼았다. 최병헌은 기독교를 역사적이고 상대적 종교와 성서적 절대주의 관계를 규정하고 한국에 있는 전통 종교들을 성취하는 맥락에서 기독교의 보편사적 의미를 강조했다.[34] 그러나 이덕주는 최병헌이 3.1운동에 가담한 흔적을 찾을 수 없다고 본다. 그에 따르면 3.1운동 당시 감리사로 활동하던 최병헌이 참여할 수 없었던, 가능성 있는 이유가 세 가지 있다고 한다. 독립운동가들이 고령인 이유로 그를 참여 대상으로 고려하지 않았거나, 비폭력 평화주의나 종교와 교육을 통한 민족계몽운동을 강조한 이유로 대중적 집회를 참여하지 않았거나, 마지막으로 독립운동을 배후에서 지원하고 민족 대표들이 투옥된 이후 독립운동을 계속하기 위해서 신분을 숨길 가능성이다.[35] 이덕주는 첫 번째, 세 번째 가능성을 꼽는다. 그는 민족 독립에 깊은 관심이

---

32 구완회, "충북 제천의 삼일운동양상과 의의," 「지방사와 지방문화」 22권 2호 (2019), 116.

33 송길섭, 『한국신학사상사』(서울: 대한기독교출판사, 1987), 231-232.

34 유동식, 『한국신학의 광맥』, 99.

35 이덕주, "'술이부작'의 삶과 학문," 아펜젤러·최병헌 목사 탄생 150주년 기념사업회 편, 『탁사 최병헌 목사의 생애와 신학』(서울: 정동삼문출판사, 2008), 104.

있었고 그와 함께한 목회자들이 삼일운동에 적극 참여하여 수난을 겪었기 때문이다. 이덕주에 따르면 "탁사는 삼일운동으로 투옥된 목회자와 교인의 상황을 소상히 밝히면서 수감자 지원책을 공개적으로 논의함으로 일제의 만행에 대한 항의와 삼일운동에 대한 지지 의사를 '간접적으로' 표현했다."[36] 이와 같은 최병헌의 민족주의는 자연스럽게 이기적 민족주의에서 벗어나 인류의 보편적 가치를 추구하며 민족 간 화해와 협력을 주장하는 범민족주의로 나아가는 길에 섰다. 3.1운동 이후 한국신학은 민족주의를 바탕으로 형성되었으며, 종교 차원에서 정치적이고 경제적 차원과는 구분되는 민족의 구원을 향한 교회의 공적 역할로 발전하게 되었다.

1960년대 윤성범은 서구 신학으로부터의 해방을 곧 한국신학의 길로 이해했다. 그래서 그는 토착화의 길을 한국 종교들과 기독교를 유비적 관계에서 찾았다. 왜냐하면 그는 민족주의 길에서 한국적 신학의 나아갈 바를 발견했기 때문이다. 그는 민족주의의 근간으로서 단군신화를 적극적으로 수용했고 단군신화에 대한 종교적 해석을 통해 기독교 신학의 근간을 해명했다. 윤성범은 한국 역사와 문화에 영향을 미친 단군신화의 종교적인 의미를 해석하고 이해하기 위해 기독교의 삼위일체론이 필요하다고 주장한다. 왜냐하면 윤성범은 단군신화를 건국 설화나 창조 설화로 보지 않고 '종교 설화'로 보고 있기 때문이다.[37] 그에 따르면 "단군신화에 대한 종교적 의의를

36 앞의 논문, 106.
37 윤성범, "기독교의 토착화와 토착화논쟁," 『한국종교문화와 한국적 기독교』 (서울: 감신, 1997).

발견하려면 단순한 표현 양식으로서 문화유형이나 언어학적 풀이로 만족할 수 없고 그것이 내포하고 있고 함축하고 있는 객관적인 종교적 본질이 투사되지 않으면 안 된다. 그러므로 우리는 단군신화를 있는 그대로 해석하려는 것이 아니라, 기독교인으로서 단군신화를 검토함으로써 그것의 본래적 의미를 파악하려는 것이다."[38] 그는 민족주의 시각에서 단군신화를 재조명하고 삼위일체의 흔적으로서 문화적 아프리오리를 규정하려는 것이다. 다시 말해 그의 토착화신학은 종교사 연구를 바탕으로 기독교를 연구하면서 한국적 상황에서의 문화적 아프리오리를 해명하고, 그에 따라 복음의 한국적 성격을 규정하는 일이다. 토착화신학의 관점에서 볼 때 나타나는 민족적 성격은 그리스도의 복음을 수용하고 한국 종교 문화의 전 이해를 바탕으로 한국적 기독교를 토착화하는 데에서 드러난다. 왜냐하면 그리스도의 복음은 한민족과의 접촉을 통해 수용되고 '한국적 솜씨'를 가지고 그 의미를 드러내기 때문이다. 윤성범은 이 과제를 다른 종교와 유비적으로 비교하고, 그에 따라 기독교의 절대성을 깨닫게 되는 것으로 이해한다. 토착화신학은 한국적 감(感)과 솜씨를 통해 그 멋을 드러냄으로써 기독교는 민족주의의 성격을 가지게 되고 한국 종교로서 역할을 하게 되는 것이다. 그래서 윤성범은 한민족의 역사적 근거는 더욱 근원적인 차원을 드러내는 것이다. 그것은 진정한 한국인으로서 정체성을 형성하고 한반도에 존재하는 유불선과 조화를 이루어 감으로써 궁극적인 복락의 성격을 가지게 되는 것이다.

---

38 앞의 책, 348.

이를 위해 윤성범은 율곡의 성(誠)의 개념을 가지고 토착화신학을 재구성한다. 한국 종교와의 연속적인 이해에도 불구하고 그에게는 기독론적 우선성이 자리 잡고 있다. 그 우선성은 토착화신학이 민족적 주체성과 더불어 한국신학의 문화적 아프리오리를 찾아가는 데 있다. 즉, 율곡의 성의 개념은 한국 그리스도인의 신학적 주체성과 더불어 한국 문화의 근간으로서 이해하는 데 규범적 역할을 한다는 뜻이다. 한편으로 한민족으로서의 주체성은 한반도의 역사 인식과 역사 연구에 있다. 이와 같은 역사 연구는 기본적으로 역사화된 문화적 유산을 기반으로 하며 단순한 기술의 차원을 넘어 역사 해석을 목적으로 한다. 그래서 다른 역사가들의 역사기술을 수집하고 해석함으로써 주관적 차원을 넘어서는 객관적 차원의 역사 인식으로 나아가는 것이다. 따라서 윤성범의 역사 인식은 근본적으로 단군신화와 그 이후의 장기적인 의미의 종교사적 인식을 바탕으로 하고 중국 역사와 구분되는 한민족의 독특성을 구체화한다.[39] 이를 위해서 그는 서구 철학으로부터 해방을 요청한다. "수백 년 전에 현대 철학이 개척하지 못한 분야를 율곡은 벌써 쉽사리 답습하고 있지 않은가? 사실 실존철학이니 무엇이니 하는 것도 율곡 사상의 깊이에 이르지 못할 것이다. 우리는 이러한 사상적 계열을 서양에서 보자면 칸트의 인식론에서 출발하여 칸트인 성격을 그대로 답습하면서 실존철학자가 된 야스퍼스의 철학적 논리학에 이르는 일련의 사상계열을 율곡 선생은 포섭하고 있다고 할 것이다."[40] 윤성범은

39 윤성범, "한국재발견에 대한 단상," 『한국종교문화와 한국적 기독교』, 251.
40 앞의 책, 252.

인격적 실재로서 역사적 예수와의 관계에서 기독교 신학의 정체성으로서 삼위일체론이 비롯되었듯이 한국의 신개념은 유일신이며 인격신의 하나님을 의미하고 그 신은 삼위일체에서 비롯되었다고 주장했다.[41] "단군신화에 존재하는 환인, 환웅, 환검은 삼위일체론에 성부, 성자, 성령에 대등하고 헐버트의 단군신화의 해석에서 그리스도 중심적 창조 이해의 가능성을 발견한다. 그러나 이와 같은 단군신화의 근거는 바르트가 주장하고 있는 바와 같이 삼위일체론의 흔적이다."[42] 게다가 윤성범은 웅녀의 인내와 마리아 찬가의 조화 가능성을 인지하고 마리아 신앙을 강조한다.[43] 윤성범은 이와 같은 자신의 신학 방법을 하이데거의 '테크네'에 근거한 '신학 하기'로 정의하고 있으며 한국 문화의 수용과 이의 신학적 표현을 토착화의 핵심으로 이해한다. 이와 같은 '신학하기'의 목적은 인간 실존의 자각에 이르는 것이며 신앙에 이르는 것이다.[44] 따라서 윤성범의 토착화신학은 단군신화는 종교적 의미를 기독교 안에서 이해함으로써 민족 신앙의 근거를 세우는 것이다. 윤성범의 단군신화 해석에 대한 비판들이 존재했다.

박봉랑은 서구 문화와 한국의 이교적 요소를 가려내어 복음의 방향을 밝히는 복음의 순화와 복음의 한국적 수용이라는 관점에서만 토착화의 의미를 살려낼 수 있다고 주장했다.[45] "기독교의 토착화는

---

41 윤성범, "단군신화논쟁,"『한국종교문화와 한국적 기독교』, 360.
42 앞의 책, 362-363.
43 앞의 책, 365.
44 앞의 책, 320.
45 박봉랑, "기독교의 토착화 단군신화,"「사상계」(1963), 앞의 책, 376.

복음이 시간과 장소를 넘어 특유한 문화의 카테고리와 말을 도구로 하여 모든 문화를 극복하여 그 본질적 과제—하나님의 말씀이 나의 진리가 되는—를 이루어 가는 과정이다."[46] 전경연도 삼위일체론이 지닌 계시의 배타성을 주장하면서도 한국인의 주체성을 그리스도의 체험에서 찾는다.[47] 하지만 그들의 비판과 달리 윤성범의 신학은 한민족 근원에 대한 종교적 의미를 해석하는 데 의미를 갖는 것이지 단군신화를 삼위일체론적으로 해석하거나 혼합하려는 의도가 있는 것은 아니다. 따라서 민족주의의 관점에서 그의 토착화의 의미를 살펴볼 필요가 있는 것이다. 그의 토착화신학은 한민족의 정체성을 세워가는 데 신학적 과제를 제시하고 있으며 민족 문제의 전제로서 이해하고 있다. 그의 토착화신학이 민족의 문제로서 통일 신학에 길을 연 것으로 보기는 어렵지만, 적어도 남북 분단의 문제를 조화의 관점에서 볼 수 있는 가능성을 제공한다. 토착화신학은 구체적인 일제강점기의 민족 문제를 극복하려는 민족 신앙에서 출발하여 서구 신학과 구분되는 민족적 정체성을 근간으로 하는 한국신학으로서의 가능성을 모색하고 한반도의 통합을 주장하는 신학적 근거로서 민족 신학의 문제로 확대한 것으로 보인다.

---

46 앞의 논문, 377. 그는 윤성범의 변증 의도는 수용하면서도 신학적 타당성을 넘어선다고 주장한다.
47 앞의 책, 400. 전경연, "윤성범 박사의 논문 「환인·환웅·환검은 하나님이다」를 비판한다," 「기독교사상」 (1969. 8.).

2. 한반도의 정치적 양극화의 갈등을 넘어서 세계평화를 지향하는 한국신학으로서 토착화신학의 발전

변선환은 민중신학과 토착화신학의 양극성 사이에서 한국신학의 길을 모색했다. 양자 사이에서 그의 신학은 비서구화와 종교해방의 길을 향하고 있었다. 이 과정에서 그는 토착화신학의 생성과 전개 그리고 발전 과정을 바라보고 그 의미를 밝힌다. 그에 따르면 최병헌은 전통 종교와 기독교와의 관계를 보유론적이고 성취론적 관점에서 보았다면, 윤성범과 유동식은 조화론적 관점과 한 멋진 삶이라는 융합적 관점에서 바라본다. 이와 같은 관점은 점진적으로 전통 종교에 대한 우위론적 관점에서 벗어나 한국 역사에서 나타난 유불선의 종교들을 이해하려는 절충주의적 시각과 더불어 점진적인 주체적 신학의 길로의 변화를 읽을 수 있다. 서구 신학의 일방성에서 벗어나 윤성범과 유동식은 후기 식민지 시대에 나타난 전통 종교의 부흥과 민족주의 대두에 대응하는 토착화신학의 전형적인 현상으로서 이해한다. 그러나 변선환은 윤성범이나 유동식의 신학 방법론의 근거가 민중이나 민족의 삶에 무관심한 형이상학적 신학에 있음을 보았고, 윤성범의 절충주의와 정치적 삶에 관심을 가지지 않았던 유동식의 역사적 한계를 지적한다.[48] 무엇보다 변선환은 자본주의와 공산주의, 개인주의와 전체주의 양극화의 문제를 해결할 수 없는

---

48 변선환은 유동식의 풍류 신학으로의 발전에서 한국인의 우주 종교의 발전을 본다. 여기에서 한국신학의 과제를 통해 '멋진 한 삶', '한 멋진 삶'을 추구하는 주체성의 길을 발견한다. 앞의 논문, 90.

토착화신학의 한계를 지적했다.[49] "시민으로서는 정치, 사회문제에 책임을 느끼지만, 기독교인으로서는 종교, 문화 문제에만 책임을 느낀다는 이 고백은 교회와 사회를 성과 속 이원론에서 보는 루터의 두 왕국설과 같은 오류를 범하고 있다."[50] 따라서 변선환은 민중신학이나 민중불교와의 합류를 의미 있게 주장하고, 그 가능성을 종교 해방신학에서 찾고 있다.

변선환은 한국종교들과의 관계에서 기독교의 위치를 이해하고, 그에 따른 종교들의 해방 과제를 제시한다. 종교 해방신학의 목적은 그리스도 중심적 위치에서 무로부터의 창조를 해석하고, 이를 바탕으로 이웃 종교와의 대화를 통해 종교들이 민중 해방에 협력하는 데 있다. 변선환은 에른스트 트뢸치에게서 주술과 성례전적 종교의 극복과 더불어 만인 제사장에 기초한 종교적 개인주의, 율법주의를 넘어서는 심정의 윤리와 세속적 세계 안에서 '세계 내 금욕'을 발견한다.[51] 이를 바탕으로 그는 한국의 근대화와 여성 해방에 있어서 기독교의 기여를 주장한다. 그러나 그는 기독교의 발전사에 기초한 서구 신학의 한계를 인식하고 그의 유산으로서 자본주의를 비판하는 일은 민족의 문제를 해결하는 구체적인 과제가 된다고 보았다. 이는 양극화된 한국신학의 풍토에서 이원론의 한계를 극복하고 일원론적인 차원의 새로운 길을 열어야 함을 의미한다. 왜냐하면 "토착화신학은 비그리스도교적 종교성과 비그리스도교적 민중성을 말해야 하기

---

49 변선환, "해천 윤성범을 추모함," 『한국적 신학의 모색』 (천안: 한국신학연구소, 1997), 364-365.
50 앞의 책, 95.
51 변선환, "한국문화속의 기독교," 『한국적 신학의 모색』, 26-27.

최태관 • 민족의 해체 시대에 남북 분단의 고착화의 극복과 통일을 이루는
한국신학으로서 통일 신학의 길 모색 | **379**

때문이다."[52]

변선환은 이를 바탕으로 남북한 정치적 이데올로기의 갈등을 넘어선 세계평화의 길을 보고 있었다. 그가 바라보는 통일의 길은 세계평화로 나아가는 여정에 있다. 통일 신학자 손규태는 스위스 바젤대학교에서 학위과정을 할 때 변선환과 자신이 남북한 분단 문제와 통일과 평화를 주제로 해서 연구했음을 밝히고 있다. 이와 같은 사실은 변선환이 추구했던 세계평화의 담론이 한반도 분단의 극복과 평화 통일의 과제를 배태하고 있음을 분명히 보여 준다. 그 당시 그는 변선환으로부터 배웠던 바르트 신학이 실제로 그의 통일 신학에 지대한 영향을 미쳤노라고 고백한다.[53] 박순경도 변선환과 함께 바르트의 묘소에 방문하면서 바르트 신학에 기반한 통일 신학의 길을 걷게 되었다.[54] 변선환의 제자였던 이정배도 변선환의 통일의 길에서 자신의 길을 발견했다.

한편으로 이정배는 탈민족주의적 시각에서 통일의 문제를 바라보아야 한다고 주장한다. 그는 기독교가 근본적으로 탈민족주의적 성향을 띤 종교라는 점을 강조한다.[55] 이정배는 탈민족주의 길을 성서의 차원에서 발견한다. 그는 그리스도의 십자가의 길에서 민족주의 길이 아니라 인간이 만든 모든 장벽을 허물었던 예수의 삶에서

---

52 변선환, "한국 개신교의 토착화: 과거, 현재, 미래," 『한국적 신학의 모색』, 97.

53 https://veritas.kr/archive/bbs/board.php?bo_table=drson_5&wr_id=82.

54 박순경도 변선환과 같이 바르트의 무덤에 방문했다. 그는 거기에서 서구 신학의 종말을 자각했고 분단의 현실에서 신학적 가제가 통일임을 분명히 깨닫는다. 박순경, "나의 신학수업," 『하나님 나라와 민족의 미래』 (서울: 대한기독교서회, 1984), 22-23.

55 이정배, "신명으로 본 기독교와 탈민족주의," 『토착화와 세계화』 (서울: 한들출판사, 2007), 20.

탈민족의 길을 말하고 있다. 그는 탈민족주의와 탈기독교의 길에서 포괄적인 통일의 길을 발견한 듯하다. "기독교는 히브리 민족의 민족주의적 종교이념을 벗기고—유일신관에 고착된 역사적 제한성 탈각시켜— 유일신 개념을 확대 재생산하였다. 하나님은 자비의 존재로 표현하였고 그 자비하에 성, 종족, 신분 등의 일체의 모든 구별이 철폐되었다. 예수는 인간이 만든 모든 장벽을 허물기 위해 이 땅에 오셨고 그 일을 위해 고난받으신 분이다."[56] 따라서 이정배는 배제와 억압을 정당화하는 배타적 기독교의 현실을 비판하고 있으며 탈민족과 탈기독교를 주장한다. 이와 같은 탈민족주의적 기독교의 성격은 배타적 현실성에 빠져 버린 한국교회에 대한 정당한 비판을 의미한다. 그는 3.1운동 이후의 자생한 한국적 민족주의 자체를 부정하는 것이 아니라 저항적 민족주의 이후 열린 민족주의로 나아가려는 것이다. 이는 최근에 붉어진 뉴라이트 역사관에 대한 저항의 의미를 지닌다. 그는 이와 같은 민족주의적 발전의 가능성을 함석헌의 뜻으로 본 한국 역사에서 발견한다.[57] 그는 '非我에 대한 我의 저항 대신 非我로 인한 我의 고난'에 주목한다.[58] 이와 같은 인식의 전환은 한국 민족주의의 기반은 한국 역사에 면면히 흐르고 있는 고난의 역사에 있기 때문이다. 게다가 그렇게 형성된 한국 민족주의는 더는 서구 근대화의 산물로서 민족주의가 아니라 종교적으로 세워진 민족주의이다. 이정배는 이와 같은 민족주의 흐름을 신채호의 저항

---

56 앞의 논문, 20.

57 그는 함석헌의 『뜻으로 본 한국 역사』에서 민족·민중 해방을 넘어 생명 해방에 이르는 길을 발견하고 있다. 앞의 논문, 27.

58 앞의 논문, 27.

적 민족주의와 구분되는, 의미 있는 변화로 이해한다. 한반도에 존재하는 종교적 연대를 바탕으로 하는 민족주의 분단의 극복과 통일을 지향한다.[59]

더 나아가 이정배는 탈민족주의적 관점으로서 안중근의 동양 평화론과 관계에서 함석헌의 민족 문제를 해명한다. 그에 따르면 안중근은 일본의 편을 들었으나, 이것은 아시아의 평화를 위한 것으로 이해했다고 한다. 그래서 러일전쟁에서도 일본의 입장에서 동아시아 평화를 위한 일본의 주도적 역할을 주장했다고 한다. 그러나 이토 히로부미를 중심의 일본 제국주의의 침략 의도를 깨달은 후 그는 저항적 태도를 가지게 되었다.[60] 그는 근본적으로 안중근은 동아시아 연대를 통해 세계평화를 지향하는 정치적 태도를 보이고 있었던 점에 주목한 것이다. 그러나 이정배는 일본 천황에 대한 근본적인 태도에 대해 비판적이다. 안중근의 정치적 태도에서 적극적인 민족주의적 태도를 찾아볼 수 없었기 때문이다.[61] 오히려 그는 일본 제국주의에 대해 비판적이었던 함석헌의 고난 중심의 민족주의를 적극적으로 수용한다. 뜻에 기초한 그의 역사관은 민족주의를 뛰어넘기 때문이다.[62] 이는 서구 근대 중심의 민족주의를 해체하고 한반도의 고유한 역사관에서 한국 민족의 정체성과 그의 책임을 인지하는 것이다. 이정배는 이와 같은 함석헌의 역사철학에서 통일론의 새로운 방향을 찾고 있다.[63] 그는 변선환과 같이 민족 통일을

---

59 앞의 논문, 32.
60 이정배, "『뜻으로 본 한국 역사』 속에 나타난 민족개념의 성찰," 『토착화와 세계화』, 49.
61 앞의 논문, 50.
62 앞의 논문, 54.

남과 북의 문제만이 아니라 세계평화로 나아가는 길목에서 해결해야 하는 전제로 인식하고, 이를 진정한 민족주의의 길로 이해한다. 민족주의는 강대국이 지금까지 주장해 온 제국주의적 이념이 아니라 민족이 처한 정치적인 현실을 깨닫고 이를 해결함으로써 고착화된 분단 체제를 넘어서기 위한 길을 의미한다. 이를 위해 한민족은 분단 체제가 양산한 고난의 현실을 넘어 세계평화의 길에 서야 한다.[64] 그 길은 신채호의 저항적 민족주의나 토착화신학의 종교적 민족주의를 넘어 문화적 민족주의로 나아가는 길이다. 그는 상상의 공동체로 민족의 개념을 거부하면서 개인의 사적 가치와 궁극적 공동체성을 바탕으로 하는 민주적 가치를 기반으로 한다.[65] 이는 전통적인 민족주의의 한계를 넘어 진정한 의미의 탈민족주의를 지향하는 길이고 진정한 의미의 민족주의를 성취하는 것을 의미한다. 그에게 있어서 민족주의와 탈민족주의는 이항 대립과 양자의 매개 속에서 그 본래의 의미를 찾아낼 수 있다.

다른 한편 통일 신학자 박순경은 분단의 시대에 민족주의와 사회주의의 양극성을 넘는 통일 신학의 담론을 발전시켰다. 먼저 박순경은 윤성범과 변선환의 토착화론에 대해 비판적이다. 그들은 토착화신학이 역사의 문제를 외면함으로써 신학을 비역사화하고 한국의 민족적인 문제로서 통일 문제의 적절한 길을 제시하지 못하기 때문이다. 박순경에 따르면 남북 분단의 상황에서 윤성범의 토착화론에서 단군

---

63 앞의 논문, 57.
64 이정배, "저항적 민족주의에서 문화적 민족주의로,"『토착화와 세계화』, 73.
65 앞의 논문, 80.

신화와 성(誠)과 같은 종교적이고 신학적인 이념들이 적극적인 기능을 하지 못했음을 지적한다. 또한 변선환의 종교 해방신학에서도 민중신학과 토착화신학의 연대가 한반도 분단의 상황을 적극적으로 규정하지 못했다.[66] 토착화신학자들과 달리 박순경은 신학의 상황성이나 역사성을 유럽 신학, 정치신학, 혁명의 신학, 남미 해방신학, 여성 신학에서 발견한다. 따라서 한국 토착화신학이나 민중신학은 '민족 내부의 모순과 분단 현실'에서 찾을 수밖에 없음을 분명히 지적한다.[67] 사실 박순경은 본인이 변선환의 "타종교와 신학"을 읽는 과정에서 바르트 신학에 의존되어 있고 여전히 탈 서구화나 종교에 대한 기독교 비판의 문제를 해결하지 못하고 있다는 변선환의 비판에 대한 적극적인 반론이었다. 따라서 박순경은 상황화에 따른 신학의 정치적 대응에서 유럽이나 라틴 아메리카, 아시아와 같은 지역에 상관없이 정치신학이 해결해야 한다고 주장했다.

이는 박순경이 서구 신학의 우선성을 주장하는 것이 아니라 다종교 상황에 직면한 다양한 지역에서 토착화의 과제로 인식하고 있음을 의미한다. 박순경에 따르면 "나는 그리스도인이라 자처하기 이전에도 이후에도 바르트 신학이나 제3세계의 신학이라고 하는 것들을 대변하는, 오늘에도 불교의 정신성은 물론 신들 귀신들 혼령을 모시는 무속의 정신성까지도 나 자신의 정체성과 다르다는 생각을 해 본 적이 없다. 그러면서도 나는 바르트를 통해서 나의 본래의 불교적 무속적 정신성이나 종교성과는 다른 하나님의 혹은 예수

---

66 박순경, "기독교와 타종교," 『민족통일과 기독교』 (서울: 한길사, 1990), 65.
67 앞의 논문, 65.

그리스도의 의미에 대한 증언의 소리를 듣기 때문에 바르트 신학에 심취했다"고 말했다.[68] 박순경은 한반도의 분단 상황에서 역사하는 삼위일체 하나님의 실재를 증언하는 곳에 범신론적인 한계를 넘어 이웃 종교들이 지닌 정신의 근원으로서 하나님 영의 의미를 인식할 수 있음을 주장한다.[69] 이것은 한국 종교의 기반으로서 기독교의 의미성을 찾고, 이를 바탕으로 역사적인 한반도의 분단 현실을 인식하려는 그의 민족적인 역사의식에서 비롯된 것으로 볼 수 있다. 이와 같은 인식에서 변선환의 우주적 그리스도론을 범신론적 이원론으로 비판한다. 기독교의 하나님은 그것과 동일할 수 없고 항상 초월하며, 그리스도는 그의 창조자, 구원자 하나님을 긍정하고 증언할 때 그의 영의 역사에 참여하며 새로운 의미를 갖기 때문이다. "윤성범이나 유동식, 변선환에 있어서처럼 아주 쉽게 모든 종교의 종합을 시도할 수 있다. 그들은 그러한 개념이나 이념의 차원을 신의 계시라고 혹은 신적 존재에 관여하는 것이라고 암암리에 전제하고 있으나 이러한 개념은 범신론에 귀착해 버리거나 개념론적 추상성에 머물게 된다."[70] 이는 변선환이 바르트나 본회퍼가 보여 준 종교비판의 의미를 분명히 인식하지 못했기 때문이다. 이와 달리 박순경은 종교비판을 통해 한국의 역사적 상황이었던 분단의 상황을 극복하여 새로운 인류의 미래를 도래하게 하는 역할을 보여 주었다.[71] 박순경의 통일 신학은 한민족이 직면한 공동의 문제로서 종교

---

68 앞의 논문, 54.
69 앞의 논문, 56.
70 앞의 논문, 57.
71 앞의 논문, 58.

해방, 민중 해방과 민족 통일의 문제를 인식하고 역사 인식을 바탕으로 이 문제들을 해결해야 하는 분명한 역사적 과제를 제시하고 있다.

정리해 보면, 토착화신학은 민족주의를 바탕으로 민족의 문제로서 종교들의 통합과 연대로 나아가는 방향으로 나아갔음에도 불구하고 통일의 문제에 대해서 소극적이었고 세계평화를 위한 전제로 이해했다. 그러나 박순경은 통일 신학의 가능성을 두 가지 방향을 제시했다. 정치신학적 차원에서 민중과 여성의 해방을 추구했고, 궁극적으로 민족해방의 문제로서 통일 문제를 이해했다. 통일 신학의 관점에서 한반도의 고질적인 문제로서 민족주의와 사회주의 갈등의 문제를 적극적으로 극복하려고 애썼다. 이와 같은 시도들은 통일 신학의 다양성과 그에 따른 신학적 연대를 요청하는 의미의 실천성을 가지고 있었음을 보여 준다. 이는 통일 신학이 민족주의적 문제나 사회주의 차원의 정치적 문제를 한정될 수 없음을 의미하며 하나님 나라를 추구하는 과정에서 정치적 담론으로서 다원성을 가지고 있음을 의미한다. 통일 신학은 민족주의나 탈민족주의 사이의 논쟁이나, 민족주의나 사회주의 사이에서 드러나는 다원화된 절대성의 시대에 정치적 연대를 추구하는 신학의 과제가 있음을 보여 준다. 지금까지 연구의 내용을 정리해 보면, 토착화신학의 전개가 민족주의 인식의 확산과 궤를 함께했지만, 한반도 분단 극복과 통일의 문제에 소극적이었음을 알 수 있다. 반면에 박순경의 통일 신학은 통일의 길을 적극적으로 모색함으로써 한반도의 정치적 현실에 대한 신학의 책임 있는 태도를 보여 주었다.

IV. 분단의 고착화와 탈민족주의 사이에 선 통일 신학의 길

지난 20세기 한반도에서 벌어진 역사적 사건들을 돌아보면 잊을 수 없는 비극적 역사가 존재한다. 그 역사의 현장에서 수많은 민족주의자는 다양한 정치적 이념에도 불구하고 민족 독립과 해방 이후에 서구 열강들에 의해 굳어진 분단의 문제를 해결하려고 했다. 끊임없이 서구 제국주의적인 민족주의로부터 우리 민족의 정체성과 민족의 고유성을 찾고 민족의 문제를 해결하려고 했던 민족주의자들의 노력을 우리는 외면할 수 없다. 탈민족주의적 성향의 사회주의자들도 민족의 문제였던 독립의 문제나 분단의 고착화 문제를 해결하려고 하는 데 이견이 존재하지 않았다. 그러나 남한과 북한이 서로에 대한 적대적 관계를 바탕으로 흡수통일이나 탈민족을 선언하는 일은 지금의 분단 상황을 이해하는 일을 더욱 어렵게 만들고 있다. 한국전쟁 후 75주년이 되는 올해까지 이어지는 분단 상황에서 남과 북이 서로에 대한 한민족의 가치를 포기하고 대립의 강도를 높여가는 일을 자연스럽게 받아들일 것이 아니라, 한민족의 역사적 의미만이 아니라 한반도의 평화 정착을 위해 민족의 가치를 되살려 가야 하는 일일 것이다. 그러므로 학력과 수준에 따라 북한 주민을 한민족 구성원을 인정하는 비율이 낮다는 한국인의 의식조사를 보면, 통일을 이루어 가기 위해 민족주의를 낭만적으로 이해할 필요는 없으나, 적어도 교육을 통해 민족의식을 고취할 필요는 있어 보인다. 왜냐하면 남한과 북한의 화해와 평화에 따른 민족 통일은 세계평화를 지향하는 한반도 통합의 길이기 때문이다. 오늘에 이르기까지 통일 문제가 민족의 문제가 아닌 적이 없었다. 따라서 필자는 민족 개념의 해체와 지역주의 사이에서 민족 통일을 민족 과제로 다루는 통일 신학의 길을 모색해야 한다고 본다. 그러기 위해서 한반도의 분단 상황을 고착화하고 있는 근본적인 이유를 찾아야 한다. 우선 우리는 민족의식의 유효성과 분단 체제를 극복하기 위한 수단으로 민족의식에 문제제기하고 통일 신학의 길을 열어야 한다. 그렇다면 분단을 고착하는 문제는 무엇일까?

박영균은 "분단의 아비투스에 관한 철학적 성찰"에서 타자를 생산하는 분단의 현실을 말하고 있다. 휴전선으로 일컬어지는 분단의 구조는 계속해서 삶의 근원적 토대를 무너뜨리는 힘이기 때문이다.[72] 그가 주장하는 의미의 "타자는 단순히 차이에 기반하는 것이 아니라 그 안에서 억압하며 소통을 불가능하게 하고 반복해서 자기를 검열하게 만드는 타자이다."[73] 그는 이 타자를 분단의 실체로 규정한다.[74] 그에 따르면 "분단이라는 역사가 만들어 내는 신체와 역사, 아비투스와 장의 관계를 통해서 일컬어지는 분단 질서, 분단구조의 지배 체제가 상징 폭력에 의해 신체에 아로새겨지는 성향과 믿음의 체계들이다. 이것은 의식과 무의식 모두를 포함한다."[75] 이를 바탕으로 그는 결손 국가의 개념으로 구체화한다. "한반도에서 민족적 리비도는 유린당하는 어머니를 향한 욕망이며 부재 또 결여된 아버지를 대신하여 그 스스로가 아버지가 됨으로써 민족적 리비도를

---

72 박영균, "분단의 아비투스에 관한 철학적 성찰," 『분단의 아비투스와 남북소통의 길』 (서울: 도서출판 경진, 2015), 100.

73 앞의 논문, 101.

74 앞의 논문, 102.

75 앞의 논문, 107.

통합하고자 하는 열정과 의지의 변용을 창출하였다."[76] 이와 같은
어머니로서 민족의 해방을 위해 북한은 김정일의 주체사상을 토대
로, 남한은 박정희의 근대화를 바탕으로 서로에 대한 반공주의-공산
주의의 이념을 정당화했고 서로를 배격하는 국가주의를 배태했다.
민족 통일이라는 이념 아래에 서로를 원수로 삼는 국가적 이데올로
기를 만든다.[77] "분단의 아비투스는 '상처받은 민족주의', '좌절된
민족적 리비도'라는 트라우마를 핵으로 하여 일제 시대에 형성되었던
'궁핍'과 '집단적 규율'을 결손 국가의 아비투스로, 민족주의를 '근대화
=발전주의=국가주의' 변환시킨 것이다. 여기서 적대적 구조는 남의
경우 방공 · 방북 이데올로기, 북의 경우 반외세 · 반미 이데올로기로
내면화되었다."[78] 한반도에 살아가는 모든 사람이 분단 체제가 초래
한 체제 중심의 경쟁과 민족주의를 바탕으로 서로에게 분단의 책임
을 돌림으로써 상대 체제에 대한 원한을 부추긴 결과다. 게다가
그는 남한과 북한이 이승만과 박정희, 김일성과 김정일을 우상화함
으로써 서로에 대한 폭력을 정당화하고 강화한다고 본다. 결국 서로
에 대한 배제와 불통이 기능하는 것이다. 이와 같은 상황에서 민족주
의는 국가주의에 희생을 강요받는다. 따라서 박영균은 현실적 의미
의 분단 상황을 극복하고 체제 중심의 대립을 극복하기 위해, 북의
아비투스를 이해하고 그에 따른 소통의 가능성을 회복하는 일을
강조한다. 왜냐하면 이와 같은 인식의 변화 없이 남과 북은 '분단

---

76 앞의 논문, 110.
77 앞의 논문, 116.
78 앞의 논문, 113.

이전에 공유했던 문화와 가치들을 회복할 것을 주장하거나 전설과 신화 속에서 민족의 원형을 발견하려는 낭만적 민족주의'를 넘어설 수 없을 것이기 때문이다.[79] 이와 같은 주장은 상호 인정을 바탕으로 하는 새로운 민족주의를 기반으로 한다. '한반도의 주인을 자처하는 각각의 결손 국가가 분단의 현실을 인식하고 분단의 아비투스를 통일의 사회적 신체로 변혁시키는 과제로서 민족주의'이다. [80] 이와 같은 분단 체제의 고착화에 직면하여 통일 신학은 민족적 분단의 아비투스를 극복할 수 있는 길을 만들어야 한다. 따라서 통일 신학은 박순경이 만들었던 자본주의와 사회주의 사이의 대립을 극복하여 분단의 극복으로 나아갈 수 있는 길을 지속해야 할 것이다. 이는 전통적인 의미의 민족주의가 외면했던 고난당하는 민중이나 여성의 해방을 넘어 민족해방으로 나아가는 길을 여는 일이다. 다시 말해 한반도 평화 정착과 통일의 문제는 민족의 과제로서 인식해야 함을 의미한다.

최근 세계화 시대에 탈민족주의자들은 통일 문제를 민족의 문제로 보려고 하지 않는다. 1990년대 이후 나타나기 시작한 탈민족주의자들은 "방어적이고 폐쇄적이며 자민족 중심의 성향이 세계화라는 시대적 흐름에 저해되기 때문에 탈민족주의를 지향하는 전진적이고 개방적인 의미의 민족주의로 변화해야 한다고 주장한다."[81] 이와 같은 주장의 이면에는 해방 이후 민족주의가 지녔던 이념 중심의

---

79 앞의 논문, 128.

80 앞의 논문, 132. 저자는 두 국가의 분리된 실체를 인정하고 남북 간의 개방적인 소통을 강조한다.

81 전재호, "2000년대 한국의 '탈민족주의' 논쟁연구: 주요쟁점과 기여," 「한국과 국제정치」 제34권 제3호 통권 102호 (2008), 34.

민족주의 해체와 극복을 강조하는 정치적 태도가 존재한다.[82] 이는 소련의 붕괴와 동유럽이 해체됨에 따라 이어진 동독의 붕괴와 2000년도 독일의 통일은 자본주의 체제의 우월성을 재확인하고 새로운 의미의 세계화를 강조하는 과정에서 생긴 변화라고 볼 수 있다. 전치호는 근본적인 이유를 세계화와 이주민의 등장과 장기 체류 그리고 일본의 우경화와 중국의 동북공정에서 찾았다.[83] 그에 따르면 탈민족주의론은 근본적으로 민족주의가 지닌 계급과 성의 불평등을 은닉해 온 한계를 지적한다. 후기 근대적 태도는 기존 역사학계의 민족주의와 급격한 논쟁을 일으켰다고 비판한다. [84] 더 나아가 탈민족주의자는 역사적 맥락에서 종족 민족주의의 한계만이 아니라 시민민족주의조차도 부정한다.[85] 이에 대해 고명섭은 한국 민족주의를 서구 민족주의의 개념으로 한정 짓는 오류와 민족주의 자체를 부정하는 탈민족주의에 대해 비판한다.[86]

이와 같은 논쟁에서 전재호는 국사 해체의 문제와 관련된 문제들

---

82 저자는 홍정률의 세 가지 분류 방식을 설명한다. 국가주의에 기초하는 자본주의적 문명사관으로서 탈민족주의, 민족주의 한계를 지적하면서 세계화와 저항적 민족주의를 지향하는 민족주의 재구성론, 민족주의의 문제점과 한계를 지적하는 해체하는 탈민족주의이다. 그는 앞선 두 가지는 민족주의를 지속하자는 입장에서 배제하고 세 번째를 진정한 의미의 탈민족주의로 주장한다. 앞의 논문 36.

83 앞의 논문, 39.

84 앞의 논문, 46.

85 앞의 논문, 47-48. 전재호에 따르면 탈민족주의자인 임지현이 9.11테러 이후 미국에서 나타난 민족주의의 배타성과 폭력성을 인식함에 따라 열린민족주의도 포기했다고 한다. 그 이유는 한국 민족주의가 서구의 발전 지향적 의미의 민족주의로 전락함에 있다. 예를 들어 임택림은 외국인 혐오나 혹은 조선족에 대한 인권 의식의 부재를 지적하고, 이를 식민주의에 바탕을 둔 제국주의적 태도로 규정한다.

86 앞의 논문, 49.

의 논쟁점을 끌어낸다. 그는 동북아국가들의 공정한 역사 인식을 위한 기존 역사의 해체를 주장하는 탈민족주의적 태도와 민족과 국가 개념의 역사 인식의 불가피성을 주장하는 기존 학계 사이에서 역사 서술에 대한 대안 제시의 부족을 지적한다. 따라서 우리는 여성의 불평등 문제와 계급 문제의 외면과 같은 전통적인 민족주의의 문제를 인식하고 비판하면서도, 한국 사회에 존재하는 분단 문제에 있어서 민족주의적 대안을 제시할 수 있어야 할 것이다. 단순히 민족이 중요하다는 주장만으로는 한반도에서 민족주의의 의미를 되살리기란 쉽지 않을 것이다. 따라서 정치적 이념의 차이를 외면하고 남과 북의 통일 문제를 다루기는 어려운 일일 것이고, 지금 북한에 대한 적대적인 태도를 없애는 일은 더더욱 쉬운 일이 아닐 것이다. 통일의 문제가 더는 민족의 문제라고 보지 않는 탈민족주의 시대 속에서 토착화신학은 어떤 대안들을 제시해야 하는 것일까?

지금껏 토착화신학은 지금껏 민족 개념에 기반으로 민족 신앙을 형성해 왔고 세계화를 지향하는 한국신학의 길을 추구해 왔다. 앞으로 세계화로 나아가는 과정에서 통일 신학은 한반도 분단을 극복하고, 평화 체제를 구축하고, 이 땅 위에 다양한 억압의 구조로부터 벗어나 해방의 길을 열어야 한다. 실제로 박순경의 통일 신학은 그 갈등의 현장에 뛰어들어 분단의 문제를 개인 실존의 문제일 뿐만 아니라 분단의 체제를 넘어서기 위한 모든 이를 부르는 적극적인 의미의 신학적 태도로 보인다. 그의 통일 신학은 전통적인 민족주의의 한계를 지적하고 새로운 민족주의의 가능성을 제시하는 데 그 의미가 있다고 볼 수 있겠다. 결과적으로 우리는 기존의 근대적 민족주의의 한계를 인식하고, 그를 비판함에 따라 새로운 해방 공동체를 지향해야 할 것이다. 따라서 우리는 한반도 분단 체제의 극복과 민족 통일을 위해 민족주의와 탈민족주의의 갈등을 새롭게 인식하고 그 문제를 해결하는 과정에서 필요한 민족주의의 길을 재발견해야 한다. 이와 같은 맥락에서 한국신학으로서 토착화신학은 정통적인 민족주의적 태도를 비판적으로 바라보고 탈민족주의적 태도와 민족주의적 태도 사이에서 민족의 문제로서 통일 문제의 길에 서야 할 것이다. 한국신학으로서 토착화신학은 통일 문제를 민족의 문제를 인식할 수 있는 길을 열어야 할 것이다. 이를 위해 토착화신학은 한국 사회에서 분열과 갈등을 극복하고 통합 주체로서 민족을 깨달을 수 있는 종교적이고 신학적인 길을 모색해야 할 것이다. 새로운 민족주의는 한반도에 정치적으로 억압당하는 자들의 해방과 자유를 모색하게 하는 과정에서 얻게 되는 정치적 연대를 지향하는 민족주의일 것이고, 이는 한반도에 평화 체제를 구축해 가는 길이여야 할 것이다. 이 과정에서 토착화신학은 2차 세계대전 이후 독일 민족이 해체된 것이 아니라 경제적 원리 바탕으로 유럽연합이 조직되었던 것과 같이, 한반도 분단 극복과 평화 정착을 위한 한반도 역사 인식을 바탕으로 하는 민족적 정체성의 인식과 더불어 동아시아 연대의 길을 모색해야 할 것이다. 따라서 20세기 일제 강점기에 식민지 역사에 대한 기억과 더불어 동아시아 지역에서의 제국주의에 대한 일본의 반성 없이 동아시아 연대는 가능하지 않을 것이다. 통일 문제에 있어서 남한과 북한은 지금까지의 적대적 관계를 청산하고 이념적 갈등을 넘어 통일의 물꼬를 터야 할 것이다.

V. 나오는 말

지금까지 민족 개념이 해체되는 시대에 남북 분단의 고착화를 극복하기 위한 한국신학으로서 토착화신학의 길을 살펴보았다. 낭만적인 종족 민족주의에 기대어 남북 문제를 풀어갈 수 없는 상황이라는 사실은 점차 분명해지고 있지만, 한국신학으로서 토착화신학은 남북 문제를 풀어가는 데 있어서 민족 개념이 여전히 유효하며, 민족주의적 시각에서 남북 두 국가론이 지닌 남과 북의 적대적태도를 극복할 수 있는 대안들을 제시해야 할 것이다. 왜냐하면민족주의나 민족 개념은 적어도 한반도에서 다양한 민족 문제를자각하고 해결하는 데 중요한 정치적 동기가 되었듯이, 오늘날 여전히 해결되지 않는 한민족의 정치적 문제를 해결하는 데 중요한토대가 될 수 있기 때문이다. 이와 같은 인식하에 한국신학자들은토착화신학의 한계를 파악하고 한국교회의 공적인 문제로서 분단의문제와 통일의 문제를 다루어 갈 수 있는 바탕을 마련해야 한다.실제로 한반도의 민족 구성원들은 일제 강점기 시대에 민족해방의문제를 해결하기 위해 민족 계몽운동에 집중했던 사실과 해방 이후남북이 한반도 분단의 시대에 통일의 문제를 민족의 실질적인 문제로 인식했다. 한국 그리스도인들도 이에 적극적으로 대응해 왔다.이와 같은 영향하에 민족 신앙을 바탕으로 토착화신학이 형성되었다는 것은 역사적으로 중요한 의미가 있다. 그것은 토착화신학이 한반도의 종교적 전통과의 만남과 더불어 종교와의 대화를 통해서 민족문제로서 신학화의 과제를 이해하고 발전시켰다는 데 있다. 그럼에도 불구하고 토착화신학이 지닌 한계도 분명하다. 한편으로 윤성범과 유동식은 신학의 토착화 문제를 서구 신학에서 한국신학을 구분해 내는 민족 신학으로서 가능성을 모색했음에도 불구하고 종교적 의미 이상으로 발전시키지 못했다. 변선환과 이정배도 세계평화 혹은 세계화라는 차원에서 민족의 문제를 인식하고 이에 대응했음에도 불구하고 여전히 민족 문제로서 통일 신학의 문제를 적극적으로 발전시키지 못했다. 토착화신학자들과 달리 통일 신학자로서 박순경은 토착화의 문제를 수용했음에도 불구하고 바르트의 시각을 수용하면서 민족주의와 사회주의 사이에서 적극적으로 통일의 문제를 신학의 문제로서 다루었다는 점에서, 통일 신학의 길을 열었다는 데 큰 의의가 있다. 1974년 7.4남북공동성명 이후 NCCK를 중심으로 하는 남북 그리스도인들의 만남은 통일 신학의 맥락에서 종교 중심의 통일 논의에 있어 의미 있는 시도로 읽힌다.

그러나 최근에 일어나고 있는 탈민족주의의 관점에서 볼 때, 민족의 문제들이 점차 희미해지는 상황에서 한국신학으로서 토착화신학은 통일 신학의 문제를 적극적으로 수용하여 발전해야 할 것이다. 세계화의 문제에 있어서 민족주의의 한계를 극복하는 일이 곧 민족의 문제를 외면하거나 배제하는 것이 아님을 우리는 분명히 기억해야 한다.

이와 같은 시각에서 볼 때, 토착화신학은 민족 개념이 형성되고 발전하는 과정에서 의미 있게 기여했고, 탈민족주의의 담론과의 관계에서 분명한 신학적 과제를 제시해야 할 것이다. 서구의 제국주의에 기반을 둔 민족주의와 다르게 나라를 빼앗기고 국권을 상실했던 상황에서 한국 기독교는 민족의 자주와 해방을 추구하고, 남한의 민주화를 추구하는 과정에서 정치적 자유를 추구해 왔고, 아직은

미완의 상태인 통일의 문제를 위해 애써 왔다. 앞으로 토착화신학은 한국교회의 통일 문제 있어서 역사 인식을 새롭게 하고, 이를 바탕으로 한반도의 분단 극복과 평화 정착을 위해 길을 내는 역할을 감당해야 할 것이다. 그래서 지금껏 민족이라는 이름으로 행해 왔던 남북 사이의 체제 경쟁에서 벗어나 민족의 유효성을 드러내야 할 것이다. 따라서 한국신학으로서 토착화신학은 역사적 기억과 반성 없는 탈민족주의는 극단적 상대주의로 매몰되게 할 가능성이 존재하고 있음을 간과해서는 안 된다. 민족주의는 외면할 수 없는 우리 실존의 공동체성을 담고 있기 때문이다. 그러므로 박영균이 지적했듯이, 남북한이 서로에 대해 체제 경쟁할 수밖에 없었던 분단의 하비투스의 문제를 토착화신학이 통일 신학의 맥락에서 진지하게 해결할 길을 모색해야 할 것이다.

라캉의 '3말'(三語)로 안병무의
"그리스도교와 민중언어 1" 읽기
― 민중언어의 기원과 전개 과정에 관한 시론*

강응섭

(예명대학원대학교)

I. 글을 시작하면서

이 글은 심원 안병무(心園 安炳茂, 1922. 6. 23.~1996. 10. 19.)가 제시하는 '민중언어'를 라캉의 '3말'(三語)로 살펴 민중언어의 기원과 전개 과정을 밝히는 데 의의를 둔다.

심원은 1986년 출간한 저서『歷史 앞에 民衆과 더불어』에서 '민중언어'에 대한 두 편의 글을 발표한 바 있고,[1] 1990년 펴낸 저서『민중신학 이야기』서문에서는 '이야기'로서의 '민중신학'을 간략하게 정리한

---

* 본 논문은 제19회 한국조직신학자전국대회(주제: "K신학, 한국신학의 부활," 2024. 9. 7.)에서 발표한 글과「한국조직신학논총」제77집(2024. 12. 30.)에 게재한 글을 수정 및 보완한 것이다.
1 안병무, "그리스도교와 민중언어 2," 기독교장로회 총회 주제강연 (1985),『歷史 앞에 民衆과 더불어』, 106-117.

바 있다.[2] 심원은 자신이 생각하는 민중언어 개념을 한국 역사, 서양 역사를 통해 설명하고, 민중언어를 찾고자 하는 대안으로 '민중과 더불어'를 제시한다. 즉, 심원은 1986년의 저서 제목이 보여주듯, 한국과 서양의 '歷史 앞에 民衆과 더불어' 민중언어를 찾아 누릴 수 있다고 말한다. 민중언어를 누린다는 말은 인간 본연의 모습을 되찾는다는 것으로 이해할 수 있다. 여기에 대해서는 신학적으로 해석할 여지가 많다. 하지만 민중신학에서 민중언어에 대한 논의는, 연구자가 찾아본 결과에 한정할 때, 거의 없다고 보인다.

연구자가 찾은 민중론자 가운데 죽재와 심원에 따른 문자와 이야기를 강조한 이는 서광선이다. 서광선(1931~2022)은 1991년 회갑 기념 저서 『神 앞에 민중과 함께』를 발간한다. 이 책은 심원의 『歷史 앞에 民衆과 더불어』와 제목이 유사한데, 1999년 이후라는 미래의 관점에서 1990년대에 펼쳐질 민중신학을 상상하고 설계하고 반성한 책이다. 이 책에 실린 "민중신학의 언어와 실천: 1990년대의 반성"(1991년 2월, 「기사연무크」 III에 게재)[3]에서 그는 민중신학을 심원의

---

2 안병무, 『민중신학 이야기』(서울: 한국신학연구소, 1990), 5-6.

3 서광선, "민중신학의 언어와 실천: 1990년대의 반성," 『神 앞에 민중과 함께』(서울: 한울, 1991), 108-131. 이 논문에 따르면 1970년대에 한국 민중신학은 두 개의 다른 작업으로 이어졌다. 첫 번째 작업은 민중의 이야기를 성서의 이야기와 연결하는 것이고, 두 번째 작업은 기독교 민중운동과 일반 민중운동을 발굴하고 신학화하는 것이었다. 전자가 성서신학적 작업이라면, 후자는 역사신학적 작업이다. 전자가 안병무의 작업이라면, 후자는 Byung-mu의 작업이다. 그 당시 역사신학이 선교 역사, 교회 팽창사를 주로 다뤘다면, 이제 민중사라는 주제가 형성된 것이다. 이와 같이 한국 기독교 운동을 민중운동으로 보는 "Byung-mu, 김용복, 주재용 등"(121)의 입장이 있다. 반면에 한국 기독교 운동을 반민중적이라고 보는 "강원돈, 박성준 등"(121)의 입장도 있고, 이 입장을 비판하는 "서진환 등"(서진한, 1990, 121 참고 서진환은 서광선의 오타)의 입장도 있다. 이와 같이 서광선은 한국 기독교 운동에 대한 세 입장을 소개하면서 이야기 신학 전통의 세 갈래를 제시한다. 이 세 갈래는 민중신학의 언어와 연결된다.

용어대로 '이야기 신학'으로 규정하고, 이야기 신학의 의미, 그 전개 과정과 그 전통이라는 내용으로 정리하고, 이 연장선상에서 1990년대를 전망하였다. 이런 노작에도 불구하고 서광선에게서 인간 본연의 모습을 담은 '민중언어'는 거론되지 않았다. '민중언어'에 대한 무관심은 심원 안병무 선생 탄생 100주년 기념행사에서 발표된 26편의 글에서도 볼 수 있다. 이 글에는 민중언어에 대한 것이 없다.[4] 최근에 민중에 관한 괄목할 만한 저서를 펴낸 강인철은 자신의 책에서 "제6장 저항(2): 3. 민중언어"를 서술했는데,[5] 저항으로서의 민중언어를 주로 다뤘고 인간 본연의 언어로서 민중언어를 다루지 않았다. 나중에 설명하겠지만 저항으로서의 민중언어는 인간 본연의 민중언어 이후

우선 첫 번째 입장에 따를 때 성서의 이야기는 한국 민중에게 "새로운 세계관을 제시하였고 새로운 가치관과 패러다임을 제시하였다"(124). 한국 민중의 언어는 한글로 된 성서 이야기를 통해 "한국 민중의 심성을 장악할 수 있었다"(124). 그러나 반지성적 근본주의 신학과 왜곡된 성서 제일주의는 부정적인 요소로 작용하였다. 그럼에도 암기한 성서의 이야기, 성서 인물의 행위, 성서의 교훈을 통해 "성서 이야기의 종교적 언어가 담고 있는 정치 경제적 언어를 한국 민중은 읽고 말하고 들을 수 있었다"(124). 한국의 민중이 성서를 읽는다는 것은 성서에 나타난 정치 언어, 경제 언어를 민중의 눈(시각)으로 읽고 듣고 말하는 것이다. 이렇게 될 때 "민중신학은 민중을 위한 신학이 아니라 민중의 그리고 민중에 의한 신학이라는 차원으로 들어가"(126)게 된다. 서광선은 이런 민중신학의 전제조건으로 "성서 이야기의 문화가 민중교회 문화로 되어야 한다"(126)고 말한다. 1991년에 쓴 이 글에서 그는 이런 문화가 한국교회에서 쇠퇴하고 있다고 진단한다. "성서의 이야기를 하고 듣고 또 되풀이하고 암기하고 암송하는"(126) 것이 한국교회의 토대이고 민중교회의 토대라고 말하면서, 이런 토대가 사라지는 1991년 시점을 염두에 둘 때 1999년의 한국교회, 민중교회가 어떠할지 전망한다. 성서 이야기를 접하지 않으면 성서의 민중적 시각 이야기를 접할 수 없다는 주장에 대해 2024년 한국교회와 민중교회는 어떤 모습일지 서광선의 관점으로 현재를 바라보면 의미가 있을 것이다.

4 2022년 10월 17일 개최된 '심원 안병무 선생 탄생 100주년 기념행사'는 3부(개회 강연 2편, 1부 7편, 2부 9편, 3부 7편, 폐회 강연 1편 등)로 진행되었는데, 총 26편의 강연 중 민중언어에 관한 제목은 없었다. http://www.simwon.org/board_oiSX29/129314.

5 강인철, "제6장 저항(2): 3. 민중언어,"『민중, 저항하는 주체 — 민중의 개념사, 이론』(서울: 성균관대학교출판부, 2023), 286-293.

에 생기는 것이기에, 아쉽게도 근본적인 민중언어에 대한 연구, 민중의 토대로서 민중언어, 민중신학의 토대로서 민중언어 연구는 이뤄지지 않고 (라캉의 3말(三語) 중에 빈말, 반말에 해당하는) 저항으로서 민중언어만을 다루었다.

연구자는 심원이 제시한 '저항 이전의 민중언어'를 밝히기 위해 라캉의 '3말'을 도입한다. 연구자가 제시하는 라캉의 3말은 찬말(parole pleine 滿語), 빈말(parole vide 虛言), 반말(mi-dire 半語)이다. 찬말은 진실의 말이고, 빈말은 진실이 담기지 않은 말이고, 반말은 진실의 말과 진실 아닌 말이 혼재된 말이다. 인간 본연의 모습을 담은 언어로서 민중언어는 찬말에서 비롯되지만, 저항을 통해 빈말이 되고(강인철의 연구는 이 지점에 관한 것이다), 회복의 과정을 통해 반말이 된다. 즉, 찬말로서의 민중언어는 육화된 상태의 몸이 인간 언어와 엮이는 시점의 언어이고, 빈말로 넘어가는 지점이다. 이런 관점은 심원에게서 아주 중요한 내용인데, 언어를 다루는 정신분석가 라캉에게도 핵심적인 것이다. 육화된 몸이 인간의 언어와 엮이면서 저항에 놓일 때 빈말이 된다. 찬말과 빈말 사이에 놓인 민중이 자신의 모습을 자각하고 자신의 언어를 회복해 가면서 반말을 갖게 되고, 더 나아가서는 찬말을 찾기 위한 투쟁이 시작된다. 찬말-빈말-반말의 과정은 내재적 삼위일체 하나님의 경륜적 삼위일체 하나님 되심의 과정과도 비교하면서 살펴볼 수 있다. 이런 일말의 상황을 담은 글이 『歷史 앞에 民衆과 더불어』에 실린 짧은, 너무나 짧은 "그리스도교와 민중언어 1"이다. 라캉의 3말은 심원의 글을 밝히는 등불이 될 수 있기에, 라캉의 3말을 설명하는 '도식L'을 구체적으로 살피면서, 심원의 글에 적용하여 그 의미를 풀어 간다.

"그리스도교와 민중언어 1"은 네 개의 소제목으로 구성되는데, "1. 민중언어", "2. 한국혼의 전승자", "3. 서구 문화와 성서언어", "4. 한국교회와 민중언어"이다. 본 글은 첫 번째 소제목에 관한 연구이며, 이어서 전개되는 세 개의 소제목을 연결하면서, 심원이 말한 민중언어가 무엇인지 살펴본다. 이 작업을 위해 우선 II장에서는 언어/말을 '문자'와 '이야기'로 구분하는 죽재 서남동(竹齋 徐南同, 1918~1984)과 심원 안병무의 민중언어 흐름을 정리하고, 이어서 문자 기능을 언어학적으로 제시한 소쉬르와 이야기 기능을 반언어학적으로 제시한 라캉의 견해를 다룬다. 이어지는 III장에서는 심원의 민중언어(말)의 기원과 민중언어(말)의 정의를 "그리스도교와 민중언어 1"의 "1. 민중언어"에서 찾고, 민중언어의 한국 역사 사례를 "2. 한국혼의 전승자"에서 그리고 민중언어의 서양 역사 사례를 "3. 서구 문화와 성서언어"에서 살핀다. 또한 심원이 현재적으로 찾은 민중언어의 대안을 "4. 한국교회와 민중언어"에서 검토한다. 마지막 IV장에서는 II장과 III장의 과정을 바탕으로 라캉의 '도식L'과 3말의 관점으로 심원의 민중언어를 분석한다.

II. 죽재(서남동)에서 심원(안병무)으로
: 문자와 이야기의 구분에서 본 민중언어와 라캉의 3말

최근에 민중언어 연구서를 출간한 강인철은 『민중, 저항하는 주체 — 민중의 개념사, 이론』의 "제6장 저항(2): 3. 민중언어"에서 민중론자들이 말한 민중언어를 저항과 연결하여 설명한다.[6] 그는 저항과 민중언

어의 관계를 매듭지으면서 이렇게 정리한다:

지금까지 간략히 살펴보았듯이, 민중언어는 침묵의 언어, 몸의 언어,
한의 언어, 문어가 아닌 구어, 나아가 저항의 언어, 그래서 금지된 언어라
는 여러 얼굴을 갖고 있다.[7]

이 문장을 보면 강인철은 민중론자들이 침묵의 언어(함석헌 등),
몸의 언어(김희헌 등), 한의 언어(서남동 등), 문어(서남동 등)라고 규정한
'민중언어'의 견해를 거부하고 구어(안병무 등), 저항의 언어(김용복
등), 금지된 언어(송기숙 등)라고 설명한 견해를 받아들이는데, 민중론
자들의 민중언어에 대한 이해를 양분하는 이유를 밝히지는 않는다.
연구자가 생각할 때 그가 이렇게 양분 분류하는 기준은 '저항'일
듯하다. 하지만 민중의 침묵 언어에도 저항이 있고 몸의 언어와
한의 언어에도 저항은 있기에, 이 기준으로 양분하는 것은 무리가
있다고 본다. 그는 2023년 저서를 집필하면서 죽재 서남동의 1983년
저서는 인용하지만,[8] 심원 안병무의 1986년 책은 언급하지 않고
참고문헌에 넣지 않는다. 그래서 심원의 "그리스도교와 민중언어
1"에서 논의하는 바를 누락하고 있다.
강인철이 인용한 서남동의 저서는 구전(이야기)과 문자에 관한
내용을 전개하기 전에 조선시대에 판서와 대제학을 겸한 김숙(金淑)

---

6 앞의 책, 286-293.

7 앞의 책, 293.

8 서남동, "민담의 신학 — 反神學,"『民衆神學의 探究』(서울: 한길사, 1983). '몸의 언어',
  '머리의 언어'는 303-305에 나온다.

의 아들 안국(安國)의 학습 사례를 소개한다. 이 사례에 따르면 안국이 이야기나 민담에 재미를 가지나 글공부에는 두통을 일으킨다는 것을 알게 된 아내가 이야기의 출처가 문(文)에 있다는 것을 알게 해 주고, 안국은 그 출처를 알기 위해 문을 깨우치고 결국 장원급제한 다는 내용이다.

죽재는 이 사례를 오늘날의 뇌과학에 따른 국소 지역의 역할과 연관 짓는다. 이어서 그는 하나님의 자기 계시 매체로서 행위와 사건에 대해 언급한다. "하느님의 언어(?)는 이야기고, 예수님의 화법도 이야 기였고, 성령님의 통신 매체도 '머리의 언어'가 아닌 '몸의 언어'다. 하느님의 계시의 매체는 사변·개념·말씀이라기보다는 행함·사건 ·삶·이야기다."9 죽재는 하나님의 행하심과 이야기를 문자와 구분하 면서 민중언어의 기반을 세운다.

문자의 경우에는(그림과도 달라서) 한 사람이 자기의 생각을 종이에 써놓은 것, 인쇄된 것을 다른 사람이 읽어서 이해하는 간접적인 매체이 고, 이야기는 한 사람의 입에서 다른 사람의 귀로 들려져서 알게 되는 직접적인 매체다. 뿐만 아니라 문자로 써놓은 것은 대개 그 내용이 관념 적이고 일반적(추상적)인 것인 데 대해서 이야기의 경우는 실제적이고 구체적인 것이다. 문자(책)는 대개 학문의 연구발표 방식으로서 말하자

---

9 앞의 책, 305. 이어서 그는 이렇게 말한다. "파스칼이 '아브라함과 이삭과 야곱의 하느님은 철학자의 하느님이 아니라'고 말한 것을 틸리히는 '아브라함과 이삭과 야곱의 하느님도 되신다'고 고쳐 말했는데, 나는 다시 아브라함과 이삭과 야곱의 하느님과 철학 자의 하느님은 다른 분이라고 생각한다. 그분은 행함과 이야기로 계시하셨지, 사색과 철학으 로 계시하시지는 아니했기 때문이다."

면 '머리의 언어'고, 이야기는 일상생활의 표현 전달 방식으로서 '몸의

언어'라고 할 수 있다. 머리의 언어는 분해적(analytic)인데 몸의 언어는

통전적(holistic)이다. 문자가 정신적인 언어라면 이야기는 물질적인

언어다. 문자를 통한 통신은 밖으로부터 무엇을 부과하는 방식이어서

결국 사람을 자기로부터 소외시키는 결과를 가져오는 데 대해서 이야기

를 통한 통신은 사람이 재미나서 자발적인 수락으로 그 통신 내용을 직관

적으로 통전적으로 '자기화'한다. 따라서 전자는 억압적인데 후자는

해방적이다. 문자가 두통을 일으키는데 이야기는 흥미를 일으킨다는

소년 김안국의 반응은 가히 알 만하다.[10]

서남동은 문자(인쇄 매체, 머리의 언어, 분해, 정신적 언어, 밖으로부터 부과

된 것)에 대비되는 이야기(귀 매체, 몸의 언어, 통전, 물질적 언어, 자발적 수락)

를 도입하면서, 문자와 이야기라는 용어가 갖는 차이성을 부각시킨다.

이를 통해 두 개의 신학 체제로 확대하여 설명한다:

전통적인 신학이 초월적·연역적이라면 이야기 신학은 귀납적 신학,

아니 반(反)신학(Gegen Theologie, countertheology)이다. 뿐만 아

니라 전통적 신학은 '지배의 신학'(Herrschende Theologie)이다. 곧

지배(통치)의 이데올로기에 편입, 흡수되어서 지배 질서를 정당화해

주고 그것을 축복하는 기능을 수행한다. 문자(文字)와 서적과 체계적인

신학이 그렇다. 하느님의 초월성, 전지전능, 무소부재, 그리스도의 왕

권, 주권을 강조하는 내용이 다 정치적 지배 구조 안에서 얻어진 상상(지

---

10 앞의 책, 303-304.

배자의 언어)이며 그 고정화, 항구화를 기능한다.[11]

　이와 같이 죽재는 문자와 이야기를 확대하여 '전통적 신학'과 '이야기 신학'(귀납적 신학), '지배의 신학'과 '반 신학'의 두 신학 체제로 정리한다. 초기에 신학이 구성될 때의 사회가 노예제도였고 이 체제에서 지배 계층에 근거하여 집대성된 것이 전통적 신학이라면, 성서에 담긴 이야기는 지배 계층의 제도인 노예제도에서 탈출이다. 이런 의미에서 '전통적 신학'은 '이야기 신학'과는 반대의 길에 서 있다.[12]

　죽재가 문자와 이야기를 구분하듯이, 심원의 주장 또한 문자와 이야기를 구분한다. 1983년 죽재의 글은 1986년 심원의 글로 이어지는데, 민중신학을 함께 엮어 간 두 학자에게 문자와 이야기의 구분 방식은 유사하면서도 독특한 차이가 있다. 심원에서 민중언어의 기원을 찾는 것은 보다 더 풍성하다. 그 이유는 심원의 글이 언어의 기원에서부터 민중언어를 다루기 때문이다. "III. 심원의 민중언어/말: 정의, 사례(한국 역사, 서양 역사), 대안"에서 보게 되겠지만, 소쉬르에서 시작하는 현대 언어학과 라캉에서 시작하는 반(反)현대 언어학의 관점을 통해 심원이 말하는 민중언어는 더 명확해진다.

　소쉬르에서 시작되는 현대 언어학은 문자의 기능을 보여 준다.

---

11 앞의 책, 305-306. 죽재는 이 글의 제목이기도 한 '민담의 신학-반신학'을 '反神學'(한문), 'Gegen Theologie'(독어), 'countertheology'(영어)로 표기하는데, 각 언어에 따라 뉘앙스의 차이가 있다. 제목에는 '反神學', 본문에서는 '反 神學'으로 되어 있으나, 여기서는 연구자가 임의로 '反神學'으로 통일하였다.

12 앞의 책, 306: "본래 성서적 계시의 삶의 자리는 노예제 사회에서 탈출한 가나안과 갈릴리의 민중들, 그들의 이야기다. 그것은 신학이 아니라 이야기며 그런 의미에서 반신학이다. 통치 이데올로기와 지배 체제와 그 문화를 비판하고 시정하려는 민중의 이야기는 반신학이다."

소쉬르는 문자의 기능을 이렇게 표현한다.[13]

$$S = \frac{s}{S}$$

소쉬르 공식

여기서 S는 Sign(기호)이고, *s*는 기의(소기, signified, signifié), *S*는
기표(능기, significant, signifiant)이다. 여기서 강조되는 것은 분자에
있는 *s*이다. *s*는 이미 상정된 내용, 상징 체계에서 고정되어 있는
내용을 의미한다. 이 식은 머리의 신학, 전통적 신학, 지배의 신학을
대변한다. 이와 반대되는 식은 다음과 같다.

$$S = \frac{S}{s}$$

라캉 공식

이 식은 분자에 *S*가 자리한다. 분자의 *S*는 기호 S의 발음(소리)이지
만 내용은 비어 있다. 두 번째 *S*가 등장하면서 *S1→S2→S3*라는
내용을 생성한다. 이 식은 라캉이 제시한 것이다. 소쉬르의 것이
현대 언어학이라면, 라캉의 것은 반현대 언어학이다.

위에서 제시하는 두 식은 문자와 이야기가 의미하는 바를 잘
보여준다. 전자의 식이 문자의 기능을 보여준다면 후자의 식은 이야

---

13 본 논문에서 제시하는 연산식들은 라캉의 다음 글에 근거하여 연구자가 재구성한 것이다.
Cf. 자크 라캉/홍준기·이종영·조형준·김대진 옮김, "무의식에서의 문자의 심급 또는 프로이
트 이후의 이성," 『에크리』 (서울: 새물결플러스, 2019), 589-631; "L'instance de la lettre
dans l'inconscient ou la raison depuis Freud," *Ecrits* (Paris: Éditions du Seuil, 1966),
493-528.

기의 기능을 보여준다.

$$S = \frac{s}{S} \qquad\qquad S = \frac{S}{s} \rightarrow \frac{S1\ S2\ S3}{s}$$

소쉬르 공식: 문자의 기능   라캉 공식: 담론(이야기)의 기능

라캉은 세 경우의 말을 제시한다. 첫 번째 말은 S1인 찬말(la parole pleine, 滿語)인데, 이것은 '최초억압'(Urverdrängung, 원억압, 근원적 밀어내기, 근원적 가두기)[14] 이전의 기표에 해당하고 결코 기의를 알 수 없다.[15] 두 번째 말은 S2인 빈말(la parole vide, 虛語), 세 번째 말은 S3인 반말(le mi-dire, 半語)이다. 말은 S1→S2→S3로 진행된다. 그래서 아마도 모든 말은 S3인 반말일 것이다. 완전히 빈말일 경우도, 완전히 찬말인 경우도 없다.

하나의 기표는 또 다른 기표에 연결된 주체를 재현(대표)한다.[16]

기표(말)의 연쇄(사슬)는 주체를 드러낸다. 즉, '찬말→빈말→반말'(S1→S2→S3)로 연결되는 주체의 담화와 또 다른 '찬말→빈말→반

---

14 프로이트가 사용한 정신분석 용어 Verdrängung의 한국어 번역어에 관하여 김현주, "프로이트의 정신분석학에서 밀어내기(Verdrängung)의 역할," 「현대정신분석」 25-1 (2023. 2.): 9-40.

15 '최초억압'으로서 S1에 관해서는 라캉의 세미나 11권 (1964년 5월 27일, 6월 3일 세미나) 참조

16 J. Lacan, "Un signifiant représente le sujet pour un autre signifiant"; "Un signifiant représente le sujet auprès d'un autre signifiant," *L'envers de la psychanalyse. Séminaire XVII, 1969-70* (Paris: Éditions du Seuil, 1991), 19, 53.

말'(S1'→S2'→S3')로 연결되는 주체의 담화를 통해 주체를 재현한다. 여기서 찬말의 주체, 빈말의 주체, 반말의 주체가 드러난다.

민중신학에서 보는 찬말의 주체는 '원(原)민중언어'에 기대는 주체이고, 빈말의 주체는 '반(反)민중언어'에 기대는 주체이고, 반말의 주체는 '반(半)민중언어'에 기대는 주체이다. 민중의 언어는 찬말이거나 빈말이거나 반말이다. 그렇다면 민중언어가 찬말인지 빈말인지 반말인지 누가 어떻게 판단하는가? 주체의 심적 구조에 '억압'이 작동하고, 주체 상호 간에는 '저항'이 작용한다. 필자가 볼 때 민중언어는 서남동의 1983년 저서에서 언급된 이후 안병무의 1986년 저서에서 간략하게나마 정리된다. 그래서 민중언어를 연구함에 있어서 안병무의 1986년 저서는 매우 중요하다고 본다. 강인철이 민중언어 항목을 집필할 때 이 자료를 사용하지 않았기에, 그는 저항과 민중언어의 관계는 조명하였지만, 민중언어에 대한 근본적인 논거는 다루지 않았다. 그가 말하는 '저항'과 본 논문에서 말하는 '저항'은 취하는 개념의 성격이 다르지만, 주체 상호 간에 발생한다는 점에서는 유사하다고 보인다.

III. 심원의 민중언어/말
: 정의, 사례(한국 역사, 서양 역사), 대안

여기서는 민중론자 가운데 민중언어에 관한 별도의 소제목으로 집필한 심원의 글을 소개하면서, 민중언어의 근거가 무엇인지 고찰한다. 심원의 글은 네 부분으로 구성된다. "1. 민중언어"는 '최초 억압과

'저항'(여기서 저항은 강인철이 말하는 저항이 아니라 정신분석에 따른 저항이다)을 보여 주고, 이어지는 세 항목("2. 한국혼의 전승자, 3. 서구 문화와 성서언어, 4. 한국교회와 민중언어")은 '최초 억압'과 '저항'에 대한 심원의 분석으로 보면서 글을 전개한다.

우선 심원이 제시한 '1. 민중언어'의 전문을 보자.

그리스도교와 민중언어 1

1. 민중언어

말의 전승에는 크게 두 가지 길이 있다. 하나는 입에서 입으로 전하는 길이고(口傳), 또 하나는 문서로 전하는 길이다. 민중의 언어는 구전적인 것이 그 특징이다.

구전적 언어의 특징은 이야기 형식이다. 이른바 민담(民譚)이 그것이다. 민담은 논리적 전개를 하거나 개념과 개념을 점철하는 따위의 말이 아니라 삶의 그리고 삶에서 나온 언어이다. 그것은 삶에서 생긴 일 또는 삶에서 느껴진 일을 그대로 서술하되 논리 따위의 틀에 매이지 않는다. 그것은 체험적이지 사변적이 아니다.

이야기는 그것을 객관화하여 머리, 중심, 꼬리로 가려낼 수 있지만(이른바 학자들이 하는 작업이 이런 것이다), 이야기를 하는 사람 또 전승하는 주체는 그중의 어느 부분에만 초점을 두려는 의도가 없고, 그 이야기를 전체로서 전승한다. 그것은 삶 자체를 객관적으로 분석하는 경우 핵심이 있고 준비적인 단계, 부수적인 면 따위로 가려내 보겠으나, 삶은 그렇게 끊어내거나 경중을 두어 다룰 수 없는 것으로 이야기 자체도 그와 같이 유기적인 것으로서 통째로 의미가 있는 것이다.

이야기는 삶에 직결되어 있는 것일수록 원형이다. 이런 전제에서 볼 때 가장 순수한 언어는 태아의 첫 울음소리일 것이다. 이 어린것의 첫 울음소리가 원천적 자기표현이다. 그다음에는 공기의 온도, 몸에 접촉되는 물질의 적합성, 어머니의 체온 따위의 상황과 그리고 본능이 요구하는 것의 적응도에 따라 울거나 웃게 된다. 그 발성은 상황에 대해 조건반사적인 것으로 경험세계의 표출을 의미한다. 이런 어린이가 돓이 될 무렵이면 한마디씩 말을 배우기 시작한다. 젖만 먹는 동안은 'ㅁ' 발음의 엄마를, 이가 생겨 약간 딱딱한 것을 먹기 시작하면 'ㅂ' 발음의 아빠를 위시해서 점차 순수하게 체험한 것을 기존 언어에 맞추기 시작한다. 물론 어른들이 엄마라는 이름에서 아는 내용과 아기가 느끼는 것과는 다르다. 아기에게는 그 느낌이 주요, 그 말은 보완적 비중 이상일 수

없다. 어린이의 말은 단조롭다. '그리고', '그러니까' 따위의 접속사가 없다. 그런 접속사가 없을수록 그 말은 순수하다. 순수하다는 말은 삶에 직결된 표현이란 뜻이다. 외마디 소리일수록 자유스러운 표현이다. 이 말은 그것 자체가 아무런 구속을 받지 않은 '발언'이라는 뜻이다. 그런 의미에서 주체적이며 독립적이다. '그리고'나 '그러니까' 따위가 구사되기 시작하면 벌써 '그리고' 다음의 말은 그전의 것에 매여버리며, 더욱이 '그러니까'가 사용되면 '그러니까' 이후의 말의 내용은 그전의 것에 완전히 의존해 있기 때문에 벌써 구속을 받고 있고, 그만큼 경험적 현실에서 거리가 생기게 되는 것이다. 이런 과정으로 말은 삶에서 점차 거리가 생기게 되는 것이다.

이렇게 삶과 거리가 생긴 언어가 기존 문화를 이루어서, 어린것이 커갈수록 완전 포위해버리므로 그의 말은 그의 삶에서 점점 격리되기에 이른다. 이래서 문화적 상황 여하가 그의 말의 성격을 크게 좌우하는 것이다. 이런 의미에서 민중의 언어란 삶의 최단거리에 있는 언어를 말하려고 한다. 그 이야기체의 구체적인 상태가 바로 그런 것이다. (91-92페이지).

*밑줄은 연구자가 표시했으며 밑줄의 종류에 따라 내용은 다르다. __은 '언어/말의 구분', __은 '원민중언어[참말]', ﹏은 '반민중언어(기존 언어)[빈말]', ﹏은 '현실민중언어[반말]'이다.

위에서도 보였듯이 안병무의 "그리스도교와 민중언어 1"은 네 개의 소제목으로 구성된다. 첫 번째 소제목인 "1. 민중언어"의 내용은 민중언어의 정의를 보여준다. 이어지는 두 번째 소제목 "2. 한국혼의 전승자"와 세 번째 소제목 "3. 서구 문화와 성서언어"는 민중언어의 정의를 통해 제시한 민중언어의 사례이다. 마지막인 네 번째 소제목 "4. 한국교회와 민중언어"는 민중언어 발견 및 사용의 대안으로 제시된다. 글 전개 과정을 통해 우리는 심원의 언어와 말에 대한 기본적인 이해가 어떻게 민중언어로 귀결되는지 보게 된다.

『歷史 앞에 民衆과 더불어』에 실린 모든 글이 그렇듯이 심원은 자신이 제시한 내용에 대한 각주를 제시하지 않는다. 첫 소제목 "1. 민중언어"를 다루면서도 언어와 말에 대한 주장이 어떤 이론에 근거하는지 제시하지 않는다. 심원의 글 중에 민중언어를 직접적으로 다룬 "1. 민중언어"는 매우 평이하게 쓰인 글처럼 보이지만, 이 글 안에는 여러 견해가 스며 있다. 연구자는 심원의 설명을 라캉의 '거울단계 이론'(광학모델)과 '도식L', '3계'(三界: 상상계, 상징계, 실재계[Imaginaire, Symbolique, Réel])와의 관계에서 설명할 수 있지만, 여기서는 앞의 두 개(거울단계 이론, 도식L)를 중심으로 다룰 것이다.[17]

연구자는 "1. 민중언어"를 크게 두 부분으로 이해한다. 첫 번째 부분은 말의 전승에 관한 두 가지 길이다. 그 길은 구전과 문서, 이야기와 기록이다. 여기서 핵심은 이야기이다. 죽재가 문자와 이야기로 구분하였듯이, 심원 또한 이 구도를 따른다. 두 번째 부분은

---

17 Cf. 자크 라캉/홍준기·이종영·조형준·김대진 옮김, "나 기능의 형성자로서의 거울 단계. 정신분석적 경험에서 드러난 나 기능에 관해," 『에크리』, 113-121; "Le stade du miroir comme formateur de la fonction de Je," Ecrits, 93-100. 유아의 언어 발달에 관하여 라캉은 '거울단계 이론'으로 제시한 바 있다. 라캉의 '3위체'(三位體) 또는 '3계'(三界)는 인간 정신이 대상과 관계를 맺는 발달 과정 선상에서 (논리적 순서로) 나타난다. '제1위'(第一位) 또는 '제1계'(第一界)는 상상계 또는 상상적인 것(Imaginaire)인데, 라캉이 '광학모델', '거울단계'와 관련된 논문을 발표한 1936년 이후부터 공개 세미나를 실시하는 1953년 사이에 발전시킨 것이다. '제2위' 또는 '제2계'는 상징계 또는 상징적인 것(Symbolique)이고, '제3위' 또는 '제3계'는 실재계 또는 실제적인 것(Réel)이다. 프로이트가 계통발생과 개체발생을 비교했듯이 라캉도 거시 개념과 미시 개념을 비교하면서, 내담자와 접하는 상담자에 대한 이해 또한 새롭게 전개하며 억압과 '저항'으로 설명한다. 프로이트가 제1차 지형학(무의식, 전의식, 의식)과 제2차 지형학(이드, 자아, 초자아)을 말한다면, 라캉은 '3계'(三界: 상상계, 상징계, 실재계[Imaginaire, Symbolique, Réel])로 설명한다. 3계는 "무의식은 언어활동처럼 짜여 (구조화되어) 있다"(L'inconscient est structuré comme un langage)로 규정된다. 3계(三界)는 '3말'(三語)로 그 모습을 드러낸다.
3계와 민중신학에 관한 논의는 다음을 참조. 강응섭, "라깡과 민중신학," 한국민중신학회 5월 월례세미나 발표(2009. 5. 14., 경동교회 장공채플); 강응섭, "라깡과 민중신학," 강원돈 외 11명 공저, 『다시 민중신학이다』(서울: 도서출판 동연, 2010), 354-373; 강응섭, "제5부 라깡과 성서 해석. 제1장 라깡과 신약성서 해석. 제2장 라깡과 신약성서 묵상," 『자크 라깡과 성서 해석. 정신분석학으로 성서 읽기』(서울: 새물결플러스, 2014); 강응섭, "예수의 직무 연구 — 바리사이파 사람 시몬 집에서의 경우," 「한국조직신학논총」 46 (2016): 101-133.

이야기의 원형에 대한 정의, 원형으로의 이야기와 이야기의 원형이 아닌 것, 원형에 가까운 이야기이다. 이야기의 원형은 민중언어의 정의에 해당하고, 원형으로서의 이야기는 찬말, 이야기의 원형이 아닌 것은 빈말, 원형에 가까운 이야기는 반말에 해당한다고 연구자는 정리한다. 그래서 위의 네모 칸에 표시한 밑줄은 각각 그것을 표시하고 있다. 즉, '언어/말의 구분', '원(原)민중언어'(찬말), '반민중언어'(기존 언어, 빈말), '현실민중언어'(반말)이 그것이다.

연구자가 구분한 첫 번째 부분은 아래와 같이 도표에 담는다.

심원의 말 — 언어 구분

말의 전승 : 두 가지 길 1) 구전 2) 문서 1') 이야기 2') 기록 구전의 구분: 말 또는 이야기	구전 (말, 이야기)	구전
		이야기 형식: 머리, 중심, 꼬리
		삶의 언어, 삶 자체, 이야기 통째 분석
		전승 형식: 이야기하는 사람, 전승하는 주체
	문서	문서, 기록 문화, 기존 문화
		요소(머리, 중심, 꼬리)의 객관적 분석

연구자가 구분한 두 번째 부분은 아래 도표와 같이 정리한다. 연구자는 심원이 제시한 언어-말을 순수언어, 비순수언어, 반순수언어 그리고 원(原)민중언어, 반(反)민중언어, 반(半)민중언어로 구분하고, 라캉이 제시한 3말(三語: 찬말[parole pleine, 滿語], 빈말[parole vide, 虛言], 반말[mi-dire, 半語])과 비교하면서, 원(原)민중언어(찬말), 반(反)민중언어(빈말/반(反)말), 반(半)민중언어(반[半]말)로 표기한다.

심원의 "1. 민중언어" 분석과 라캉의 3말:
원(原)민중언어[찬말], 반(反)민중언어[빈말/반(反)말],
반(半)민중언어[반(半)말]의 구분

순수언어 순수체험 민중언어 원(原)민중언어 [찬말]	이야기[말]의 원형(순수언어): 태아의 첫 울음소리, 원초적 자기표현
	원형: 삶에 직결된 언어
	이야기[말]의 환경: 공기의 온도, 몸에 접촉되는 물질의 적합성, 어머니의 체온 따위의 상황과 그리고 본능이 요구하는 것
	이야기[말]의 발성: 조건반사적인 것, 경험세계의[에 대한] 표출
	이야기[말]의 발달 시기: 12개월(돌이 될 무렵)이면 한마디씩 말을 배우기 시작
	이야기[말]의 발달 내용(순수체험): 젖만 먹는 동안은 'ㅁ' 발음의 엄마 체험
	이야기[말]의 발달 내용(순수체험): 이가 생겨 약간 딱딱한 것을 먹기 시작하면 'ㅂ' 발음의 아빠 체험
	이야기[말]의 발달 내용(비순수체험): 기존 언어에 맞추기 시작
	이야기의 순수성(1): 접속사 없는 언어
	이야기의 순수성(2): 삶의 최단거리에 있는 언어
	이야기의 순수성(3): 구전적 이야기체
비순수언어 비순수체험 비민중언어 반(反)민중언어 [빈말/반(反)말]	이야기[말]의 발달 내용(비순수체험): 삶과 거리가 생긴 언어
	이야기의 비순수성(1): 접속사의 언어, 〈가〉 그리고 〈나〉
	이야기의 비순수성(2): 〈나〉의 말 내용은 〈가〉에 의존, 구속받음, 경험치 차이, 말과 삶의 거리
	이야기의 비순수성(3): 도치된 언어, 원말은 기존 문화(삶과 거리가 생긴 언어, 말)로부터 격리, 문화적 상황 여하가 그의 말의 성격을 좌우함
반순수언어 반순수체험 반민중언어 반(半)민중언어 [반(半)말]	민담(民譚)
	이런 의미에서 민중의 언어란 삶의 최단거리에 있는 언어를 말하려고 한다. 그 이야기체의 구전적인 상태가 바로 그런 것이다.

심원에 따르면 말의 전승에는 구전과 문서, 이야기와 기록(기록문화)이라는 두 형태가 있는데, 민중언어의 특징은 구전이다.[18] 구전

---

18 안병무, "그리스도교와 민중언어 1,"『歷史 앞에 民衆과 더불어』, 91.

은 이야기 형식이고 삶에서 나온 언어이다. 삶의 언어는 삶 자체, 이야기 전체, 통째를 의미한다. 이런 말, 언어가 원형이고, 가장 순수한 언어이다. 이것을 찬말로 볼 수 있다. 심원은 이 찬말을 "태아의 첫 울음소리"[19]에서 찾는다. '원초적 자기표현'으로서 이 울음이 웃음이 되고 울음이 되는 것은 "공기의 온도, 몸에 접촉되는 물질의 적합성, 어머니의 체온 따위의 상황과 그리고 본능이 요구하는 것의 적응도에 따라"[20]된다. 연구자는 이것을 원(原)민중언어(찬말)라고 표현한다.

12개월이 되는 어린이는 이런 과정을 통해 체험한 것을 기존 언어 ㅁ과 ㅂ에 맞추어 간다. "물론 어른들이 엄마라는 이름에서 아는 내용과 아기가 느끼는 것과는 다르다."[21] 이 다름은 어린이의 말과 어른의 말과 비교할 때 나오는 것으로 "단조롭다"[22]는 것이 특징이다. 단조롭다는 것은 접속사가 없다는 의미이다. "접속사가 없을수록 그 말은 순수"[23]하고, "외마디소리일수록 '자유스러운 표현'이다."[24] 자유스러운 표현이란 "아무런 구속받지 않은 '발언'이라는 뜻이다. 그런 의미에서 주체적이며 독립적이다."[25] 심원은 12개월로 접어드는 어린이의 말, 언어, 울음, 웃음 등이 원초적이고 순수하고 자유롭고 주체적이고 독립적이고 구속받지 않은 것이라고 말한다.

---

19 앞의 책.
20 앞의 책, 92.
21 앞의 책.
22 앞의 책.
23 앞의 책.
24 앞의 책.
25 앞의 책.

12개월이 지나면서 어린이는 덜 순수하고 덜 자유로우며 덜 주체적이고 덜 독립적이고 좀 구속받게 된다. 이런 상황에서 어린이가 사용하는 말, 언어는 '접속사'이다. 접속사는 '이전'의 말, 언어와 '이후'의 말, 언어의 관계를 보여 준다. 이후의 것은 이전의 것에 매이고 의존하게 되고 구속된다. 이전의 경험과 이후의 경험 사이에 거리, 틈이 생긴다. "이런 과정으로 말은 삶에서 점차 거리가 생기게"[26] 되고 말은 삶에서 격리된다. 말과 삶 사이의 격리, 거리, 폭의 정도는 상대적으로 볼 때 구전보다 문서(기록 문화) 쪽이 강하고 길고 넓다. "이런 의미에서 민중의 언어란 삶의 최단거리에 있는 언어"[27]이다. 이것이 심원이 말하는 원(原)민중언어(찬말)이다.

심원이 원(原)민중언어(찬말)를 이야기하기 위해 제시한 첫 번째 스텝은 갓 태어난 아기가 12개월을 전후로 경험하는 말에 대한 관찰에서 유래한다. 심원은 유아의 발달 과정과 유아의 말 습득 과정을 간략하게 설명한다. 그는 유아의 12개월(첫돌) 전후를 주목한다. 유아가 한국어 'ㅁ'을 발음할 때는 유아는 엄마를 체험하는 시기이고, 유아가 'ㅂ'을 발음할 때는 이가 생겨 딱딱한 것을 먹기 시작하면서 아빠를 체험하는 시기이다. 유아가 발설하는 ㅁ 발음과 ㅂ 발음의 차이는 엄마라는 대상 체험과 아빠라는 대상 체험에서 비롯된다. 유아가 엄마와 맺는 대상 체험은 젖가슴, 손길, 품, 목소리, 내음 등 복합적이다. 유아의 신체에 변화가 생기면서 대상에 대한 체험 내용은 변한다. 심원은 유아에게 치아가 생기면서 좀 딱딱한 것을

---

26 앞의 책.
27 앞의 책, 93.

먹게 될 때 유아가 아빠라는 대상을 체험한다고 말하고, 이때 ㅂ을 발음한다. 유아가 ㅁ을 발음하다가 ㅂ 발음을 추가로 하게 되는 것은 이런 대상 체험에 기인한다고 한다. 이 과정에서 순수언어를 구사하던 유아는 비순수언어를 구사하게 한다. 유아가 추가적인 발음을 하게 되는 데는 자신의 몸 변화와 함께 체험 대상의 변화도 요인으로 작용한다. 이런 과정은 프로이트가 말한 오이디푸스 콤플렉스의 과정이나 발달심리학에서 보는 발달 과정에 따른 것으로 볼 수 있다.

심원의 독특함은 이 과정에서 유아가 '접속사'를 사용한다는 점을 포착한 것이다. ㅁ 발음을 사용하다가 추가적으로 ㅂ 발음을 사용한다. 이때 ㅁ 발음과 ㅂ 발음은 ㅁ 발음'과' ㅂ 발음으로 이해된다. 여기서 '과'라는 접속사에 주목한다. 말을 하나 더 배운다는 것, 발음을 하나 더 하게 된다는 것, 신체 변화가 생긴다는 것, 체험 대상에 변화가 생긴다는 것, 이 과정에서 접속사가 등장한다. 심원은 이 접속사를 강조한다. 접속사를 사용하지 않던 시기는 순수언어 구사 시기이고, 접속사를 사용하기 시작하는 시기는 더 이상 순수언어를 구사하는 시기가 아니다. 접속사를 구사하게 되면서 기존 언어에 속하게 된다. 문장에서 접속사를 중심으로 볼 때, 접속사 이후에 구사한 내용은 접속사 이전에 구사하는 내용에 의존하고 구속받는다.

접속사를 중심으로 원함(願)과 원치 않음(非願)이 도치된다. 여기서 도착(perversion)의 삶이 시작된다. 원(原)민중언어(찬말)와 반(反)민중언어(기존 언어, 빈말)가 나뉜다. '도착은 준칙이 정해지면 준칙에 따르지 않는 것은 비준칙이 되는 공식이다.[28] 심원은 도착의 기원을 접속사로 본다. 여기서 순수언어, 순수체험, 민중언어로서 원함(願)

이 준칙이면, 비순수언어, 비순수체험, 비민중언어로서 원치 않음(非願)은 비(非)준칙이고, 이런 과정에서 반(反)준칙이 생성된다. 구약성서의 출애굽기에 따르면, 여호와께서 이스라엘 백성에게 준칙을 원하고 비준칙을 원하지 않는 이유가 있다. 그 이유는 "너희가 내 말을 잘 듣고 내 언약을 지키면 너희는 열국 중에서 내 소유가 되겠고, 너희가 내게 대하여 제사장 나라가 되며 거룩한 백성이 되리라"(출 19:5, 6)에 있다. 이 말에 근거하여 도착과 민중언어의 관계를 살펴보면, 심원이 하고자 하는 민중언어, 민중말이 무엇인지 근원적으로 살펴볼 수 있고, 원(原)민중언어(찬말)와 반(反)민중언어(기존 언어, 빈말) 차이를 알 수 있고, 이 차이에서 반(半)민중언어(반[半]말)가 드러난다는 것을 알 수 있다.

원(原)민중언어(찬말), 반(反)민중언어(빈말/반[反]말), 반(半)민중언어(반[半]말)의 구분

준칙 순수언어, 순수체험, 민중언어	비(非)준칙/반(反)준칙 비순수언어, 비순수체험, 비민중언어	반(半)준칙 반순수언어, 반순수체험, 반민중언어
이야기[말]의 원형(순수언어): 태아의 첫 울음소리, 원초적 자기표현	이야기[말]의 발달 내용(비순수체험): 삶과 거리가 생긴 언어	민담(民譚)
원형: 삶에 직결된 언어	이야기의 비순수성(1): 접	이런 의미에서 민중의 언

---

28 가장 오래되고 대표적인 도착 코드는 시내산에서 주어진 십계명으로 볼 수 있다. 십계명에는 '여호와 이외의 다른 신 금지', '우상들 제작 및 숭배 금지', '여호와의 이름을 망령되이 일컫지 말 것', '안식일을 기억하고 지킬 것', '부모 공경', '살인 금지', '간음 금지', '도적질 금지', '거짓 증거 금지', '이웃의 것을 탐내지 말 것' 등의 내용이 담겨 있다. 이 계명에는 준칙이 있고 그에 따른 비준칙이 있다. 이 비준칙은 준칙에 대한 도착이다. 프로이트는 '도착은 신경증의 음화'라고 "성에 관한 세 편의 에세이"에서 말한 바 있다.

	속사의 언어, 〈가〉 그리고 〈나〉	어란 삶의 최단거리에 있는 언어를 말하려고 한다. 그 이야기체의 구전적인 상태가 바로 그런 것이다.
이야기[말]의 환경: 공기의 온도, 몸에 접촉되는 물질의 적합성, 어머니의 체온 따위의 상황과 그리고 본능이 요구하는 것	이야기의 비순수성(2): 〈나〉의 말 내용은 〈가〉에 의존, 구속받음, 경험치 차이, 말과 삶의 거리	
이야기[말]의 발성: 조건반사적인 것, 경험세계의[에 대한] 표출	이야기의 비순수성(3): 도치된 언어, 원말은 기존 문화(삶과 거리가 생긴 언어, 말)로부터 격리, 문화적 상황 여하가 그의 말의 성격을 좌우함.	
이야기[말]의 발달 시기: 12개월(돌이 될 무렵)이면 한마디씩 말을 배우기 시작		
이야기[말]의 발달 내용(순수체험): 젖만 먹는 동안은 'ㅁ' 발음의 엄마 체험		
이야기[말]의 발달 내용(순수체험): 이가 생겨 약간 딱딱한 것을 먹기 시작하면 'ㅂ' 발음의 아빠 체험		
이야기[말]의 발달 내용(비순수체험): 기존 언어에 맞추기 시작		
이야기의 순수성(1): 접속사 없는 언어		
이야기의 순수성(2): 삶의 최단거리에 있는 언어		
이야기의 순수성(3): 구전적 이야기체		

이와 같이 심원은 민중언어에 관하여 서술한 후, 한국 역사와 서양 역사에서 민중언어의 사례를 찾는다. "2. 한국혼의 전승자"에서는 한국 역사에서 찾은 사례를 간략하게 소개하면서 한자, 언문(한글),

구전을 설명한다. 한국말을 사용하는 한국민이 한국 혼을 말하거나 전승할 때 한자를 사용하거나 언문(한글)을 사용하면 안 되고 꼭 구전을 통해 했던 이유가 있는가를 질문할 수 있다. 여기에 답하기 위해서는 한국 혼이 무엇인가를 정하는 것이 중요하다. 그것이 기록되면, 그것은 공개되는 것이다. '그것'이 공개될 때 발생하는 일을 생각해 볼 수 있다. 가령 이웃 나라들의 반응이다. 한국 혼이 이웃 나라 혼과 어떤 관련이 있는지에 따라 그 반응은 문제의 소지가될 수도 있다. 그렇기에 한국 혼을 왜곡시키거나 숨기게 된다. 왜곡시킨다는 것은 기록을 다르게 남기는 것이고, 이것이 전승되면 한국 혼이 왜곡된다. 숨긴다는 것은 기록으로 남기지 않고 구전으로 전달한다는 것이다. 구전 형식의 핵심은 "기밀",[29] "들어야 할 사람에게만 전달"[30]되는 것이다. 한자나 언문(한글)을 모르는 사람이 문서의 내용을 모르는 것은 당연하다고 생각한다. 하지만 민중언어와 말로 구전되는 내용은 한자나 언문(한글)을 아는 사람이 알 수 있지 않을까? 심원은 "한문족(지배층)에게는 안 들"[31]리고 "혹시 듣는다고 해도 그 뜻을 알기 어렵다"[32]고 말한다. 왜 이런 일이 생기는가? 민중이 사용하는 언어는 "새야 새야 파랑새야 녹두 밭에 앉지 말라…"[33]와 같은 것이기 때문이다. 지배층은 이 말을 농사짓는 민중들의 애환에 관한 것이라고 이해할 수도 있을 것이다. 그러나 민중들은 이 말,

---

29 안병무, "그리스도교와 민중언어 1," 『歷史 앞에 民衆과 더불어』, 94.

30 앞의 책.

31 앞의 책.

32 앞의 책.

33 앞의 책.

이 노래가 의미하는 바가 그렇지 않다는 것을 안다. 심원은 한국 민담에서 민중의 말과 언어를 찾는다. 같은 말, 같은 언어이지만 지배층이 이해하는 것과 민중이 이해하는 것은 다른 의미이다. 한국민에게서 민중의 말과 언어는 이렇게 지배층의 말과 언어와는 차이를 보여 왔다. 이 차이는 어린이가 삶의 초기에 경험한 말과 삶의 거리와 비교할 수 있고, 성장해 가면서 어린이가 경험한 말과 삶의 거리와도 비교할 수 있다는 것이 심원의 주장이다. 민담은 순수한 원(原)민중언어(찬말)는 아니다. 민담은 반(反)민중언어(기존 언어, 빈말)도 아니다. 민담은 반말에 해당한다고 볼 수 있다. 강인철이 제시하듯, 민중언어에서 유언비어는 민중언어의 핵심이다. 보통 우리는 유언비어가 비민중언어이고 지배 계급 언어라고 말하지만 민중론자들은 한결같이 유언비어를 민중언어의 핵심으로 본다. 그 이유는 "유언비어에서 저항성이 가장 또렷이 나타나기"[34] 때문이다. 유언비어의 특성은 반말이다. 찬말을 담은 반말이고, 빈말 형태를 취하는 반말이다. 이것은 민중언어의 전략이다. 민담 속에 있는 유언비어는 찬말로서의 민중언어가 빈말의 형식을 빌려 반말 형태를 취한 것이다.

심원은 두 번째 사례를 "3. 서구 문화와 성서언어"에서 제시한다. 심원에 따르면 그리스도교는 헬레니즘과 헤브라이즘의 틈바구니에서 탄생했다. 그리스도교는 서구 문화를 형성시키고 발전시킨 중축이다. 심원은 언어사적 측면에서 서양 문화사와 그리스도교의 역사를 재조명한다. 그리스도교는 히브리 민족에서 비롯되는데, 이 민족은 아람어와 그리스어(고전 그리스어가 아니라 코이네 그리스어)를 사용했

---

34 강인철, "제6장 저항(2): 3. 민중언어," 『민중, 저항하는 주체 — 민중의 개념사, 이론』, 290.

다. 히브리 민족이 사용한 언어는 구어체이고 민중언어였다. 심원은 "그(마가복음_연구자)는 그리스도'론'이나 구원'론'을 전개하지 않고 그에 관해서 이야기를 한다. 그것은 너무도 민담적이다"[35]라 말한다. 하지만 바울이 사용한 언어는 그리스도 철학, 헬레니즘 세계관을 담는 비민중적, 비히브리적인 것이라고 말한다.

> 그(바울 _연구자)는 기존의 세계관과 대결하면서 그리스도교를 변호 또는 설명하려고 했기 때문에 그의 글은 논리적이며 전개적이다. 그럼 으로써 비히브리적이 되었으며 비민중적이 되었다. 논(論)이나 관(觀) 은 히브리적이 아니며 또한 민중적이 아니다.[36]

이런 측면에서 심원은 민중언어와 비민중언어 사이에 놓인 히브 리 민족을 통해 민중언어, 민중말을 전개한다. 그가 보는 성서언어는 민중언어와 비민중언어 사이에 놓인 반말로서 반(半)민중언어이다. 성서에 계시된 반말에서 찬말을 찾고자 하는 것이 성서학자인 심원 이 주장하는 성서에서 민중언어 찾기이다.

이와 같이 반말의 상황하에 찬말을 찾는 작업이 수행되어야 하는데, 심원은 "4. 한국교회와 민중언어"에서 민중언어를 찾는 대안 에 관하여 말한다. 그에 따르면 민중언어는 일차적으로 특정 계층의 언어이지만, 특정 계층의 언어를 벗어나기도 한다. 민중언어는 한편 으로 한문, 언문, 구술 등 역사적이면서도 계급적인 측면이 있고,

---

35 안병무, "그리스도교와 민중언어1," 『歷史 앞에 民衆과 더불어』, 97.
36 앞의 책, 97.

다른 한편으로 보수 교회와 진보 교회에서 사용되는 각기 다른 언어이기도 하다. 안병무가 말하는 민중언어는 언어가 삶인 민중의 기표이다. 이 민중언어는 개념적 논리적인 사변의 언어가 아니다. 또한 게토화된 교회 내의 민중언어도 아니고, 양적으로 비대한 교회 지도자들이 민중을 이끄는 언어도 아니다.

심원은 한국교회 내의 비민중언어의 현실에서 벗어나야 하고 "게토화된 교회 내의 민중언어권(빈말 _연구자)에서 탈출해야 한다"[37]고 말한다. 그 이유는 교회 내의 비민중언어가 "민족공동체에서 볼 때 이미 그것(민중언어권 _연구자)에서 끊어진 언어이기 때문"[38]이고 "비역사적인 것이기 때문"[39]이다. 그렇기 때문에 심원은 "새 시대를 책임질 교회의 언어는… 그다음의 길은 결코 이른바 신학적 언어 채택이 아니다. 아니! 민중의 언어를 찾아야 한다"[40]고 말한다. 새 시대의 언어, 그다음 길의 언어는 민중의 언어를 찾는 것이다. 신학적 언어가 개념적 논리적 사변적 언어라면, 민중의 언어는 노동판에서, 논에서, 시장에서, 옥중에서 사용하는 언어이다. 심원은 한국교회의 설교 용어가 어떠한지를 살피면서 반성을 촉구한다.

> 민중언어는 이야기체다. 그것은 삶에서 우러나온 것이다. 개념적 논리
> 적인 사변의 언어는 생존을 위해 아귀다툼을 해야 하는 그리고 그것이
> 바로 삶인 민중에게는 상관없는 기표(記表)다. 노동판에서 논두렁에

---

37 앞의 책, 104.
38 앞의 책.
39 앞의 책.
40 앞의 책.

서, 동대문 시장에서 그리고 옥중에서 어떤 종류의 말을 쓰는지 귀를 기울여 보면 목사들의 설교 용어가 얼마나 이방어적(異邦語的)인가를 발견하게 될 것이다.[41]

심원은 민중언어를 듣거나 접하려면 그런 말이 있는 곳에 가서 그곳에서 사는 것이, 사람을 낚는 어부의 비유를 드신 예수께서 어부의 세계로 가셔서 사신 것처럼 민중의 세계로 가서 민중의 언어를 접하고 함께 사는 것이 민중교회를 이루는 것이라고 말한다. 여기서 민중교회는 민중론자가 이끄는 협의의 민중교회가 아니라 준칙으로서 순수언어, 순수체험, 민중언어를 추구하는 교회이다. 예수의 언어가 민중의 언어라고 하는 것은 예수께서 민중(제자들)과 함께 사시면서 그들의 언어를 사용하셨다는 의미다. 그 예는 예수께서 사용하신 비유에 나타난다.

심원은 "4. 한국교회와 민중언어"를 마무리하면서 또는 "그리스도교와 민중언어 1"을 마무리하면서 이렇게 말한다:

그러면 그런 민중언어를 어떻게 배울 것인가! 언어는 '존재의 집'이라고 했다. 그렇다면 그들과 살아보는 길밖에 없으리라. 나는 그 이상의 방법을 모른다. 단지 구체적인 방향으로 다시 예수의 언어를 제시한다. 예수의 언어, 특히 그의 비유는 참민중언어의 전형이다. 그런데 그것은 교회 안에서, 그렇다고 신학대학에서 형성된 것이 아니라 민중과 더불어 사는 삶 속에서, 민중과 자신을 일치시키는 데서 저절로 생겨난 언어다.[42]

---

41 앞의 책.

참민중언어의 전형이 복음서의 예수의 언어, 특히 예수의 비유에 있다는 것은 예수의 비유가 나오는 자리인 민중과의 삶의 자리에 참민중언어의 전형이 있다는 의미이다. 그래서 심원은 민중언어가 교회에서, 신학대학에서 형성된 것이 아니라 '민중과 더불어 사는 삶 속에서, 민중과 자신을 일치시키는 데서 저절로 생겨난 언어'라고 말한다. 이 대목은 심원이 민중언어를 체험하는 대안으로 제시한 것인 만큼 시사하는 바가 크다.

IV. 라캉의 도식L과 3말: 안병무의 민중언어 재발견

프로이트가 전개한 정신분석학에 따르면 사고(Gedanke)와 표현 (Ausdruck) 사이에는 간극이 있다. 이 간극에는 무의식이 자리한다. 라캉은 이것을 두고 "언어활동처럼 구조화된 무의식"[43]이라고 했고, 이 무의식은 억압에 의해 언어처럼 구조화되고, 저항에 의해 주체 상호 간에 영향을 받는다. 심원이 구분한 구전과 문서, 순수언어와 비순수언어, 12달을 전후한 유아는 억압으로 인해 구성된 무의식 체계를 갖고 있고 주체 상호 간의 저항 속에 놓인다.

심원이 말한 순수언어와 비순수언어는 라캉이 말한 언표행위 (énonciation)와 언표(énoncé)에 대응할 수 있다. 심원이 순수언어와

---

42 앞의 책, 105.

43 J. Lacan, *Les quatre concepts fondamentaux de la psychanalyse. Séminaire XI* (Paris: Seuil, 1973), 137.

424 | 4부 · 한국 사회 정치 현실과 K-신학

비순수언어 사이에 '접속사'가 있다고 말한다면, 프로이트와 라캉은 사고와 표현 사이에, 언표행위와 언표 사이에 '저항'이 있다고 말한다. 그렇기에 A와 B는 서로 다른 것이 된다. 접속사가 있기 전 A가 찬말(滿語)이라면, 접속사가 개입한 후 B는 빈말(虛語)이고, 찬말과 빈말이 섞이면서 절반의 말은 전달되고 절반의 말은 사라지는 반말(半語)이 생성된다. 라캉의 도식L은 이 관계를 잘 표현한다.

라캉이 제시한 도식L에는 찬말, 빈말, 반말이 기입되어 있지 않다. 이것은 연구자가 임의로 넣은 것이다. 이 도식의 원형은 다음과 같다.

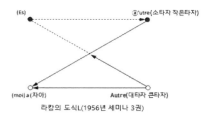

라캉의 도식L(1956년 세미나 3권)

이 도식에서 오른쪽 아래에 있는 대타자(Autre, 큰타자)는 상징계의 축, 찬말(滿語)의 자리이다. 오른쪽 위에서 왼쪽 아래로 향하는 화살표 (a'→a)는 상상계의 축, 빈말(虛語)의 자리이다.

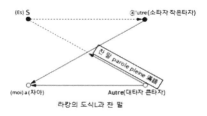

라캉의 도식L과 찬 말

찬말과 빈말이 만나서 만들어지는 반말(半語)은 왼쪽 위로 향하는 점선으로 표시된다.

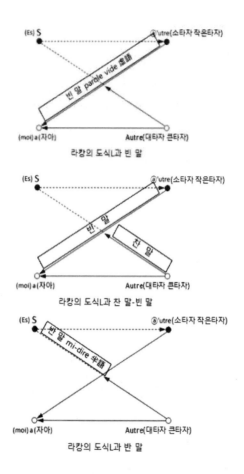

라캉의 도식L과 빈 말

라캉의 도식L과 찬 말-빈 말

라캉의 도식L과 반 말

　　이렇게 해서 도식L은 찬말, 빈말, 반말의 위치를 보여 준다. 여기서 반말은 도식L 맨 위에 있는 S◇a에서 그 기능을 살펴볼 수 있다. S◇a은 $ 8◇a $로 표기하는데, 환상방정식에 해당한다.[44]

44 강응섭,『자크 라캉의 세미나 읽기. 파리 생탄병원에서 행한 세미나들(1953. 11. 18.~63. 7. 3.)』(서울: 세창미디어, 2023), 295-296.

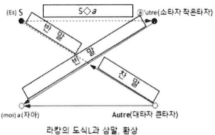

라캉의 도식L과 삼말, 환상

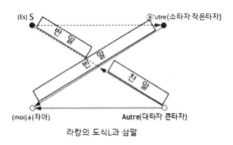

라캉의 도식L과 삼말

　이와 같이 라캉은 우리의 말을 3말로 구분한다. 심원이 접속사 이전의 말과 접속사 이후의 말로 구분한 것은 찬말, 빈말, 반말을 말한 것으로 볼 수 있다. 라캉은 빈말의 세계를 a'-a로 표시하고 상상적인 축, 언어의 축, 상상적인 관계라고 말한다. 이 축/관계는 아이가 태어날 때 이미 있는 것이지만, 아이는 이 축의 영향을 받지 않는다. 하지만 아이가 12달이 되면서 아이는 이 축 아래 놓인다. 이때 a'utre(소타자)와 Autre(대타자)의 사이가 벌어지고, Autre는 무의식의 자리로 들어간다. 여기에서 상징적 축이 생성된다.

　심원이 말한 접속사가 찬말을 빈말과 반말로 가르듯, 프로이트와 라캉이 말하는 '최초억압'과 '저항'이 a'-a와 Autre를 갈라서 상상적인 축과 상징적인 축을 구축한다. 우리가 사용하는 말에서 a'-a와 Autre

를 구분한다는 것은 순수언어와 비순수언어를 구분하는 것이고 민중언어와 비민중언어를 구분하는 것이다. 심원이 상정하는 순수언어(민중언어)가 라캉이 말하는 찬말이라고 상정할 때, 순수언어(민중언어, 찬말)는 언어처럼 짜여 있다고 말할 수 있다. 여기서 언어처럼 짜여 있다는 것은 환유의 기표와 은유의 기표로 엮여 있다는 의미이다. 이것을 설명하기 위해 라캉은 소쉬르의 기호식을 변형하여 라캉의 연산식을 도출하였다. 소쉬르가 기표보다 기의에 우위를 둔다면, 라캉은 기의보다 기표에 우위를 둔다. 아래의 분수식에서 분자에 위치하는 소문자 s는 기의(signifié, signified)를 의미하고, 대문자 S는 기표(Signifiant, Significant)를 의미한다.

$$\frac{s}{S} \text{ (소쉬르)} \longrightarrow \frac{S}{s} \text{ (라캉)}$$

심원이 말하였듯이, 순수언어로서 민중소리와 민중말은 기의를 갖는 것이 아니었다. 이 말이 기의를 갖게 된 것은 접속사가 사용되면서부터다. 접속사 다음에 오는 말은 접속사 이전의 말에 매이고, 의존하고, 구속받는다. "그만큼 경험적 현실에서 거리가 생기게 되는 것이다. 이런 과정으로 말은 삶에서 점차 거리가 생기게 되는 것이다."[45] 라캉은 이 거리를 환상방정식 $\$ \lozenge a$로 설명한다. 찬말은 빈말로 인해 반말의 수준에 이른다. 말의 사용은 창세기 3장에서 잘 제시된다. 창세기 3장은 찬말(신의 말)이 빈말(뱀의 말)로 인해 반말

---

45 안병무, "그리스도교와 민중언어1," 『歷史 앞에 民衆과 더불어』, 92.

(하와의 말)로 전락하는 것을 최초로 표시한 장이다. 심원이 민중언어를 순수언어로 제시한다는 것은 민중언어의 보편성을 주장하는 것으로 보인다. 그가 사용하는 민중언어의 개념은 12달의 유아가 사용하는 말, 접속사로 인해 삶과 거리가 생기기 전의 말이다. 따라서 그가 제시하는 민중언어의 모습은 12달 정도의 기간에 있는 유아가 사용하는 언어 상황이다.

유아는 12달을 넘어 24달, 36달 등 발달 과정을 걷게 된다. 유아는 접속사를 사용하게 되고, 접속사 이후의 말은 접속사 이전의 말에 의존하고 구속된다.

말1(S1)	접속사	말2(S2)	말3(S3)	말n(Sn)
	그리고, 그러니까			
		말1에 의존 및 구속		
최초억압		나중억압		

그렇다면 접속사 이전의 말은 어떤 기능을 하는지 질문할 수 있다. 말2가 말1에 의존하고 말2가 말1에 구속된다는 것은 말1이 말2를 지탱하고 구속한다는 의미이다. 원리적으로 보면 말1은 의미 생성에 있어서 말2에게 큰 영향을 미친다. 즉, 말1은 최초의 시니피앙(S1)에 해당한다. 실상 말2는 말1을 삼킨다. 말1이 민중언어라고 할 때, 말2는 기존 언어(기존 문화)이다. 유아는 말1 대신에 말2에, 즉 "기존 언어에 맞추기 시작한다. 물론 어른들이 엄마라는 이름에서 아는 내용과 아기가 느끼는 것과는 다르다."[46] 유아가 말1에서 의미하고 느끼는 엄마라는 말과 말2에서 의미하고 느끼는 엄마라는

---

46 앞의 책.

말은 다른 의미를 지닌다. "이렇게 삶과 거리가 생긴 언어가 기존 문화를 이루어서, 어린것이 커갈수록 완전 포위해 버리므로 그의 말은 그의 삶에서 점점 격리되기에 이른다."[47] 자신의 삶에서 격리된 말은 빈말이다. 찬말과 빈말의 변증법 또는 찬말과 빈말의 역설은 접속사를 구심점으로 하여 발생한다. 접속사는 아이가 상징질서에 진입했다는 것을 보여준다. 지탱하고 구속하는 말1이 생성됨을 보여주고, 말1이 말2와 다르다는 것을 인식한다. 말1이 구성된다는 것은 '최초억압'(Urverdrängung, 원억압, 근원적 밀어내기, 근원적 가두기)이 구성됨을 의미한다. 라캉은 이것을 'S1'이라고 표현한다. S1은 가정되지만, 그것이 무엇인지 알 수 없는 어떤 것이다. '최초억압'이 구성되면 그 이후에는 '나중억압'이 구성된다. '최초억압'은 관계에서 계약, 신뢰(신앙, 믿음) 등의 뿌리가 된다. S1이 구성되어야 S2가 구성되고 S3, S4, Sn이 구성된다. 프로이트는 『토템과 타부』에서 아버지를 살해하기 전의 아들과 아버지를 살해한 후의 아들로 구분한다. 이 구분 지점은 '최초억압'이다. '최초억압' 이전의 아이와 이후의 아이 사이에는 무의식이 위치하는데, 이 무의식은 밀고 당기는 언어활동(은유 기표와 환유 기표의 작용)처럼 짜여 있다. '최초억압'이 구성된 주체는 또한 '저항'을 구성한다. 루디네스코와 플롱은 『정신분석 대사전』에서 '저항'(Widerstand)은 '정신분석에서 분석수행자(analysant)의 반응 전체를 정의하기 위하여 사용하는 용어'[48]라고 프로이트의 견해를

---

47 앞의 책.

48 엘리자베트 루디네스코 · 미셸 플롱/강웅섭 · 권희영 · 여인석 · 이유섭 · 정혜숙 옮김, 『정신분석 대사전』 (서울: 백의, 2005), 988.

정리한다. 이에 대해 라캉은 프로이트가 제시하는 또 다른 견해를
언급하면서, "유일한 저항이 있는데, 그것은 분석가의 저항이다.
분석가는 그가 무슨 일을 하고 있는지 이해하지 못할 때 저항한다"[49]
고 말한다. 접속사를 말하는 아이는 '최초억압'이 구성되어 억압된
아이이고, 대화할 때 저항을 드러낸다. 이때 찬말과 빈말의 변증법은
작동되고 반말이 생성된다. 찬말과 빈말의 역설 상황에서 나타나는
말 또한 반말로 볼 수 있다. 반말(半語)의 일정 부분은 찬말이고
빈말이다. 저항은 분석수행자와 분석가에게 동시에 나타나듯, 유아
가 처해 있는 상황에서 발생한다. 이 상황은 유아의 내부 상황이기도
하고 유아의 외부 상황이기도 하다. 심원이 '문화적 상황 여하가
그(어린 것, 유아 _연구자)의 말의 성격을 크게 좌우하는 것'[50]이라고
말하듯이, 문화적 상황에서 발생하는 저항은 말을 민중언어가 되게
도 하고 비민중언어가 되게도 한다. 물론 저항의 강도가 중요하다.
심원이 '민중의 언어란 삶의 최단 거리에 있는 언어'[51]라고 할 때,
삶의 최단거리에 있는 언어는 저항의 상황이 덜한 가운데 발설되는
언어이다. '최초억압'을 가진 아이는 저항의 상황에 따라 '나중억압'
의 상황에 놓이게 된다. '이야기체의 구전적인 상태'[52]로서 민중언어
와 민중말은 주체가 처한 상황 속에서 저항에 부딪힌다. 심원은

---

49 Jacques Lacan, *Le moi dans la théorie de Freud et dans la technique de la psychanalyse. Le Séminaire, Livre II* (Paris: Seuil, 1978), 267(1955년 5월 19일 강의): "Il n'y a qu'une seule résistance, c'est la résistance de l'analyste. L'analyste résiste quand il ne comprend pas à quoi il a affaire."
50 안병무, "그리스도교와 민중언어 1," 『歷史 앞에 民衆과 더불어』 (서울: 한길사, 1986), 92.
51 앞의 책.
52 앞의 책.

그 저항이 민중언어에 어떻게 영향을 미쳤는지 한국의 역사(2. 한국혼의 전승자), 서구의 역사(3. 서구 문화와 성서언어), 한국교회(4. 한국교회와 민중언어)를 분석하면서 기술한다. 심원이 말하는 민중저항론은 접속사의 등장으로 귀결되는데, 그가 쓴 "그리스도교와 민중언어 1"의 "1. 민중언어"는 심원의 민중저항론의 보편성과 민중언어론의 보편성이 제시된 곳으로 볼 수 있다.

라캉은 말1(S1, 최초의 시니피앙)과 말2(S2)의 관계를 아래와 같이 표시한다. 알 수 없는 기의인 s1는 S1+S2의 결과물을 통해 새로운 의미로 생성된다. 이 식에서 화살표(→)는 말의 연쇄인데, 심원이 말하는 접속사에 해당한다고 볼 수 있다. 이 식은 환유 기표와 은유 기표로 이뤄지는 언어활동(le langage)을 보여 준다.

$$\frac{S1}{s1} \longrightarrow S2$$

무의식이 언어활동(은유 기표와 환유 기표)으로 짜인다고 할 때, 여기에는 우선적으로 '최초억압'이 구성되고, 말의 사슬(연쇄)은 '나중억압'이 작용하면서 진행된다. 이때 주체의 상황은 저항 상황 속에 놓인다.

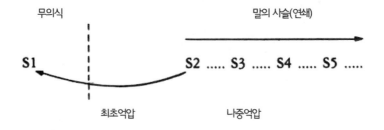

‘최초억압’을 통해 그리고 문화적 상황을 통해 말1(민중언어)이 말2에 의해 잠식된다는 것은 억압된 말1이 대타자(Autre)의 자리에 기거함을 의미한다. 말1은 사라진 것이 아니며 소멸된 것도 아니다. 단지 말2를 통해 드러나기를 기다리는 중이다. 말의 연쇄(사슬)는 순수언어인 민중언어를 길어 올린다. 그런 의미에서 말1은 외밀하게 존재한다고 볼 수 있다. ‘외밀함’(extimité)은 중심이 비어 있는 ‘실재’(le réel)를 지칭하기 위해 라캉이 고안한 용어다. 중심의 비어 있음은 성육신으로서 자기비움을 하신 하나님(kenosé)과 십자가를 지심으로 하나님의 자기비움(kenosis)을 하신 것에서 드러난다. 이 두 과정을 거치면서 하나님은 완전한 구멍을 갖는다. 이 구멍은 루터가 구분한 신의 두 모습인 Deus absconditus/Deus nudus(숨은 하나님)와 Deus revelatus(계시된 하나님)에서 가장 명확하게 발견된다. 프랑스 몽펠리에신학대학의 조직신학 교수이자 몽펠리에III대학교(폴 발레리대학교)의 정신분석학 교수였던 꼬스(Jean-Daniel Causse, 1962. 6. 18.~2018. 6. 8.)는 자신의 유작이 된 책에서 이러한 기독론적인 신 이해를 “신은 ‘비-신’(非-神)의 모습으로 계시한다”[53] 라고 표현한다. 성육신으로서 자기비움을 하신 하나님(kenosé)이시자 십자가를 지심으로 하나님의 자기비움을 하신 ‘비-신’을 통해 ‘신’은 드러난다.

---

53 Jean-Daniel Causse, *Lacan et le christianisme* (Paris: Campagne Première, 2018), 52: “Dieu se révèle sous l'aspect d'un ‘non-Dieu’.” 꼬스에 관한 연구는 다음을 참조 강응섭, “앙살디와 꼬스의 ‘하이브리디티신학’(Hybridity Theology): 루터와 라캉에 기반한 Fides-Théologie-Ecritures(실재-신학-성서)의 연결에 관한 논의,” 「한국조직신학논총」 제68집: 7-57; 강응섭, “자끄 라깡과 신학의 접점에서: 앙살디와 꼬스의 하이브리디티 신학,” 『포스트모던 시대의 철학과 신학』 (서울: 대한기독교서회, 2023): 167-197.

이와 같이 말1과 말2 사이에는 구멍이 존재하며, 그 구멍을 통해 말3이 나온다. 말2와 말3을 통해 말1은 드러난다. 이때 말1(찬말)은 말2(빈말)로 드러나기도 하고 말3(반말)으로 드러나기도 한다. 꼬스가 이해하는 루터에 따른 *Deus revelatus*는 완전하게 계시된(말해진) 하나님이 아니라 절반 정도로 계시된(말해진) 하나님, '조건적 필연'을 남겨두고 '절대적 필연'만을 계시한(말한) 하나님이다. 이런 의미에서 꼬스는 "계시된 것 속에 아직 계시되지 않은 것이 있다는 조건에서만 계시된 것이 있다"[54]고 말한다. 즉, 말2와 말3에는 아직 드러나지 않은 말1이 있다고 볼 수 있다. 그렇기에 도식L이 보여주듯 찬말과 빈말이 만난 후 드러나는 반말(mi-dire, 半-語)은 드러나지 않은 말을 담고 있다.

V. 글을 마치면서

이처럼 민중언어로서 말1(찬말)은 말2(빈말)를 통해, 말3(반말)을 통해 그 모습을 드러내고자 늘 도사린다. 말2, 말3은 처음부터 말1에 의존하고 매여 있지만, 기존 문화와 상징 체계로 인해 말1과 점차 거리를 두게 된다. 민중언어의 기원인 말1로부터 소외된 말2와 말3은 민중의 언어생활에서 빈(虛, 反)말과 반(半)말의 전개 과정에 거한다. 말1을 찾아가는 노력은 민중언어를 찾아가는 노력이다. 심원에게서 민중언어는 말1에 해당한다. 심원에게 민중언어, 민중말

---

54 Jean-Daniel Causse, *Lacan et le christianisme*, 53.

은 라캉에게서 S1에 해당한다. S1은 S2로만, S3으로만 그 모습을 드러낸다. 그렇기에 민중언어, 민중말은 근본언어에 해당한다. 12달 이전의 유아가 하는 말이다. 심원이 말하고자 하는 민중언어는 한 사람의 초기 언어, 순수언어, 찬말(원[原]민중언어)이다. 그러나 찬말은 12달이 지나고 24달이 지나고 36달이 지나면서 빈말(빈[反]민중언어)이 되고, 이 빈말은 찬말을 반 정도 담는 반말(반[半]민중언어)이 된다. 심원은 "민중의 언어를 찾아야 한다"[55]고 말한다. 심원이 말하는 민중언어는 죽재가 제시한 머리의 언어 이전의 성령의 통신 매체로서 몸의 언어, 사변·개념·말씀 이전의 하나님의 계시 매체로서 행함·사건·삶·이야기에 준한다.[56] 성령은 민중언어의 기원과 전개 과정에 참여하시면서 가장 근원적인 몸의 언어적 행함·사건·삶·이야기 가운데 역사하신다. 예수 그리스도의 승천 이후 열흘 만에 맞은 오순절 때, 성령께서 마가 다락방에 임하신 사건과 예루살렘에서 일으키신 방언 소동은 몸의 언어적 행함·사건·삶·이야기의 전형으로 볼 수 있다.

인간은 개체적으로는 억압된 존재요 계통적으로는 저항에 직면한 존재이다. 민중언어는 억압과 저항이라는 이중고 아래에 놓여 있다. 민중론자들은 문화에 따라, 시대에 따라 민중 개념의 변화를 이야기하지만, 민중 개념의 변화가 민중언어에 영향을 미치지는 않는다. 왜냐하면 심원이 말하고자 하는 민중언어는 말1, S1에 해당하기 때문이다.[57] 민중언어를 누린다는 것은 참 자유를 누리던 때(12

---

55 안병무, "그리스도교와 민중언어 1," 『역사 앞에 민중과 더불어』, 104.
56 서남동, "민담의 신학-反神學," 『民衆神學의 探究』, 305.

달 이전)를 회복하는 것이다. 민중의 자유는 민중언어인 말1을 발화할 때 체득하게 된다. 그렇기에 '민중' 개념이 변한다고 해도, 근본언어에 해당하기에 민중언어를 찾는 일은 지속될 것이다. 심원에게 민중언어는 인간 최초의 조건 회복에 관한 것이다. 말3에서 말2로, 다시 말1로의 발화는 정신분석에서 말하는 충동(Trieb, 이것을 신앙이라고 볼 수 있다면)에 의해 억압과 저항을 뚫고 이뤄진다. 이것은 퇴행(regressive)이라기보다 진행(progressive)에 의한 것이다. 라캉이 제시한 도식L의 3말은 심원이 제시한 민중언어를 밝히는 데 큰 유익을 줄 수 있다. 심원이 제시한 민중언어는 '원(原)민중언어⇌반(反)민중언어⇌반(半)민중언어'라는 세 겹의 모습을 취하고 있다. 억압과 저항 앞에 놓인 신앙인에게 이렇게 중첩(overlab)되고 언어마디(articulation)로 구성된 원(原)⇌반(反)⇌반(半)의 민중언어가 실행되는 것은 성령의 권능 안에서 가능하다. 그 이유는 인간의 조건은 인간의 힘으로 뛰어넘을 수 없는 것이기 때문이다. 결국 민중언어는 역사 앞에서 민중과 함께 삼위일체 하나님 앞에 나아가 설 때 회복되기 시작한다.

---

57 연구자는 민중론자들이 말하는 민중 개념의 변화를 다룬 저서는 지면 관계상 다음과 같이 제목만 제시한다. 민중 개념과 중진국에 관한 글: 권진관, "중진국 상황에서 민중신학하기 — 민중론을 중심으로," 『다시 민중신학이다』 (서울: 동연, 2010), 262-263. 민중 개념과 하나님-인간-자연의 관계는 강원돈, "기독교 민중해방운동과 영성," 「신학과교회」 15 (2021. 6.): 325-366. 민중 개념과 신-인간-사물의 관계에서, 신의 창조, 인간과 인공지능, 사물의 진화를 다룬 글은 전철, "신, 인간, 사물 — 신의 창조와 사물의 진화," 「신학사상」 203 (2023. 12.): 95-113.

K-신학의 성령론
― 한국적 성령론은 어떻게 구성할 수 있을까*

이상은

(서울장신대학교)

I. 들어가는 말

그렇게 길지 않은 한국 교회사에서 많은 사람들이 관심을 가지고 다루었던 교리 분야 중 하나는 성령론이라 할 수 있다. 개신교의 전래 이래 교리적으로 큰 관심을 끈 분야는 아무래도 구원론이라 할 것이다. 여러 교단 간에 견해의 차이를 보이곤 하는 성화에 대한 논의는 지속적 관심의 대상이 되어 왔다. 그 밖에 성서론에 접목을 둔 계시론 역시 주요 교단들의 논쟁의 중심을 차지했다.[1] 그런데 이러한 주제들은 전통적으로 성령론과 관계되어 있는 분야들이다.

한국교회는 태생부터 성령 운동과 밀접한 연관 속에 성장해

---

* 이 글은 2024년 9월 7일 조직신학회 전국대회의 발표문을 수정한 글이다.
1 성서론에 대한 논쟁은 바르트에게 비판적이었던 반틸의 영향하에 한국 장로교단들의 오랜 주제로 다루어졌다.

왔다. 1907년 평양대부흥운동 역시 강한 회개 운동의 특성을 갖고 있는 성령론의 영향으로 볼 수 있다.[2] 성령론에 대한 관심은 특히 1960년대 신(新) 오순절 운동의 흐름 속에 공명(共鳴)을 불러일으켰던,[3] 한국 오순절 운동의 흐름 속에서 강화되었다.

성령 운동에 대한 한국교회의 관심에 대해서는 다양한 연구가 전개되어 왔다. 어떤 이는 한국인들이 가지고 있는 영적 역동성이 그들의 삶 속으로 내재된 무속적, 영적 기반과 혼합주의적으로 연결되어 있다는 시각을 제시하기도 했다.[4] 그러나 한국인들의 성령 운동을 설명하는 이와 같은 시각은 한국의 성령론적 특성 전반을 담아낸다고 보기는 어렵다. 종교 경험에 바탕을 둔 혼합주의적 양상은 정도의 차이만 있을 뿐 어떤 문화에서나 보편적으로 발견되는 형식이기 때문이다.

한편 한국교회뿐 아니라 전 세계적으로 종교에 대한 관심 및 종교 활동의 전반적인 쇠락을 경험하고 있는 21세기 초반, 한국교회

---

2 대각성 부흥 운동 이후 전개된 성령론적 전파의 현상으로 볼 수 있겠다. 미국에서는 1, 2차 대각성 운동이, 유럽 본토에서는 톨룩(A. Tholuck)을 중심으로 한 주관주의적 각성 운동이, 톨룩이 주도했던 독일 각성 운동의 영향하에 윤리학의 쇄신을 추구했던 헤르만(W. Hermann)에 이르기까지 성령 운동의 여파 속에 전체적 진행을 수행했다고 볼 수 있다.

3 한국의 상황에서 국한해서가 아니라 19세기 중반 이후 전세계적으로 성령 운동이 번져나간 현상을 설명하는 말로는 영향보다 공명(resonance)이라는 단어가 더 적절해 보인다. 마치 산업 혁명이나 문화현상이 번져 가는 양상과 비슷한 현상을 보였다고 볼 수 있다. 교회사적 그리고 종교적 흐름에서 사용하는 단어로는 성령의 부으심(Ausgiessung, outpouring)이 사용되기도 한다. 어떤 경우가 되었든 19세기 중후반 전 세계적 각성 운동의 흐름은 문명사 변환 과정에서 나타나는 역동으로서 역사학적 혹은 사회학적 연구의 주제로 보이기도 한다.

4 콕스 역시 『하늘에서 내린 불』(Fire from Heaven)을 통해 한국인의 성령 운동에 대한 본인의 분석에서 이러한 전제를 염두에 두고 연구를 진행한 바 있다. 국내에서 이 저술은 『영성, 음악, 여성』이라는 이름으로 번역되었다. H. Cox/유지황 역, 『영성, 음악, 여성: 21세기 종교와 성령운동』 (서울: 동연 1998).

의 성령 운동 및 성령론에 대해 회상해 보고 미래 교회를 위한 제언을 제시하는 것은 필요한 작업으로 생각된다. 따라서 본문은 한국교회 성령 운동의 양상과 특징, 신학적 분류를 제시하고, 앞날을 위한 지평은 어떻게 구상될 수 있는지에 대해 살펴보고자 한다. 본문은 한국교회의 성령론 부각에 대한 역사적 흐름을 살펴보고, 한국교회의 내면적, 능동적 활력의 재발견에 대해 살펴보는 순서로 진행하고자 한다. 본문은 우선 한국교회에서 성령론이 부각된 배경에 대해 살펴보는 것으로 시작한다.

II. 한국교회 속의 성령 운동의 의미
: 역사 속에 요청되는 역동성

1. 한국 사회 고난의 역사와 성령 운동을 통한 돌파

본문을 들어가기에 앞서 지난 20세기 세계를 향해 자랑할 수 있는 한국교회의 폭발적 성장과 더불어 세계가 주목했던 교회 및 신앙 운동의 양상에 대해 언급하는 것이 좋겠다. 20세기 세계로부터 주목받은 한국교회의 산물은 학문적 차원에서는 민중신학을 들 수 있으며, 종교 운동에서는 성령 운동으로 평가할 수 있다. 이전에 비해 영향력과 위상은 감소했다 할지라도, 20세기 말 세계에 내놓았던 자생적 신학으로서 민중신학이 차지하는 위치는 컸다.[5] 다른

---

5 몰트만과 같은 신학자를 통해 민중신학이 세계에 소개되기도 했지만, 유럽 사회에서 박사학위

한편 여의도순복음교회가 보여 주는 상징성과 더불어 언급되는 한국교회 현장의 성령 운동 역시 세계의 주목을 받은 사건이다. 토착화신학을 대표하는 유동식은 이러한 한국교회 성령론의 두 흐름에 대해서 분석을 시도한 바 있다.[6]

역사적 측면에서 볼 때 한국의 개신교회는 성령 운동과 더불어 부흥하고 성장했다고 할 수 있다. 조용기 목사를 중심으로 성령 신학에 대해 소개하는 글을 통해 민경배는 1931년 일제 치하에 있던 한국교회의 지도자 남궁혁이 한국교회가 성령 중심 종교로서 '제3전기'를 맞이하는 대업을 준비하고 있음을 인용한 바 있다.[7] 그에 따르면 남궁혁은 기독교가 1,900년 전 이단과 이교, 박해를 막을 목적하에 통일을 추구하면서 교권 중심의 종교로 변화되었는데, 이것이 첫 번째 전기이며, 이러한 교권주의의 종교적 흐름 속에 종교개혁자들에 의해 제기된 성경 중심의 교회사적 흐름이 제2전기 라고 했다. 또한 성경 중심의 기독교가 퇴락의 길 속에서 생명력을 상실함에 따라 성령 중심의 종교적 운동이 전개된다고 하면서, 그것을 제3전기로 언급하였다.

논문 주제로 여러 차례 다루어졌으며 단행본으로 출판된 사실도 눈여겨볼 만하다는 점에서 그러하다. 독일어권에서 출판된 민중신학 출판물로는 Ulrike Link-Wieczorek, *Reden von Gott in Afrika und Asien: Darstellung und Interpretation der afrikanischen Theologie im Vergleich mit der koreanischen Minjung-Theologie* (Göttingen: Vandenhoeck & Ruprecht, 1991).

6 유동식은 자신의 신학 전반을 성령론으로 이해할 수 있다는 의견을 제시했다고 전해진다. 이러한 입장에 대해 그의 신학을 기독론적 측면에서 분석하고자 시도했던 연구로는 이찬석, "풍류객 예수 — 풍류신학의 기독론," 「한국조직신학논총」 (2008): 195-219.

7 남궁혁, "기독교의 제3전기" 「신학지남」 (1931), 1. 민경배, "조용기 목사의 성령신학과 한국교회: 한 역사적 접근," 119-120에서 재인용. 한편 1930년대 출간된 이 논문은 유동식 역시 인용하고 있다.

민경배는 이를 남궁혁, 송창근 등 일제 치하 한국 그리스도교의 지도자들이 가지고 있었던 성령 운동에 대한 동경을 담은 말로 해석한다.[8] 다시 말해서 1930년대 초 한국교회는 목회자, 교인 할 것 없이 성령 충만을 통한 교회갱신의 길로 나서야 한다고 파악하고 있었다는 말이다. 평신도들이나 김익두 목사, 이용도 목사, 이성봉 목사와 같은 목회자뿐 아니라 당시 장로교회의 교육 중심지였던 평양신학교의 레이놀즈나 로즈와 같은 신학 교육자 역시 이러한 성령 운동을 향한 열망을 보여 주곤 했다. 한편으로 일제 치하에 놓여 있던 20세기 초반 한국교회에 불어온 성령 운동의 양상을 민경배는 1905년부터 전개되기 시작한 성령 경험에서 찾고 있다. 그에 따르면 1905년 시작된 한국교회 성령 운동의 원인은 교회의 비정치화, 선교사들과 한국교회 간 갈등 및 치유와 화해 추구를 하나의 배경으로 가지고 있었다. 다시 말해서 일제가 가지고 있던 항일 운동에 대한 경계와 기독교의 탈정치화 방향 속에 진행된 교회 순화 운동 추진 속에 성령의 체험이 강조되곤 했다는 관찰이다.[9] 이러한 해석은 한국 교회사 속의 성령 운동이 식민지 치하의 사회 문화적 상황 속에서 탈정치적, 중립적 목적하에 나타난 현상이라는 인식을 담고 있는 말일 수 있다.

단적으로 말하면 성령 운동이 그러한 방식으로 탈정치적 현상과 결부되어 강조된다고 강화될 수 있는 것은 아니다. 미리 말하자면

---

8 남궁혁, "기독교의 제3전기," 1. 민경배, 위의 글, 120에서 재인용. 민경배에 따르면 남궁혁은 '서방에서 동적 방면에서 발양했던 그리스도교가 동방에 돌아오는 때 '정적 능동의 집중 대성'을 볼 것을 기대했으며, 인이(仁夷)의 조선에서 성령 중심 종교로 그리스도교가 제3전기의 대성을 이룰 것임을 선언한 바 있다고 인용한다.

9 민경배, 위의 글, 125.

한국 사회에서 성령 운동은 크게 세 가지 형태로 전개되었다. 첫째는 전통적, 교리적 측면에서 강조되는 구원론적 측면, 둘째는 오순절 운동을 중심으로 전개된 민중 종교 운동, 셋째로는 사회 복음적 형태의 쇄신 운동으로서다. 눈에 띄는 강조를 가졌던 첫째나 둘째 면에 비추어 셋째 면은 한국의 성령 운동과 관계가 없다고 굳이 이야기할 근거는 없다. 성령의 역동은 다양한 양상으로 나타나기 때문이다. 이유야 어찌 되었든 1907년 평양 장대현교회의 부흥 운동과 함께 시작된 한국교회의 성령 운동은 일제 치하의 교회 운동에 큰 영향을 남겼다. 아직 신학적, 교회정치적 구조가 세밀하게 갖춰지지 않은 교회가 맞았던 식민 통치 초입의 상황에서의 성령 운동은 영적 부흥 운동, 사경회 운동을 통해 표면화되어 전개되었고, 다른 한편으로는 이용도, 이성봉 목사와 같은 영성가들의 활동과 족적을 남기게 했다.[10] 한국의 성령 운동이 폭발적으로 발흥하게 된 배경은 여러 가지 원인에서 찾을 수 있겠지만, 외적으로는 한국 개신교에 영향을 미친 부흥 운동이 18세기 영미권의 대각성 부흥 운동으로 대표되는 선교 운동의 흐름 속에 유입된 태생적 특징을 가지고 있기 때문으로 볼 수 있다. 구한말 한국에 들어온 선교사 상당수가 어떤 식으로든 대각성 부흥 운동으로 인한 부흥 운동의 흐름 속에 있었던 사실은 이후 한국교회 성장 역사에 상당히 큰 영향을 끼친 요소로 남았다고 추정할 수 있다.[11]

---

10 한국의 부흥 운동과 신비 영성에 관해서는 이덕주, 『이덕주교수의 한국영성 새로 보기: 자료로 읽는 한국교회 영성사』 (서울: 신앙과 지성사 2010), 69-110.

11 이러한 현상은 언더우드를 중심으로 한 장로교회, 아펜젤러를 중심으로 한 감리교회, 심지어 한국에 감 자재배법을 가르쳐 준 것으로 알려진 독일의 귀츨라프까지 포함해서 폭넓게 적용

한국교회의 성령 운동을 이해하는 다른 한 가지는 한국인의 역사와 정서에 내재된 종교 양식으로서 무속(巫俗)신앙이 불러일으킨 역동이다. 선교학자 장남혁은 한국의 전통 종교 사상으로서 무속과 유교, 불교가 공존하는 형식을 상정한 바 있는데, 무속을 특히 우리 민족 내부에 자리잡고 있는 기층 종교로 관찰하며, 이에 기반하여 한국은 종교 특성상 외래 종교를 받아들일 때도 무속신앙의 본래 형태를 잃지 않은 채 수용하는 종교적 특성을 보여 왔다고 평가한다.[12] 특히 그는 조선왕조 500년의 사상적 기반으로 기능했던 유교의 이념이 남성 중심적이고 여성 소외적 특성을 가졌던 반면, 무속은 여성적이며 민중적인 성격을 가지고 있었다고 설명한다. 무속신앙은 그 자체가 민중의 종교이다 보니 기복적이고 화를 면하는 추구를 가지고 있기도 하지만, 교리적 체계화를 거치지 못하고 외형상 체계적이지 못한 채 온갖 종교들이 뒤섞인 혼합종교의 특성을 보이기도 했다.[13] 한편 교리적, 경전적 체계화의 길에 들어설 수 없었던 무속신앙은 실천적 의례로서의 굿을 통해 경험적 차원을 발달시키는 제의를 발전시켜 왔다.[14] 원초적 제의의 형식을 통해 발전된 예전은 한국교회 예배 양식 발전에도 적지 않은 영향을 끼친 것으로 보인다.[15]

되는 현상이었다. 실제로 이들을 은자의 나라 조선까지 인도한 동력은 부흥 운동이었다고 할 수 있다.

12 장남혁, 『한국문화속의 복음: 21세기 급변하는 문화와 복음적 삶』 (서울: 예영 2010), 30.

13 앞의 책, 32.

14 앞의 책, 36.

15 추가적인 관찰이 필요한 부분으로 한국의 전통적인 장로교회, 특히 경안(慶安) 지역 기독교에서 발전된 유교적 예배 형식이 정적의 분위기가 흐르는 청교도적 예배 형식과 상응을 가졌던 데 반해, 오순절적 교회 혹은 성령 운동에 기반을 둔 부흥회 형식의 예배가 무속적 분위기와 조우했던 성향은 한국 문화에 대한 이해 속에 인류학적 접근이 필요한 부분으로

한편 인간의 원초적인 종교의식에 기반을 둔 선교학적 입장에서 제시하는 이와 같은 시각은—용어를 받아들이는 것에서 발생되는 거부감에도 불구하고— 한국인들의 성령 운동의 형식을 이해하는 길잡이 역할을 수행한다. 한국인들의 그리스도 종교의 삶에 영향을 끼친 성령 운동의 특징은 예배를 통해 표현되는 축제적 장으로 표출되는 특징을 가졌으며, 이는 오랜 세월에 걸쳐 뿌리내린 한국인들의 종교적 관습의 양상과 어느 정도 관련을 맺고 있다고 볼 수 있다. 한국의 종교 문화에 있어서 무속의 영향을 다루는 것은 지속적으로 논쟁되어 온 부분이지만, 그럼에도 불구하고 이러한 접근법은 상당한 설득력을 가지고 받아들여져 왔다. 장남혁의 설명과 같이 "굿장은 신령들과 인간들이 만나는 장소이고 무당은 그러한 만남을 중개하는 역할을 감당한다."[16] 전통적으로 굿의 장소는 다양한 신령들이 굿 현장을 통해 인간의 요구를 충족시키는 장의 역할을 하고, 초자연적인 능력을 통해 인간의 욕구가 충족되는 장으로 자리매김해왔다.[17] 이와 같은 종교적 축제의 장이 한국의 사회와 문화에만 특별한 현상이었던 것은 아니지만, 근대의 서구 사회가 문화적 흐름의 양상 속에 자아 초월적 축제를 규격화, 정련화, 탈주술화 시켰던 역사에 비해, 한국의 사회와 문화는 무속적, 축제적 현상과 더불어 종교와 제의의 접목을 이어 왔던 현상이 다양하게 지적되어 왔다.[18]

사료된다.

16 장남혁, 『한국문화속의 복음: 21세기 급변하는 문화와 복음적 삶』, 37.

17 앞의 책.

18 물론 이러한 현상과 더불어 한국의 종교 문화 가운데 종교 지도자를 무속적 종교인과 혼합된 시각으로 이해하는 방식이 종종 문제로 거론되기도 하며, 그러한 시각에 대한 검증 역시

한국의 종교적 심상에 뿌리내린 성령 운동의 양상을 설명하는 또 다른 핵심어는 한국인의 정서 깊이 뿌리내린 고난의 영성이다. 오순절 운동을 분석하는 단행본 『하늘로부터의 불』(Fire from Heaven) 을 통해 콕스(H. Cox)는 한국의 성령 운동에 대해 소개하고 정리한 바 있다. 그는 세계교회협의회(WCC)에 논란을 불러일으켰던 1991년 정현경의 퍼포먼스에 대해 언급한다.[19] 콕스는 당해의 주제가 "오소서 성령이여, 당신의 온 창조물을 새롭게 하소서"의 제목으로 개최되는 가운데, 동방정교회 및 비서구 교회들의 신학적 강조점이 로마가톨릭과 개신교를 포괄하는 서구 교회보다 훨씬 더 성령을 강조한다는 점을 보여 주는 데 있었다고 언급한다. 이러한 원래의 의도와 달리 정현경의 퍼포먼스가 실행된 이후 당시 세계교회협의회 현장에는 논란이 일어났다. 이는 정현경이 '초혼제'를 거행할 때, 즉 억압받아 죽은 여성들과 어린이들 그리고 남성들의 영혼을 불러내고자 시도했을 때 표출되었음을 언급한다. 잘 알려진 바와 같이 정현경은 이 의식 속에서 한국의 민속 전통에 한의 영들을 설명하는 말이 담겨 있으며 억울한 죽음으로 인해 분노와 원한에 가득 찬 영혼을 다루는 내용이 들어 있다는 설명을 제시한 바 있다.[20] 또한 한국인들이 역사 속에서 구체적이고 실제적인 성령의 임하심을 경험할 수 있는 것은 바로 이러한 한(恨)의 영 때문이라는 말도 소개한다.[21]

검토 과제 중 하나로 부각되기도 한다. 다만 여기에서는 이 문제를 깊게 다루지 않기로 한다. 한국 문화에서 나타나는 이와 같은 축제적 현상은 정치, 종교, 사회, 콘서트와 같은 다양한 장에서 표출되는 것으로 볼 수 있다.

19 H. Cox/유지황 역, 『영성, 음악, 여성』, 303.
20 H. Cox, 앞의 책, 307.

정현경의 언급들은 여러모로 파장을 불러일으켰다. 성령을 불교의 보살 같은 득도한 존재라고 한다든지, 자비와 지혜의 여신으로 이해한다든지 하는 말은 확실히 기독교 전통에서 볼 때 충격적인 해설일 수밖에 없었다. 또한 정현경이 행했던 영과 불 그리고 종교적 정화 의식, 신령을 부르는 무속적인 주문은 파장을 불러일으켰다.[22]

이 퍼포먼스에서 어떻게든 긍정적인 실마리를 찾아내고자 시도했던 콕스는 이러한 현상을 오늘날의 세계에서도 발견되는 원초적 종교성의 긍정적 맥락의 흔적으로 해석한다. 동시에 오늘의 복잡한 현실을 살아가는 원초적 능력을 담은 내용으로 해석하기도 한다. 콕스는 이러한 두 가지 특징, 즉 종교의 무속성과 현 상황에 대한 돌파의 힘 두 축을 중심으로 한국의 성령 운동을 이해하고자 시도한다. 그에 따르면 이는 한편으로 혼합주의적 현상으로 보일 수도 있지만, 동시에 고대 신앙을 바탕으로 한 성령 운동의 변형으로 현재를 살아가는 동력으로 볼 수 있는 부분이기도 하다는 것이다. 이러한 성령 운동의 모습에는 '서구 성령 운동 교인들을 당혹시키고 불쾌하게' 만드는 요소가 내포되어 있다.[23]

그럼에도 불구하고 콕스는 이러한 한국의 성령 운동이 한국의 역사와 사회의 문제들, 흔히 고난이라는 과제의 해결 방책을 제공해 준 핵심으로 자리매김해 왔다고 언급한다. 즉, 한국의 기독교에 내포된 성령 운동은 하나의 요소로 설명할 수 있는 것은 아니다.

---

21 앞의 책, 307.
22 앞의 책, 309.
23 앞의 책, 313.

전쟁의 폐허와 대도시의 급속한 성장, 무속적 문화의 흡수, 고난이나 질병의 극복 의지 등이 포괄적으로 내포되고 융합된 현상이 성령 운동에 내포된 함의라는 뜻이다. 어떤 것이 되었든 콕스는 한국의 성령 운동이 기본적으로 무속적이며 다른 그리스도교 문화권, 특히 서구의 문화권에서 볼 때 보편적이지 않은 특징을 안고 있다고 설명한다. 한편으로 정현경 그리고 여의도순복음교회를 통해서 동시에 발견되는 무속성은 '무교적 기독교 성령 운동'이 과연 가능한가라는 질문을 남긴다고 그는 주장한다.[24] 서구인의 시각에서 볼 때 무속이라는 이름은 불편할 수밖에 없으며, 무속과 결합한 기독교라는 단어 역시 불쾌하게 들릴 수밖에 없기 때문이다. 따라서 무속적 요소와 기독교의 전통이 대화를 수행할 수 있는지, 원초적인 검토를 수행하는 것이 콕스에게는 과제로 부각된다.

콕스는 여기에서 무속이 가지고 있는 불쾌함, 수용 거부감에 대한 고려와 함께 그것이 가지고 있는 긍정적 종교성에 대해 살펴보고자 시도한다. 그는 무속적 요소에도 긍정적 기능이 담겨 있음을 언급한다. 예컨대 숙명론에 저항하며 무기력을 극복하고자 하는 시각에서 볼 때, 무속은 긍정적 요소를 가지고 있다고 볼 수 있다. 그리고 이러한 요소는 기실, 기독교가 가지고 있는 혈통에 상응한다고도 볼 수 있다고 주장한다.[25] 콕스는 가난과 고난을 극복한다는 해방신학의 정신에 비추어볼 때도 무속의 정신은 기독교의 정신과 상응하는 바가 있으며, 따라서 '무속적 기독교'도 가능하다는 입장을

---

24 앞의 책, 318.
25 앞의 책, 321.

피력한다.

종합적으로 콕스의 시각에서 볼 때, 한국적 성령 운동에서 나타나는 기독교의 양상은 전통적인 청교도 신앙보다 무속적 혼합주의의 양상에 더 상응하는 것으로 파악된다. 그의 말대로 그것이 꼭 나쁜 것만은 아니다. 콕스는 한국적 기독교, 어떤 의미에서는 무속적 성격을 가진 기독교는 오히려 몰트만이 말하는 '희망의 신학'에 상응하는 특성을 갖는다고 보고 있다.[26] 또한 한국의 부흥 운동에서 표출되었던 조직 훈련에서 표출된 공동체적이고 동기부여적, 다시 말해서 각 개인을 공동체의 지도자로 끌어내는 동기화는 신앙적 요소뿐 아니라 삶의 추진까지 끌어내는 역동성으로 이어 나갔다고 본다.

한편 콕스는 무속적 성격을 가진 한국의 기독교가 그간 보여주었던 장점과 역동성에도 불구하고 오늘날 많은 질문에 봉착해 있으며 취약성을 노출하고 있다고 본다. 우선 한국의 교회, 특히 오순절교회가 가지고 있는 강박적 조직화는 다른 오순절교회에서는 찾아볼 수 없는 측면이며 일종의 통제를 향한 보상 심리처럼 보이는 면이 있다고 주장한다.[27] 또한 양적 개념에 지나치게 몰입하며 예언자적 힘을 잃는 것처럼 보이는 양상 또한 한국교회에 과제처럼 다가오게 될 요소로 언급한다. 이러한 요소에 반한 한국교회의 다른 요소를 콕스는 민중을 향한 교회의 책임과 운동, 즉 민중신학의 요소에서 찾고 있다. 또한 민중신학의 핵심 요소를 정현경 교수가 말한 한의

---

26 그런 의미에서 조용기 목사가 몰트만의 신학에 기본적으로 공명했던 것은 이해할 수 있는 부분이다.

27 H. Cox, 앞의 책, 334.

영에서 찾고 있다. 그의 시각에서 민중과 한 그리고 한국인들의 뼛속 깊이 스며들어 있는 무속의 개념은 합치되는 것처럼 보인다. 이러한 현상은 한국인의 삶 속에 개신교 복음이 전파될 때, 지식 계층이나 유산 계층보다 기층 민중을 중심으로 선포되었던 역사적 사실을 통해 여실히 드러난다고 본다.[28]

생각건대, 한국의 오순절 운동 그리고 정현경을 통해 한의 정서를 살펴보며, 한국인 민중의 삶과 정서를 살펴보며 한국의 성령 운동에 나타난 특징을 읽어내고자 시도한 콕스의 분석이 신학적 초점을 놓치고 있는 것은 아니다. 실제로 한국의 오순절 운동에 스며들어 있는 여러 요소, 종교혼합주의뿐 아니라 역사와 삶의 고난의 요소라고 하는 측면은 복합적 종교적 요소로 종교적 제의에서 작용하고 있다. 한편 한국교회에서 흔히 볼 수 있는, 어떤 의미에서 전통종교적 축제 형식의 제의적 요소가 주요 개신교단의 여러 교회를 포함하여 널리 받아들여지고 있는 모습 역시 한국화된 제의의 특별한 형식이라고 할 수 있다. 물론 오늘날 록 콘서트나 전통 축제와 같은 축제 형식을 빌린 서구 및 아프리카, 남미를 비롯한 남반구의 여러 교회 형식을 생각할 때, 그러한 현상이 한국에서만 특별하게 발견되는 양식이 아닌 것은 분명하다. 그러나 콕스가 관찰하듯 한국의 성령 운동에서 발현되는 종교의식 표출의 형식이 역사와 삶, 고난의 형용할 수 없는 정서가 성령 운동을 통해 매개 되어 표출되었다는 시각 그리고 한국에서 실현되는 성령 운동이 원초적 종교적 본성을 깨우는 운동으로 받아들여지고 있다는 관점은 한국인의 독특한 성령 운동을

─────────────

28 앞의 책, 336.

이해하기 위해 도움을 줄 수 있을 것이다.

2. 성령과 역사, 민중의 이름 속의 성령 운동

서구의 신학자 콕스보다 한국인으로서 한국의 성령 운동에 대한
깊은 이해를 보여 준 학자로는 소금(素琴) 유동식의 견해를 들 수
있다. 유동식은 적극적인 의미에서 '한국 기독교 사상'이 가능함을
설파하고, 그 토대를 굳건히 하고자 추구한 신학자로 토착화신학의
획을 그은 인물이다. 그에 따르면 한국 사상은 자생적 사상을 일컫는
데 국한된 말이 아닌 외래적 사상이 우리 문화 풍토 속에 토착화된
현상을 통틀어 가리키는 포괄적 개념으로 사용될 수 있다.[29] 한국의
기독교 역시 한국의 전통문화와의 상관관계 속에 뿌리를 내리고
토착화의 길을 걸어 온 한국의 종교로 볼 수 있다. 다시 말해서
그의 시각에 따르면 한국의 종교로서 기독교는 한국의 문화 지평
안에서 관찰해야 한다. 한국의 기독교가 걸어 온 토착화의 양상에
관해서, 특히 성령론의 특성에 관해서 유동식은 20세기 초반 한국
기독교가 가지고 있던 특징이 '유교적 전통에 입각한 부성적 신앙
운동'과 '무교적 전통에 입각한 모성적 신앙 운동', 양쪽의 특성을
가진다고 설명한다.[30]

이러한 특성 중 유교적 전통에 입각한 종교적 특성을 그는 율법주

---

29 앞의 책, 483.

30 앞에서 민경배가 인용한 남궁혁의 「신학지남」 논문을 유동식 역시 인용하며, 1930년대 이전
의 전통에 입각해서 이후의 전망을 분석해 보겠다는 뜻을 피력하고 있다. 유동식, 『한국신학
의 광맥』, 소금유동식 전집 제4권 (서울: 한들 2009), 501.

의적 엄격성, 보수적 근본주의, 외향적 사회참여, 교조주의와 같은 개념으로 요약한다. 반면 무교적 전통에 기반을 둔 모성적 종교의 특성은 개인주의적, 내향적, 신비주의적 특성을 가지며, 원초적 종교 감정에 방향을 둔 성령 운동으로 평가한다.[31] 전자가 구한말부터 3.1운동으로 표출된 독립운동 이전까지 지배적인 형태의 운동이었다면, 후자는 교회가 탈정치화되는 과정을 거쳤던 내향적 운동의 형태로 전개되었다고 분류한다.[32] 동시에 전자를 '근본주의적 성령 운동'으로, 후자를 '개인주의적, 내세주의적 성령 운동'으로 지칭하며, 1919년을 전후로 두 흐름의 차이가 발생함을 언급하고 있다. 전자가 민족사적 아노미 상태에 놓인 교회가 근본주의적 삶의 방향을 불러일으키고 삶의 의욕을 잃은 민중에게 활기를 불어넣어 주는 운동으로 나타났다면, 후자는 신비주의적 경향을 지향했다는 주장이다. 전자의 중심인물은 길선주 목사로서, 그의 사상이 성서 축자영감설과 '말세론'에 기반을 둔 근본주의 성향이었다면 또한 일제 치하에 묵시문학적 신앙 운동 추구를 통한 유교적 전통의 성령 운동이었다면, 후자는 이용도 목사를 대표로 언급할 수 있는 원초적이고 내향적인 특성을 가진 성령 운동이었다는 설명이다.

유동식은 특히 후자를 통해 전개된 성령론의 특징이 무속적이면서 비역사적이며 심령 치유적 성격을 갖는다고 정리한다. 유동식에

---

31 앞의 책, 502.

32 한편 교회사가 정병준의 해석에 따르면 구한말의 기독교는 식민지 초기부터 탈정치화의 길을 강요받았으며, 그러한 의미에서 탈정치적 성격을 갖는 정교분리의 전통 속에 성장해 나갔다. 이토 히로부미와 같은 통감은 의도적으로 기독교의 탈정치화를 추구했으며, 선교사들 역시 선교의 목적하에 굳이 공공성의 방향을 초기부터 추구하지 않았다고 언급한다.

따르면 이 두 가지 흐름의 운동은 1970년대 이후 한편으로는 민중신학 운동으로, 다른 한편으로는 심령 부흥회 운동으로 계승된다.[33] 이중 민중신학 운동을 서남동의 언급을 인용하는 가운데 플로리스의 요아킴의 세 번째 시대 운동과 결부시킨다. 그에 따르면 성부의 시대, 성자의 시대에 뒤이어 세 번째 시대인 탈기독교 시대는 민중이 깨어나서 스스로의 힘으로 해방과 인간화를 이룩해야 하는 시대이며, 그것이 하나님이 내재하는 성령 시대의 특징이다.[34] 또한 민중운동사의 흐름 속에 기독교의 민중사와 한국의 민중사는 합류를 이루는 경로를 찾아낸다.[35] 한국의 민중신학은 사회적, 역사적 일들에 대해 단순히 해석만 하는 것이 아니라 동참을 시도한다. 눌린 자, 약한 자, 가난한 자를 보호해 주는 하나님의 메시아적 나라가 성령의 새 창조 속에 구현되는 것이 바로 민중신학의 성령 운동이라는 말이다.[36] 그런 의미에서 소금의 시각에 따르면 민중신학의 성령 운동과 여의도순복음교회로 대변되는 오순절교회의 성령 운동은 분리되지 않는다. 굳이 따지면 하나의 뿌리의 두 흐름으로 이해할 수 있다. 소금이 보여 주는 이러한 설명은 앞에서 살펴본 콕스의 시각과 유사성이 있다. 다만 소금은 민중신학은 신학적 엘리트주의를 갖춘 이들의 운동이었고, 오순절 운동은 소외된 민중의 운동이었다고 정리하며 둘을 구분하는 면에서 차이가 있다. 소금에 따르면 전자는 사회 지향적, 개혁적 성격을 가지며, 그에 반해 후자는 치유적, 위로적

---

33 앞의 책, 505.
34 앞의 책, 507.
35 앞의 책.
36 앞의 책.

성격을 갖는다. 그러나 어떤 것이 되었든 교회 운동은 곧 성령 운동이어야 한다.[37] 성령께서 스스로 교회를 통해 운동을 이끌기도 하고 또한 성령을 이해하고 받아들인 사람들이 교회 내부에서 성령 운동을 이끌어가기도 한다.

유동식은 두 운동이 기본적으로는 민중의 삶이라고 하는 부분에서 상통하는 부분이 있다는 사실을 주장한다. 많은 민중이 순복음교회로 이끌려 들어가는 것은 냉혹한 부조리의 현실에서 축복과 권능을 얻고 공동체 의식을 회복하기 위함이다.[38] 오순절 운동의 성령론이 가진 내용은 소외된 민중을 향한 목회적 방향에 있다. 어떤 것이 되었든 한국의 성령 운동에서 민중이라는 이름은 떼놓고 생각할 수 없다. 그러나 소금은 오순절 성령 운동이 삼위일체적 성령론의 본질을 견지하지 못할 때 현세 기복적이고 무속적인 한계를 노정하는 문제를 내포할 수 있다고 설명한다.[39] 신학적 내용이 깊지 못할 때 발생할 수 있는 신학적 한계를 그는 언급한다. 다만 현 사회체제에 대한 실망과 대안 모색의 형식이든, 병든 민중의 치유에 목적을 둔 것이든 민중이라는 이름으로 표출되는 대안을 중시한다는 점에서 성령 운동의 특징이 있다고 그는 정리한다.

---

37 앞의 책, 508.
38 앞의 책, 511.
39 앞의 책.

3. 역사의 틀을 넘어, 예술과 축제의 성령 운동과 미학적 성령론

앞에서 언급한 콕스 그리고 유동식의 성령 이해는 사실 별로 차이가 없다. 전체적으로 한국인을 통해 역동적으로 나타나는 성령 운동의 특징을 민중과 고난, 역사와 돌파라고 하는 틀에서 관찰한 특징이 있다. 여기에서 과연 한국의 성령 운동을 관찰하는 키워드가 주로 "민중과 고난이라는 말로 요약될 수 있는가?"라는 질문이 제기된다. 성령 운동의 특징은 사실 훨씬 큰 포월성을 갖는다. 소금은 이러한 시각에 입각해 문화와 기독교 복음의 대화를 담아내는 성령론을 구사한다. 그것은 그가 추구하는 '아름다움'의 개념을 통해 표출된다. 유동식은 문화와 기독교가 분리될 수 없는 틀을 이루고 있다는 점으로부터 출발한다. 그는 서방의 기독교는 서방의 그릇으로부터 나온 산물이요, 동방의 교회는 동방의 그릇으로부터 나온 소산이라고 말한다.[40] 한국의 기독교는 한국의 독특한 특성 가운데 솟아 나와야 할 텐데, 사실 그렇지를 못하고 서방으로부터 수입한 모습을 띠고 있다.

이러한 상황 속에 유동식은 한국인들의 삶과 문화에 정향된 성령론의 전개를 위한 담론을 시도한다. 유동식은 세계의 문화권을 서구 문화권, 동북부 문화권, 아시아 문화권의 세 부분으로 나누어 언급하면서, 아시아 문화권에 특별히 교회가 전개되지 않은 이유를 유·불·선 삼도가 자리 잡고 있기 때문이라는 견해를 내놓는다.[41]

---

40 유동식, 『한국문화와 기독교』, 유동식 신학수첩 3 (서울: 한들 2009), 18.
41 앞의 책.

유·불·선 삼교의 종지를 포함하여 오랜 공동의 생활문화가 펼쳐져 가는 가운데 민족문화와 그 얼이 형성된다. 이 모든 것이 혼연일체가 된 심미적 경지가 곧 그가 말하는 풍류(風流)라고 할 수 있다.[42] 이러한 풍류 속에 한국인들은 '음주가무를 통한 황홀경 속에 하느님과 인간이 하나가 되는 이상경'을 경험했으며, 이러한 종교·예술적 체험을 통해 영성을 형성했다.[43] 그러한 면에서 유동식이 말하는 풍류도는 한국인들의 종교와 예술적 얼을 나타낸다고 설명한다. 유동식은 이러한 풍류도를 내용적으로 외국어로 번역되지 않는 '멋'으로, 전체를 포괄하는 포월성을 지닌 단어인 '한'으로 그리고 뭇사람을 참사람이 되도록 교화한다는 의미에서 '접화군생'(接化群生)으로 설명한다. 이러한 풍류도를 다시 '멋진 한 삶'으로 설명하며, 그것을 생명의 말씀인 그리스도, 즉 진생도(眞生道)를 담을 그릇이라고 설명한다.[44]

생각건대 유동식이 언급하는 풍류도는 삼위일체론적이면서 그리스도론적이고 동시에 성령론적인 개념을 포괄하는 개념이라 할 수 있다. 유동식은 핵심으로서의 기독론을 참된 삶의 도, 즉 진생도라는 이름으로 설명하면서, 자신의 풍류도를 다시 삼위일체론적으로 펼치고 있다. 첫째는 하나님의 우주와 종교에 대한 설명으로서, 이는 하나님의 창조 세계를 바라보는 시각이다. 유동식은 하나님이 친히 창조하신 모든 것을 보시고 "보기에 매우 아름답다"고 한 선포를

---

42 앞의 책, 19.

43 앞의 책, 20.

44 앞의 책, 21.

주목한다.[45] 아름다움은 곧 하나님의 창조 목적이다. 종교의 본질은 그를 드러내는 데 있다. 그리스도의 창조적 복음은 그 안에서 모든 존재를 새롭게 창조하심으로써 본래적 창조 의지를 실현시키고자 하는 하나님의 뜻에 담겨 있다. '그리스도는 그의 십자가와 부활의 사건을 통해 모든 사건을 하나님의 자녀된 새로운 존재가 되게 하신 예술가로 이해된다.[46] 한편 성령은 우리의 삶에 임재와 역사를 통해 임하시는 영으로, 우리 안에 계신 성령으로 인해 우리는 하나님의 자녀 된 특권을 누리게 된다.[47] 유동식에 따르면 성령 안에서 살아가는 삶이란 하나님과 함께 아름다움을 창조해 가는 삶을 말한다. 이러한 삼태극적 존재로서 하나님의 삼위일체는 한 멋진 삶으로서 조화와 균형을 갖춘 통전적 미를 구현해 나간다.

전체적인 틀에서 볼 때 소금의 신학적 구성은 창조론에서 종말론에 이르기까지 교의학적 구조를 설명해 나가는 교리학의 틀을 탄탄히 실현해 나간다. 신론에 상응하여 인간론을 전개하면서 소금은 하나님의 형상을 지닌 인간을 하나님의 자녀가 된 사람의 삶의 양식에 대한 설명으로 해석해 내고자 시도한다. 유동식은 하나님의 형상을 지닌 인간은 하나님의 자녀가 된 자유를 가진 존재로서, 하나님의 형상을 닮은 한국인의 영성은 풍류도의 성격을 갖는다고 말한다. '한'은 하나님의 포월적 사랑을 보여 주며, 멋은 창조적 아름다움의 근원되시는 그리스도의 빛을, 접화군생의 삶은 성령의

---

45 앞의 책, 28.
46 앞의 책, 29.
47 앞의 책.

생명을 담는 것으로 해석한다.[48]

성령을 설명하는 데 있어서 유동식이 보여 주는 특징은, 앞에서 언급한 바와 같이, 아름다움과 복음의 예술을 설명하는 가운데 성령의 역할을 결부시키는 것이다. 그는 역사적 복음에 대한 이해와 해석에 있어서 윤리적 횡적 차원과 종교적 종적 차원의 결부를 언급한다. 윤리적 차원은 다시 문자적 단계, 율법적 윤리 차원의 단계, 사랑의 윤리 차원의 단계로 나뉜다. 종교적 차원의 복음 이해는 첫째로 예술적 차원의 단계로, 둘째로 성례전적 신비 차원의 단계로, 셋째로, 복음의 존재론적 환원 단계로 설명된다. 일견(一見) 이러한 유동식의 설명은 키에르케고어가 말한 심미적, 윤리적, 종교적 단계의 수순을 참조하는 것으로 보인다. 그러나 키에르케고어가 심미적 단계를 하위의 단계로 설정하고 윤리적 단계를 거쳐 종교적 단계를 향해 승화해 가는 것을 이상적으로 간주한 것에 반해, 유동식은 종교적 단계의 첫 단계를 예술적 복음 이해로 보면서 역사를 아름다움의 실현 과정으로 파악하고 있다는 점에서 방향을 달리한다.[49] 그는 하나님의 사랑과 율법이 이스라엘의 역사를 통해 계시되었으며, 그 완성이 그리스도 안에 실현되었다고 파악한다. 유동식에게 있어서 그리스도는 아름다움의 결정체이며, 그러한 의미에서 진생도이다. 유동식은 사랑과 정의가 수렴된 통전 체제로서 그리스도에게 실현된 아름다움을 바라본다. 그리고 역사를 넘어선 예술 차원의 세계 전개가 여기에서 구현되었다고 파악한다.

---

48 앞의 책, 60.
49 앞의 책, 135.

그렇다면 소금에게 있어서 성령의 역할은 무엇인가? 유동식에게 있어서 성령은 아름다움의 형상과 과정의 실행자이다. 그를 실행하는 것이 곧 '풍류도'이며, 예술은 곧 이러한 '현묘지도'를 묘사하고 형상화시키는 작업이다.[50] 유동식은 예술이 곧 이러한 현묘지도를 형상화시키기 위해서는 십자가 위에 자신을 맡기고 복음의 묘를 터득해야 하며, 이때 새 하늘과 새 땅인 새로운 세계, 즉 아름다운 세계가 전개되는데, 그것이 곧 부활이라고 언급한다.[51] 유동식에게 있어서 부활은 그리스도를 매개로 하나님과 우리가 하나가 되는 '삼태극적 존재의 실현'이다. 그것은 곧 로고스-예수의 아름다움의 실현이라 할 수 있다.[52] 즉, 소금에 있어서 삼위일체적, 미학적 구현이 그리스도의 십자가와 부활, 성령의 실현을 통해 구체화되는 그림을 우리는 여기에서 보게 된다. 한편으로 우리는 여기에서 질문을 던질 수 있다. 따지고 보면 유동식의 삼태극의 그림, 풍류도의 구현, 그리스도의 복음과 성령의 실현의 미학적 구현, 즉 아름다움의 실현은 고전적인 교의학의 주제를 토착화의 옷을 입혀 덧입히는 방식은 아닐까? 과연 그의 설명은 우리에게 어떤 새로운 통찰을 던져 주는 것일까?

막상 교의학적 주제에서 본다면 유동식의 설명이 아주 새롭게 제기하는 것은 없을는지 모른다. 그런데 여기에 한편으로 우리는 신학자로서의 유동식이 던져주는 전통 신학적 기반 위에서의 안정성

---

50 앞의 책, 140.
51 앞의 책.
52 앞의 책.

그리고 토착 문화와 예술에 대한 깊이 있는 사유, 논리적이고 합리주의적인 사유를 넘어선 유연성이 함께 어우러지는 향연을 볼 수 있다. 그가 말하는 '아름다움'에 기반을 둔 이러한 자유로운 사유가 지금까지 서구 신학이 추구했던 교의학적이고 경직된 설명보다 성령론의 범주 설명에 더 자유와 가능성을 부여하고 있는지도 모른다. 이러한 성령론의 서사는 계시론과 구원론, '실천적 삼단논법'으로 이야기되는 윤리적 삶으로 성령의 역할을 한정했던 정통주의 교리학에서는 찾아볼 수 없는 유연성을 제공해 준다.

소금은 아름다움을 영원한 진실로서의 '알' 그리고 여실한 형상으로서의 '다움'의 복합 개념임을 보여 주면서, 예술 그 자체를 아름다움으로 표현한다. 이를 꿰뚫어 볼 수 있는 것은 서구의 사유가 발전시켜 온 논리적, 합리주의적 시각이 아니다. 오히려 예술이 이를 꿰뚫어 보면서 실현시키는 힘을 가지고 있다. 더 나아가서 유동식은 모든 예술 작품은 그 작가가 이해한 그리스도상일 수 있다는 과감한 설명을 내놓는다.[53] 그리고 신자에게 구현되는 성령의 삶을 예술적 풍류의 단계에 대한 설명으로 전개시킨다. 그에 따르면 성례전은 신비적 종교의 예식이며, 거기에는 세 가지 단계가 있다. 첫째로 세례식의 단계이며, 둘째로 성찬식의 단계가 있다. 셋째는 예술적 풍류 생활의 단계로서, 성령으로 거듭난 사람이 가지는 창조적 아름다움의 단계를 말한다. 첫 번째 단계에 관해서 유동식은 그리스도의 십자가와 부활을 믿고 받아들이도록 믿음을 주시는 것이 성령의 일로, 이것이 곧 세례를 통해 구체화됨을 언급한다. 세례식은 이성의

---

53 앞의 책, 142.

한계를 넘어서는 신비로운 영적 사건이다.[54]

여기에서 소금이 중요하게 파악하는 어휘는 '신비'라는 단어다. 우리는 우리의 한계를 넘어 초월하신 하나님의 능력에 기대어 하나님의 비의의 세계를 살아갈 수 있다. 성령은 우리를 삼위일체 하나님의 존재 속에 편입되게 하고 그리스도의 아버지를 우리의 아버지로 부르게 한다. 그리스도로 말미암아 우리는 성령을 우리 안에 모시게 되고 삼위일체 하나님의 성령의 자리에 편입된다.[55] 성령은 로고스이신 그리스도, 즉 '거룩과 세속, 이 세상과 저세상, 시간과 영원 사이'의 벽을 허무는 그분을 우리가 모시고 그리스도 안에 살 수 있도록 길을 열어주는 분이다.[56] 성령 안에서 그리스도인은 자유로워질 수 있고 영원한 생명을 얻을 수 있다. 종말의 지금을 살 수 있도록 신자의 삶을 열어 주는 그것이 곧 성령의 역사이며, 그러한 삶을 살 때 이 세상에서 이미 실현된 하늘나라를 살 수 있게 된다.

4. 수동이 아닌 긍정으로: 현실을 넘어 희구하는 성령의 바람

토착화신학을 추구하는 가운데 많은 학문적 족적을 남긴 소금의 통찰은 한국의 성령론을 구성하는 데 심원한 통찰을 제공한다. 유불선을 포괄하여 풍류도의 그림 하에 미학적, 통전적 성령론을 제시하는 그의 시각은 한국의 성령 운동 이해에 밑그림을 그려 준다. 한편

---

54 앞의 책, 150.
55 앞의 책, 152.
56 앞의 책, 157.

소금의 성령론이 한국적 성령론을 이해할 수 있는 하나의 답은 아니기 때문에 다각도의 시각이 추가적으로 필요하며, 이를 통해 보완되어야 한다. 한 가지 언급할 수 있는 점은 교의학 분과 중에도 성령론의 부분은 개념적, 이론적으로 정리하기 쉽지 않은 분야이기 때문에, 이에 대한 설명 역시 문화적, 역사적, 체험적 측면으로 다각도의 접근이 필요하다는 것이다.[57]

　한국적 성령론을 설명하면서 한 가지 고려해야 할 사실은 특정한 한 관점의 성령론으로 이를 정리하기는 쉽지 않을 것이라는 점이다. 본문에서 언급한 바와 같이 정통주의 신학이 가지고 있는 성령론적 틀, 즉 계시론과 칭의와 성화에 기반을 둔 성령론적 접근, 윤리적이고 도덕적인 성령론적 접근은 한국의 성령론을 이해함에 있어서 서구에서보다 더욱 한계를 가지고 있다. 서구의 흐름에서 볼 때도 성령론의 강조와 재발견은 뉴잉글랜드 정착 교인들의 예배와 목회, 선교 운동 중 공동체적, 감정적, 정서적 성령 운동이 폭발적으로 성장해 나갔고, 그러한 흐름 속에 각성 운동에 따른 성령 운동의 여파가 퍼져 나갔기 때문이라고 할 수 있다. 잘 알려져 있듯이 이러한 운동에 큰 영향을 끼친 인물이 웨슬리와 같은 뉴잉글랜드 교회의 지도자들이며, 조나단 에드워즈의 정서적 성령론은 칼빈주의 전통의 웨슬리안적 뉴잉글랜드 형식의 재발견이라고 볼 수 있다. 성결교 목사 파함의 오순절 운동을 통해 촉발된 20세기의 오순절 운동이 이 흐름에서 나온

---

57 국내의 가톨릭 신학자 손정명은 오순절 운동에 관심을 가지고 관찰하면서도, 오순절 운동 자체가 신학 운동이라기보다 체험 중심의 운동이었기 때문에 체계적 신학이 발달하지는 않은 측면이 있다고 언급한다. 손정명, 『가톨릭 신학자가 본 조용기 목사의 신학과 목회』 (서울: 동연 2022), 6.

것을 생각해 볼 때 그리고 여기에서 시작된 신오순절 운동의 흐름 속에 한국의 오순절 운동 및 20세기 후반 기성 교단들의 신오순절화의 흐름을 이해할 수 있다는 점을 생각해 볼 때, 한국의 성령 운동의 특징은 교리적 측면에서만이 아닌 역사적, 문화적, 상황적 맥락을 함께 고려하며 이해하는 시각이 적절할 것으로 보인다.

그러한 면에서 콕스나 유동식은 적절한 접근법을 제시한 것으로 평가할 수 있다. 다른 한편으로 왜 지성적 접근의 성령론이 한국적 상황에서 보다 설득력 있는 위치로 자리 잡지 못했는지 질문할 필요도 있다. 예컨대 해외에서 활발한 활동을 전개한 이정용의 신학은 성령의 이해에 관해 볼 때 유동식에 비해 다소 지성적, 개념적 접근을 추구한 것으로 보인다. 그가 제시한 역의 신학에서 성령에 대한 접근은 '정신'에 대한 설명에서 어느 정도 윤곽을 찾을 수 있을 것으로 보인다. 그에 따르면 정신은 역의 힘, 내적 자아의 힘이며, 그것은 실존의 형태를 띠고 나타나는 모든 사물 속에 있으며, 보이는 모든 사물을 표현화시키는 본질이며, 그것이 신자들의 공동체에서 구현될 때 교회의 형태로 나타난다. 서구 철학과 동양의 사상을 조화롭게 추구한 그의 신학이 동서양 인문학의 학제 간 연구의 방향으로서는 창의성을 보여 주고 있으며, 다양한 논의의 전개를 불러일으킬 길잡이 역할을 수행해 주는 것은 분명하나, 다소 사변적이고 철학적인 용어로 전개되는 인상을 보여 주며, 특히 성령론적인 틀에서 쉬운 접근을 찾기가 쉽지 않다는 인상을 주기도 한다. 한국인들의 성령 운동을 이해하는 면에 있어서는 다분히 정서적, 감정적, 문화적 요소가 함께 고려되어야 하기 때문이다.

다른 한편 성령론을 이해하는 콕스나 유동식의 이해에 대해서는 보완적 접근이 필요할 것으로 보인다. 예컨대 콕스가 언급하는 것과 같이 한국의 기독교는 원초적 종교 형식의 보편적 실현의 한 양상으로 볼 수 있는 것일까? 전 세계의 많은 오순절교회와 운동 중에서 특히 한국의 오순절교회가 돋보였던 이유는 어떤 이유 때문일까? 유동식이 언급하는 것과 같이 부성적 성령론과 모성적 성령론의 구분을 통해 한국의 성령론을 단적으로 구분하는 것이 가능할까? 그러한 질문과 더불어 역사와 교회라고 하는 주제를 연결해 살펴보는 시각들은 고난, 원초, 극복 등의 단어에 집착하는 가운데 수동적, 부정적 어휘로 표현되고 있는 것은 아닐까라고 질문을 제기하게 된다. 이러한 분석들에는 한국의 문화적 특성을 반영하는 것으로서 축제와 역동, 신바람의 문화 같은 요소가 강조되지 못하고 부정적인 요소에 대한 극복이라는 측면만 부각되는 측면이 있다. 그 주된 이유는 아무래도 이러한 담론의 제기 혹은 분석의 시점이 20세기 말 전통적으로 이해되어 오던 한국 상황의 이해, 역사에 대한 관점 때문이라고 보이기도 한다. 민주화의 경로에서 민중과 고난에서 이해되는 역사에 대한 인식과 21세기 초반 세계화의 흐름 속에 역사와 미래 세대에 대한 이해는 다를 수밖에 없다. K-pop이나 한류 문화의 흐름에서 나타나는 역동성은 극복적, 치유적 문화와는 다른 역동적 문화에 대한 질문을 불러일으킨다. 유동식이 언급하는 예술적 방향이 다소 고졸(古拙)한 분위기를 연상케 하는 말이라면, 오늘날 나타나는 양상은 역동적, 공명적, 축제적 형식을 불러일으키는 것으로 볼 수 있다. 단순히 한의 극복이나 현실 극복의 의지가 아니라 원초적인 신바람의 문화를 설명할 수 있고 앞으로 이러한 담론을 실천의 현장에 접목할 수 있는 성령론의 방향이 우리에게 필요할 것으로 보인다.

III. 나가는 말

한국적 상황에서의 성령 이해는 전통적인 계시론적, 구원론적 성령론의 틀을 고려하면서도, 단순히 정통주의의 교의학적 전통의 틀에 제한된 설명을 넘는 역사에 대한 이해와 역동성의 고찰을 필요로 한다. 그것은 한국인의 역사와 정서에 체질화되어 있는 문화와 종교성, 상황과 과제를 넘어선 본질적 방향에 대한 질문을 제기하게 이끈다. 다른 한편 한국인의 성령 운동에 대한 이해는 단순히 자연 은총 혹은 일반 은총적 측면에서 설명될 수 있는 보편적, 문화적 측면에 대한 이해에 집중해서 보기도 어렵다. 유동식이 언급한 것처럼 한국의 문화 속에 토착화된 한국의 기독교가 가지는 문화적, 정서적 고민 속에 그가 말하는 진생도로서의 그리스도론의 보편성이 어떻게 실현될 수 있을 것인가를 함께 고려해야 할 과제가 놓여 있기 때문이다. 앞으로 다루어야 할 신학적 과제로서는 그가 말하는 예술적 종교로서의 기독교의 보편성과 구원론적 용어의 특수성은 어떻게 조화를 이룰 수 있을 것인가라는 질문이 여전히 남아 있다.

다른 한편 한국의 성령론을 설명하기 위해서는 전통적인 에큐메니컬 신학의 보편 담론도 다른 각도로 접근해야 할 과제로 사료된다. 예컨대 위의 틀에서 관찰한 한국적 성령론의 과제에서 정의, 평화, 창조의 보존과 같은 이름으로 다루어져 온 에큐메니컬 성령론, 교회

외적 영역에서 활동하는 생명의 영으로서의 성령론을 강조하는 전통적 시각이 우리의 성령론적 현실과 과제에 어떤 질문을 제기하며, 어떻게 이러한 과제들을 집약시켜 해답을 모색해 갈 수 있는지는 지속적인 과제로 부각된다. 지난 한동안의 성령론이 서구의 성령론의 수용이나 고찰에 집중하는 가운데 이론적 차원의 담론에 몰입했다면, 현장적, 실천적 과제를 고민하면서 실질적인 한국적 성령론의 주제로 확장시키기 위한 시도는 여전히 심도 있게 다루어져야 할 과제로 중요성을 갖고 있는 것으로 보인다.

이러한 과제는 앞으로 이론과 실천, 현장과 현실과의 대화 속에서 지속적으로 다루어져야 할 주제로 보인다. 교의학의 많은 주제 중 성령론이 가지고 있는 경험적, 체험적이면서 기술적 측면이 강조될 수밖에 없는 현실에서 한국적 성령론의 담론이 제시할 수 있는 가능성은 상당히 큰 것으로 보인다. 산업화와 세속화의 물결을 거치고 있음에도 불구하고 한국인들의 삶과 심성에 내재해 있는 신바람과 역동적 동력은 축제나 종교적 형상으로 솟아 나오곤 한다. 문화적 현상뿐 아니라 21세기 정치 현장에서 표출되는 집회적 현상의 모습 속에도 축제적 역동성은 배어 나온다. 영적 역동성과 신바람의 문화를 이해하는 가운데 교의학적 성령론이 어떤 길을 제시할 수 있을지 살펴보는 것은 한국신학을 이해하기 위해 중요한 과제가 된다.

참고문헌

최태관 | 민족의 해체 시대에 남북 분단의 고착화의 극복과 통일을 이루는 한국신학으로서 통일 신학의 길 모색

구완회. "충북 제천의 삼일운동양상과 의의." 「지방사와 지방문화」 22권 2호 (2019): 109-143.

김범수. 『2023 통일의식조사』. 서울: 서울대학교 통일평화연구원, 2023.

김규철. "한국국민의 통일의식은 남북관계에 영향을 받는가?." 「통일과 평화」 14집 2호 (2022): 39-78.

박봉랑. "기독교의 토착화 단군신화." 윤성범. 『한국종교문화와 한국적 기독교』. 서울: 감신, 1997.

박순경. "나의 신학수업." 『하나님 나라와 민족의 미래』. 서울: 대한기독교서회, 1984.

_____. "기독교와 타종교." 『민족통일과 기독교』. 서울: 한길사, 1990.

박영균. "분단의 아비투스에 관한 철학적 성찰." 『분단의 아비투스와 남북소통의 길』. 서울: 도서출판 경진, 2015.

박찬승. 『민족 · 민족주의』. 서울: 도서 출판 소화, 2011.

백낙청. "동아시아 공동체 구상과 한반도." 『근대의 이중과제와 한반도식 나라 만들기』. 파주: 창비, 2021.

_____. "3 · 1과 한반도식 나라 만들기." 『근대의 이중과제와 한반도식 나라 만들기』. 파주: 창비, 2021.

변선환. "한국개신교의 토착화: 과거, 현재, 미래." 『한국적 신학의 모색』. 천안: 한국신학연구소, 1997.

_____. "한국문화속의 기독교." 『한국적 신학의 모색』. 천안: 한국신학연구소, 1997.

_____. "해천 윤성범을 추모함." 『한국적 신학의 모색』. 천안: 한국신학연구소, 1997.

앤더슨, 베네딕트/윤형숙 옮김. 『상상의 공동체: 민족주의의 기원과 전파에 대한 성찰』. 파주: 나남출판, 2006.

송길섭. 『한국신학사상사』. 서울: 대한기독교출판사, 1987.

유동식. 『한국감리교회의 역사』 상. 서울: 기독교대한감리회유지재단, 1994.

_____. 『한국신학의 광맥』. 서울: 다산글방, 2000.

윤성범. 『한국종교문화와 한국적 기독교』. 서울: 감신, 1997.

이덕주. "'술이부작'의 삶과 학문." 아펜젤러 · 최병헌 목사 탄생 150주년 기념사업회 편. 『탁사 최병헌 목사의 생애와 신학』. 서울: 정동삼문출판사, 2008.

이정배. "『뜻으로 본 한국 역사』 속에 나타난 민족개념의 성찰." 『토착화와 세계화』. 서울: 한들출판사, 2007.

_____. "신명으로 본 기독교와 탈민족주의." 『토착화와 세계화』. 서울: 한들출판사, 2007.

_____. "저항적 민족주의에서 문화적 민족주의에로." 『토착화와 세계화』. 서울: 한들출판사, 2007.

전경연. "윤성범 박사의 논문 「환인 · 환웅 · 환검은 하나님이다」를 비판한다." 「기독교사상」 (1969. 8.). 윤성범. 『한국종교문화와 한국적 기독교』. 서울: 감신, 1997.

전재호. "2000년대 한국의 '탈민족주의' 논쟁연구: 주요쟁점과 기여." 「한국과 국제정치」 제34권 제3호 통권 102호 (2008): 33-64.

정한울. "대한민국 민족정체성 변화: 'Two Nations-Two States' 정체성 부상에 대한 경험적 연구." 「평화연구」 vol. 25 (2017): 43-86.

https://www.hani.co.kr/arti/politics/defense/997464.html.

https://veritas.kr/archive/bbs/board.php?bo_table=drson_5&wr_id=82.

강응섭 ǀ 라캉의 '3말'(三語)로 안병무의 "그리스도교와 민중언어 1" 읽기— 민중 언어의 기원과 전개 과정에 관한 시론   252

강원돈. "기독교 민중해방운동과 영성(Christian Movement for Minjung Liberation and Spirituality)." 「신학과교회」 15 (2021): 325-366.

강응섭. 『자크 라캉의 세미나 읽기. 파리 생탄병원에서 행한 세미나들(1953. 11. 18.~1963. 7. 3.)』. 서울: 세창미디어, 2023.

_____. "자크 라캉과 신학의 접점에서: 앙살디와 꼬스의 하이브리디티 신학." 한국조직

신학회 엮음, 『포스트모던 시대의 철학과 신학』. 서울: 대한기독교서회, 2023.

_____. "앙살디와 꼬스의 '하이브리디티신학'(Hybridity Theology): 루터와 라깡에 기반한 Fides-Théologie-Ecritures(실재-신학-성서)의 연결에 관한 논의." 「한국조직신학논총」 제68집 (2022): 7-57.

_____. "7장 예수의 직무 연구: 바리사이파 사람 시몬의 집에서." 『라깡과 기독교의 대화. 라깡의 정신분석으로 기독교 읽기』. 서울: 새물결플러스, 2018.

_____. "예수의 직무 연구 — 바리사이파 사람 시몬 집에서의 경우." 「한국조직신학논 총」 제46집 (2016): 101-133.

_____. "제5부 라깡과 성서 해석. 제1장 라깡과 신약성서 해석. 제2장 라깡과 신약성서 묵상." 『자크 라깡과 성서 해석. 정신분석학으로 성서 읽기』. 서울: 새물결플러 스, 2014.

_____. "라깡과 민중신학." 강원돈 외 11명 공저. 『다시 민중신학이다』. 서울: 도서출판 동연, 2010.

_____. "라깡과 민중신학." 한국민중신학회 5월 월례세미나 발표. 경동교회 장공채플. 2009. 5. 14.

강인철. 『민중, 저항하는 주체 — 민중의 개념사, 이론』. 서울: 성균관대학교출판부, 2023.

_____. 『민중, 시대와 역사 속에서 — 민중의 개념사, 통사』. 서울: 성균관대학교출판부, 2023.

권진관. 『예수, 민중의 상징. 민중, 예수의 상징 — 민중신학의 조직신학적 체계』. 서울: 도서출판 동연, 2009.

_____. "중진국 상황에서 민중신학하기 — 민중론을 중심으로." 『다시 민중신학이다』. 서울: 도서출판 동연, 2010.

라깡, 자크/홍준기·이종영·조형준·김대진 옮김. 『에크리』. 서울: 새물결플러스, 2019. Lacan, Jacques. "Le stade du miroir comme formateur de la fonction du Je." *Ecrits*. Paris: Éditions du Seuil, 1966.

루디네스코 엘리자베트·플롱 미셸/강응섭·권희영·여인석·이유섭·정혜숙 옮김. 『정신분석 대사전』. 서울: 백의, 2005.

박재순. "1세대 민중신학에 대한 비판과 새로운 모색." 『진통하는 한국교회』. 서울: 민중사, 1990.

서광선. "한국 기독교 신학의 형성."『神 앞에 민중과 함께』. 서울: 한울, 1991.

_____. "민중신학의 언어와 실천: 1990년대의 반성."『神 앞에 민중과 함께』. 서울: 한울, 1991. (이 글의 출처는 알 수 없다).

서남동. "민담의 신학-反神學."『民衆神學의 探究』. 서울: 한길사, 1983. (이 글은『이우정 선생 회갑 기념논문집』(1983. 11.)에 수록되었다.)

서진한. "80년대 민중신학의 과학성과 대중성: 80년대 후반 '소장 신학 연구자'들의 작업에 대한 평가와 전망."『진통하는 한국교회』. 서울: 민중사, 1990.

안병무. "그리스도교와 민중언어 1."『역사 앞에 민중과 더불어』. 서울: 한길사, 1986.

_____. "그리스도교와 민중언어 2."『역사 앞에 민중과 더불어』. 서울: 한길사, 1986.

_____.『민중신학 이야기』. 서울: 한국신학연구소, 1990.

엘리아데 미르치아/강웅섭·고승미 옮김.『신화 꿈 신비』. 서울: 도서출판 동연, 2024.

전철. "민중신학의 서구신학 비판에 대한 연구: 안병무의 민중신학에서 구성된 서구신학 비판의 네 가지 테제를 중심으로."「한국조직신학논총」 30 (2011): 107-132.

_____. "신, 인간, 사물 — 신의 창조와 사물의 진화."「신학사상」 203 (2023): 95-113.

최형묵.『민중신학 개념 지도』. 서울: 도서출판 동연, 2023.

Causse, Jean-Daniel. *Lacan et le christianisme*. Paris: Campagne Première, 2018.

Lacan, Jacques. *Ecrits*. Paris: Éditions du Seuil, 1966.

_____. *Le Séminaire, Livre II. Le moi dans la théorie de Freud et dans la technique de la psychanalyse*. Paris: Éditions du Seuil, 1978.

_____. *Le Séminaire, Livre IV. La relation d'objet*. Paris: Éditions du Seuil, 1994.

_____. *Le Séminaire, Livre XI. Les quatre concepts fondamentaux de la psychanalyse*. Paris: Éditions du Seuil, 1973.

이상은 | K-신학의 성령론— 한국적 성령론은 어떻게 구성할 수 있을까

서철원.『성령신학』. 서울: 총신대학교출판부, 1995.

유동식. 『선교학』. 소금유동식전집편집위원회 편. 소금유동식 전집 제2권. 서울: 한들출판사, 2009.

_____. 『신학사』. 소금유동식전집편집위원회 편. 소금유동식 전집 제4권. 서울: 한들출판사, 2009.

_____. 『종교학』. 소금유동식전집편집위원회 편. 소금유동식 전집 제3권. 서울: 한들출판사, 2009.

_____. 『풍류신학 I』. 소금유동식전집편집위원회 편. 소금유동식 전집 제7권. 서울: 한들출판사, 2009.

_____. 『풍류신학 II』. 소금유동식전집편집위원회 편. 소금유동식 전집 제8권. 서울: 한들출판사, 2009.

이덕주. 『이덕주 교수의 한국영성 새로 보기: 자료로 읽는 한국교회 영성사』. 서울: 신앙과지성사, 2010.

이정용/정진홍 역. 『역과 기독교사상』. 서울: 한국신학연구소, 1980.

장남혁. 『한국문화속의 복음: 21세기 급변하는 문화와 복음적 삶』. 서울: 예영, 2010.

조용기. 『성령론』. 서울: 서울말씀사, 1998.

_____. 『살리시는 하나님』. 서울: 서울말씀사, 2004.

Bruner, Fr. Dale/김명용 역. 『성령신학』. 서울: 나눔사, 1989.

Thieselton, Anthony C. 『앤서니 티슬턴의 성령론: 성경과 역사와 현대 속의 성령』. 서울: 솔로몬, 2021.

지은이 알림

강웅섭

(예명대학원대학교 조직신학-정신분석상담학 교수)

총신대학교 신학과를 졸업하고, 프랑스 몽펠리에3대학교 정신분석학과를 거쳐, 몽펠리에개신교대학에서 프로이트와 라캉의 정체화(Identification) 개념으로 루터와 에라스무스의 의지 논쟁을 분석하여 신학박사학위를 받았다. 1999년부터 예명대학원대학교의 조직신학 교수, 정신분석상담학 교수이다.

저서로는『동일시와 노예의지』,『프로이트 읽기』,『첫사랑은 다시 돌아온다』,『자크 라캉의 세미나 읽기』,『자크 라캉과 성서해석』,『라캉과 기독교의 대화』,『한국에 온 라캉과 4차 산업혁명』등이 있다. 역서로는『정신분석대사전』,『라캉 세미나 · 에크리 독해 1』,『프로이트, 페렌치, 그로데크, 클라인, 위니코트, 돌토, 라캉 정신분석 작품과 사상』(공역) 등과 그 외에 신학과 정신분석학을 잇는 다수의 논문과 공저가 있다.

김광묵

(경기성서신학원 교수, 오산찬양교회 위임목사)

서울장신대학교와 명지대학교(B. A), 장로회신학대학교 신학대학원 목회연구과정, 연세대학교 연합신학대학원(Th. M), 강남대학교 대학원을 졸업하였다(Ph. D). 한국신학에 관심을 두는 가운데, 특히 신학과 유학의 대화에 관하여 연구하고 있다. 서울장신대학교(학부/대학원)와 강남대학교(학부/대학원)에서 조직신학을 강의하였고, 현재 서울장로회신학교(총회과정)와 경기성서신학원에서 조직신학을 강의하고 있다. 저술로는『목회를 위한 교의학 주제해설』(2016, 공저),『목회 원하십니까? 통일목회 하십시오』(2017, 공저),『한국신학의 두 뿌리』(2021),『장 칼뱅, 퇴계를 만나다』(2023) 등이 있다. 논문으로 "장 칼뱅과 퇴계 이황의 경건사상에 대한 비교연구"(박사학위논문, 2008), "장 칼뱅의 교회일치 신학과 한국교회의 일치운동에 대한 신학적 전망", "한국교회의 통일사역과 통일영성" 등이 있다.

김바로본

(목원대학교 강사, 대전큰나무교회 부담임목사)

목원대학교 신학과에서 신학사, 목원대학교 웨슬리신학대학원 조직신학 전공(Th.M.), 목원대학교 대학원 신학과 조직신학 전공 철학박사(Ph.D.)를 취득하였다. A.I. 시대의 종교에 관하여 관심을 두고 여러 연구를 진행 중이다.

박사학위 논문으로 "존 웨슬리의 예정론과 구원론의 관계에 대한 연구: 구원에 있어서 예정과 자유의 문제를 중심으로,"(2020)가 있으며, 대표 논문으로 "우울과 믿음: 웨슬리 신학으로 고찰하기" 「신학과현장」 제33집(2023) 등이 있다.

박성권

(연세대학교 한국기독교문화연구소 전문연구원, 계룡중앙성결교회 담임목사)

연세대학교 신학과에서 신학사, 연세대학교 대학원 신학과 조직신학 과정에서 신학석사(Th.M.) 취득, 서울신학대학교 신학대학원에서 학위(M.Div.) 취득 후 연세대학교 대학원 신학과 박사과정 조직신학 전공으로 철학박사(Ph.D.)를 취득하였다. 김균진 교수의 지도로 "몰트만의 신론 연구" 학위논문을 작성하였다. 연세대학교에서 시간강사(2018년) 및 학술연구교수(2021~2023년)를 역임하였다.

『몰트만의 생명신학』(CLC, 2017년) 등의 저서와 "칼 바르트의 교회론(2014년, 한국조직신학논총 39집)", "몰트만 정치신학의 핵심 개념으로서 저항 연구(2023년, 한국조직신학논총 72집)" 등의 논문이 있다.

백충현

(장로회신학대학교 조직신학 교수)

서울대학교(B.A.), 장로회신학대학교 신학대학원(M.Div.), 프린스턴 신학교(Th.M.),

예일대학교 신학대학원(S.T.M.), 버클리 연합신학대학원(GTU in Berkeley)(Ph. D.) 에서 철학 및 조직신학을 공부하면서 삼위일체 하나님을 묵상하며 삼위일체 신학을 계속 연구해 오고 있다. 장신대 남북한평화신학연구소 소장을 역임하였고, 독일 예나 대학교 화해학연구소 방문학자(visiting scholar) 및 미국 예일대학교 신학대학원 방문 연구원(visiting fellow)으로 연구를 수행하였다.

대표 저 · 역서로 The Holy Trinity: God for God and God for Us (2011), 『내재적 삼위일 체와 경륜적 삼위일체』(2015), 『남북한 평화통일을 위한 삼위일체적 평화통일신학의 모색』(2012), 『삼위일체신학의 핵심과 확장 I & II』(2020/2024), 『성경의 키워드로 풀어가는 신학세계 - 삼위일체 조직신학 개요』(2024), 『기독교조직신학개론 - 이해를 추구하는 신앙』(개정3판, 공역, 2016), 『삼위일체와 영성 - 나지안조스의 그레고리오 스의 신앙여정』(2018), 『삼위일체로 존재하는 하나님의 삶』(공역, 2024) 등이 있다.

신용식

(부산장신대학교 조직신학 연구교수)

부산장신대학교 학부 및 신학대학원 졸업, 스위스 바젤(Basel)대학교에서 라인홀드 베른하르트(Reinhold Bernhardt) 교수의 지도하에 폴 틸리히의 신학과 에드문드 후설 의 현상학을 연구하여 신학박사(Th.D.) 학위를 취득하였다. 현재 부산장신대학교에 서 학생들에게 조직신학을 가르치고 있다.

대표 저술로는 Offenbarungserkenntnis. Die "phänomenologische Theologie" Paul Tillichs vor dem Hintergrund seiner Husserlrezeption(Basel대학교 박사학위 논문, 2015), "폴 틸리히의 문화신학에 대한 상호문화적 비판 - 베른하르트 발덴휄스의 타자 현상학을 중심으로"(2023), "인간성 위기의 폐쇄적 근원에 대한 신학적 고찰 - N.루만의 체계이론과 P. 틸리히의 인간론을 중심으로"(2024) 등이 있다.

심광섭

(감리교신학대학교 은퇴 교수, 예술목회연구원 원장)

감리교신학대학교 및 대학원, 독일 부퍼탈-베텔신학대학 신학박사(1991), 협성, 한세, 강남, 배재, 이대, 서울대 등에서 강사를 역임했다. 감리교신학대학교 은퇴 교수이다. 현재 (사)한국영성예술협회 공동대표로 있으며 '한국 미학과 기독교'를 연구하고 있다. 저술로 "탈형이상학의 하느님. 하이데거, 바이셰델, 벨테의 신론 연구"(학위논문). 『신학으로 가는 길』, 『기독교 신앙의 아름다움』, 『예술신학』, 『기독교 미학의 향연』, 『공감과 대화의 신학 — 슐라이어마허 신학 연구』, 『십자가와 부활의 미학』, 『초월자의 감각』 등이 있다.

안규식

(연세대학교 한국기독교문화연구소 연구교수)

충남대학교 사학과(B.A.)와 서울신학대학교 신학대학원(M.Div.)을 졸업하고, 킹스 컬리지런던에서 종교사회학(M.A.)을 전공했다. 연세대학교에서 한국의 그리스도교 사상가인 다석 류영모의 신학을 주제로 조직·문화신학 박사학위(Ph.D.)를 받았다. 현재 연세대학교에서 한국신학과 조직신학 그리고 기독교의 이해를 가르치고 있으며, 한국적 영성과 관련하여 종교 수행과 미학에 관심을 가지고 연구하고 있다. 저술로는 『류영모』(2024), 『비움과 숨: 한국적 영성을 위한 다석 류영모 신학 연구』 (2024), "다석 유영모의 없이 계신 하나님 연구 – 개방성과 무규정성, 생성과 비시원성의 비실체론적 자기 계시로서의 신론."「신학사상」 제197집(2022) 등이 있다.

이상은

(서울장신대학교 조직신학 교수)

단국대학교 독어독문학과(B.A.) 장로회신학대학교 신학대학원(M.Div.) 및 대학원 (Th.M.), 독일 하이델베르크대학교에서 미하엘 벨커(Michael Welker) 교수 지도하에 신학박사(Dr. Theol.) 학위 취득, 2013년 이후 서울장신대학교 조직신학교수로 재직 중.

학위 주제는 칼 바르트와 이삭 아우구스트 도르너(Karl Barth und Isaak August Dorner)였으며, 저술로는 『계몽주의 이후 독일 개신교 신학 개관: 칸트에서 리츨까지』를 비롯한 다수의 출간물이 있고, "도르트신조의 예정론에 대한 바르트의 수용" "칼 바르트의 제2스위스 신앙고백(1562) 수용"을 비롯한 다수의 교의학적 주제의 논문, "사회통합의 중심으로서의 독일개신교회(EKD)의 공공신학연구", "니뮐러와 디벨리우스: 고백교회의 동반자, 다른 길을 걸었던 이상주의자와 현실주의자"를 비롯한 사회윤리학적 주제의 논문, "자연과 대화하는 그리스도교 신앙: 존 햅구드(John Habgood)의 신학적 자연관 연구"를 비롯한 다수의 과학과 신학의 주제에 대한 논문이 있다.

이찬석
(협성대학교 조직신학 교수)

감리교신학대학교 및 동대학원을 졸업하고, 미국 Drew University에서 아시아 신학의 기독론을 연구하여 철학박사(Ph.D.) 학위를 취득하였으며, 현재 협성대학교 신학과에서 조직신학을 가르치고 있다. '불이론'(不二論)과 '글로컬'(glocal)을 신학적 화두로 삼고 있다.

대표저술로 『글로컬 시대의 기독교 신학』(2013), 『감리교는 무엇을 믿는가?』(2014), "위르겐 몰트만과 수운 최제우의 종말론-한국적 종말론 모색,"(2024), "아시아 종교의 불이론(不二論),"(2023) 등이 있다.

장왕식
(감리교신학대학교 명예교수, 인문사회연구소 백두 소장)

감리교신학대학교와 미국 Garrett-Evangelcal Theological Seminary에서 공부, Clarement Graduate School에서 화이트헤드의 철학과 과정신학을 연구하여 Ph.D.를 취득. 감리교 신학대학교에서 종교철학 교수로 봉직 후, 동 대학의 명예교수로 있다. 대표적 저서로, 『동양과 서양 종교철학에서 만나다』, 『화이트헤드 철학 읽기』, 『종교적 상대주의를 넘어서』 등이 있다.

최태관

(감리교신학대학교 조직신학 교수)

독일 요하네스 구텐베르크 마인쯔대학교 신학부에서 신학박사 학위(Dr. Theol.)를 취득했다. 배재대학교, 남서울대학교, 숭의여자대학교에서 외래교수를 역임했다. 기독교대한감리회 서울연회 중랑지방 신내감리교회 소속 목사로 있다.

대표 논문으로 "종교 다원주의에서 기독교의 진리 주장의 관점에서 본 에른스트 트뢸치의 기독교 절대성의 의미"(박사학위논문), "종교간 대화의 원칙으로서 트뢸치의 창조적 통합 원리", "다종교 상황에서 본 트뢸치의 문화통합의 현재적 의미" 등이 있고, 저·역서로 『3.1정신과 한반도 평화』(공저), 『윌리엄 브레데의 메시아 비밀』, 『종교개혁, 유럽의 역사를 바꾸다』(공역) 등이 있다.